# 학위논문작성법

## 시작에서 끝내기까지

John D. Cone · Sharon L. Foster 지음

정옥분 · 임정하 옮김

Σ 시그마프레스(주)

## 학위논문작성법 : 시작에서 끝내기까지

발행일 | 2004년 7월 15일 1쇄 발행
    2005년 5월 10일 2쇄 발행
    2006년 3월 6일 3쇄 발행
    2010년 8월 6일 4쇄 발행
    2013년 10월 2일 5쇄 발행

저자 | John D. Cone · Sharon L. Foster
역자 | 정옥분 · 임정하
발행인 | 강학경
발행처 | (주)시그마프레스
편집 | 원선경
교정 · 교열 | 권경자

등록번호 | 제10-2642호
주소 | 서울특별시 영등포구 양평로 22길 21 선유도코오롱디지털타워 A401~403호
전자우편 | sigma@spress.co.kr
홈페이지 | http://www.sigmapress.co.kr
전화 | (02)323-4845, (02)2062-5184~8
팩스 | (02)323-4197

ISBN | 89-5832-053-2

**Dissertations and Theses From Start to Finish :**
**Psychology and Related Fields**

"well, a pop-up doctoral dissertation is certainly an original idea..."

# 차 례 __CONTENTS

# 차 례 _ CONTENTS

# 역자서문

**학**위논문을 어떻게 작성해야 할 것인가? 이 책을 한마디로 소개하자면 앞의 질문에 가장 적절한 대답을 해 주는 책이라고 하겠다. 역자는 몇 년 전부터 대학원에서 '인간발달 연구법' 강의를 위한 여러 교재들 중 한권으로 이 책을 참고하면서, 학위논문작성을 앞둔 대학원생들뿐만 아니라 논문을 처음으로 써보는 학생들이나 연구자들에게도 실질적인 도움을 줄 수 있는 책이라고 생각해 왔다.

가장 큰 이유는 이 책이 논문을 작성하는 데 있어 이미 습득을 했거나 습득하게 될 일련의 지식을 하나의 고리로 연결시켜주고 통합하는 역할을 해 주기 때문이다. 논문작성과 관련된 여러 문헌들 중 연구방법론에 대한 것들은 연구설계에, 통계에 관한 것들은 수학적 연산과 통계분석 또는 통계 소프트웨어 사용방법에, 논문작성법에 대한 기존의 것들은 논문을 편집하는 기술적인 측면에 보다 중점을 두는 경우가 많다. 이들 각 부분을 큰 어려움 없이 학습한 학생들의 경우도 막상 학위논문을 작성해야 할 때가 되면 이들 지식과 경험들을 어떻게 활용하고 통합해야 하는지 난감해 하는 경우를 흔히 볼 수 있다. 이 책은 이미 습득한 지식과 경험을 하나로 연결하고 통합시켜 학위논문을 작성할 수 있게 도와주는 역할을 한다.

또 다른 이유는 학위논문을 준비하는 학생들에게 현재로서 부족하거나 보완해야 할 부분이 어디 어디인지를 알려주기 때문이다. 이 책은 학생들이 보완해야 할 부분과 어떻게 보완해야 할 것인지를 지적해 주고 있으며, 해당 내용과 관련된 참고문헌까지도 소개해 주는 역할을 한다.

뿐만 아니라, 이 책은 학위논문에 대해 처음으로 구상을 하고 지도교수와 상의를 할 때, 필요한 자료를 수집하고 분석하여 연구계획서를 작성할 때, 심사위원회에서 연구계획을 발표할 때, 결과보고서를 써서 논문을 완성할 때, 논문작성 후 심사를 받을 때, 그리고 심사에 통과한 논문을 학회나 학술지에 공식적으로 발표할 때, 한마디로 말해서 학위논문의 시작에서부터 끝마무리까지 각 단계에 필요한 공식적인 규정과 비공식적이지만 상당히 중요한 규범이나 대처방식을 치밀하고 상세하게 말해준다.

따라서 학위논문을 준비하는 학생들에게는 필독서로 권하고 싶은 책이며, 누구라도 이 책에서 서술하고 있는 각 단계를 잘 따라만 간다면 여러 가지 시행착오를 피하고 시간을 허비하는 일없이 보다 효율적으로 학위논문을 완성할 수 있을 것이다.

단지 한 가지 아쉬운 점이 있다면, 미국 대학원의 학위논문작성과 심사과정을 중심으로 서술하고 있으므로, 간혹 우리나라 대학원의 실정과 맞지않는 내용도 더러 있다는 점이다. 그러나 이 책에서도 언급하고 있듯이 학위논문작성과 심사과정은 대학이나 학과에 따라서도 상당히 차이가 있으므로 이러한 다양성의 차원에서 이해하고 참고한다면 그것 또한 도움이 될 것이다.

이 책이 학위논문을 준비하는 학생들에게 또는 학술적인 보고서를 작성하고자 하는 연구자들에게 길잡이가 되기를 바라면서 동시에 학위논문을 지도하는 지도교수들의 노고를 덜어 줄 수 있기를 바란다. 끝으로 기꺼이 이 책의 출판을 맡아주신 (주)시그마프레스 강학경 사장님과 편집부 직원 여러분의 노고에 감사드린다.

2004년 이른 봄에

역자

## 대학원생들에게

축하합니다!

　여러분은 드디어 대학원에 입학하셨군요. 여러분에게 어떤 일들이 있었는지 궁금합니다. 여러분이 내린 결정으로 종종 대단한 만족감을 느낄 것이고 또 가끔씩은 후회하기도 하겠지요. 재정적으로 어려울지도 모르지만 여러분과 동료 학생들이 모두 같은 처지일 겁니다. 여러분은 가난을 재미로 느낄 수 있는 방식을 찾아낼 지도 모릅니다. 여러분은 곧 평생의 친구가 될 사람들을 사귀게 될 것입니다. 여러분은 매우 좋은 학과에 속해 있습니다. 여러분은 세상의 고통을 치유하는 데 도움이 될 기술을 습득할 것입니다. 다시 한번 입학을 축하합니다!

　여러분은 나에게 학위논문에 대한 조언을 부탁했지만 내가 도움이 될 수 있을지 모르겠습니다. 내가 받은 학위는 여러분이 받을 학위보다 반세기 이상 더 오래된 것이니까요. 다른 한편으로 생각해 보면 내가 이 분야에 그렇게 오래 종사했다는 것입니다. 그래서 다년간의 경험을 바탕으로 해서 오르게 된 이 지위를 이용해 박사학위논문과 석사학위논문, 기타의 것들에 대해 내가 배운 교훈을 여러분에게 이야기하고자 하는 것입니다.

**교훈 1** 대학원의 학과는 과학과 전문성을 진보시키는 일을 합니다. 여러분이 이 목표에 기여할 수 있도록 준비를 하게 된 대학원 수습생 시절을 되돌아 보십시오. 어쩌면 여러분이 할 수 있는 과학에 대한 가장 큰 공헌은 여러분의 학위논문을 통해서 일 것입니다. 학위논문은 여러분이 지금까지 한 작업 중에서 가장 큰 연구과제일지도 모릅니다. 그 경험은 보상받을 수 있습니다. 다음에 이어지는 몇 가지 교훈들은 그러한 보상과 관련된 것들입니다.

**교훈 2** 박사학위논문이나 석사학위논문의 주제는 여러분의 지적 유형과 잘 조화를 이루는 것이어야 합니다. 사회과학은 양적인 엄격함에서 질적인 불명확함까지 정확성의 범위 내에 있는 것을 총망라합니다. 이것을 바꾸어 말하면, 여러분은 심리학자들이 말하는 '모호함에 대한 관용(tolerance for ambiguity)'을 가져야 합니다. 여기가 바로 인지적 조화가 중요해지는 부분입니다. 여러분이 확실하다고 느낄 정도로 명확하지만 여러분이 지루해하지 않고 흥미를 느끼는 주제를 택하십시오.

**교훈 3** 여러분의 박사학위논문이나 석사학위논문은 인정된 연구 프로그램의 일부여야 합니다. 창의적이고자 하는 욕구가 여러분을 독특하고 독립적인 어딘가로 이끌려 할지도 모릅니다. 그러나 그것은 결코 좋은 생각이 아닐 것입니다! 그렇게 한다면, 여러분은 관련 문제에 대해 작업하고 있는 교수진과 다른 학생들로부터 받을 수 있는 격려성의 상호작용을 놓치게 될 것입니다. 여러분은 부적절한 지도를 받거나 전혀 지도를 받지 못할지도 모릅니다. 모든 것을 지도할 정도로 다 알고 있는 교수진은 없으며, 그렇게 '독특한' 학위논문은 대개 지식의 축적에 아무런 보탬이 되지 않습니다. 그 대신 그 분야의 가장 고질적 문제인 일관성과 통합성의 결여 문제를 더 악화시킬 뿐입니다.

**교훈 4** 지도교수와의 관계에 있어 그 분위기는 협동적인 것이어야 합니다. 여러분이 함께 작업하기를 원하는 누군가를 정할 때 그 사람에게 다가가서 일반적인 생각들을 물어보십시오. 이들 중 한두 명을 만나보고 나중에 연구에 관한 생각을 가지고 다시 만나보십시오. 일이 잘 된다면 지도교수가 되어 줄 가능성이 있는 사람들의 반응은 다음과 같을 것입니다. "나는 자네가 그 분야에 관심을 가지기를 기대해 왔네. 자네의 연구과제는 좋은 시작이 될 수 있어. 여기에 그 주제에 관한 내 연구물들이 몇 개 있네. 여기에 통제집단이 필요하지 않을까? 다른 추가적 조건은? 빠른 시간 내에 이 주제로 함께 작업하기로 하세. 우리가 서로의 관심사를 잘 해결할 수 있을 거라고 확신하네." 여러분이 이런 방식으로 교수진과 관련되기 힘들다면 또 다른 누군가를 찾아보십시오.

**교훈 5** 석사학위논문이나 박사학위논문을 작성할 때 가능한 한 간결하게 쓰십시오. 여러분이 속한 대학에서 어느 정도로 간결한 것이 허용되는지에 대해서는 전통적으로 내려오는 비공식적인 기준이 있을 것입니다. 그 기준은 거의 확실히 여러분이 논문을 쓰는 데 매우 중요한 기준이 될 것입니다. 여러분은 오늘날에도 그 기준을 탈피하고자 하지 않겠지만, 내가 지도한 학생들 중 가장 성공한 학생은 20쪽이 넘지 않는 박사학위논문을 썼습니다.

여러분의 지도교수가 표현의 세부사항을 가지고 여러분을 성가시게 한다면 그것은 오히려 환영할 일입니다. 박사학위논문을 쓸 때 나는 Kenneth Spence로부터 학부에서 어떤 국문학 과목에서 배운 것보다 더 많은 것을 배웠습니다.

**교훈 6** 여러분이 배우고 있는 방법론은 주제보다 더 중요하다는 것을 깨달으십시오. 사회과학에서 대부분의 '사실'이 갖는 수명은 약 5년 정도입니다. 연구설계와 분석방법은 그보다 더 오래 지속됩니다. 여러분의 학과에서 '조작적 정의'가 금지된 단어라면 그런 단어는 쓰지 마십시오. 하지만, 여러분의 연구가 '자아개념,' '기억에서 정보의 표상', '분리불안' 등 무엇에 관한 것이건 간에 여러분이 자신의 연구를 설명할 때, 그 연구를 모사하고자 할 때 요구되는 정보는 확실히 제공해야 합니다.

매력적인 우연한 결과들을 의심하십시오. 그런 결과들은 그저 표집상의 우연(제1종 오류)일지도 모릅니다. 나는 오랫동안의 연구에서 기대하지 않은 결과들이 검증중인 이론의 일부가 되는 것을 보아왔습니다. 그리고 나면 꾸며진 이론에 대한 검증은 그 이론이 포함하고 있는 새로운 통찰력을 만들어내는 식입니다. 그 체계가 무너질 때까지 말입니다. 여러분이 그러한 결과들을 다시 산출해내지 않는 한 그런 의외의 사실은 기껏해야 여러분의 학위논문에서나 언급할 가치가 있을 뿐입니다.

이제 보다 일반적인 최종 교훈이라 할 수 있는 세 가지가 남았습니다.

**교훈 7** 여러분은 여러분이 속한 분야의 학자들이 모이는 공동체에서 사교적인 회원이 되십시오. 여러분의 관심사 밖의 것일지라도 학과별 세미나에 참여하십시오. 때로는 다른 분야에서 생각해보는 것이 여러분 자신의 관심사를 분명하게 만들어 줄지도 모릅니다. 세미나의 연사들과 상호작용을 하십시오. 그 사람들의 대학에서 무슨 일이 일어나고 있는지 알아보고, 그 분야의 전망이 어떠할지에 대해서도 이야기를 들어 보십시오. 기회가 된다면 학회에도 참석하십시오. 여러분이 읽은 적이 있는 연구를 다룬 몇몇 학자들을 만나보십시오. 여러분이 속한 분야의 전국 학회에 대해 알아보고, 이들 중 한두 학회의 학생 회원이 되십시오.

**교훈 8** 전문가가 되는 길을 시작하십시오. 여러분은 향후 5년간을 운이 좋다면 4년간을 실험실과 도서관에서 보내겠지만, 졸업 후의 인생이 기다리고 있습니다. 그 때를 준비하십시오. 여러분이 종사하고자 하는 분야에 대한 관례를 습득하고, 그 분야에 익숙한 사람들로부터 빠르고 현명한 연구방식을 배우십시오.

학회에서 구두발표나 포스터발표를 시도하십시오. 여러분은 거기서 나중에 동료가 될 사람을 만나거나 심지어 여러분을 고용해 줄 사람들도 만날 수 있을지 모릅니다. 여러분의 관심분야에 관한 연구와 적용에 대한 날카로운 논평들을 들을 수 있을 것입니다.

여러분의 분야에서 출판을 하려면 논문을 어떻게 준비해야 하는지를 배우고, 출판을 위해 무언가를 써 보십시오(나머지 학술지들은 여러분에게 불리하다고 생각하고, 언급된 학술지들만을 고수하면서 말입니다).

연구원으로 지원해 보십시오. 선발된다면 여러분의 가치를 확실히 인정 받고 대학원생으로서의 삶도 보다 편안해질 것입니다. 또한 연구원으로서 요구되는 사항을 준비하는 과정에서 이후에 연구비를 지원받고자 할 때 필요할 글쓰기에 대한 연습이 될 것입니다.

**교훈 9** 이러한 교훈까지 여러분에게 이야기해야만 하는 것이 마음내키지 않지만, 유감스럽게도 인생은 현실입니다. 여러분이 대학원 과정에서 실패한다면 어떻게 할 것입니까? 대학원 과정에서 C학점을 받고 실격되어서 구제의 기회를 기다리는 중이라면 어떻게 할 것입니까? 여러분이 연구(또는 치료나 강의)를 매우 싫어하는 데도 불구하고 그것을 계속하라고 한다면 어떻게 할 것입니까? 제발 여러분이 그런 어려움에 처하게 되지 않길 바라지만, 만약 여러분이 그러한 어려움에 처하게 된다면 스스로를 잘 살펴보고 다음의 두 가지 질문을 던져보십시오.

첫째, 이 분야는 내가 정말로 종사하고 싶은 분야인가? 이 분야의 일원이 되는 첫 번째 단계는 여러분이 너무나 좋아해서 아무 대가 없이 일을 해도 행복할 수 있는 무언가를 찾아내는 것입니다. 두 번째 단계는 여러분에게 재정적 지원을 해 줄 누군가를 찾아내는 것입니다. 아마도 이 분야는 그러한 분야가 아닐 것입니다.

둘째, 내가 이런 작업에 정말로 적합한가? 정직하십시오. 삶에서 성장은 계속됩니다. 보통은 보다 더 정확한 자기평가가 중요한 문제입니다. 여러분은 그저 익숙한 정도가 아니라 매우 뛰어날 수 있는 전문분야에 종사해야 합니다. 솔직한 자기평가를 해 보고 여러분이 종사하는 곳에서 뛰어날 수 없다면 여러분의 재능에 보다 더 적합한 분야로 옮기십시오.

**교훈 10** 여러분이 가지고 있는 이 저서에는 매우 유용한 정보들이 들어있습니다. 내가 여기서 여러분에게 가르쳐준 주제들에 대한 자세한 내용들이 들어 있습니다. 여러분은 이 책의 내용이 사려깊고 대체로 여러분의 상황에 적합하다는 것을 알 수 있을 것입니다. 이 책은 여러분이 (감히) 물어보고자 생각하지도 못했던 질문들과 이에 대한 유용한 답변들을 담고 있습니다. 여러분은 이 저서를 통해 많은 것을 배우게 될 것입니다. 그리고 만약, 여러분이 모든 가능한 결과들 중 최선인 대학교수가 된다면, 여러분의 학생들을 지도하는 데도 도움이 될 것입니다.

다시 한번 대학원 입학을 축하하고 여러분의 대학원 생활이 너무 길지 않기를 바라며, 또 내내 행복하길 바랍니다!

*Gregory A. Kimble* 씀
Duke 대학 명예교수

# 감사의 글

**많**은 분들의 도움이 없었다면 이 책을 출판할 수 없었을 것입니다. 지난 수년간 우리 저자들의 조언을 성실하게 따라주고, 우리의 견해 중 어떤 것이 보배로운 것이고, 어떤 것이 쓸모없는 것인지를 우리에게 알려준 용기 있는 학생들의 도움이 있어, 우리들의 견해를 보다 세련되게 다듬을 수 있었습니다. 학생들의 질문은 또한 난생 처음으로 독립적 연구를 수행할 때에 부딪히게 되는 세부적인 문제들과 대학원에서 받은 교육 간의 격차를 보여주었습니다.

우리 저자들은 편집자인 Julia Frank–McNeil과 Mary Lynn Skutley에게도 대학원생 독자들에게 이와 같은 책을 전달할 가치를 인정해 준 데 대해 감사드립니다. 이 책의 출판을 담당한 편집자인 Peggy Schlegel과 Susan Bedford는 꾸준하고 기분좋은 작업으로 이 책의 출판 스케줄을 맞추어 주었고, 수많은 정밀한 세부사항에 대해 상의를 해 주었습니다. Thomas Cash 와 Brian Yates는 이 책의 이전 판에 대해 소중한 논평을 해 주었고 이번의 개정판을 이용하는 사람들이 보다 쉽게 활용할 수 있도록 도와 주었습니다. Constance Dalenberg와 Richard Gevirtz는 통계와 관련된 장에 대해 유용한 비평을 해 주었습니다. Avid Khorram과 Vicky Wolfe, Tom

DiLorenzo, Heidi Inderbitzen은 저자들이 요점을 설명하는 데 자신들의 학위논문 일부를 인용할 수 있도록 하는 호의를 베풀어 주었습니다. Sherry Casper-Beliveau와 Linda Jansen은 여러 번에 걸쳐 꼼꼼하게 교정을 봐 주었습니다. 끝으로 저자들의 배우자들은 이런 책을 출판할 때에 수반되는 늦은 밤과 주말 시간의 불가피한 작업을 너그럽게 이해해 주었습니다. 우리는 도움을 주신 모든 분들께 감사드리며 이 책에 이분들의 기여가 반영되었기를 바랍니다.

# 1 학위논문의 의미와 학위논문작성법의 출간목적

두 번째 제목(출간목적)에 대한 해명을 먼저 하기로 한다. 우리들 공동 저자들은 심리학과 관련분야의 대학원생들이 학위논문을 작성하기 시작하는 데에서부터 끝내기까지의 과정을 보다 성공적으로 진행하도록 도움을 주고자 이 책을 집필하였다. 또한 우리들은 지난 수십년간 학생들이 석·박사학위논문을 완성하도록 지도하면서 축적된 지혜를 문헌으로 남기려는 의도에서 이 책을 집필하게 되었다. 우리들은 논문작성 과정에 도움이 되는 여러 가지 유용한 제안들을 대학원생들에게 일러주었다. 하지만 다른 교수들과 마찬가지로 이러한 제안들을 체계화한 적이 없기 때문에, 우리들 공동저자들은 학위논문을 처음으로 작성하는 학생들을 접할 때마다 매번 모든 것을 다시 일러주어야만 하였다. 우리들은 학위논문을 작성하는 과정이 어떻게 하면 생소하지 않고 보다 재미있는 교육적 경험이 되는가에 대하여 최선의 제안들을 모아서 이 책을 집필하였다. 저자들의 제안은 기본적으로는 심리학과 그 관련분야에서의 학위논문을 대상으로 한 것이긴 하지만, 이 책의 많은 부분들은 일반적으로 처음으로 연구생활을 시작하는 사람들에게도 유용한 내용이 될 것이다.

## 이 책의 구성양식

이 책의 15개 장에는 우수한 석·박사학위논문을 작성하는 데 필요한 실질적인 내용들이 제시되어 있다. 물론, 이 책이 필요한 모든 내용을 남김없이 제시한다고는 말할 수 없다. 여기서 다루는 것은 이미 훈련받은 대학원 교육을 보충하는 정도가 될 것이다. 예를 들어, 이 책에서는 연구설계나 통계방법을 자세히 설명하지는 않는다. 그 대신, 여러분이 실제 연구를 수행할 때 대학원에서 이미 학습한 것을 적절히 응용하도록 도움을 주게 될 것이다.

제1장에서는 석·박사학위논문이 무엇이고, 어떻게 작성해야 하며, 어떻게 구성해야 하는지, 그리고 학생들이 학위논문을 왜 써야하는지에 대해 설명하고자 한다. 그런 다음 논문작성에 대해 여러분의 준비 정도를 평가하도록 하는 제2장으로 넘어갈 것이다. 제2장에는 학위논문을 작성하는 과정과 관련이 있는 기준들을 알아보는 데 도움이 되는 여러 가지 제안들과 연구를 성공적으로 완결할 수 있도록 여러분의 생활을 재구성하는 데 유용한 여러 가지 방안이 제시되어 있다. 제3장에서는 주제를 선정하고 연구문제들을 정리하며 검증가능한 가설을 작성하는 방법에 대해 논술할 것이다. 제4장에는 연구를 완결하는 데 필요한 시간을 추정하고 여러분의 노력을 헛되게 할지도 모르는 여러 사건들을 처리하는 데 도움이 되는 내용들이 서술될 것이다. 제5장에는 전반적으로, 지도교수의 선정과 심사위원의 선정 그리고 석·박사학위논문 작성에 필요한 예절들에 대한 중요한 조언이 제시되어 있다. 제6장에서는 가장 중요한 연구계획서에 대해 자세히 논술할 것이며, 제7장에는 문헌고찰을 위한 제안이 이어질 것이다. 제8장에서는 연구방법에 포함되어야 할 내용과 더불어 연구설계, 연구의 윤리 및 연구대상자의 승낙서(informed consent)에 대해 논술할 것이다. 자료수집, 자료분석 및 연구결과에 대해서는 제9~11장에 걸쳐 상세한 논의가 있을 것이다. 제12장은 이러한 결과를 제시하는 방법에 대해, 제13장은 논의부분에 대해 다룰 것이다. 제14장에서는 연구계획의 발표(proposal meeting)와

구술심사를 받는 전략에 대해 살펴볼 것이다. 마지막 제15장에서는 전문학회에서 논문을 발표하고 학회지에 논문을 게재하는 문제에 대해 논할 것이다. 끝으로, 전체 과정에 걸쳐 유용한 여러 도구들이 부록에 제시되어 있다. 이들 중에는 미국심리학회(American Psychological Association : APA)의 연구수행의 윤리기준, 온라인 참고문헌 데이터베이스 및 통계 소프트웨어 목록, 연구설계, 측정, 통계, 글쓰기 양식에 대한 참고문헌 목록 등이 포함되어 있다.

저자들은 앞으로 다루게 될 주제들을 여러분이 학위논문을 진행하는 과정에서 일반적으로 접하게 되는 순서대로 제시할 것이다. 학위논문작성을 진행하면서 새로운 국면에 접어들 때마다 관련된 장을 읽는다면, 여러분의 학위논문이 완성되고 난 후에는 이 책을 거의 다 읽게 될 것이다. 논문작성을 시작하기 이전에 이 책 전체를 대충 한 번 훑어보는 것도 유용할 것이다. 그러면 학위논문에 어떤 내용이 포함되어야 하는지, 이 책에서 제시된 순서와 다른 순서로 논문을 구성해야 한다면 여러분에게 필요한 내용을 어디서 찾아보아야 하는지에 대해 알 수 있을 것이다. 제2장에서 제15장까지는 장이 끝나는 부분마다 "해야 할 것(to do)"의 목록을 제시하였다. 요약하면, 이 목록 중에 있는 것들은 석·박사학위논문을 완성하고 출판하는 데 필요한 과업을 단계별로 분석한 것들이다. 이들 목록에 있는 것을 모두 수행한다면 훌륭한 논문을 완성하게 될 것이다.

이제 본 장에서 제기한 첫 번째 제목으로 돌아가기로 한다. 도대체 석·박사학위논문이란 무엇인가? 먼저, 이에 대해 정의를 내리고 나서 학위논문의 역사에 대해 알아 볼 것이다. 끝으로, 행동과학 분야에서 석·박사학위논문이 실제로 어떤 형태를 가져야 하는지에 대해 살펴볼 것이다.

## 학위논문의 정의와 기능

여러 사전에서 '석사학위논문(thesis)' 혹은 '박사학위논문(dissertation)'

의 정의를 찾아보면 보편적으로 공통되는 것은 없다. 웹스터 사전에서는 박사학위논문(dissertation)을 (1) "논문, 토론보고서, 논고", (2) "주제에 대해, 특히 글을 쓰는 데 있어 확장된 논법, 연구논문, 소론, 논문, 학술논문 보고서"(Webster's New International Dictionary, 1950, p. 753)라고 정의하고 있다. 옥스퍼드와 랜덤하우스 사전에서도 주제에 대해 충분히 논의하는 구술 또는 서면의 논법에 대해 언급하면서, "박사학위를 위해 특별히 작성한 서면의 소론(小論), 학술보고서 또는 논문"(Random House Dictionary of the English Language, Davinson, 1977, p. 12에서 인용함)이라고 비슷하게 정의하고 있다. 이러한 정의들이 나타내듯이 'thesis'와 'dissertation' 간에 차이가 명확하지는 않다. 사실, 'thesis'에 대한 랜덤하우스의 정의에는 'dissertation'이 포함되어 있다! 즉, 'thesis'는 "학위수여증이나 학위, 특히 석사학위를 위해 개인이 발표한 것으로 개인이 독창적으로 연구한 특정 주제에 대한 논문(dissertation)"(Random House, Davinson, 1977, p. 12에서 인용함)이라고 되어 있다. 이와 비슷하게 웹스터 사전(1950)에서도 'thesis'를 "독창적 연구의 결과를 포함하는 논문(dissertation)"(p. 2624)이라고 정의하고 있다.

미국 내 대학들에서는, 일반적으로 석사학위논문을 'thesis'로, 박사학위논문을 'dissertation'으로 구분하고 있다. 하지만 이러한 구분이 보편적으로 받아들여지는 것은 결코 아니며, 어떤 학교(예 하버드 대학과 워싱턴 대학)에서는 박사학위논문을 'thesis'라고 부른다. 저자들은 이 책에서 심리학과 관련분야의 박사학위(PhD 또는 PsyD) 과정의 필요요건 중 하나로서 수행되는 경험적 연구를 '박사학위논문(dissertation)'이라고 할 것이다. 마찬가지로, 석사학위를 받기 위해 수행하는 경험적 연구를 '석사학위논문(thesis)'이라고 할 것이다.

하지만 석사학위논문과 박사학위논문의 기능에 대해서는 일반적으로 의견이 일치하는 편이다. 학위논문의 한 가지 주요 목적은 중요한 주제에 관한 지식의 축적에 독창적으로 기여할 수 있는 독립적인 연구를 수행할 수

있는 학생의 능력을 확인하는 것이다. 예일 대학 요람에 따르면, 박사학위
논문은 "전문분야의 지식을 습득하고 학자로서 독립적인 작업을 수행할 수
있는 능력이 있으며 기존의 지식(이론)을 어떤 면에서 수정하거나 확장할
수 있는 결론을 형성할 수 있는지"(Yale University, 1975, p. 182)를 밝히는
것이어야 한다. 즉, 박사학위논문의 작성과정은 연구자로서 자율적인 역할
을 할 능력이 있는지를 검증하는 것이다. 완성된 논문 또한 기존의 지식 베
이스에 새롭고 의미있는 기여를 할 수 있는 것이어야 한다. 석사학위논문
도 이러한 방식으로 기여해야 한다. 하지만 석사학위논문에서는 독창성이
덜 강조되고, 학위지원자들은 종종 보다 많은 지도와 감독을 받게 된다. 예
를 들어, 석사학위논문의 경우 기존에 완성된 연구를 체계적으로 반복
(replication)하기도 한다. 또한 석사학위지원자들은 박사학위지원자들이 해
야 하는 것처럼 독립적으로 작업을 하는 경우는 매우 드물다.

## 석 · 박사학위논문의 기원

중세에도 오늘날과 같이, 가르치기 위해서는 대학에서 학위를 받아야만
했었다. 그 시대에는 교회가 대학을 통제하였고 학위나 교수 허가는 교회
가 부여하는 특권이었다. 일찍이 대학원생이 잘 가르칠 준비가 될 때까지
의 과정을 함께 보내는 "후원 박사(sponsoring doctor)"라는 사람들이 있었
고, 대학원생들은 이들의 도움을 받아 요구되는 역할을 준비하였다
(Davinson, 1977). 이들은 오늘날 석 · 박사학위논문을 지도하는 지도교수
의 시조가 되는 셈이다. 석 · 박사학위논문의 형태와 논문을 산출하는 과정
은 나라마다 다르게 발전하였지만, 일반적으로 그 과정이 도제와 같은 특성
을 지닌다는 점은 꽤 일관되게 나타난다. 영국에서는 박사학위지원자가 대
학 내에서 한 명의 교수와 함께 연구하고, 결국 그 교수와 다른 교수가 지
원자의 산출물을 평가하는 것이 일반적이다. 미국에서는 박사학위지원자가
교수들로 구성된 심사위원회와 함께 작업을 하게 된다. 그러나 대부분의

경우 한 명의 지도교수와 주로 작업을 한다. 석사학위논문이나 박사학위논문은 심사위원회에서 심사한다. 이러한 심사는 대개 대학 내에서 공개적으로 진행된다. 이를 석사학위 혹은 박사학위논문 '구술심사(defense)' 라고 부른다. 어떤 경우에는 지원자가 대개 정식으로 자료를 수집하기 전에 열리는 연구계획심사회의에서 특정 연구를 수행하고자 하는 것에 대해 처음부터 심사위원들을 설득해야 한다. 연구계획서를 준비하는 것에 대해서는 제6장에서 논의할 것이고, 연구계획 심사회의 및 구술심사에 대해서는 제14장에서 논의할 것이다.

이 책에서는 여러분이 경험적 연구를 계획하고 있다고 가정하지만 모든 석·박사학위 논문에서 경험적 연구를 수행해야 하는 것은 아니다. 심리학 분야에서는 전통적으로 최종학위인 PhD를 받기 위해서 경험적 연구과제를 수행해야 하는 것이 관례이다. 몇몇 응용심리학 프로그램에서는 대안적인 최종학위로 PsyD 또는 심리학박사학위를 준다. 종종 임상심리학에서는 PsyD 프로그램으로 학생들을 실질적 직업인으로 준비시킨다. PsyD 프로그램에서는 최종적으로 기존의 지식에 독창적인 공헌을 할 수 있는 학술연구를 요구하는데, 이를 때로는 박사학위논문(dissertations)이라고 부른다. 하지만 임상 전문인력을 양성하는 데 초점을 두는 여러 학교에서는 전통적인 '경험적' 학위논문의 대안도 인정한다. Sanchez-Hucles와 Cash(1992)는 미국에서 상당수의 PsyD 프로그램이 포함되는 것으로 보이는 전문적 임상심리학 프로그램 40개의 관리자를 대상으로 조사를 한 바 있다. 이들의 75%는 이론적 보고서, 프로그램 평가, 임상적 케이스보고서와 같은 비경험적인 대안을 인정한다고 응답하였다. 하지만 흥미롭게도, 이러한 프로그램 내 학생들의 약 반 정도는 박사학위 자격요건을 갖추기 위해 경험적 연구를 수행하겠다고 대답하였다.

## 학위논문의 형태

여러분은 아마도 스스로에게 석사학위 혹은 박사학위 논문의 형태―논문의 분량, 논문의 체제, 글쓰기 양식 등―에 대해 여러 가지 질문을 던져 보았을 것이다. 이러한 질문들 중 몇 가지를 살펴보기로 하자.

논문의 분량에 대해서는 전공분야와 대학에 따라 큰 차이가 있다. 석사학위논문의 분량에 대해서는 객관적인 자료를 가지고 있지 않지만, 박사학위논문의 분량에 대해서는 아는 바가 있다. Davis와 Parker(1979)는 1976년판 「국제학위논문 초록(Dissertation Abstracts International)」에서 사회학, 경제학, 경영학, 영문학의 박사학위논문 400개를 표본으로 무작위로 추출하여 분석한 결과, 중간값으로 나타난 분량이 225쪽이라고 보고하였다. 범위는 영문학에서 가장 적은 206쪽, 사회학에서 가장 많은 254쪽으로 나타났고, 다학문 간 차이는 그리 크지 않았다. 저자들이 1990년판 「국제학위논문 초록」에서 심리학 분야의 논문 100개를 표본으로 무작위 추출하여 살펴본 결과, 범위는 59쪽에서 679쪽이었고, 중간값은 174쪽으로 나타났다. 이 표본에서 표준편차가 95.4로 나타난 점을 고려하여 신중하게 추정해 보면, 오늘날 심리학 박사학위논문의 85%는 본문, 표, 부록, 관련 항목을 포함하여 그 분량이 67쪽에서 287쪽 사이라고 할 수 있다. 저자들이 훈련된 추측(educated guess)을 해 보면, 석사학위논문의 분량은 평균 62쪽 정도로 박사학위논문의 2/3 정도 분량이 될 것 같다.

논문의 체제에 대해 말한다면, 물론 준수해야 하는 체제가 있다. 이에 대해서는 여러분이 소속한 학교기관의 규정이 있을 것이므로 담당자에게 문의해보는 것이 좋을 것이다. 대학원 교학과나 도서관에 이러한 것의 담당자가 있을 것이다. 이들은 보통 논문의 체제에 관해 자세히 기록한 자료를 가지고 있으며 일정표, 심사위원회 규정, 바인딩 요금 등 기타 유용한 정보에 대해서도 알려줄 것이다. 심리학에서의 석·박사학위논문은 주로 「미국 심리학회의 출판편람(Publication Manual of the American Psychological

Association)」(APA, 1994)에서 정한 체제와 양식을 따르고 있다. 본서도 그러한 체제로 만들어져 있고, 행동과학 분야의 학술지 대부분이 이러한 양식을 따르고 있다. 사실, 저자들은 이 책에서 「미국심리학회(APA)의 출판편람」을 널리 참고할 것이다. 이러한 체제가 주로 채택되고 있기는 하지만, 모든 대학이나 심리학과에서 이 체제를 채택하는 것은 아니다. 심지어 이 체제를 채택하고 있는 곳에서조차도 종종 여러분의 생각과 다를지도 모르는 지역적 편차(예 표의 위치, 참고문헌 양식 등)가 있다. 여러분이 속한 대학의 규준을 알아보는 것이 가장 우선적으로 해야 할 일 중 하나이다 처음부터 올바른 체제를 이용한다면 시간을 크게 절약할 수 있을 것이고 이후 잘못된 체제로 인한 곤란을 겪지 않을 것이다.

논문작성을 시작하기 전에 먼저, 여러분을 지도할 지도교수가 이전에 지도했던 학생들이 완성한 석·박사학위논문 몇 편을 살펴보는 것이 좋을 것이다. 이를 통해 여러분이 준수해야 할 체제의 구체적인 예를 잘 알 수 있을 것이다. 또한 교수진에게 조언을 구할 수도 있을 것이다. 완성된 연구논문의 질은 다양하므로, 교수들은 여러분이 생각하고 있는 연구형태와 가장 밀접한 관련이 있는 논문을 보여줄지도 모른다. (제5장에서는 지도교수를 선정하는 것에 대해 구체적으로 다룰 것이므로, 아직 지도교수가 정해지지 않았다고 해서 걱정할 필요는 없다.)

일반적으로, 최종적인 결과물에는 무엇이 포함되어야 할 것인가? 최종적인 결과물은 학술지의 논문과 매우 유사하지만, 그보다 더 자세해야 한다. 목차로 시작해서 문헌고찰(이론적 배경)을 하고 이어서 연구방법 부분을 쓰고난 다음 연구결과를 작성하며 끝으로 논의를 한다. 참고문헌 부분에는 인용된 책에 대해 자세히 적고, 부록에는 실험도구 제작방법, 동의서, 자료기록양식 등과 같이 추가적 자료를 덧붙인다.

이제, 여러분은 석·박사학위논문이 무엇이고, 이들의 기원은 어떠하며, 일반적으로 어떻게 구성되는지에 대해 알았을 것이다. 이제 본 장에서 가장 중요할지도 모르는 문제에 대해 살펴보기로 하자.

## 학위논문을 쓰는 동기

석사학위논문 혹은 박사학위논문을 작성하는 확실한 이유에는 여러 가지가 있다. 요컨대, 여러분이 속한 대학원 과정에서 특정 학위를 취득하기 위해서는 논문을 작성해야 하기 때문에 논문을 쓴다고 할 수 있다. 여러분은 지금까지 과목이수(course work)를 위해 오랫동안 열심히 노력하였다. 학위를 받기 위한 마지막 단계를 끝내지 못해 지금까지의 노력을 모두 물거품으로 만든다는 것은 상상할 수도 없을 것이다.

물론, 다른 적절한 이유들도 있을 것이다. 몇몇 이유는 경제적인 것이다. 박사학위논문은 보다 높은 수입, 대학교수나 연구기관 등의 직업 세계로 들어가는 입장권이 될지도 모른다. 또 다른 이유로는 지적인 것을 들 수 있을 것이다. 연구를 통해 개념적, 방법론적, 실질적 문제들을 해결하고 이에 대해 생각하는 여러 가지 도전과 기회를 얻게 될 것이다. 또한 연구를 수행함으로써 여러분이 관심을 가지고 있는 심리학적 혹은 기타 행동과학 현상에 대해 알아볼 수 있을 것이다. 그리고 석·박사학위논문을 완성함으로써 복잡하고 힘든 과업을 완수하였다는 개인적 만족감도 얻을 수 있을 것이다.

대학원 과정중 지금 이러한 시점에 있다면, 여러분 자신에게 석·박사학위논문이 필요한 이유는 무엇인지 구체적으로 생각해 보라. 인지행동치료사들이 말하듯이, 여러분이 착수하고자 하는 주요 연구에 대해 어떻게 생각하는지는 그 과정에서의 즐거움, 편안함, 과정의 속도, 배우는 양과도 관계가 있을 것이다. 만일 여러분이 심리학의 어떤 측면에 대해 혹은 심리학 분야에서 연구를 수행하는 과정에 대한 관심으로 가득 차 있다면 매우 다행스런 일이다! 여러분은 시작에서 마칠 때까지 연구에 충실할 수 있는 끈기를 가질 수 있을 것이다. 그리고 그와 같은 과정에서 즐거움도 느끼게 될 것이다.

하지만, 만일 여러분이 지금 이와 같이 느끼고 있지 않다면 어떠한가? 처음에는 석·박사학위논문이 학위를 습득하는 데 있어 골치아픈 장애물로 보이고, 학위논문을 작성하기 위한 가장 쉽고, 빠른 방식을 알아내고자 하는 것이 정상이다. 하지만 여러분에게 의미가 있는 이러한 장애물을 제거할 때 얻게 되는 혜택에 초점을 두는 것이 보다 유용하다. 이러한 연구를 진행하면서 유용한 기술을 습득할 것으로 보이는가? 졸업한 후에 자신이 하고자 계획하는 것과 관련성이 있는가? 과정중 혹은 현장 경험에서 스스로에게 자문하고 있던 문제를 해결하거나 이미 추진하고 있는 연구를 확장하는 기회가 되는가? 연구과제에 대해 이와 같이 긍정적인 측면에 집중하고, 여러분이 뛰어넘어야 할 장애물을 걸림돌이라기보다는 도전의 대상으로 본다면 도움이 될 것이다. 많은 사람들에게 최대의 학습경험이 되는, 이러한 연구수행 과정을 즐기지 않는다면, 이러한 과정으로 인한 혜택을 그리 많이 받지는 못할 것이라는 점을 기억하라.

## 성공적으로 작업하기

본 장을 마치기 전에 주의해야 할 사항은 다음과 같다. 저자들이 한 조언들 중 몇몇은 여러분에게 별로 유용하지 않을지도 모른다. 여기서 제시한 모든 전략이 모든 학생들에게 다 효과가 있는 것은 아니며, 각 교수진과 학과에서 취하고 있는 석·박사학위논문에 관한 방식이 모두 똑같은 것은 아니다. 규칙과 전통은 다 다르다. 저자들의 견해를 무조건 받아들이지 말고, 여러분이 속한 학교의 규정이 이 책에서 제시한 것들과 다른지에 대해 살펴보라. 석사학위 혹은 박사학위논문을 마치는 것은 어떤 의미에서는 일종의 통과의례라는 점을 기억하라. 그러한 의식의 대부분이 그렇듯이 그 과정의 일부가 독단적이고 기능적이지 않은 것처럼 보일지도 모른다. 이러한 점들을 먼저 인식하고 작업을 하고자 결정한다면, 여러분은 보다 쉽게 성공할 것이고, 그 과정에서 보다 많은 즐거움을 느낄 수 있을 것이다.

다시 말해서, 석·박사학위논문 작성과정에 대해 너무 겁먹지 마라. 물론, 그것은 긴 여정이고, 복잡한 과정이며, 난생 처음 해 보는 종류의 작업일지도 모른다. 때때로 겁이 날지도 모른다. 하지만 여러분도 다른 많은 사람들처럼 그 과정을 마치고 학위를 받을 것이다. 학위논문 작성에 필요한 기술의 상당 부분은 여러분이 이미 습득한 것이라는 점을 기억하라. 게다가 지도교수와 심사위원들이 도와줄 것이다. 아래 글은 최근에 학위논문을 작성한 한 학생이 쓴 글이다.

> 내가 대학원 과정을 마치고 박사학위논문을 완성해 갈 때, 한 가지 생각이 떠오르곤 했는데, 그것은 다음 두 가지 요인이 있다면 어떤 목표라도 가능하다는 것이었다. 첫째, 일을 작은 단계로 나눌 수 있는 능력, 둘째, 가족, 친구, 공동체의 지원이 바로 그것이다(Dionne, 1992, p. iii)

저자들은 여러분에게 동기가 있다는 것을 알고 있다. 그렇지 않았다면, 이 책을 읽지 않았을 것이다. 이러한 동기를 활성화시킬 준비가 되었는가? 이제 제2장으로 넘어가서 여러분의 준비상태를 자세히 점검해보고 과업(논문작성)을 더 잘 준비하기 위해 무엇이 필요한지 알아보기로 하자.

# 2 논문작성의 준비에 대한 평가

제1장에서 여러분에게 석·박사학위논문을 완성하기 위해서 마음을 가다듬고 스스로의 태도를 살펴보라고 한 바 있다. 본 장은 여러분이 자신의 준비상태를 평가하는 데 도움이 될 것이다. 즉, 석사학위 혹은 박사학위논문을 시작하기 위해 어느 정도로 준비가 되었는가를 알아보는 데 도움이 될 것이다.

## 준비상태를 확인하라

여기서는 여러분의 현재 상태를 점검하는 방식을 알려주고자 한다. 여러분은 지금 중요한 연구과제를 착수하고자 하고 그 일을 하기 위한 충분한 이유가 있다고 확신한다. 그런데 정말로 준비가 되었는가? 이를 알아보기 위한 좋은 방법은 다음의 연구준비도에 관한 체크리스트(Research Readiness Checklist)에 대답해 보는 것이다. 각 문항에 대해 가능한 한 정직하고 성실하게 답하라. 이는 단지 여러분이 논문작성 과정에 얼마나 현실적으로 접근하고 있는가를 검사하는 것 일뿐이라는 점을 기억하라. "아니오"라는 대답을 통해 재고해야 하는 부분이 어디인지에 대해 유용한 자료를 얻을 수 있을 것이다. 대답을 다른 종이에 작성하라. 작성한 대답을 해석하는 방법에 대해서는 다음 부분에서 논할 것이다.

이 체크리스트는 타당화된 심리측정도구가 아니므로, 복잡한 연구과제를 성공적으로 진행하기 위한 여러분의 준비 정도를 단정적으로 평가해 준다고 생각하지는 마라. 그 대신, 긴 여행을 보다 순조롭게 하기 위해서 필요한 중요한 준비사항 목록으로 활용하라. 기본적으로, 이 목록은 연구과제를 제때에 성공적으로 완수하는 데 필요하다고 생각되는 기술과 자원에 대한 과업을 분석한 것이다. "아니오"라는 대답으로 인해 불안해하지 마라. "아니오"라는 답이 석사학위 혹은 박사학위논문을 쓰는 데 실패할 것이라는 의미는 아니다. 예를 들어, 저자들 중 한 명은 성공적으로 완성한 박사학위논문을 시작하기 전에 이 질문들 중 적어도 4문항에 "아니오"라고 답한 바 있다. 또한 모두 "예"라고 답하였다고 해서 연구과제를 아무 어려움 없이 완성할 것이라는 의미도 아니다. 그보다는 사전계획과 준비로 문제를 예방하기 위해 잠재적으로 문제가 될 수 있는 점을 알아내는 데 "아니오"라는 답을 활용하라. 다음으로 이러한 준비에 무엇이 포함되어야 하는지에 대해 조언하고자 한다.

---

**<표 2-1> 연구준비도에 관한 체크리스트**

| 예 | 아니오 | 글을 얼마나 잘 쓰는가? |
|---|---|---|
| ☐ | ☐ | 1. 일반적으로 보고서를 논리적이고 일관성 있게 잘 조직화하여 쓰는가? |
| ☐ | ☐ | 2. 문법을 올바르게 사용하는가? |
| ☐ | ☐ | 3. 철자를 올바르게 쓰는가? |
| ☐ | ☐ | 4. 출판양식에 관한 책을 가끔만 확인하면 될 정도로 미국심리학회(APA) 양식에 대해 충분히 잘 알고 있는가? |

〈계속〉

## <표 2-1> 연구준비도에 관한 체크리스트 <계속>

예   아니오   **방법론에 대한 준비가 되어 있는가?**

☐   ☐   5. 지난 3년간 대학원 수준의 통계과목을 두 개 이상 이수하였는가?

☐   ☐   6. 측정도구의 제작이나 측정이론에 대해 대학원 수준의 과목을 들었는가?

☐   ☐   7. 대학원에서 연구설계에 대한 과목을 이수하였는가?

☐   ☐   8. 대학원에서 경험적 연구문헌에 대한 비평을 한 적이 있는가?

☐   ☐   9. 대학원생으로서 경험적 연구에 참여한 적이 있는가?

예   아니오   **일반적 준비도**

☐   ☐   10. 적어도 세 명 이상의 사람들과 그 사람들의 석사학위 혹은 박사학위논문 작성 경험에 대해 이야기 해 본 적이 있는가?

☐   ☐   11. 연구과제에 투자할 시간이 주당 적어도 20시간 이상 있는가?

☐   ☐   12. 이러한 시간이 적어도 12~18개월 정도 가능한가?

☐   ☐   13. 방해받지 않고 글쓰기, 자료분석 등의 작업을 할 물리적 공간이 있는가?

☐   ☐   14. 적절한 참고서적 자원(예 도서관 및 데이터베이스)에 접근할 수 있는가?

☐   ☐   15. 논문지도교수를 정기적으로 만날 수 있는가?

☐   ☐   16. 가족들의 지원을 받을 수 있는가?

☐   ☐   17. 여러분 소유의 컴퓨터나 쉽게 이용할 수 있는 컴퓨터가 있는가?

☐   ☐   18. 키보드를 적절히 다룰 수 있는가?

☐   ☐   19. 적절한 시간관리 기술을 가지고 있는가?

☐   ☐   20. 적절한 대인관계 기술을 가지고 있는가?

☐   ☐   21. 여러분이 속한 학교에서 석·박사학위논문 과정에 대해 정해져 있는 공식적인 규칙들에 대해 알고 있는가?

☐   ☐   22. 이러한 과정에 대한 비공식적인 규칙들을 알고 있는가?

## 질문에 대한 답변을 해석하라

준비상태를 분석하기 위해 체크리스트상 몇 가지 범주의 문항을 보다 자세히 살펴보기로 한다.

### 쓰기

석사학위 혹은 박사학위논문을 완성하는 데 있어서는 아마도 글을 쓰는 능력과 방법론에 대한 지식이 가장 중요할 것이다. 방법론에 대해서는 잠시 후에 논할 것이다. 먼저, 글쓰기에 대해 얘기해 보자. 여러분이 문항 1과 2에 "아니오"라고 답하였다면 연구과제를 착수하기 전에 진지하게 추가적으로 준비할 사항에 대해 생각해야 한다. 글을 쓸 때 조직화하는 능력(문항 1)은 얼마나 분명하게 생각하는가를 나타내는 지표가 된다. 잘 조직화하지 못한다면 논리적인 사고가 부족하기 때문인지도 모른다. 유감스럽게도, 이러한 기술을 배우는 데는 빠르고 쉬운 방법이 없다. 따라서 여러분이 언어적 자료를 잘 조직화하지 못한다고 생각한다면, 다시 한 번 생각해 보라. 서면 자료를 조직화하는 방법에 관한 특정 과목이나 개별지도를 이용한다면 도움이 될지도 모른다. 여러분이 속한 학교의 국문과에 있는 프로그램들을 살펴보라. 논리학에 대한 과목을 들은 적이 있는가? 그렇지 않다면 철학과에서 이에 관한 과목을 살펴보라.

문법적인 솜씨(문항 2)는 조직화 능력보다 더 구체적인 것이다. 재학중에 문장구조와 적절한 단어 사용에 대한 문제를 계속 지적받았다면, 석사학위 혹은 박사학위논문을 시작하기 전에 이에 대해 진지하게 생각해 보라. 몇몇 학교에서는 학위논문을 쓸 때 편집 고문을 활용하는 것을 묵인하기도 하지만, 대부분의 학교에서는 심각한 문법적 오류를 수정하기 위해 다른 인력을 이용하는 것을 허가하지 않는다. 적어도 논문을 모국어로 작성하는 경우에 한해서는, 교수들은 편집인이 아닌, 여러분 스스로가 글을 작성해야 한다고 할 것이다.

　문법적 기술을 증진시키기 위해 몇 가지 단계를 밟을 수 있다. 첫째, 구문론과 문법 및 구두점에 관한 과목을 반드시 이수하라. 구문론과 구두점에 대해 기본이 되어 있다면, 문법적 숙달을 위한 다음 단계는 워드 프로그램과 관련된 몇몇 좋은 문법-확인 프로그램을 통해 여러분이 쓴 글을 점검해 보는 것이다. 이러한 소프트웨어 프로그램들로는 Grammatik,™ Right Writer,™ Writes Right,™ Writer' s Tool Kit,™가 있다. 이들은 대부분의 소프트웨어 판매점에서 구입할 수 있다. 이러한 프로그램들을 통해 수 백 가지 문법 규칙들 중 몇 가지에 위배되었는지, 구두점에 오류가 있는지, 문장이 지나치게 긴지, 부정문을 너무 많이 사용했는지, 혹은 능동태나 수동태를 너무 많이 사용했는지를 알 수 있다. 이러한 프로그램을 사용하는 것은 전문적인 편집인에게 여러분의 글을 보아달라고 하는 것과 같다. 이들 프로그램이 여러분의 글을 철저히 분석하는 데 놀랄 것이다. 글을 잘 쓰는 사람의 경우라도 이들 프로그램을 이용하면 이점이 있다. 우리 모두 의식조차 하지 못하고 있는 나쁜 습관을 가지고 있을 수 있다.

　Right Writer™ 등의 분석을 반복적으로 받으면 글쓰기 실력이 상당히 나아질 수 있다. 지도교수로부터는 이처럼 폭넓은 피드백을 받지 못할 것이다. 거의 대부분의 교수들은 여러분이 글 쓰는 실력을 개선시킬 필요가 있다고만 언급할 것이다. 교수가 몇 가지 구체적으로 분리부정사, 동사-주어 불일치 등에 대해서 지적할지도 모르지만, 교수의 역할은 연구기술을 가르치는 것이지, 글쓰기를 지도하는 것이 아니다. 누구도 잘 구성된 소프트웨어 프로그램이 제공하는 포괄적인 피드백을 주지는 못할 것이다. 시간이 허락한다하여도 인간이 수천 가지 규칙을 모두 머리 속에 넣고 적절한 순간에 생각해 내기란 쉽지 않을 것이다.

　철자(문항 3) 및 양식 문항(문항 4)에서는 보다 구체적인 언어기술을 다룬다. 다행히도, 이것들이 중요하긴 하지만, 부족하다고 해서 치명적인 것은 아니다. 컴퓨터를 이용할 수 있다면, 철자-확인 프로그램을 통해 여러분이 쓴 글에서 잘못된 철자를 거의 다 찾아낼 수 있다. 그렇지 않다면, 여러분이 쓴 글을 읽어보고 잘못된 철자를 고치는 데 다른 사람을 고용할 수도 있다. APA 양식에 대해서도 마찬가지다. 실제로 몇몇 컴퓨터 프로그램(예 Pergamon Press's Manuscript Manager™)을 이용하면 APA에서 요구하는 양식의 대부분에 맞도록 글을 작성할 수 있다. 여러분이 그런 프로그램을 가지고 있지 않다면, 하나를 구입하거나 APA 양식에 익숙한 편집인을 고용하라. 하지만 더 바람직한 것은 APA의 '출판편람(Publication Manual)'을 구입해서 그 양식을 익히는 것이다. 대학원 과정을 마칠 정도의 능력을 가진 사람이라면 명료하고 자세한 이 매뉴얼을 참고해서 누구라도 APA 양식을 익힐 수 있다. 만일 여러분이 다른 양식을 이용하는 학교에 속해 있다면, 그 학교에서 받아들여지는 양식을 설명한 글이나 매뉴얼을 줄 수 있는 누군가가 있을 것이다. 도서관이나 학장실에 가서 그런 문서를 부탁해 보라.

## 방법론

문항 5에서 9까지는 방법론에 대한 준비 정도가 적절한지, 또 최신의 것인지를 알아보는 것이다. 문항 5는 대부분의 학과에서(물론, 여러분이 그래프식으로 제시된 결과를 언어적으로 묘사하는 것에 국한되는 분석을 하는 응용행동분석 프로그램 과정에 속해 있다면 거기에 해당하지 않는다.) 만족스러운 석사학위 혹은 박사학위논문을 마치는 데 필수적으로 요구되는 사항을 대표하는 것이라고 할 수 있을 것이다. 최근 대학원 수준에서 다루는 통계적 개념과 도구에 능숙하지 않다면 몇 가지 단계를 거쳐 이를 보충해야 할지도 모른다. 이들 과목에서 다루는 내용의 일부를 제10장에 제시하였다. 제10장을 한 번 훑어보라. 편안하게 볼 수 있는 익숙한 내용인가? 간단히 복습하기만 하면 편안하고 익숙하게 볼 수 있겠는가?

우리 저자들이 지도한 학생들 중 한 명은 최근 보다 체계적으로 통계적 준비 정도를 평가하였다. 그 학생은 여러 해 전에 동부 명문대학에서 대학원 과정중 통계학을 이수하였다. 최신 통계기법이 중요하다는 이야기를 들었기 때문에, 그 학생은 저자들 중 한 명을 찾아와 최근 통계학 과목에서 다루는 내용들로 시험을 치르게 해 달라고 부탁하였다. 검사를 통해 자신의 수행능력을 평가해 본 후, 그 학생은 자신이 속한 학과에서 주요 통계과목을 청강할 수 있도록 수강과목을 정정하였다.

물론, 이와 같이 스스로 계획을 수정하는 것이 불가능하거나 필요하지 않을지도 모른다. 복습할 필요가 있는 구체적 부분을 찾아낼 수 있다면, 통계학을 가르치는 교수에게 주기적으로 조언을 받고 책을 읽는 독학 프로그램 계획을 세울 수 있다. 아마도 그런 교수들 중에는 여러분이 보충해야 할 내용을 다루는 자신의 강의를 청강해도 좋다고 하는 사람이 있을지도 모른다. 또한 여러분은 비슷한 부분을 복습해야 하는 박사과정의 다른 학생을 찾을지도 모른다. 진도를 맞추어가면서 서로를 자극하는 연습상대들처럼, 함께 복습할 내용이나 구조 및 시기에 대한 계획을 세울 수 있다.

여러분이 통계공포증으로 인해 학위논문에 대한 아이디어를 포기하기 전에 저자들이 "편안하게"라고 표현한 점을 기억하라. 통계학에 대해 천재여야 한다고 말하거나 그 내용을 쉽다고 느껴야 한다고는 말하지 않았다. 저자들의 경험에 의하면, 대부분의 학생들은 석사학위 혹은 박사학위논문에서 통계가 가장 어렵고 걱정되는 부분이라고 생각한다. 그럼에도 불구하고, 적절한 지도만 있으면 학생들은 연구과제의 통계부분을 숙달한다. 핵심은 여러분이 기초 통계학적 개념을 습득하였다면 적절한 지도를 받는 것이고, 습득하지 못하였다면 추가적 훈련 혹은 개인지도를 받는 것이다. 수련중에 있는 수천의 심리학자들은 숫자에 대한 두려움을 극복해 왔고, 어느 정도 노력한다면 여러분도 그렇게 할 수 있다.

여러분이 개인차를 평가하는 측정도구를 개발해야 하는 연구과제를 계획하고 있다면, 문항 6(측정이론)에 "예"라고 답하는 것이 매우 중요하다. 연구하고자 하는 변인에 대한 측정도구가 존재하지 않거나 그 도구가 적절하지 않은 분야에서 작업을 하고 있는가? 이주 노동자 집단의 태도를 조사하고자 하는가? 이성교제중의 폭력성에 관심을 가지고 있으나, 그것을 측정하는 적절한 측정도구가 없는가? 이러한 질문들에 그렇다고 답한다면, 여러분은 적절한 측정도구 개발이나 검사구성 과목에 포함된 개념을 잘 알고 있어야만 한다. 척도구성 및 타당화 작업은 매우 복잡한 것이므로 가볍게 접근해서는 안 된다. 여러분의 연구에서 실제로 새로운 측정도구를 제작할 필요가 없다하더라도 그 과정에 대해 잘 알아두면 좋을 것이다. 연구하고자 하는 변인들의 측정도구를 잘 선택하기 위해서는 심리측정학적 개념들을 친숙하게 느끼는 것 이상이어야 한다. 만일 이 분야에 대해 준비된 정도를 확신할 수 없다면 제9장에 있는 내용을 살펴보라.

외적 타당도를 최대화하면서 내적 타당도 손실을 최소화하는 연구설계 방식에 대해 이해하기 위해서는 연구설계에 대한 과목을 이수하는 것(문항 7)이 중요하다. 이러한 용어들이 생소하게 들린다면, 연구설계 원칙에 대해 복습하라고 강력히 권한다.

연구설계 과목의 또 다른 기능은 연구 언어를 제대로 사용하는 방법을 가르쳐 준다는 것이다. 예를 들어, 잘 모르는 학생들은 종종 방법론적 문제를 의미할 때 'confound'라는 단어를 사용한다. 어떤 학생들은 연구설계의 신뢰도를 언급하거나 종속변인과 독립변인을 혼동한다. 다른 사람들의 연구뿐만 아니라 여러분 자신의 연구에서 방법론을 논할 때, 용어를 올바르게 사용하는 것이 중요하다. 덧붙여, 구술심사에서 용어를 잘못 사용한다면, 심사위원들은 여러분이 자신이 이야기하는 것이 무엇인지 잘 모르고 있다고 생각하게 된다. 이 때문에 보다 깊이 있는 질문을 받거나 때로는 적대적인 질문을 받게 될지도 모른다. 다행히도, 여러분이 연구 용어를 확실히 이해하고 정확하게 사용한다면, 이를 예방하는 것은 쉬운 일이다.

문항 8에서 이야기하는 것은 연구문헌을 읽고 평가한 경험을 가지고 있는가에 대한 것이다. 출판된 모든 논문들이 방법론적 정확도에 있어 모두 같은 수준은 아니다. 여러분의 작업 중 일부는 우수한 논문과 보통 논문(바라건대 3류 논문은 결코 출판되지 않았으면!)을 구분해 내고, 여러분의 연구가 적어도 '우수한' 논문 집단에 속하도록 만드는 것이다. 더욱이 다른 사람들의 연구(문헌고찰 부분에서)와 여러분 자신이 한 연구(논의부분에서)

를 비판적으로 평가해 볼 필요가 있다. 대부분의 일이 그러하듯이, 비판적 평가도 부단한 연습을 통해 완벽해질 수 있다. 대학원 과정에서 경험적 문헌을 비판적으로 읽고 평가한다면, 보다 예리한 사고능력을 함양할 수 있게 된다.

문항 9(연구경험)에 "예"라고 답한다면 위의 네가지 문항들에 대해서 어느 정도는 보완이 될지도 모른다. 여러분의 연구에 기본이 되는 어떤 연구 프로그램에 참여한 적이 있다면, 연구를 수행하는 데 필요한 방법론에 대해 익숙할 것이다. 여러분이 별로 광범위하게 개입하지 않았거나 다른 분야에 대해 연구하고자 한다면, 준비가 되지 않았을지도 모른다. 이러한 경우에는 통계와 방법론에 대해 여러분의 능력을 평가해 보는 것이 우선되어야 할지도 모른다.

요약하면, 글쓰기와 방법론의 기술이 연구과정에서의 성공을 결정하는 가장 중요한 요소가 된다. 하지만 계속 진행하기 전에 연구준비도에 관한 체크리스트상의 다른 문항들 중 몇 가지가 시사하는 점을 살펴보자. 문항 11과 12를 예로 생각해 보자. 현실주의적인 학위지원자들은 주당 적어도 10~20시간을 투자할 필요가 있다는 점에 몹시 놀랄 것이다. 그리고 이러한 투자가 1년에서 2년 정도 지속되어야 한다는 점에는 완전히 말문이 막힐지도 모른다! 사실, 이것은 아마도 박사학위논문에 한해 엄격하게 적용한 추정치일지 모른다. 앞서 언급한 바 있는 Davis와 Parker(1979)의 경험적 조사에 따르면, 박사학위논문의 80%는 완성하는 데 걸린 실제 작업기간이 11~19개월인 것으로 나타났다. 그리고 이 수치는 한 달에 175시간을 투자한 결과이다. 물론, 이러한 추정치는 지역마다 다른데, 여러분이 속한 학교에서 다른 사람들은 학위논문을 마치는 데 얼마나 걸렸다고 이야기하는가?

## 환경적 지원

이렇게 거대한 작업을 착수할 장소는 어떠한가? 소금과 후추, 토스터, 조간신문 근처에서 작업할 수 있다고 생각하면서 식탁을 둘러볼 일은 분명히 아니다! 한동안 이 작업을 할 것이므로, 작업공간을 신중하게 선택해야 한다. 장시간 방해받지 않고 개인적인 시간을 보낼 수 있는 조용한 장소를 물색하라. 여러 대학 도서관에는 장기 연구과제 작업을 하는 학자들을 위해 잠금 장치가 있는 개인용 열람실이 마련되어 있다.

우리 저자들 중 한 명이 최근 박사학위논문을 쓰기 위해 실제로 사무실을 빌린 학생을 만난 적이 있다. 그 학생은 이 사무실에서는 논문과 관련된 작업만을 하기로 하였다. 이는 중요한 행동관리 지침의 좋은 예가 된다. 다른 조건들이 동일하다면, 자극조건이 정밀하게 정의된 통제 하에서는 행동이 매우 분명해진다. 자기통제에 관한 연구자들은 자극통제에 대해 언급한 바 있다(Stuart, 1977). 체중 프로그램에 참여한 사람들에게 식탁에서만, 그리고 (때로는) 하얀 매트가 있는 식탁에서만 식사를 하라고 하였다. 불면증인 사람들에게는 침대에서만 잠을 자고, 침대에서는 잠만 자라고 하였다. 즉, 침대는 잠을 자는 곳이라는 자극조건이 엄밀하게 통제된 것이다. B. F. Skinner는 집에서 글을 쓰는 데 특별한 책상을 이용하였다. 그는 매일 이 책상에서 몇 시간을 보냈고 이 책상에서는 글쓰는 일 이외의 세금계산이나 개인적 서신 등 다른 일은 하지 않았다.

특정 장소라는 자극통제 하에서 글쓰기를 하는 것과 관련된 것은 하루 중 특정 시간을 정하여 작업하는 것이다. 노년기에 Skinner는 새벽 5시에서 7시 사이에 글을 썼다. 매일 일정한 시간에 글을 쓴다면, 글을 쓸 때의 시간과 관련된 추가적인 자극을 통제할 수 있을 것이다. 여러분의 생리적인 상태뿐만 아니라 외부의 빛과 소음도 일정할 것이다. 따라서 주위가 덜 산만해질 것이다.

가족의 지지를 받아낸다면, 이러한 일관성을 유지하기가 보다 쉬워질 것이다. 이 중요한 사람들을 소홀히 대하지 마라. 일정 기간 동안 여러분이 '두더지' 같은 생활을 해야 한다는 사실을 인식시켜라. 그리고 여러분이 가족과 함께 보낼 수 있는 시간을 마련하라. 아이들이나 다른 가족들이 여러분이 그들과 함께 일정 시간을 보낼 것이고, 그 약속을 지킬 것이라는 점을 안다면, 여러분의 작업을 훨씬 덜 방해할 것이다.

## 컴퓨터 접근과 기술

　컴퓨터를 이용하는 것과 키보드를 다루는 솜씨는 어떠한가(문항 17과 18)? 이것들이 정말 모두 다 중요한가? 오늘날과 같은 컴퓨터 시대에 이런 질문을 하는 사람은 없을 것이다. 그렇다! 이것들 모두가 중요하다. 하지만 컴퓨터를 다루는 능력이 절대적으로 필수적인 것은 아니고, 타자를 치지 못하는 사람들조차도 성공적으로 박사학위논문을 마치는 것을 본 적이 있다. 여러분이 이런 사람들 중 한 명이라면 논문을 쓰는 데 필요한 시간을 추정할 때(문항 12) 타이핑을 도와주는 사람이 여러 차례 원고를 수정하는 시간까지 감안해야 할 것이다. 만일 이러한 과정을 일찌감치 시작한다면 타자 치는 법을 배울 시간이 있을지도 모른다. 키보드 다루는 방법을 자습할 수 있는 좋은 컴퓨터 프로그램들이 많이 있으므로, 이러한 강좌를 수강할 필요는 없다. 자습하는 데 걸리는 시간은 남은 인생의 여러 측면에서 보상을 받을 수 있을 것이다.

　아직 컴퓨터를 다루지 못하는 사람이라면 컴퓨터를 구입해서 사용법을 배우라고 강력히 추천한다. 우리 저자들 중 한 명이 수년간 보다 새로운 것을 좋아하는 동료의 부추김을 무시했지만, 결국 컴퓨터를 사용하는 것이 신경질적인 타이피스트의 횡포로부터 해방되고 글쓰기의 혁명을 가져온다는 것을 알게 되었다. 비용에 대해 걱정된다면 중고컴퓨터 구입비용과 연구계획서 초안(40쪽 이상) 및 최종보고서(80~100쪽 이상) 초안을 타이핑할 때 드는 비용을 비교해 보라.

## 시간관리

　제4장에는 우리들 대부분이 개선할 수 있는 시간관리 기술(문항 9)에 대한 여러 가지가 언급되어 있다. 또한 본 장의 앞부분에서 언급한 자극통제 관련부분에서는 성공적인 시간관리의 요소 중 일부를 논의하였다.

## 대인관계 기술

　문항 20~22는 여러분이 연구를 진행하면서 다른 사람들과 얼마나 잘 지내는지와 관련된 것이다. 대인관계 기술은 핵심 인물들과의 효율적인 상호작용과 관련된 것이다. 물론, 가장 중요한 것은 지도교수이다. 지도교수와 효율적으로 작업하는 데 필요한 대인관계 기술이 있는가? 여러분이 생각하기에 사소한 것처럼 보일 수 있는 수정사항에 대해 여러 차례 수정본을 제출할 의향이 있는가? 학생들은 종종 과학적 보고서를 분명하고 일관성 있고 충분히 자세하게 만드는 데 여러 번의 수정이 필요하다는 점을 인식하지 못한다. Issac Newton 경은 여러 번의 수정이 중요하다는 점에 대해 잘 알고 있었다고 한다. 그는 보고서를 수정하는 데 많은 노력을 하였고 쓰고, 지우고, 수정하고, 다시 다 옮겨 쓰고, 지우고, 다시 수정하고, 다시 옮겨 쓰고 하였다. 그가 이 과정을 다 마친 후, 다시 처음부터 시작하기도 하였다. "그래서 「자연철학의 수학적 원리」 2판 초안이 적어도 8개는 되었다"(Koyre, 1965, p. 262). 여러분도 이와 비슷한 수준의 노력을 할 준비가 되어 있는가?

　여러분의 견해가 다른 사람의 조언과 다를 때, 긍정적이고 건설적인 방식으로 여러분의 견해를 주장하는 방법을 알고 있는가? 혹은, 수정을 위한 조언에 대체로 방어적으로 반응하는 편인가? 심사위원들 간의 관계를 어떻게 파악해야 하는지 알고 있는가? 심사위원들 간의 좋지 못한 관계로 인해 석사학위 혹은 박사학위논문 심사에 장애를 초래할 심사위원을 선택하지는 않는가? 심사위원 중에서 자신이 많이 알고 있다는 것을 자랑하기 위해 떠벌리는 사람은 없는가? 만약 있다면 효율적으로 대처할 수 있는가? 연구과제가 대학 외부기관 사람들의 지원을 필요로 하는 것이라면, 이러한 지원을 받고 유지하는 데 필요한 대인관계 자원이 있는가? 이러한 기관에 효율적으로 잘 드나들 수 있는가?

　대인관계 기술에 다소 서투르다면, 여러분이 힘들어하는 상황에 대해 목록을 작성하라. 기관을 접촉하는 것과 관련된 상황에서 도움을 줄 사람을 구할 수 있을지도 모른다. 여러분이 대인관계 기술에 서투르다면, 여러분을 도와주는 사람이 실제 상호작용과 관련된 일을 대부분 할 수도 있을 것이다. 여러분 스스로 해결해야만 하는 상황에 대해서는, 그러한 상황을 능숙하게 다루는 다른 학생이나 교수에게 자문을 구하라. 효율적으로 접근하는 방법을 친구와 연습하고, 여러분의 행동에 대해 피드백을 구하라.

## 공식적 · 비공식적 규칙

모든 학교에는 석 · 박사학위논문 작성과정 전체에 대해 공식적 규칙과 비공식적 규칙이 있다. 완성해야 할 양식, 지불할 비용, 마감일, 준수할 양식 등이 있다. 예를 들어, 많은 학교에서는 박사학위논문 구술심사(doctoral defense)를 공표한다. 이것은 학술사회의 모든 구성원을 초청하는 개방 회의이다. 시기적절하게 알리기 위해, 대개의 경우 회의시간과 장소를 구체적으로 정해야 하는 마감일이 있다. 여러분이 속한 학교에도 이러한 것이 적용되는가? 몇몇 학교에서는 심사위원들에게 구술답변 심사의 시간과 장소가 명시된 양식을 보낸다. 이때 심사위원들에게 그 시간과 장소에 참석하는 것이 가능하고, 석사학위 혹은 박사학위논문을 전달받았다는 것을 나타내는 서명을 부탁한다. 여러분이 속한 학교가 이런 방식으로 하는가? 연구계획 심사회의가 열리기 전 심사위원들이 연구계획서를 살펴볼 시간은 얼마나 되는가? 2주 정도 걸리는 것은 보통이다. 여러분이 속한 학교에 이러한 기간이 정해져 있는가? 공식적인 규칙이 무엇인지 가능한 한 빨리 알아보라. 학과장실이나 대학원장실, 혹은 대학원장이 없다면 여러분이 속한 대학의 학장실에 이러한 내용의 사본이 있는지 알아보라.

다음에는 무수히 많은 비공식적 규칙들이 있다. 이를 알고 있다면 여러분의 생활이 보다 순조로울 것이다. 예를 들어, 심사위원회를 구성할 지도교수에게 언제 이야기를 꺼내야 하는가? 여러분이 교수를 찾아가기 전에 잘 정리된 생각을 가지고 문헌고찰을 훌륭히 하였을 것이라고 교수가 기대할 것인가? 몇몇 교수들과 논문의 주제에 대해 논의하였고, 어느 한 교수의 아이디어가 마음에 들었지만 정작 다른 교수와 함께 연구하고 싶다면 어떻게 하는가? 심사위원장과 다른 의견을 가진 심사위원이 제공한 아이디어를 이용하는 것이 괜찮은가? 심사위원장이나 심사위원들에게 보이기 전에 초안을 얼마나 완벽하고 신중하게 검토해야 하는가? 연구계획 심사위원회의 일정이 잘 잡히지 못하는 특정 시기(예 학기 첫 주나 마지막 주, 혹은 여름방학 동안)가 있는가? 이러한 비공식적 규칙들에 대해서는 논문작성 과정의 초기에 알아보라. 작업이 너무 많이 진행되기 전에 이것들을 파악하라. 논문을 거의 마친 다른 학생들에게 물어 보라. 심사위원장이나 심사위원이 될 가능성이 있는 사람들에게 이러한 규칙에 대해 알고 있는 바를 물어보라. 이에 대한 인쇄물은 학장실에도 없을 것이다. 그리고 비공식적인 규칙들이 공식적인 규칙들만큼 중요할지라도, 종종 교수나 이를 알고 있는 학생들도 여러분이 물어보지 않으면 이에 대해 언급하지 않을지도 모른다.

## 여러분의 인지생태학을 살펴보라

전반적인 준비정도를 평가하면서, 여러분이 작업을 진행하는 것을 방해할 몇 가지 일반적 가정들을 찾아내서 없애버린다면 도움이 될 것이다. Mahoney와 Mahoney(1976)는 불합리한 사고를 없애는 이러한 과정을 '인지생태학(cognitive ecology)' 이라고 하였다. 불합리한 사고의 첫 번째 몇 가지는 논문을 완성하는 데 걸리는 시간을 추정하는 것과 관련된다. 지금까지의 내용을 모두 읽고나서도, 여러분이 지금 시작한다면 전체 과정을 6개월 내에 마칠 수 있다고 스스로에게 말할지도 모른다. 타이피스트가 최종 원고를 5일 만에 준비하도록 할 수 있다고 생각할지도 모른다. 혹은 2개 초등학교에서 필요한 모든 피험자를 구할 수 있고, 교장으로부터 허가를 받아 교사와 접촉하는 데 2주 정도면 충분하다고 생각할지도 모른다. 연구를 관장하는 뉴턴식 법칙과 비슷한 것이 있다면, 이와 같은 식으로 추정하는 것은 거의 항상 틀린다는 것이다. 사실, 이것은 일반적으로 행동과학 분야의 연구에 관해서도 마찬가지다. 추정은 매우 자주 빗나가기 때문에 우리 저자들은 추정을 할 때 '3배수의 법칙'에 따라 추정하는 것이 도움이 된다는 것을 알게 되었다. 즉, 필요하다고 생각하는 시간을 그 3배로 생각하면 추정치가 보다 더 적중할 것이다.

모든 것이 순조롭게 진행될 것이라고 생각하는 것도 불합리한 사고이다. 모든 것이 순조롭게 진행되지는 않는다. 예상치 못한 일에 대한 대비도 필요하다. 어차피 예상치 못한 일은 발생할 것이고 이에 대해 대비하고 있는 편이 좋다. 논문을 완성하는 데 걸리는 모든 시간을 3배로 생각하는 것에 덧붙여, 피험자가 약속을 지키지 않는 경우, 실험도구나 장비가 고장나는 경우, 수집한 자료를 분실하는 경우, 지도교수가 다른 대학으로 옮기는 경우 등이 있을 수 있다는 것을 감안하라. 이러한 사건들에 대해서도 대비가 되어 있는가? 각각의 발생 가능성에 대해 평가하고 발생할 경우의 계획을 준비하라. 만일, 그 사건이 중요하고 발생 가능성이 높으며(예 지도교수의 이동), 그래서 처음 계획했던 연구과제를 계속 진행할 수 없다면 대안적인 연구과제를 고려해야 할지도 모른다.

또 다른 불합리한 사고는 여러분의 연구가 그 분야에서 '결정판'이 되어야 한다고 생각하는 것이다. 원대한 포부를 갖는 것이 잘못되었다고 말하는 것은 아니다. 문제는 학위논문으로 '노벨상'을 수상하겠다는 비현실적인 포부를 갖는 오류를 범하는 것이다. 만약 여러분의 연구가 결정판이 되어야 한다고 생각한다면, 문헌을 충분히 검토하였는지, 적절한 연구문제와 가설을 세웠는지, 최선의 설계를 선택하였는지, 중요한 변인들을 모두 통제하였는지 등에 대해 결코 만족하지 못할 것이다. 지식은 축적됨으로써 발전한다는 점을 명심하라. 과학의 획기적인 약진과 모범이 되는 혁신은 드물며(kuhn, 1970), 단일 연구들의 결과로 그렇게 되는 경우는 더더욱 찾아보기 힘들다.

'방법론적 완벽성에 대한 신화'도 연구 진행을 방해하는 생각들과 관련된 것 중 하나이다. 모든 연구는 나름대로의 결함이 있다. 과학공동체가 면

밀히 살펴보기 전까지는 이것들을 인식하지 못할지도 모르나, 반드시 결함
은 있다. 최소한 타협해야 하는 것들이 있는데, 가장 흔한 것은 내적 타당
도와 외적 타당도이다. 즉, 과학적 통제와 '복잡한' 실제 세계에 일반화시
키는 것 사이의 타협이다. 여러분의 연구가 예외이기를 기대하는 것은 비
현실적이다. 연구를 하는 데 완벽을 추구할 필요가 없다고 말하는 것은 아
니다. 하지만 현실적으로 실현불가능할 때 방법론적 완벽성을 고집하는 것
은 연구과제를 미완으로 남게 할 가능성을 크게 높일 것이다.

여전히 여러분의 연구가 방법론적으로 완벽해야 하고 결정판이어야 한다
고 생각한다면, 그러한 사고의 효용성을 분석해보라. 얻는 것이 무엇인가?
그러한 생각이 연구가 진행되지 않는 점에 대한 자기 자신이나 타인의 비
판으로부터 여러분을 막아주는가? 결국, 완벽한 연구를 추구하고 그보다 못
한 연구들의 일부가 되는 것을 거부하는 것에 대한 책임을 누가 질 것인가?
그러한 생각이 여러분을 학교에 보다 오래 머물 수 있게 하고, 냉엄한 현실
세계에서 직장을 찾고 경제적으로 자립하는 일에 맞설 필요가 없도록 연구
과정을 고의로 지연시키는 것은 아닌가?

## 요약

본 장에서는 석사학위 혹은 박사학위논문 작성에 대한 준비 정도를 평가
하였다. 또한 과업을 성공적으로 완수하는 것과 관련된 여러 가지 기술과
지식문제도 다루었다. 몇 가지 문제는 다소 손쉽게 수정할 수 있는 것들을
다루었다. 앞서 언급한 불합리한 신념도 이 범주에 속한다. 다른 문제들은
보다 많은 준비가 필요할지도 모르는 분야(예 측정방법과 통계학)이다. 이
러한 문제는 추가 과목을 이수하거나 복습해서 해결할 수 있을지도 모른
다. 끝으로, 주요 연구과제를 완성하고자 할 때는 몇 가지 기본적 기술 분
야(예 조리있고 문법적으로 올바른 글쓰기)에서의 능숙함도 '필요하다.' 여
러분이 솔직하고 정직하게 자기 자신을 평가하고자 한다면, 본 장의 지침이

유용한 것이 될 수 있을 것이다. 가능한 한 솔직하게 연구준비도에 관한 체크리스트의 질문에 답하라. 개선이 필요한 분야를 알아내는 것은 창피한 일이 아니다. 만약 문제를 수정할 수 없다면, 나중에 크게 좌절하는 것보다는 차라리 지금 그것을 발견하는 편이 나을 것이다.

이상과 같은 평가에 대해 진지하게 숙고해 보았기를 바란다. 석·박사학위논문은 여러 가지 기술을 필요로 하는 복잡한 연구과제이다. 학위논문을 완성하는 데 완벽할 필요는 없다는 점을 기억하라. 논문작성이란 경험이 적고 덜 전문적인 분야에서 작업하는 것이다. 우리들 대부분은 한두 과정에서 혼란을 겪는다. 여러분이 학업적으로 성공하였다면(여러분의 대부분이 그러하겠지만), 여러분이 가진 기술을 활용하고 부족한 점을 보완한다면, 여러분 또한 훌륭하게 해 낼 수 있을 것이다.

이제 자기 평가를 마쳤고, 학위논문을 위한 주제를 찾는 매우 흥미롭고 중요한 과업에 착수할 준비가 되었다. 제3장에서는 주제선정 문제에 대해 살펴볼 것이다.

---

## ✔ To Do ...

**준비상태 평가하기**

☐ 연구준비도의 체크리스트를 완성하라.
☐ 여러분의 대답을 해석하라.
  – 글쓰기 기술
  – 방법론 기술
  – 환경적 지원
  – 컴퓨터 접근과 기술
  – 시간관리 기술
  – 대인관계 기술
☐ 여러분의 인지생태학을 살펴보라.

# ∃ 연구주제를 찾고 다듬는 방법

**연**구할 만한 주제를 찾아낸다는 것은 많은 대학원생들에게 가장 어려운 과제일 수 있다. 이런 어려움의 일부는 제1장에서 언급했던 논문의 '통과의례적' 과정이라고 볼 수 있다. 이러한 과정을 거친 사람들 대부분은 이 과정이 모든 지원자들을 위한 중요한 입문식이라 생각하고, 연구문제에 착안하는 것이 이러한 입문식의 일부분이라고 생각한다. 현재의 과학수준을 획기적으로 높일 수 있는 무언가를 해내야만 한다는 식의 잘못된 생각도 연구주제를 정하기 어렵게 만든다. 이번 기회에 여러분이 속한 학문분야에서 노벨상을 수상하고자 한다면 그 포부는 훌륭하다고 할 수 있다. 하지만 그런 생각은 연구계획을 완수하는 일을 방해할지도 모른다.

학위논문에 대해 생각하는 학생들은 때때로 다음의 두 가지 오류 중 하나를 범한다. 앞서 언급한 노벨상을 수상하겠다는 포부의 오류와 학부수준의 논문을 계획하는 오류가 그런 것이다. 전자는 비현실적인 원대한 사고를 반영하고, 후자는 비현실적인 하잘 것 없는 사고를 반영한다. 교수들은 이러한 학생들을 지도할 때 보통은 노벨상을 수상하겠다는 포부의 오류를 범하는 편이 더 낫다고 생각한다. 왜냐하면 군더더기 같은 생각들을 떼어내는 쪽이 부족한 생각에 살을 붙이는 것보다 더 쉽기 때문이다. 두 가지 실수는 모두가 현실 검증능력이 부족하다는 점을 말해주는 것이다. 그래도

전자의 경우는 학생이 의욕적으로 연구하고자 한다는 것을 보여주긴 한다.

이러한 실수들은 연구에 직접 참여해 보지 못한 학생들에게서 보다 많이 발생한다. 따라서 박사과정 학생이 연구에 참여하는 것을 고의로 기피했거나 적극적으로 연구활동을 하는 교수들이 많지 않은 학과에 속해 있지 않는 한, 석사과정 학생들이 박사과정 학생들보다 이와 같은 문제를 경험할 가능성이 더 높을 것이다. 여러분이 지금까지 적극적으로 연구에 참여한 일이 있다면, 아마도 이미 아이디어를 가지고 있을지 모른다. 그 아이디어는 여러분이 교수나 다른 학생들과 공동으로 작업하고 있는 어떤 연구를 논리적으로 확장시킨 것일 수도 있다. 그렇지 않다면, 연구할 만한 주제를 발견하는 것은 그리 만만치 않은 도전이 될 것이다. 여러분이 석사과정 학생이라면 지도교수가 특정한 주제를 지정해 줄지도 모른다. 그렇지 않다면, 여러분은 기존의 연구를 모사(replication)하고 확장할지도 모른다. 여러분이 박사과정 학생이라면, 여러분의 주제는 독창적이어야만 하고, 여러분의 연구가 해당 분야에 새로운 공헌을 해야만 한다.

연구할 만한 주제를 찾아내기 위해서는 두 가지 단계를 거쳐야 한다. 먼저, 여러분이 연구하고자 하는 개괄적인 '분야'를 규명하라(예 단기기억, 아동기의 공격성, 사회적 지원, 정보처리 등). 이 작업은 상대적으로 용이하고, 사람들이 무엇에 대해 연구할 것이냐고 물을 때 대답할 거리를 제공해준다. 다음 단계는 연구문제와 가설을 생각해내는 것이다. 이 과정은 문제를 훨씬 더 구체적인 것으로 생각해야만 하는 과정이다. 또한 학생들 대부분은 연구문제와 가설을 생각하는 과정에서 개괄적인 연구분야를 정하는 과정보다 스트레스를 훨씬 더 많이 받는다.

## 개괄적 연구분야를 먼저 선택하라

전략에 대해 잠시 짚고 넘어가자. 학생들은 종종 연구주제를 언제부터 정해야 하는지를 묻는다. 대답은 일반적으로, "빠르면 빠를수록 좋다"라는 것이다. 몇몇 운이 좋은 학생들은 학부 때부터 주제를 찾아낸다. 이런 학생들은 자신의 관심사와 관련된 연구분야를 다루는 과목을 택했을지도 모른다. 이런 학생들은 교수나 대학원생이 연구과제를 진행할 때 연구조교를 했을지도 모른다. 이들은 자신의 관심사와 같은 분야를 연구하고 있는 교수가 재직하고 있는 대학의 석·박사과정을 택할지도 모른다. 이들에게 있어 학위논문은 이미 수년 전에 자신이 관심을 갖기 시작한 연구주제를 논리적으로 연장시키는 것일 수도 있다.

하지만, 우리들 대부분은 학부 때 이러한 경험을 하지 못하였다. 만약 있다고 해도, 직접적인 연구경험은 아마도 현재의 학위과정 내 교수들의 관심분야에 대한 것이 아니었을 것이다. 아직 그런 경험이 없다면, 교수들의 연구에 관한 관심사가 무엇인지 살펴보라. 흥미 있을 것으로 보이는 몇 가지 연구를 찾아보라. 그 연구들이 어떻게 진행되고 있는지 가능한 한 많이 알아보라. 또한 교수들에 대해서도 가능한 한 많이 알아보라. 그 교수들의 강의를 들어보라. 교수들과 만날 약속을 하고, 교수들의 연구에 대해 물어보고, 여러분이 읽을 수 있는 연구 관련자료가 있는지 물어보라. 이러한 자료를 읽고, 여러분이 정말로 하고 싶은 연구에 대해 쓰여 있는지 살펴보라. 만약 쓰여있다면, 스스로 자신의 연구를 시작하기 전에, 이들의 연구에 직접 참여할 수 있는 방법을 생각해 보라. 연구에서 직접적인 경험을 하는 것은 어떻게 연구하는지에 대해 읽는 것보다 훨씬 많은 것을 가르쳐 준다.

최선의 경우로 학생들은 이러한 과정을 대학원 생활의 초기에 시작한다. 그렇게 되면 대학원 프로그램이 학생들의 연구에 효율적으로 기여하게 된다. 이 학생들이 듣게 되는 모든 수업은 어떤 연관성을 갖는다. 이 과정을 보다 일찍 시작한다면, 대학원 과정이 진행될수록 연관성이 보다 명확해지는 것을 알 수 있을 것이다.

여러분이 일찍 시작하였고, 특정 교수와의 혹은 특정 연구 프로그램에서의 경험을 좋아하지 않는다면, 다른 것을 시도해 보라. 초기 단계에서 교수들의 스타일, 작업 형태, 관련된 문제나 보상 등을 알아보기 위해 여러 교수들과 직접 일해 보는 계획을 세우는 것도 괜찮을 것이다. 우리 저자들이 알고 있는 가장 생산적인 학생들 중 몇몇은 대학원 과정 동안 체계적으로 여러 교수들과 작업을 함께 하였다. 이것은 다양한 관점에서 연구경험을 쌓도록 도와주고, 후에 자신의 연구를 진행하고자 할 때, 연구계획의 실현 가능성을 높이는 데 도움이 되었다. 여러분이 이러한 경로를 선택한다면, 여러분이 조기에 그만두는 일로 인해 교수들이 놀라지 않도록 혹은 진행 중인 연구에 방해가 되지 않도록 교수들에게 미리 알려라.

여러분이 아직 이러한 경험을 하지 않았고 대학원 과정이 꽤 지났다고 해도, 절망하지 마라. 첫 번째 단계는 연구분야를 '찾아내는' 것일 뿐이다. 연구과제 전체에 대한 계획을 세우는 것이 아니다. 여러분이 선택하는 분야는 다음 두 가지 중요한 기준에 맞아야 한다. 첫째, 여러분이 글을 읽거나 쓰는 데, 관련자료를 분석하는 데, 기꺼이 많은 시간을 보낼 수 있을 정도로 그 분야에 충분히 흥미를 가지고 있어야 한다. 둘째, 그 연구과제를 지도하는 데 관심이 있는 교수를 찾아야 한다.

관심분야를 찾아내기 위해, 여러분이 수강했던 강의나 전문적인 경험을 생각해 보라. 어떤 주제가 흥미가 있었는가? 수업과제로 보고서를 써야 했을 때 도서관에서 가장 관심을 가지고 읽은 것은 무엇이었는가? 교수나 다른 학생들과 전문적인 이야기를 했을 때 가장 빈번히 나온 학술적 주제는 무엇이었는가? 여러분의 관심분야를 분명하게 하는 좋은 방법은 여러분이 생각하고, 읽고, 토론한 것을 규명하는 것이다. 아마도 이런 것들 중 몇 가지가 있을 것이다. 그리고 나서 그 분야에 대한 관심을 공유하고 토론할 수 있는 교수를 찾아보라. 여러분이 석사학위논문을 준비하고 있다면, 교수들에게 대학원생이 석사학위논문으로 쓸 만한 연구 프로젝트가 있는지 물어보아도 괜찮을 것이다. 또한 이것은 특정 교수들이 어떠한지, 어떤 연구계획에 관심을 가지고 있는지 알 수 있고, 좋은 인상을 줄 수 있는 기회이다. 일반적으로, 여러분 자신만이 매료되어 있는 독특한 분야보다는 다소 덜 마음이 끌리더라도 교수가 지원해 줄 수 있는 분야를 선택하는 것이 좋다.

## 혼자 진행하지 마라

학생들 중에는, 특히 박사과정에 있는 학생들은 연구는 혼자서 해야 하는 일로 생각한다. 이들은 연구주제와 계획서를 선택하고 작성하는 데 몇 달을 보낸다. 그런 후, 그 연구계획으로 교수들을 설득하고자 한다. Yates(1982)는 이에 대한 자신의 경험에 대해, 심사위원회에서 자신의 이상적인 연구주제를 실행 불가능하다고 받아들이지 않았을 때, 망연자실했다고 묘사하였다. 이와 같은 상황에서 여러분은 교수들의 충고를 거부하고 여러분의 연구계획을 인정해 줄 다른 교수를 찾거나 그 주제를 포기하고 다시 시작해야 하는 일에 직면하게 된다. 대학원 과정에서 후자의 경우 그리 즐겁고 유쾌한 일은 아니다.

학위논문은 여러분이 독립적으로 연구를 수행할 준비가 되어 있는지 검증하는 것이다. 그러나 석사학위논문의 경우에는 이러한 사실이 꼭 맞는 것이라고 할 수 없다. 또한 연구주제를 전적으로 혼자서만 생각해내고 개발해야 하는 것도 아니다. 사실 이 단계에서 혼자서 작업을 한다면 실행 불가능한 연구를 계획할 위험이 있다. 흔히 발생하는 또 다른 일은 여러분의 주제에 관심을 가지고 있는 전문가로서 이후 논문작성 과정을 이끌어 줄 교수를 찾지 못하는 것이다. 우리 저자들은 학과의 모든 교수를 방문해가며 자신의 주제를 이끌어 줄 교수를 찾아다녔지만 결국 누구의 동의도 얻어내지 못한 학생들을 본 적이 있다. 학위논문의 연구는 힘든 작업이다. 혼자서 하는 것은 결단코 피하라고 말하고 싶다. '교수와 협력하여' 주제를 발전시키기 위해서는 본 장에서 설명한 접근방법을 활용하라. 만약 여러분과 교수가 그 아이디어에 대한 권리를 공유한다면, 연구를 완성하는 데 매우 큰 도움이 될 협동적인 관계가 성립될 것이다.

## 연구문제를 설정하라

여러분이 훌륭한 교수와의 협업으로 성공적으로 연구분야를 결정하였다고 가정해보자(예) 치과 공포증, 아동의 성적 학대, 우울증, AIDS 예방 등). 다음 단계로는 그 분야 내에서 연구할 만한 문제를 만들어내야 한다. 그러한 문제의 '형태(form)'는 상당히 구체적이어야 한다. 그 형태는 나중에 설명하도록 하겠다. 이러한 문제들의 '출처(source)'에 대해 먼저 살펴보자.

일반적으로 여러분은 학계의 관심을 끄는 연구문제를 설정하고자 할 것이다. 단지 어떤 주제에 대한 연구가 부족하다는 이유만으로 특정 연구를 제안하는 것은 좋은 생각이 아니다. 그 문제에 대해 왜 아무도 연구를 하지 않았는지 그럴 만한 이유가 있을지도 모른다. 보다 중요한 것은, 그러한 근거만으로는 그 문제가 왜 우선적으로 연구되어져야 하는지에 대해 수긍하기 힘들다는 점이다.

연구할 만한 문제를 제안할 때, 그 문제가 연구논문으로 적합한 것이어야 한다는 점을 명심하라. 즉, 여러분은 그 문제가 어떻게 개념적·방법론적으로 적합한지를 이해하고 있어야만 한다. 과학이란 결국 지식이 축적되는 과정이다. 이 문제의 해답이 무엇을 알려줄 것인가? 이 문제는 왜 중요한가? 사실, 어떤 특정 학교 내에서 몇 퍼센트의 학생들이 학습장애와 관련된 특정 인지적 결함을 나타내는지 알아보는 것은 유용할지도 모른다. 그러나 문제는 연구결과의 적용이 그 학교에만 국한된다는 것이다. 보다 관심을 두어야 할 것은 이 문제들 간의 관련성일 것이다. 여러분이 정말로 연구를 강화하고자 한다면, 학습장애에 대한 특정의 접근법과 이론적으로 관련성을 가진 변인들을 선택할 것이다. 기억할 것은 연구의 목적은 일반화시킬 수 있는 지식을 생산하는 것이다. 선행연구와 이론을 바탕으로 할 때 이러한 목적은 가장 잘 달성될 수 있다. 이에 대해서는 나중에 가설 수립에 대한 설명을 할 때 보충하기로 하자.

## 아이디어를 얻는 최상의 출처

지금까지의 내용을 통해 여러분이 짐작할 수 있다시피, 새로운 연구를 위한 최상의 자료출처는 여러분이 이미 하고 있는 연구이다. 이에 대한 근거는 많다. 그 중 가장 중요한 것은 여러분이 그 분야에서 행한 기초 작업이나 그 분야에서 쌓은 지금까지의 실적이다. 여러분은 관련문헌에 익숙해졌고, 방법론을 알고 있고, 피험자를 구하는 일 등에 대해서도 속속들이 알고 있을 것이다. 게다가 여러분이 그 연구에서 특정 교수와 공동으로 연구를 해 왔다면, 그 교수가 여러분이 만족스러운 연구계획서를 작성할 수 있도록 방안을 제공해 줄지도 모른다. 여러분이 계획한 연구가 그 교수의 연구를 논리적으로 확장시킨 것이라면, 그 교수는 여러분의 연구가 성공하기를 바라고, 그러한 성공을 위해 많은 자원을 제공해 줄 것이다. 결론적으로 연구란 흔히 많은 해답을 얻기보다는 더 많은 문제를 제기하게 된다. 이러한 문제들 중 하나가 석사학위논문이나 박사학위논문을 작성하기 위한 바탕을 쉽게 제공해 줄지도 모른다.

## 아이디어를 얻는 최악의 출처

일반적으로 연구에 관한 아이디어는 개인적인 경험에서 나오기 쉽다. 알코올중독에서 벗어난 사람은 알코올중독의 가정에 대해 연구하고자 할 것이다. 만성적인 시험불안을 가진 학생은 수학시험에서 시험불안과 질문형태 간의 관련성에 대해 알아보고자 할 것이다. 40세가 된 어떤 부모는 일에 파묻힌 배우자의 성욕감퇴에 대해 연구하고자 할 것이다. 사실, 우리들 대부분은 개인적 경험에서 흥미가 생겨서, 행동과학 특히 심리학을 택하게 된다. 오해는 금물이다. 처음에 이러한 이유로 심리학을 하게 되는 것이 잘못되었다는 의미는 아니다. 그러나 개인적·정서적 연관성 때문에 연구를 계획하는 것은 그리 좋은 생각이 아닐지도 모른다. 이러한 문제들은 치료분야에 맡겨라. 여러분이 연구를 할 때마다 여러분의 사적인 문제해결을 위한 방책으로까지 활용하지 않더라도 연구는 이미 힘든 작업이다.

사적으로 부과된 문제는 여러분이 진행하는 것을 방해할 뿐 아니라, 과학의 조건인 객관적이고 분석적인 접근을 하기 어렵게 만든다. 그 주제에 대한 여러분의 입장으로 인해 여러 가지 수준에서 만족스럽게 연구를 마무리하기 어려울 수 있다. 이들 중 가장 중요한 것은 자기성취적 예언(self-fulfilling prophecy) 현상이다(Ambady & Rosenthal, 1992). 예를 들어, 여러분이 개인적 경험을 바탕으로 시험불안이 있는 학생은 주관식 질문보다 사지선다형 질문에서 성적이 더 나쁠 것이라고 생각하면, 무의식적으로 이러한 결과를 확실하게 만드는 방식으로 연구를 설계할지도 모른다. 예를 들어, 여러분이 실수로 주관식 문제의 해답을 채점하는 연구조교와 여러분이 기대하는 바에 대해 이야기할지도 모른다. 연구조교는 실험자와 이야기한 바 있는, 예상되는 결과와 일치하는 연구결과를 산출하도록 편견을 가질 수 있다는 것이 여러 연구에서 나타났다(Kent, O'Leary, Diament, & Dietz, 1974; Shuller & McNamara, 1976). 물론, 여러분이 고의로 이러한 일을 한다는 것은 아니다. 또한 이것은 개인적으로 관련된 분야를 연구하는 경우에만 일어나는 문제는 아니다. 단지 그러한 연구에서 보다 쉽게 일어나는 경향이 있다는 것이다.

강한 정서적 반응을 유발하는 연구주제를 선택하는 것은 객관성을 저해시킬 수 있는 또 다른 방법일 수 있다. 예를 들어, 그와 같은 연구주제에서는 여러분이 개인적으로 이해하고 있는 바와 부합되지 않는다면, 심사위원들의 유용한 조언도 받아들이기 어려울 것이다. 이로 인해 결국 교수들은 여러분을 융통성이 없고, 방어적이며, 완고한 사람으로 보게 될 수도 있을 것이다. 하지만 공정하게 말하자면, 개인적 관련성이 있는 쟁점이 어떤 상황에서는 연구에 관한 아이디어가 나오는 좋은 출처가 될 수도 있다. 개인적 관련성이 있는 주제를 다룰 때 여러분의 열의가 더 높은 경향을 띨 수 있고, 여러분은 최근 연구자들의 결론을 바꿀 수 있는 독특한 방식으로 그 분야를 알고 있을 수도 있다. 하지만 개인적 관련성이 있는 문제는 여러분이 객관적으로 접근할 수 있는 경우에 한해서만 연구에 관한 아이디어의 출처로 고려되어야 한다. 여러분이 그 문제에 대한 정서적 문제를 해결하였고, 그 문제에 대해 편견이 없는 방식으로, 비교적 공정하게 접근할 수 있다면 연구를 진행하라. 여러분은 참으로 유용한 공헌을 하게 될지도 모른다.

## 아이디어의 출처인 기존 문헌

연구할 만한 문제를 찾을 수 있는 가장 단순하고 가장 논리적인 곳은 그 분야의 최근 문헌이다. 대부분의 저널 논문들은 추후의 연구를 위한 제언으로 마무리를 짓고 있다. 추후의 연구를 위한 제언을 살펴보라. 제언들 중 여러분의 관심을 끄는 것이 있다면, 그러한 제안들을 어떻게 연구계획서로 발전시킬 것인가에 대해 시간을 투자해서 생각해보라. 훌륭한 교수나 심사위원장이 될 듯한 사람과 그 생각에 대해 논의해 보고 어떤 반응을 보이는지 살펴보라. 이들의 반응이 대체로 긍정적이고, 여러분이 그 주제에 대해 충분히 조사했다면, 그 논문의 저자에게 연락하여 그 분야에 대해 최근 어떤 연구를 하고 있는지 알아보라. 여러분이 진행하고자 하는 구체적 문제에 대해 그 저자가 관련이 있는지 물어보라. 그 저자나 다른 누구라도 이미 그것을 연구하고 있는지 물어보라. 만약 연구하고 있지 않다면, 왜 그러한지에 대해서도 살펴보라. 결국, 그것은 여러분의 눈에만 좋은 연구주제로 보였던 것일 수도 있다.

이처럼 어느 정도 탐색을 하는 것은 매우 가치 있는 일이 될 수 있고, 시간낭비와 오류를 피하게 해 줄 수 있다. 그 저자는 동료가 지적한 그 문제 특유의 논리적 결함 때문에 그 주제를 포기했었는지도 모른다. 또는 학회에서 발표했을 때 청중 중 몇몇 사람들이 그 연구를 지속할 때 발생할 윤리적 문제에 대해 강하게 의문을 제기했는지도 모른다. 또는 몇몇 연구자가 이미 그 저자의 제안에 따라 연구를 진행하였고, 그러한 결과를 모 학회지 바로 다음 호에 실을 지도 모를 일이다. 이러한 정보들을 고려하면 전화통화를 할 가치는 충분히 있지 않은가?

연구할 만한 문제를 개발하는 좋은 접근법 중 또 다른 것은 한 모집단에 쓰였던 방식을 다른 모집단에 적용하는 것이다. 예를 들어, Wolfe와 Gentile, Michienzi, Sas, Wolfe(1991)는 외상적(外傷的) 사건에 대한 아동의 반응 척도(Children's Impact of Traumatic Events Scale)를 개발하기 위한 토대로 사건영향 척도(Impact of Event Scale, Horowitz, Wilner, & Alvarez, 1979)를 활용하였다. 여성 경영인의 지도력 형태에 대한 연구에서 특정 인종 경영인을 대상으로 하는 유사 연구가 파생될 수 있다.

특정 분야에 대해 고찰한 논문들도 연구문제의 좋은 출처가 된다. *Psychological Bulletin*에서는 심리학 분야의 연구를 고찰해 놓고 있다. *Annual Review of Psychology, Clinical Psychology Review, Developmental Review* 등은 모두가 그러한 출처가 되는 저널이다. 게다가 편집된 많은 책에는 문헌고찰이 들어 있다. 고찰을 한 저자들은 종종 기존 연구 내에서 수정이 가능한 결함을 지적해주고 있다. 과학적 분야에서 이미 중요한 것으로 지적된 몇몇 결함을 교정하는 연구를 시도해 보는 것은 어떠한가?

어떤 경우에는 기존에 발표된 연구를 반복(replication)하는 것도 하나의 방법이 될 수 있다. 이미 언급했듯이, 기존의 연구를 반복하는 연구를 제안한다면, 박사학위논문보다는 석사학위논문의 경우에 보다 더 적합할 것이다. 반복연구를 추천하는 경우도 많다. 원 연구가 모범적인 방식으로 행해졌다면, 이를 본보기로 하여 보다 많은 것을 배울 수 있을 것이다. 사실, 여러분이 모범적인 원 연구를 직접 반복하고자 한다고 해도, 선행 연구자의 오류까지도 반복한다면 소득이 없을 것이다. 석사학위논문으로 반복연구를 해도 괜찮은지 여러분이 속한 분야의 규준을 확인해보라.

여러분은 비교적 별로 연구되지 아니한 문헌들 간의 연관성을 발견할지도 모른다. 심리학자를 비롯한 사회학자, 물리학자 등 많은 전문가들은 같

은 문제를 연구한다. 심리학의 영역 내에서조차 통합되지 아니한 분야가
여럿 있다. 분리되어 있으나 관련성이 있는 요소를 함께 살펴보는 것은 어
려운 일이지만, 그것은 정말 새로운 무언가를 고안해내는 방법이 되기도 할
것이다.

## 아이디어의 출처인 다른 학위논문들

다른 학위논문들이 새로운 연구 아이디어의 출처로 유용하다는 견해에는
어느 정도 논란이 있다. 몇몇 교수들은 학생들에게 가급적 선행 학위논문
을 참고하지 말라고 한다. 이것은 부분적으로 교수들이 다른 교수들이 지
도한 논문의 질을 신뢰하지 않기 때문이기도 하다. 또한 어느 정도는 학위
논문이 학회지에 실린 논문과 같은 종류의 평가 과정을 거친 것이 아니었
으며, 따라서 훌륭한 논문의 예로 보기에는 힘들다는 생각에 기인한 것이
다. 교수들은 연구가 충분히 훌륭한 것이라면 어찌되었던 간에 출판될 것
이고, 학생들이 문헌을 통해 그 연구를 알게 될 것이라고 주장한다.

우리 저자들의 견해로는 현존하는 학위논문들은 장래의 연구자들에게 좋
은 정보의 출처가 될 수 있다고 생각한다는 것이다. 우리 저자들이 논문작
성 방법론을 가르칠 때, 학생들에게 이 강의를 위해서 (도서관에 특별히 준
비해 둔) 신중하게 선택된 한두 개의 학위논문이나 연구계획서를 참고하라
고 한다. 이러한 과제는 모범적인 연구계획을 선별하는 능력뿐만 아니라
현실검증능력을 북돋아 준다. 또한 학생들이 선행 연구논문에서 착안한 연
구 프로그램을 확장하는 계획을 가지고 있다면, 완성된 학위논문을 참고문
헌으로 추천한다. 그리고 제1장에서 언급한 바와 같이, 심사위원이 될 가능
성이 있는 교수의 지도 하에 완성된 논문은 그 교수가 기대하는 결과물에
대한 구체적 정보를 알 수 있는 훌륭한 출처가 된다. 그렇지만, 그런 논문
들을 아이디어의 출처로서 제안하지는 않는다. 도서관의 학위논문들을 살
펴보는 것보다 출판된 문헌고찰의 이것저것을 읽어보는 편이 아이디어를

창출하는 데 더 많은 도움이 될 것이다.

이런 제안들에도 불구하고 아직 아이디어가 생각나지 않는가? 골똘히 생각해 보라. 전문적인 글을 읽거나 학회에 참석할 때, 메모하는 습관을 들여라. 흥미로운 질문이 떠오를 때마다 메모하라. 한 주에 3개의 아이디어를 적는다면, 한 달이 되면 12개가 될 것이다. 지도교수의 도움이 있다면, 그 아이디어 목록 중에서 연구할 만한 문제의 싹을 발견할 수 있을 것이다.

## 연구문제를 연구가능한 형태로 만들어라

일단 주제분야와 포괄적으로 살펴볼 문제를 정하고 나면, 연구할 수 있도록 연구문제를 기술해야 한다. 훌륭하게 기술된 문제들에는 공통된 특징이 있다(Kerlinger, 1986). 기억하기 가장 쉬운 기준은 연구문제는 질문이어야 한다는 것이다. 여러분이 연구할 것을 질문 형태로 나타내라. 예를 들어, 아동의 성적 학대 분야에서 여러분은 특정 사건에 대한 아동의 기억이 적절한지에 대해 연구하고자 할 수 있다. 여러분의 연구문제는 다음과 같을지도 모른다. "성적으로 학대받지 않은 아동들은 해부학적으로 생식기관이 표시되어 있는 인형(SAC)을 가지고 면접할 때에 일반 인형을 가지고 면접할 때보다 성적 행동을 묘사하는 경향이 더 높은가?" 이 연구문제는 질문의 형태로 기술되었다는 면에서 잘 쓴 연구문제의 첫 번째 기준에 부합한다.

두 번째 기준은 연구문제가 살펴보고자 하는 변인들 간의 관계를 제시해야 한다는 것이다. 이것은 특히 중요한 특성이다. 왜냐하면 연구의 목적은 과학을 발전시킨다는 데 있기 때문이다. 과학은 변인들 간의 관계에 대한 연구이다. 변인들 간의 관계가 없다면 과학도 존재하지 않는다. 과학이 없다면 논문도 없다.

위의 연구문제의 예에서 변인들 간의 관계가 제시되었는지 살펴보자. 해부학적 특징이 완전히 드러나 있거나 그렇지 않은 인형을 가지고 아동들을 면접해야 한다. 즉, 독립변인은 인형에 나타난 2차 성징이다. 이러한 특징을 가졌거나 가지지 않은 인형을 보였을 때에 아동들이 나타내는 언어적 행동이 성적 행동과 관련이 있는지를 살펴볼 것이다. 따라서 성적 행동에 대한 언급이 종속변인이 된다. 이 연구문제에는 독립변인과 종속변인 간의 관계가 제시되어 있다. 그래서 이 연구문제는 두 번째 기준에도 부합한다.

세 번째 기준은 연구문제가 경험적 검증 가능성을 시사해야 한다는 것이다(Kerlinger, 1986). 연구문제가 두 번째 기준에 부합한다면, 즉 변인들 간의 관계를 제시한다면, 세 번째 기준에 이미 반 정도는 부합하는 것이다. 하지만 관계가 경험적으로 검증 가능하지 않다면, 변인들 간의 관계를 제시하는 것만으로는 충분하지 않다. 검증 가능성의 주요 요인은 연구문제에서 나타난 변인들을 구체화하는 것이다. 변인들을 조작적으로 정의할 수 있는가? 변인들을 조작적으로 정의하거나 측정할 수 없다면, 그 연구문제를 해결할 수 없게 된다. 변인들을 조작적으로 정의할 수 있다면, 연구문제에 나타난 관계를 경험적으로 검증할 수 있을 것이다.

이러한 기준들은 분명히 다소 자의적이고, 따라서 이러한 기준을 정확하게 따르지 않고서도 훌륭한 연구가 될 수도 있을 것이다. 하지만 초보자인 연구자들에게 이러한 특징들은 자신의 연구 아이디어를 평가하는 데 상당히 도움이 될 것이다.

아마도 연구문제가 연구할 만큼 충분히 명료하고 구체적이 되도록 고치고 다듬는 데 어느 정도의 시간을 투자해야 할 것이다. 이러한 과정을 통해 정확히 무엇을 알아보고자 하는지 생각하게 될 것이다. 여러분은 "부모와 십대 자녀들은 성(sex)에 대해서 어떻게 의사소통을 하는가?"와 같이 모호한 질문에서 시작할지도 모른다. 이 문제는 어떠한 관계도 암시하고 있지 않다. 즉, 여기에는 독립변인이나 종속변인이 없다. 지도교수와 토론하는 과정에서 다음과 같이 수정한다. "부모와 청소년 자녀 간의 성에 대한 의사소통이 십대의 충동적인 성적 행동과 어떤 관련이 있는가?" 나아가 구체적으로 의사소통의 어떤 특정 측면과 성적 행동에 대해 연구하고자 하는지를 결정하게 되면 이것을 다시 수정할지도 모른다.

이제 여러분에게 연구하고자 하는 연구문제가 생겼으므로, 피험자의 활용 가능성에 대해 간단히 이야기해 보자. 피험자를 구하는 일이 너무도 중요하기 때문에 우리 저자들의 주변에는 자신의 지도를 받는 학생들에게 피험자를 먼저 구하고 나서 무엇을 연구하고자 하는지를 결정하라고 조언하는 동료들도 있다. 이는 학위논문을 지도하는 과정에서 '실용적' 부분에 관한 조언이다. 피험자가 없다면, 세상에서 가장 위대한 아이디어일지라도 적합한 연구주제가 될 수 없을 것이다. 여러분이 일하는 환경에 연구대상으로 적합한 사람들이 있는가? 어머니나 아버지, 배우자 혹은 친한 친구가 관련된 환경에 연구대상으로 적합한 사람들이 있는가? 지도교수가 피험자와의 접촉을 가능하게 해 줄 수 있는 관계망을 가지고 있는가? 조직 밖에 있는 사람은 연구가 가능할 정도로 충분히 그 조직 내의 자료를 수집하는 힘이 일반적으로는 부족하다. 따라서 필요로 하는 피험자에게 접근할 수 있는 충분한 관계망이 있는지 확인하라. 이것은 연구문제가 특정 개인들로 된 집단(예를 들어, 암을 극복한 사람 또는 해직된 간부들)을 요구하는 경우라면 특히 더 중요하다. 접근이 보다 용이한 사람들(예를 들어, 대학생들)을 대상으로 연구할 계획이라면 그것은 상대적으로 덜 중요하다.

## 과학적 가설을 만들어라

위의 세 가지 기준에 부합하는 연구문제는 가설을 구체화하는 데 도움이 될 것이다. 가설은 둘 이상의 변인 간의 관계를 추측하는 서술문이다 (Kerlinger, 1986). 제대로 서술된 가설들은 연구문제로부터 파생된 것이다. 예를 들어, 연구문제가 "복잡한 인지과제에서 검사 불안과 수행 간의 관계는 어떠한가?"라면, 타당한 가설은 다음과 같을 것이다. "복잡한 인지과제에서 수행력은 불안수준에 따라 U자를 뒤집어놓은 형태로 나타날 것이다." 다른 예로, 앞에 나왔던 연구문제에 대해 생각해 보라. "학대받지 않은 아동들은 생식기관이 표시된 인형을 가지고 면접할 때에 일반 인형을 가지고

면접할 때보다 성적 행동을 더 많이 묘사하는 경향이 있는가?" 이러한 문제
에 대해 다음과 같이 가설을 세울 수도 있다. "학대받지 않은 아동들은 생
식기관이 표시된 인형을 가지고 면접할 때에 일반 인형을 가지고 면접할
때보다 성적 행동에 대한 언급을 더 많이 할 것이다." 이 두 예 모두, 가설
이 기본 연구문제에서 시작되었으며 연구문제에 나타난 변인들 간의 관계
의 특성에 대해 구체적인 예측을 하고 있다는 점을 주목하라.

과학의 진보를 이끌어낸 것은 이와 같이 구체적인 예측이다. Kerlinger(1986)
같은 학자들은 과학적 지식이 진보하기 위해서는 가설이 필요하다고 주장
한다. 반면, Skinner(1950) 같은 학자들은 너무 정교해서 그 이론을 지지할
수 있는 사실이 너무 적은 이론적 구조에 대해 경계해야 한다고 주장한다.
후자는 과학의 축적에 있어 신중하게 사실들을 수집하고 그 사실들로부터
일반적인 법칙을 '발견해 내는' 귀납적인 접근을 보다 더 지지한다. 우리
저자들은 귀납적 접근과 연역적 접근 모두 장점을 가지고 있다고 생각한
다. 그럼에도 불구하고, 우리 저자들은 '어느 정도' 낮은 수준의 가설을 설
정하는 것이 중요하다고 본다. 순전히 변인들 간의 관계에 대해 직접 관찰
하는 기술(descriptive) 연구에서조차도 이전의 견해에 어느 정도 영향을 받
을 것이다. 예를 들어, 연구문제가 다음과 같다고 가정해 보자. "아동학대
가족원들 간의 상호작용 패턴과 그렇지 않은 가족원들 간의 상호작용 패턴
에서 나타나는 차이점은 무엇인가?" 특정 차이점을 예측하는 구체적 가설
들 없이도 물론 연구를 할 수는 있다. 하지만 연구결과를 해석할 때는 다소
의 문제가 있을 것이다. Kerlinger(1986)가 진술한 바와 같이 사전에 가설을
설정하는 것은 주사위 게임에서 규칙을 만드는 것과 같다. 주사위를 먼저
던지고 나서 어떤 것이 이기는 것인지를 정할 수는 없다. 경주가 끝날 때까
지 기다린 후에 돈을 걸 수는 없다. 우리가 학대 가족의 상호작용 패턴과
그렇지 않은 가족의 상호작용 패턴에서 몇몇 차이점을 발견한다면, 우리는
그러한 차이점이 진짜인지, 우연히 발생한 것인지에 대해 알 수 없다. 우연
으로 일어난 사건을 이용하지 않기 위해, 이러한 상황(보통 고기잡이식 탐

험(*fishing expeditions*) 이라고 함)에서 사용할 수 있는 통계적 검증은 관계에 대한 가설로 구성되어 있는 연구에서 사용할 수 있는 것보다 일부러 검증력이 떨어지는 것(즉, 보다 보수적인 통계기법)을 사용한다. 이러한 통계방법에 대해서는 계획비교에 대해 논하는 제10장에 보다 자세히 나와 있다.

과학적 연구에서 가설을 사용하는 마지막 이유는 논리적인 문제라기보다는 상식적인 문제이다. 연구에는 비용이 많이 든다. 여러분, 심사위원들, 또한 피험자들의 시간을 많이 요구한다. 게다가 연구의 특성에 따라 다른 비용들도 상당할 수 있다. 그와 같은 투자를 고려한다면, 이익을 최대화하는 것이 당연하다. 가설을 먼저 정하는 것으로 과학에 보다 공헌할 수 있고, 연구에 보다 검증력 높은 통계절차를 사용할 수 있으므로, 가설을 포함하는 것이 상식적으로 보인다. 가설이 빠져있는 연구계획서를 가져온 학생들에게는 도서관에 가서 연구분야에 보다 더 익숙해질 때까지 공부하라고 한다.

이 시점에서 가설을 세우는 것은 그저 연구결과가 어떻게 나올 것인지에 대해 예상하는 것이라고 생각할지도 모른다. 하지만 그렇게 간단하지는 않다. 여러분이 예측하는 것에 대한 논리적 근거가 필요하다. 그러한 논리적 근거는 선행된 경험적 연구(응용된 프로그램 평가연구를 포함한다)와 이론, 이들 두 가지 출처에서 나오게 된다. 만약 특정 연구문제가 선행연구에서 정보를 얻은 것이라면, 가설화된 관계의 특성은 그 선행연구에서 제시되었을 것이고, 연구할 특정 가설은 상당히 분명할 것이다. 마찬가지로 이론을 통해서도 검증할 수 있는 특정 관계를 찾을 수 있다.

어떤 연구분야는 너무 새로워서 가설을 세우기 어렵다는 것을 알아야 한다. 이와 유사하게, 어떤 분야(예를 들어, 동물행동학 또는 천문학)는 다른 분야보다 기술적(descriptive) 전통이 강하다. 여러분이 문헌이나 관련된 이론적 토대를 알고 있을지라도 가설을 세우기 힘들다면 지도교수와 상의하라. 마음대로 지어내지 말라. 과학은 독창성을 갖고 있지만, 창의적인 허구는 아니다.

## 여러 형태의 가설을 이해하기

이제 여러분은 초심자만이 가설이 없는 연구계획서를 감히 내놓을 수 있다는 사실을 알게 되었으므로, 가설의 형태에 대해 잠시 살펴보자. 논문에는 가설이 몇 가지로 구분되어 있다. 가장 일반적으로 볼 수 있는 것이 '귀무가설(null hypothesis)'과 '연구가설(research hypothesis)'이다(Ray & Ravizza, 1988). 위에 제시된 예들은 연구가설 형태이다. 이들은 연구에서 확증되어야 하는 관계를 예측한다. Ronald Fisher 경이 처음 제시한 귀무가설은 기본적으로 변인들 간에 관계가 없다는 진술이다. 여러분이 연구가설에 관심이 있을지라도, 통계를 통해서는 연구가설을 확증할 수 없다. 통계를 이용해서 귀무가설의 부당성을 증명할 수 있을 뿐이다. 여러분이 직접 검증할 수 있는 것은 귀무가설뿐이므로 귀무가설이 중요한 것이다. 생식기관이 표시된 인형과 관련한 예에서 연구가설은 "SAC 인형이 이차성징이 나타나지 않은 일반 인형보다 성적 행동에 대한 서술과 보다 밀접한 관계가 있다"라는 예측이다. 이 가설의 귀무가설은 "아동들이 SAC 인형을 가지고 놀 때나 일반 인형을 가지고 놀 때나 성적 행동에 대한 서술의 빈도는 차이가 없다"라는 것이다. 이들 두 형태의 가설 모두가 현재의 시제로 표현된다는 점을 유의하라. 학위논문을 심사하는 교수에 따라 그 선호도는 다르겠지만, 우리는 학생들이 연구계획서에 귀무가설보다 연구가설을 포함하는 편을 선호한다. 왜냐하면 귀무가설은 쉽게 유추될 수 있기 때문이다.

## 훌륭한 가설의 특징

연구문제에서와 같이, 신중하게 표현된 가설은 연구할 구체적 관계를 나타낼 것이다. 또한 변인들 간의 관계의 특성을 제시할 것이다. 즉, "교육수준과 진보적 성향 간에는 관계가 있다"라는 표현보다는 "교육수준과 진보적 성향 간에는 정적인 관계가 있다"라는 표현이 더 바람직하다. 명확하게 표현된 가설에는 어떤 연구자들의 경우에는 보다 중요한 세 번째 기준인, 실험설계의 특성도 포함되어 있을 것이다. 위의 예에서, 상관설계를 사용한 다는 것을 추론할 수 있다. 가설에 포함되어야 하는 또 다른 항목은 변인들 간의 관계를 검증할 연구대상인 모집단을 들 수 있다. 따라서 "관리직 여성 들에게 있어 교육수준과 진보적 성향 간에는 정적인 관계가 있다"로 표현 한다면 세 번째 기준에도 부합하는 것이다.

이제 가설에 대한 정보는 그정도로 접어두는 것이 적당한 시점이 된 것 같다. 연구 초심자들에게 더 많은 설명을 해 주는 경우가 드물지는 않다. 일반적인 실수는 가설에다 변인에 대한 구체적 측정도구까지 포함하는 것 이다. 예를 들어, "관리직 여성들에게는 Horace Mann의 척도로 평가한 교 육수준과 ACLU 척도로 평가한 진보적 성향 간에 정적 관계가 있다." 이 가 설이 다소 비실제적일지라도 보다 구체적인 것임에는 틀림없다. 하지만 이 것은 연구의 요지를 놓치고 있다. 변인들 간의 관계를 연구하는 목적은 과 학을 구축하고자 하는 것이다. 변인들에 대한 구체적 측정도구를 포함하는 것은 연구의 방법론에 대해 지나친 관심을 불러일으킨다. 주요 연구문제로 부터 우리의 주의를 산만하게 만든다. 연구에서 주요 변인들을 조작적으로 정의하는 경우에나 이들 구체적 측정도구에 관심이 있다. 우리는 변인을 선행 문헌에 근거한 다른 유용한 방식으로 조작적으로 정의할 수도 있다. 이러한 요점을 보다 분명히 하기 위해, 우리가 가설에 방법론적 정보까지 포함했다고 가정해 보자. 예를 들어, "New Organs Biotech에서 근무하는 관리직 여성들을 대상으로 하여 Horace Mann의 척도를 가지고 임상심리학 프로그램을 전공하던 석사 1학년 때 Statview 512+™가 장착된 MacIntosh™ 컴퓨터를 이용해 평가한 교육수준과 ACLU 척도로 평가한 진보적 성향 간 에 정적 관계가 있다." 이러한 접근 방식에 대한 불합리한 점을 보다 쉽게 알 수 있다. 일반적으로, 여러분이 연구결과를 일반화하고자 하는 수준에서 가설을 설정하라.

피해야 할 또 다른 일반적 오류는 가설에 특정 통계검증의 명칭을 포함시키는 것이다. 즉, "일원변량분석은 변호사, 심리학자, 회계사 간에 습득된 신앙심 정도의 차이를 밝힐 것이다"라는 표현은 기본적 쟁점에 대한 시각을 놓치게 한다. 이 경우, 우리의 관심사는 분명히 이들 전문가 집단들 간의 습득된 신앙심의 차이이다. 이들 간의 차이를 어떤 측정도구로 어떻게 검증하는가는 방법론적 세부사항으로, 가설에 속한 것이 아니며 기본적 초점을 흐려놓을 수 있다.

방법론적 세부사항으로 가설을 어수선하게 만들지 않는 것이 기본적 규칙이다. 가설에는 조작적으로 정의된 변인들 간의 관계가 포함되어야 한다. 조작적 정의 자체나 통계적 검증을 포함해야 하는 것이 아니다. 이러한 세부사항들은 연구방법 부분을 위해 남겨 두어라.

가설에 대한 마지막 주의사항은 도움이 될 것이다. 학생들은 종종 다음과 같은 질문을 한다. "가설을 몇 개나 만들어야 합니까?' 이에 대한 답은, "많지 않도록 해야 한다"는 것이다. 저자들은 때로는 10개에서 20개의 가설을 포함한 연구계획서를 보게 된다. 이러한 경우 종종 몇몇 성격검사 목록을 포함하고, 목록의 각 하위 척도와 관련된 예측을 한다. 이러한 연구계획서는 다음 두 가지 오류를 보여 주는데, (a) "구체적 측정도구 명명" 오류와 (b) "숲은 못보고 나무만 보는" 오류가 그런 것이다. 가설이 너무 많다는 사실은 다음 중 하나의 오류를 범했다는 표시이다. (a) 자신이 다룰 수 있는 것 이상에 손을 댔거나, (b) 다룰 수 있을 정도의 구체적 가설들로 줄일 정도로 충분히 신중하게 검토하지 않았다는 것이다. 학위논문을 작성할 때 '오컴의 면도날(Occam's razor)'[1]을 기억하라. 가설을 간명하게 하라. 단지 많은 독립적인 행동 현상이 존재하지 않기 때문이 아니다. 여러분이 10개에서 20개의 측정치로 된 가설을 설정했다면, 요인분석을 이용해 측정치들의 상관을 찾을 수 있을 것이고, 3개에서 4개의 독립요인들로 줄일 수 있을 것이다. 과학은 동일한 현상이 보다 적은 개념과 변인들에 의해 설명될 때

---

1) **역자 주** : 이론 체계는 간결할수록 좋다는 원리

진보한다는 점을 기억하라. 여러분이 설정한 모든 가설들이 각각 정말로 다른 것들을 알아보는 것인지 스스로에게 질문해 보라. 그렇지 않다면, 연구하고 있는 문제의 본질에 초점을 맞추도록 다시 합치고 바꾸어 보라. 만약 정말로 다른 여러 가지를 알아보고자 하는 것이라면, 여러분은 다룰 수 있는 것 이상에 손을 댄 것이다. 문헌을 다시 살펴보거나 지도교수의 조언을 받아서 연구계획서를 다룰 수 있는 정도로 축소하라.

〈표 3-1〉의 체크리스트에는 가설에 대한 우리 저자들의 조언이 정리되어 있다. 이것은 여러분이 설정한 가설이 적절한가를 결정하는 데 도움이 될 것이다.

이제 가설에 포함된 관계를 살펴보는 데 필요한 설계에 대해 약간의 아이디어를 갖게 되었을 것이다. 게다가, 여러분이 세운 가설의 특성이 통계적 검증방법을 결정하게 된다. 이 시점에서 마지막 쟁점을 확인해 보자. 이

---

### <표 3-1> 가설 체크리스트

예　아니오

☐　☐　1. 가설에는 둘 또는 그 이상의 변인들 간의 관계가 제시되어 있는가?

☐　☐　2. 가설에는 이들 관계의 특성이 구체적으로 나타나 있는가?

☐　☐　3. 가설에는 관계를 연구하기 위해 사용할 연구설계가 함축되어 있는가?

☐　☐　4. 가설에는 연구할 모집단이 나타나 있는가?

☐　☐　5. 구체적 측정도구를 언급하고 있지는 않은가?

☐　☐　6. 구체적 통계 검증방법을 언급하고 있지는 않은가?

☐　☐　7. 불필요한 방법론적 세부사항은 빠져있는가?

☐　☐　8. 가설의 수는 여러분이 다룰 수 있는 정도(5~6개 혹은 그 이하)인가?

제 연구에 대해 여러분의 생각이 분명해졌고, 연구를 실행할 적절한 준비가 되었는가? 아직 완전히 준비되지 않았다면, 적절한 시간 내에 준비할 수 있는가? 그렇지 않다면, 자문을 받는 것이 가능한가? 여러분과 컨설턴트가 한 일을 심사위원들에게 주장하고, 스스로 자신의 주장을 옹호할 수 있을 정도로 충분히 잘 알고 있는가? 위의 질문들에 대한 답이 "아니오"라면, 가설을 재구성하거나 다른 연구문제를 선택하거나 혹은 다른 연구분야를 찾아보는 편이 나을 것이다.

아직도 분명하지 않다면 아마도 예를 이용하면 이러한 사실이 더 확실해질지도 모른다. 연구를 처음 하는 사람들은 때때로 주요 변인이나 구성개념을 측정할 만한 적절한 도구가 없는 분야에 뛰어든다. 이들이 제안하는 첫 번째 일은 연구에서 사용할 측정도구를 개발하는 것이다. 이렇게 야심 찬 사람들에게 저자들이 자주 던지는 질문은 다음과 같다. (a) 척도구성과 측정이론에 대해 어떤 과목을 이수하였는가? 요인분석과 관련된 과목을 들었는가? 일반화이론에 관한 것도 들었는가? (b) 이 연구를 완성하기 위해 몇 년 정도를 투자할 계획인가? (c) 필요한 척도만 개발한다면 학위논문을 쓸 준비는 다 되어 있는가? 여기서 주고자 하는 교훈은 여러분의 수준에 지나치게 야심찬 연구문제를 세우거나 새로운 복잡한 도구를 개발하거나 정복해야 하는 연구문제를 정하지 말라는 것이다. 여러분이 다룰 수 있는 정도로 범위를 조금씩 축소하라.

✔ To Do ...

**주제를 찾고 다듬기**

☐ 전반적인 주제분야를 선택하라.
☐ 여러분의 아이디어를 발전시키기 위해 교수들의 지도를 받아라.
☐ 연구문제를 만들어라.
　　― 여러분이 참여한 적이 있는 연구를 생각하라.
　　― 개인적 관심사에 치우친 주제를 피하라.
　　― 최근의 문헌을 이용하라.
　　― 학위논문을 신중하게 살펴보라.
☐ 연구문제를 연구대상으로 할 수 있는 형태로 만들어라.
　　― 연구문제를 질문 형태로 서술하라.
　　― 연구문제에 변인들 간의 관계가 제시되어 있는지 확인하라.
　　― 연구문제가 경험적으로 검증가능한지 확인하라.
☐ 과학적 가설을 세워라.
☐ 이들 가설을 〈표 3-1〉을 이용하여 평가하라.

# 4

# 시간관리와 문제관리

**학**위논문을 작성하기 위해 어느 정도로 준비되었는가를 알아보는 데 도움을 주고자 제2장에 연구준비도의 체크리스트를 제시한 것을 기억할 것이다. 긴 여행을 시작하기 전에 부족한 점을 찾아내기 위한 체크리스트를 진단적 방법으로 활용할 수도 있다. 방법론적으로 완벽한 연구에 대한 '신화'에 대해 논하면서, 이러한 발상은 방법론적으로 완벽한 연구가 가능하다는 불합리한 가정에서 나온 것이라고 경고한 바 있다. '3의 법칙'과 예상치 못한 일이 일어날 수 있으므로 그에 대비하는 편이 이롭다는 점을 기억하라.

본 장에서는 석사학위논문이나 박사학위논문을 작성하면서 겪게 될지도 모를 일반적인 문제에 대해 언급하고, 그러한 문제를 회피하거나 극복하는 방법을 제시하고자 한다. 본 장의 목표는 성공적인 연구와 관련된 여러 단계들을 예측하고 계획하는 데 도움을 주고자 하는 것이다.

첫 번째 문제는 여러분이 시간을 얼마나 효율적으로 관리하는가에 대한 것이다. 이 중요한 부분에서 우리 저자들은 시간이란 차례로 사건이 발생하는 것이라고 정의한 Einstein(1974)의 말에 초점을 맞추고자 한다. 이와 같은 정의에 따르면, 시간을 효율적으로 사용한다는 것은 차례차례 발생하는 사건들을 효율적으로 관리한다는 것을 의미한다. 그러나 '효율적

(effective)' 이란 것은 어떤 의미인가? 이는 "바라는 바를 얻는 것"을 의미할 지도 모른다. 사건들을 효율적으로 관리한다는 것은 원하는 결과를 얻기 위해 일을 배열하는 것으로 볼 수도 있다. 인생에서 대부분의 활동들, 특히 연구과제는 사건의 순서와 관련되기 때문에 시간을 효율적으로 관리한다는 것은 이러한 사건들을 효율적으로 관리하고 석사학위논문이나 박사학위논 문의 완성이라는 목표를 성취한다는 것을 의미한다.

## 목표를 가지고 시작하라

연구과제를 성공적으로 완성하기 위해서는 뚜렷한 목표를 가지고 시작해야 한다. 신중하게 설정된 목표에는 공통된 요소들이 있다. 가장 중요한 것은, 성취하고자 하는 바와 언제까지 성취하고자 하는지를 진술하는 것이다. 목표를 최대한 효율적으로 달성하기 위해서는, 성취하고자 하는 '바'를 측정할 수 있는 행동으로 진술하여야 한다. 그 예로 "_____년 6월 30일까지 나의 박사학위논문을 완성한다"를 들 수 있다. 또 다른 예로 "학교에서 연구에 대한 허가를 _____년 3월 1일까지 받아낸다"를 들 수 있다.

이러한 목표를 설정하는 데 있어 가장 어려운 부분은 '언제'라는 요소를 결정하는 것이다. 때로는 '언제'가 이미 결정되어 있을 수도 있을 것이다. 논문을 끝냈건 그렇지 않았건 상관없이, 특정 시기에 끝나는 재정 지원을 받고 있는지도 모른다. 우리 저자들 중 한 사람은 가끔 정부지원 장학금을 받는 외국인 유학생을 지도한다. 장학금을 받는 조건에는 완료해야 할 기일이 있고, 학생들은 그 시기가 닥치면 그 동안 준비했던 작업을 수행하여 그 결과를 본국으로 가지고 돌아가야 한다. 이러한 경우는 특정의 시기가 되면 단순히 재정적 지원이 끝나는 경우보다 더 가혹하다. 이것은 또한 조건 없이 마감일이 정해져 있지 아니한 경우보다 더 가혹하다. 만일 여러분이 특정 기일까지 학위논문을 마쳐야만 한다면, 계획을 신중히 세우고 시간 관리를 효율적으로 하는 것이 극히 중요하다.

## 필요한 시간을 추정하라

학위논문을 하나의 연구과제로 생각하라. 꽤 큰 규모의 연구과제에서는 과제를 완성하기 위해 여러 하위연구과제 혹은 하위단계들을 구분하고 차례를 정해서 완수한다. 관련 단계를 신중하게 구분하고 차례대로 진행한다면 연구를 보다 잘 관리하고 보다 쉽게 진행할 수 있을 것이다. 그렇다면 단계들을 어떻게 구분할 것인가?

첫째, 요구조건에 대해 여러분이 알고 있는 모든 것을 차분히 생각해 보라. 공식적 규칙과 더불어 비공식적 규칙 모두를 고려하는 것을 잊지 마라. 만약 그 규칙들에 대해 잘 알지 못한다면 지금 당장 알아보도록 하라. 변호사들이 하듯이 '각 문제에 대한 사실'을 목록으로 만들어라. 여러분이 해야할 일들을 중심으로 그 사실들을 적어보라. 이후 차례를 정하기 쉽도록 이것들을 7.5×12.5 cm 카드에 하나씩 적어 놓는 것도 도움이 될 것이다. 예를 들어, 연구대상자들을 구해야 하는 문제를 보기로 하자. 이를 "연구대상 구하기"라고 적어라. 작업장소도 있어야 한다. 이를 "작업장소 찾기"라고 적어라. 제본된 학위논문을 학교도서관에 제출할 필요가 있을지도 모른다. 이에 대해 "학위논문을 제본하여 도서관에 제출하기"라고 적어라. 이러한 사건들을 동사를 이용하여 표현하라. 이러한 방식으로 구체적인 행동들이 명시될 수 있고, 그 행동의 주체가 누구인지, 다시 말해서, 여러분이 그 주체라는 사실이 명확해진다. "연구대상 구하기"와 "연구대상을 구할 필요가 있다"를 비교하라. 전자는 분명히 여러분 자신에게 내리는 지침이다. 후자는 단지 연구대상을 구할 필요가 있다는 서술문일 뿐이다. 재미있지 않은가! 말하는 방식에 주의한다면, 잘못된 방식으로 행동하지 않도록 조심하게 될 것이다. 다른 행동에서도 확실한 언어는 결단성과 관련된다. "연구대상 모집을 시도하라"와 "연구대상을 모집하라"에서 그 표현이 강력한 정도를 비교해 보라. 누군가를 파티에 초대하려 할 때 "그거 좋지, 참석하도록 노력해 볼게"라는 말을 들은 적이 있는가? 그 사람이 참석할 가능성이 얼마나 된다고 생각하는가? 의도를 분명히 전달하고 그것들을 성취하도록 확실히 행동하라.

우리 저자들은 박사학위논문의 방법론에 대한 과목을 강의할 때 일상적으로, 학생들에게 연구과제에 관해 각각의 세부목표를 목록으로 작성하라고 한다. 이는 학생들이 그 과목을 수강하기 시작할 때부터 논문을 완성할 때까지 거쳐야 할 단계들을 차례로 나열한 목록이 된다. 우리 저자들은 이러한 작업이 전반적인 과제를 구체화하고 실현하는 데 도움이 되므로, 시간과 노력을 경주할 만한 가치가 있는 연습이라고 생각한다. 우리 저자들은 이러한 단계들의 수나 순서를 제한하지 않는다. 일반적으로 작고, 쉽게 성취할 수 있는 사건들로 구성하라고 권고하지만, 학생들의 목록에서 각 단계의 크기와 수는 학생들마다 상당한 차이가 있다. 몇몇 학생들은 "연구계획서를 만들어라"하는 것처럼 목록을 꽤 크게 잡는 것을 선호한다. 다른 학생들은 "연구계획의 개요를 만들어라", "연구계획서의 앞부분 5쪽을 작성하라", "초안을 지도교수에게 제출하라"와 같이 좀더 작은 단위로 작성하는 것을 좋아한다.

목록에서 단계들의 순서를 정하는 방법에는 두 가지가 있다. 후진연결방법은 마지막 단계(예 도서관에 사본을 제출하라)부터 시작하여 첫 번째 단계까지 거슬러 올라오며 만드는 것이다. 이 방법은 특히, 특정의 날짜까지 논문을 완성해야 하는 경우, 단계들을 계획할 때 무엇보다도 유용한 방법이다. 정확한 기일을 맞추지 않아도 되는 경우라면, 보다 여유 있는 전진연결방법을 이용해도 좋다. 이 방법은 현 시점에서 시작하고 그 지점에서 마지막 지점까지의 모든 단계들을 목록으로 만들며, 각 단계를 지날 때마다 날짜를 기입하는 것이다.

우리 저자들은 학생들이 목표 목록을 적게는 6단계에서부터 많게는 46단계까지 만드는 것을 보았다. 몇몇 독창적인 학생의 경우에는 세부 목표의 결과에 따라 몇 가지 대안을 포함하는 목록을 만들기도 하였다. 예를 들어, 한 학생은 "박사학위논문 구술심사를 성공적으로 끝내기"라는 과제에 대한 대안으로 다음을 제시하였다. 만약 'Yes' 라면, '아내와 아이들을 데리고 유럽 여행을 떠나라' 이고, 만약 'No' 라면, '즉시 통계 전문가인 Roseanne와 함께 남아메리카로 떠나라' 이다. 과정중 모든 단계를 진행하는 데는 약간의 장난기도 큰 도움이 될 수 있다!

연구과제를 완수하는 데 필요한 일들의 목록을 만들 때, 각 항목 자체를 목표로 생각하라. 수행할 행동과 마감날짜를 포함하여 각 단계를 목표의 형태로 작성하라. 좋은 예로, "＿＿년 1월 5일까지 연구대상을 모집하기 시작하라", "＿＿년 11월 15일까지 연구계획심사회의를 유치하라"를 들 수 있다. 마치고자 하는 날짜가 있다면, 그 날짜를 기준으로 거슬러 올라가서 각 단계를 얼마 만에 완수해야 하는지 알아내는 것은 어렵지 않다. 시간을 현실적으로 추정하는 것이 중요하다. 대부분의 학생들은 연구문제의 설정에서 연구계획서를 작성할 때까지 걸리는 시간을 매우 과소평가 한다. 어떤 학생은 "두 달이면 충분하다"라고 말할지도 모른다. 그 학생이 글을 매우 빨리 쓰는 사람이고 필요한 모든 참고문헌을 다 가지고 있다고 하더라도, 지도교수가 이론적 배경과 방법론 부분의 초안 2~6개를 검토하는 데 걸리는 시간은 어떻게 할 것인가? 심사위원들이 그 연구계획서를 검토하는 데 걸리는 시간은 어떻게 할 것인가? 필요한 시간을 계획할 때, 첫째는 주어진 시간 안에 여러분이 무엇을 성취할 수 있는지에 대해 스스로에게 정직하라. 둘째, 다른 사람과 관계된 단계(예 논문 심사위원회의 심사위원장, 인간 혹은 동물과 같은 연구대상과 관련된 일, 연구 조교 등)의 시간 계획을 고려하라. 시간을 추정하고 단계들을 차례로 나열하는 데 확실하지 않은 점이 있다면, 다른 학생들의 경험을 들어보라. 다른 학생들의 조언이 별로 도움이 되지 않거나 신뢰할 만하지 않으면, 지도교수에게 물어보라.

## 작업계획을 짜라

일단 각 단계에 현실적으로 걸리는 시간을 알아내어 할당하고 나면, 이것을 시각적으로 나타내는 것이 좋다. 단순한 갠트 차트(Gantt chart)[1]에서 보다 복잡한 프로그램 평가 및 재고 기법(Program Evaluation and Review Technique : PERT) 분석까지 이용할 수 있는 방법이 여러 가지 있다. 계획을 면밀히 세우는 데 MacIntosh나 IBM 컴퓨터에서 사용하는 연구과제 일정용 소프트웨어 프로그램이 유용할 것이다. 이 프로그램들은 단순한 시간 계획 차트에서 비용 추정치, 상황적 완료 가능성 등을 포함하는 분석까지 그 복잡성이나 완전함에 있어 상당히 다양하다. 여러분이 연구과제 일정을 짜는 데 천재적이거나 그러한 기술을 배우는 데 지대한 관심이 있는 사람이 아니라면, 중간 정도인 갠트 혹은 시간표 차트를 이용하면 아마도 충분할 것이다. 갠트 차트는 사무용품 판매점에서 구입할 수 있다. 〈표 4-1〉에는 연구과제를 위한 갠트 차트의 일부 예가 제시되어 있다.

예에서 볼 수 있듯이, 확인된 활동 각각 혹은 연구과제 내 단계 각각을 차트의 왼편에 차례로 쓴다. 완수해야 할 순서대로 적어라. 차트의 맨 위쪽에 가로로 단계의 일정을 잡는 데 이용할 시간단위(일, 주 혹은 월)를 적어라. 화살표 표시는 행동이나 단계를 시작하여 완료할 때까지를 나타낸다. 단일 시기에 발생하는 활동들은 예에서 ×로 표시한다. 때로는 삼각형 모양으로 표시하기도 한다. 학급 내 평가인 '활동 1'은 첫째 주의 첫째 날 시작하여 그 주 내내 지속되고, 그 주가 끝날 때 종결된다. 대상 아동과 그 아동이 같이 놀고 싶어 하는 급우들을 알아내는 '활동 2'는 첫째 주의 중간에 시작하고 그 주가 끝날 때까지 지속된다. 집단에 무작위로 할당하는 '활동 3'은 첫째 주의 끝 부분에 한 번만 발생한다. 직접 관찰을 하는 '활동 9'는 4번째 주와 8번째 주 내내 진행된다. 이러한 예에서 몇 가지 사건은 다른 사건들 전에 진행되어야 하고, 몇몇은 동시에, 몇몇은 겹쳐 진행되어야 한다는 사실을 분명히 알 수 있다.

---

1) **역자 주** : 일종의 일정계획표로, 과제를 완수해야 할 마감 시기를 나타내는 데 사용할 수 있는 도표.

**<표 4-1> 아동의 사회적 기술에 관한 연구과제를 위한 계획 차트**

| 활동 주: | 1 | 2 | 3 | 4 | 5 | 6 | 7 | 8 | 9 |
|---|---|---|---|---|---|---|---|---|---|
| 1. 학급 내 아동을 평가하라. | → | | | | | | | | |
| 2. 대상 아동과 그 아동이 같이 놀고 싶어 하는 급우들(Desired Playmates : DPs)을 알아내라. | → | | | | | | | | |
| 3. 집단들에 무작위로 할당하라. | X | | | | | | | | |
| 4. TMG(Template-Matching Group)에서 대상 아동들이 같이 놀고 싶어하는 급우들을 면담하라. | | → | | | | | | | |
| 5. 템플릿을 만들어라. | | | X | | | | | | |
| 6. 대상 아동들이 선택한 급우들을 면담하라. | | | → | | | | | | |
| 7. TMG의 목표행동들을 선택하라. | | | X | | | | | | |
| 8. 처치계획을 설계하라. | | | X | | | | | | |
| 9. 직접 관찰을 하라. | | | | → | | | | → | |
| 10. 처치를 실행하라. | | | | → | | | | → | |
| 11. 학급 내 평가를 반복하라. | | | | | | | | | → |

각 단계들과 각 단계 간 잠재적 관련성을 시각적으로 나타낸다면, 여러분이 세운 계획의 완성도와 완수해야 할 작업들 간의 상호관련성을 보다 명확하게 알 수 있을 것이다. 모든 일이 보다 더 명확해 진다. 또한 차트는 연구과제에 대해 다른 사람에게 설명하거나 다른 사람과 의사소통을 할 때도 유용한 도구가 될 것이다. 이는 특히 연구대상을 모집하고자 하는 캠퍼스 밖 기관의 대표를 만날 때도 유용할 것이다. 연구계획 심사회의에서 심사위원들에게 깊은 인상을 남길 수도 있다. 여러분이 하고자 계획하는 바를 설명할 때 도움이 될 뿐만 아니라, 모든 것에 대해 생각해 보았다는 점을 심사위원들에게 보여줄 수 있을 것이다.

컴퓨터용 일정관리 소프트웨어를 이용할 때의 추가적 장점은 단순한 프로그램이라 할지라도 여러분이 계획을 수정한 결과에 대해 즉각적인 피드백을 받을 수 있다는 것이다. 스프레드-시트 소프트웨어에 익숙하다면, 자료 집합에서 단 하나의 수치가 바뀔 때마다 관련된 값들이 자동적으로 다시 계산되어 나타나는 대단한 힘에 대해 이미 알고 있을 것이다. 연구과제 진행 중간에 원래는 계획에 없었지만, 한 주를 쉬기로 하였다고 생각해 보라. 고령의 고모님이 하와이로 여행을 가려고 하는데, 여러분에게 경비를 부담할 터이니 함께 가자고 했다고 하자. 이 한 주가 전체 연구과제에 미치는 영향은 어떠할 것인가? 단순히 모든 일을 한 주씩 미루면 되는 것인가? 그렇지 않으면, 몇몇 활동들과 그것들과 동시에 진행해야 하는 다른 활동들의 특성으로 인해 보다 복잡해 질 것인가? 주변의 소프트웨어 판매점에 연구과제 일정 프로그램이 있는지 알아보라. MacIntosh용으로 많이 쓰이는 것은 MacProject™이고, MS DOS용으로는 Super Project™가 있다.

일정을 잡을 때, 그 일정을 변경할 수 있다는 점을 기억하라. 일단 연구과제를 시작하고 나면, 계획을 수정해야 하는 논리적인 문제가 생길지도 모른다. 이러한 문제의 발생에 대해서는 예상하고 있어야 한다. 아직 시간을 적절하게 계획하는 방법을 배우지 못했고, 이러한 능력을 습득하기 위해 마감일을 수정할 필요가 있을지도 모른다. 컴퓨터용 일정에 관한 소프트웨어의 장점은 그러한 수정작업이 남은 연구과제에 미치는 영향을 쉽게 알아낼 수 있도록 해 준다는 점이다.

## 스스로를 자유롭도록 계획을 세워라

이 시점에서, 왜 일정, 시간표, 차트 등에 대해 난리를 떨어야 하느냐고 물을지도 모른다. 여러분은 연구를 진행시키고자 할 것이다. 이 모든 환상적인 계획이 단지 사회적으로 용납되는 도피의 형태인가? 물론, 확실히 그럴 수도 있다. 우리가 여기서 강조하고자 하는 것은 작은 계획을 세워서 이후의 큰 문제를 피할 수 있다는 점이다. 저자들 중 한 명은 군대에서 신참병을 훈계하는 데 5가지 P를 사용하는 하사관을 본 적이 있다. "Prior

Planning Prevents Poor Performance(미리 계획을 세운다면 일이 서투르게 수행되는 것을 막을 수 있다)." 연구과제를 진행할 때 조금 앞서 단계들을 점검하고, 순서를 정하고, 시간계획을 짠다면 나중에 시간을 낭비하거나 좌절하는 일을 막을 수 있을 것이다.

이러한 주장을 지지하는 재미있는 일화 하나는 1950년대 Polaris 미사일 개발과 관련된 것이다. 미 해군은 3,000개가 넘는 회사들의 작업을 조직화하는 프로젝트에 참여하게 되었다. Booz, Allen, Hamilton이라는 컨설팅 회사에서 이후에 PERT로 알려진 연구과제 일정 및 관리 방법인 Program Evaluation and Review Technique를 개발하였고, 그 결과 전체 과제의 일정을 약 2년 정도 앞당길 수 있었다(Radcliff, Kawal, & Stephenson, 1967).

보다 중요한 것은 계획을 세운대로 실행만 하면 된다는, 다른 걱정은 할 필요가 없다는 해방감이다. 연구과제에서 모든 단계를 점검하고 일정을 세우는 데 성실하였다면, 정말 어려운 부분을 마친 셈이 된다. 이제 여러분이 해야 할 일은 오로지 일정표에 나온 대로 각 단계를 완수하는 것이다. 그렇기 때문에 학생들에게 될 수 있는 대로 작은 단위로 많은 단계를 만들라고 하는 것이다. 경험에 의하면, 하루 혹은 적어도 한 주 내에 완수할 수 있을 정도로 단계별 과제를 작게 만드는 것이 좋다. 이렇게 한다면, 일정표시용 달력이나 개인용 디지털 보조기구에 각 단계를 완수해야 하는 날짜에 입력할 수 있다. 산출하고자 하는 결과를, 행동을 나타내는 용어나 행동과 밀접히 관련되는 결과물로 반드시 구체적으로 기술하라. "논문 5편을 읽어라"라는 표현이 "두 시간 동안 논문을 읽어라"라는 표현보다 더 좋고, "논문 5편을 읽고 그 개요를 적어라"가 더욱 좋다.

일단 모든 단계들을 달력에 기입하고 나면, 더 이상 걱정할 필요가 없다. 달력이나 일상계획표상의 작은 과업의 각각을 완수하는 일만 하면 된다. 코끼리를 먹는 방법을 기억하는가? 한 번에 한 입씩! 그 방법이 바로 중요한 연구과제를 완수하는 정확한 방법이다. 사실, 저자들 중 한 명은 이 책에서 자신이 맡은 분량을 한 주에 5쪽씩 마치겠다고 계획을 세웠다. 그러한 계획을 지켜서, 한 달에 한 장(章)을 집필하고, 일정대로 집필 작업을 마칠 수 있었다.

우리 저자들이 지도한 학생들 중 한 명은 매 학기가 시작될 때 수강하는 모든 과목과 각 과목에서 요구되는 공부시간, 보고서, 연구과제 등에 소요 되는 시간에 대해 계획을 세웠다. 학기 내 매일 매일의 과업이 일정으로 짜 여졌다. 다른 학생들이 그렇게 빡빡한 일정을 어떻게 지속하는지 물으면, 그 학생은 오히려, 전체적 진행은 꽤 자유롭다고 답하였다. 그 학생은 그 모든 일을 어떻게 할 것인지 생각하거나 그가 할 수 있을 것인지에 대해 걱 정하는 데 시간을 낭비할 필요가 없었다. 그 학생은 계획을 세우고 세운 계 획들을 지키면 모든 일이 잘 될 것이라는 생각에 안심하고 있었으므로, 그 런 시간을 보다 생산적으로 여가활동을 하는 데 보낼 수 있었다.

처음에 시간표를 만드는 데 있어 명심해야 할 점 중 마지막 사항은 여러 분을 지원해 주는 사람들을 위해서도 시간을 할애하라는 것이다. 특정한 기 간 중요한 사람과 보낼 수 있는 시간이 매우 제한되어 있다면, 계획을 세우 기 전에 이 점에 대해서 그 사람들과 상의하라. 그 사람들은 이 점을 알고, 그러한 시기 동안 스스로를 돌보거나 다른 활동을 계획할 시간을 갖게 될 것이다. 가능하다면 언제라도, 일정 자체에 대한 그들의 의견을 반영하라. 이런 식으로 상의한다면, 자신들이 소외되었다고 느껴 나중에 화내는 일은 줄어 들 것이다.

## 예상치 못한 일에 대비하라

아무리 신중하게 계획을 세웠을지라도, 일이 원만하게 진행되지 않을 수 도 있다. 중요한 방향, 잠정적인 가능성, 병행할 과업 및 차례로 진행할 과 업 등을 포함하여 일정을 세우는 이점은 예상치 못했던 사건들의 영향을 평가하기 쉽게 만들어 준다는 데 있다. 하지만 첨단적인 방법이 아니라도 예상치 못하였던 일로 인해 본래 목표에서 벗어나는 것을 최소화할 수 있는 방법들이 있다.

가장 중요한 단계는 예상치 못한 사건이 일어날 가능성이 가장 높은 분야를 찾아내는 것이다. 우리 저자들의 경험에 의하면, 세 가지가 있는데, 연구대상, 연구인력, 실험도구가 그것이다. 이들 각 분야에서 예측이 가능한데도 예측하지 못한 일은 무엇인가? 연구대상에 관해서는 두 가지 기본적인 문제가 있다. 연구대상 모집과 연구대상들의 약속 이행이 그것이다. 여기서도 3배수 법칙을 기억하라. 연구대상을 구하는 데 여러분이 처음 생각한 시간의 3배를 할당하라.

여러분은 이미 세 과목의 강의시간을 이용할 수 있도록 교수에게 허가를 받았고, 그 정도면 XYZ 척도를 이용할 피험자들도 충분히 구할 수 있을 것이므로, 이러한 것이 여러분의 경우에는 해당하지 않는다고 말할지도 모른다. 아마도 그럴지도 모른다. 하지만 그 교수가 아파서 그 날 수업이 취소되고, 다음 수업시간은 시험으로 인해 이용할 수 없다면 어떻게 할 것인가? 그게 아니라면, 예상한 것보다 학생들의 참여율이 낮으면 어떻게 할 것인가? 아마도 다른 사람들에게 전화를 걸어 연구대상을 모집하고자 할지도 모른다. 연구대상을 구하기 위해 평균적으로 전화를 몇 통 걸어야 하는지 알고 있는가? 회수율을 어느 정도 알 수 있는 예비 정보라도 가지고 있는가?

피험자들과 실험에 대해 약속을 하고 나서, 피험자들이 확실히 약속을 지키도록 하는 방법을 알고 있는가? 여러분이 하는 것과 같은 심리학적 연구에서 피험자들이 약속을 어기고 나타나지 않는 비율이 보통 어느 정도인지 알고 있는가? 피험자가 약속을 지키지 않는다면 어떻게 할 것인가? 일정을 수정하겠는가? 아니면 다시 어길지 모르는 위험을 감수하지 않기로 하겠는가? 의사나 치과의사들이 진료일정을 다루는 방식에서 힌트를 얻어라. 의사들은 정확한 약속 날짜와 시간이 적힌 작은 카드를 준다. 보다 확실한 것은 약속 하루나 이틀 전에 전화를 걸어 약속을 상기시켜주는 것이다. 이 같은 방식으로 약속한 적이 있는가?

약속 불이행을 막기 위해 최선의 노력을 다했음에도 불구하고, 몇 명은 약속을 지키지 않을 것이다. 이렇게 예상치 못한 시간을 어떻게 이용할 것인가? 이런 시간에 부족했던 잠을 자거나 여가로 활용하거나 혹은 강의준비를 하면서 보내려고 생각하였다면, 다른 가능성을 생각해 보라. 이 시간은 연구를 위해 준비한 시간이다. 피험자가 나타나지 않는다면, 이 시간은 진정한 의미의 '자유' 시간이 아니다. 그렇게 보일 뿐이다. 연구과제를 일정대로 진행하고자 한다면, 이번 시간을 다음에 보충해야 할 것이다. 그렇게 보충한다면 연구와 관련해 계획했던 다른 활동을 할 시간이 줄어들게 될 것이다. 이따금씩 피험자가 약속을 지키지 않을 수 있다는 점을 예측하고 그 시간에 연구와 관계된 다른 작업을 계획하라. 서론의 최종판을 준비하라. 이제 실제로 연구를 수행한 경험이 있으므로 연구방법의 부분을 보다 자세하게 작성하라. 최근 자료를 컴퓨터에 입력하라. 도서관에서 보다 최근에 출판된 참고문헌을 찾아보라. 이와 같은 방식으로 과제를 계속한다면, 피험자가 나타나지 않아서 낭비되는 시간을 최소화할 수 있을 것이고, 목표를 성취하는 데서 그리 벗어나지 않을 것이다.

또 다른 잠재적인 문제는 연구조교나 기타 연구관련 인력과 관련된 것이다. 인간이기 때문에, 아플 수도 있고, 약속을 지키지 못할 수도 있고, 중요한 자료를 수집하거나 입력하는 일을 잊어버릴 수도 있다. 이러한 실수들로 인해 생기는 문제들을 어떻게 사전에 막을 것인가? 여기서 최선의 조언은 모범적인 인력관리방법을 이용하라는 것이다. 여러분이 구할 수 있는 최선의 사람들을 선택하는 것으로부터 시작하라. 이들이 누가 될 것인지는 몇 가지 요인에 따라 달라질 것이다. 이들의 노고와 기꺼이 교환할 수 있는 보상이 중요하다. 합당한 정도의 수고비나 학점을 준다면, 보다 능력이 뛰어난 사람을 선택할 수 있고 그 사람들에게 보다 많은 것을 기대할 수 있다. 만일 수고비를 줄 수 없다면, 비금전적인 보상을 고려해 보라. 때로는 바터제도 좋다. 그 사람들이 피험자들을 구하는 역할을 해 준다면, 여러분은 그들의 자료분석을 도와줄 수도 있다. 그렇지 않으면, 피험자 6명을 구해 줄 때마다 집에서 식사를 대접하는 것은 어떠한가?

만일 여러분이 신중하게 연구인력을 선택하고 만족할 만한 보상과 혜택을 준비한다면, 그 다음의 인력관리방법은 연구보조자를 철저히 훈련시키는 것이다. 서로 역할을 맞바꾸어 훈련을 시키는 것도 좋은 방법이다. 대체인력이 필요할 때를 대비하여 각 인력이 적어도 하나 이상의 역할을 수행할 수 있어야 한다는 점을 명심하라. 제11장에서 연구보조자들에 대해 더 자세히 다룰 것이다. 자주 모니터 할 수 있도록 시간을 계획하라. 자료가 들어오는 대로 자료를 확인하라. 연구보조원이 요구한 그대로의 절차를 따르고 있는지 확인하라. 성실한 연구보조원들조차도 실수를 하기 때문에 이들이 수행하는 바를 무작위로 추출하여 점검한다면 통제할 수 없을 정도의 큰 실수를 사전에 바로 잡을 수 있다.

끝으로, 여러분이 연구 시 사용하는 도구에서 예상치 못한 일이 일어날 수 있다. 이것들은 모두가 미리 예측할 수 있는 것들이다. 몇몇(예 투광기 전구가 나가는 것)은 다른 것들(예 누군가 거짓말탐지기를 훔쳐 가는 것)보다 발생할 가능성이 더 높다. 하지만 어떤 것이든 고장 날 수 있다고 가정하고 이에 대비하는 것이 최선이다. 단순한 혹은 기술이 필요하지 않은 연구를 생각하고 있거나 도구가 없다고 생각하고 있다면, 다시 생각해 보라. 여러분을 연구장소로 실어 나르는 자동차는 어떠한가? 워드작업을 하기 위해 이용하는 컴퓨터는 어떠한가? 자료분석을 위해서는 어떠한가?

이들 세 가지 출처에서 잠재적으로 예상 못한 일을 다루는 데 좋은 방법은 여분을 준비하는 것이다. 연구보조원들의 역할을 맞바꾸어 훈련시키는 것은 이러한 방법의 예가 된다. 필요하다고 생각하는 것보다 더 많은 피험자, 연구인력, 도구를 준비하라. 사용하던 도구를 수리하는 동안 임시로 사용할 도구를 빌리거나 대여하는 일을 미리 계획해 놓아라. 주된 연구보조원이 아플 경우, 이를 대체할 인력에게 알리는 방법에 대해서도 정해 놓아라. 국립 항공우주 본부(National Aeronautics and Space Administration : NASA)가 지휘하는 유인 우주비행에서보다 대체 원칙이 더 분명히 나타나는 곳은 없다. 하나의 체계 혹은 다른 것이 제대로 작동하지 못하면, 곧바로 그 기능을 대체하는 체계가 그것을 담당하게 된다. 여러분의 연구도 이런 방식으로 진행하라. 사실, 인생도 이런 방식으로 살아간다면 예상 밖의 불쾌한 일로부터 받는 고통이 적어질 것이다.

## 일정의 지연과 기피를 최소화하라

연구과제의 진행을 회피하는 사람들이 쓰는 방법 중 하나는 일정을 잡고 계획을 세우는 일을 번복하면서 이 단계에만 지나치게 몰두하고 정작 실천은 뒤로 하는 것이라고 앞서 언급한 바 있다. 그 밖에도 연구과제의 진행을 회피하는 여러 가지 행동들을 쉽게 찾아볼 수 있다. 예를 들어, 박사학위논문 지원자가 자신이 살고 있는 아파트를 아주 깨끗하고 잘 정리된 상태로 유지하는 데 집중하는 것이다. 정신장애에 대한 진단적·통계적 편람(*Diagnostic and Statistical Manual of Mental Disorders : DSM*, 미국 정신의학협회)의 범주 안에 '지연과 기피(Procrastination and Avoidance : P&A)'를 포함해야 할지도 모를 정도로, 학위논문을 작성하는 동안 지연시키는 경우와 기피하는 경우는 매우 흔하다. 우리 모두 어느 정도 혹은 그 이상으로 일을 지연시키고 기피한다.

하지만, 극단적인 경우, 지연과 기피는 연구과제를 완수하지 못하도록 만든다. 즉, 박사학위논문이라면, 지연과 기피의 대가는 ABD(All-But-Dissertation, 혹은 석사학생의 경우는 ABT)가 된다. 이러한 행동들을 최소화하려면, 아래 문구를 크게 출력해서 벽에 붙여라. 그리고 나서, 매일 명심해야 할 사항으로 만들어라.

> ### The Master of P & A Becomes the ABD(T)
> (논문작성을 지연시키고 기피하는 데 이력이 나면 결국 학위를 받지 못하게 된다.)

여러분이 이 장의 앞부분에 나온 제안을 따르고 있다면, 이미 '지연과 기피' 를 다루기 위해 보다 완벽한 접근법의 활용에 착수하고 있는 것이다. 충분히 작은 단계들로 구분하고, 적절하게 순서를 정하고, 일정을 달력에 적어 넣었다면, 박사학위논문 진행을 순조롭게 추진할 힘을 모으는 기계의 구성요소를 준비한 것이 된다. 왜냐하면 우리는 어떤 일을 끝내고 나면 안도감을 느끼기 때문이다. 쉽게 진행되는 일이 또 다른 일을 하고 싶게 만드는 동기를 제공해 준다는 것을 느낀 적이 있는가? 연구과제를 가지고 작업할 때도 역시 이러한 방식이 적용된다. 매일 작은 단계들을 완성함으로써, 다음 단계의 작업을 하기 위한 힘이 방출되는 것처럼 보인다. 이러한 일을 완수하는 것이 보다 많은 힘을 재생산해낸다. 추진력이 연구과제를 앞으로 진행시킨다.

주요 연구과제를 진행할 때, 가장 흔하게 일이 지연되는 시기는 글을 쓰는 단계, 즉 연구계획서 및 학위논문의 최종판을 산출하는 단계이다. 여기에는 몇 가지 요인들이 작용할 수 있다. 지금까지 우리 저자들의 조언을 따랐음에도 불구하고, 여전히 일이 지연되고 있다면, 여러분은 다음과 같은 언어적 행동으로 스스로를 희생시키고 있는지도 모른다.

1. **"나는 도저히 시작할 수가 없다. 너무 엄청난 일이다."** 압도된다는 느낌은 과제를 충분히 작은 단계로 나누지 않았다는 점을 시사한다. 목표를 향해 오늘 완수할 수 있는 일이 무엇인가 생각해 보라. 논문 5편 읽기인가? 참고문헌 타이핑하기인가? 방법 부분의 개요를 작성하는 것인가? 엄청나 보이는 과제를 단순하고 더 작게, 성취할 만한 단계로 나눈다면, 다룰 수 있을 만한 과제로 바꿀 수 있다. 계획했던 과제를 완성하지 못하겠다면, 좀 더 마음이 끌리는 과제를 시도해 보라. 그 과제를 완수한다면 여러분이 원래 계획했던 과제도 해결할 수 있는 힘이 생길지도 모른다.

2. **"시간이 충분하지 않는 한 연구를 시작할 수가 없다. 내년 여름까지는** 그런 시간이 없을 것이다." 이것은 내년 여름까지 아무 것도 하지 않는 것에 대한 합리적인 변명이다. 사실은, 충분히 많은 시간이 있다면 보다 더 효율적일지 몰라도, 그렇게 많은 시간 없이도 여전히 무언가 할 수 있다.

덧붙여, 연구할 시간을 매주 3시간씩도 내기 힘드는가? 예를 들어, 우리 저자들 중 한 명은 지난 10년간 한 주에 오전 시간에 한 번씩 글을 쓰는 데 투자하였다. 이 시간을 강의시간처럼 중요시 하였다(강의시간을 다른 학교 일을 하려고 취소할 수 있는가? 집안일을 하기 위해 또는 시장보러 가기 위해 취소할 수 있는가?) 지난 몇 년간 여러 논문들과 저서를 이 시간에 쓴 것이다. 저자들이 반복해서 지적하듯이, 사람들은 학위논문을 꾸준한 작업을 통해 한 번에 한 쪽씩 완성한다.

3. **"글을 쓸 정도로 충분히 아는 것이 없다(충분히 읽지 못했고, 문제를 충분히 잘 점검하지 못했고, 혹은 충분히 훌륭한 가설이 없다)."** 이것은 완벽주의적 사고에 대한 또 다른 표현이다. "완벽하지 않으면 할 수 없다." 여러분은 글을 쓰는 것에 대해 강박관념을 가지고 있고, 아무 것도 쓰지 못한다. 처음부터 완벽한 초안은 없다. 그저 글을 써라. 불완전하다는 것을 알고 그에 대한 계획을 세워라. 그런 후에 초안을 개선하기 위해 수정하는 시간을 가져라.

4. **"마감일이 닥쳐야 작업을 할 수 있다."** 어떤 사람들은 마감일이 임박하지 않는 한 작업을 게을리 하게 된다. 그래서 보고서를 만들고, 기말시험 공부를 하고, 연구계획서를 완성하는 등의 일을 하려고 밤을 지새운다. 이런 사람들은 학위논문을 써야 하는 시기가 되면 큰 문제에 봉착한다. 왜냐하면, 이러한 연구과제는 여러 단계들, 보통 즉각적인 마감일이 적은, 장기 목표를 향한 작업들과 관련되기 때문이다. 여러분이 아마도 실감했겠지만, 연구계획서나 최종 논문은 한 주간 커피나 암페타민을 마시며 밤을 새워 준비하여 할 수 있는 과제가 아니다.

마감일에 맞추어 작업하는 사람에게 다음의 두 가지 해결책을 제시한다. 첫째, 석사학위논문이나 박사학위논문의 일부를 완수하기 위한 실제적이고 의미가 있는 마감일을 정하라. 아마도 대학원 프로그램에 이와 관련된 것이 있을 것이다. 예를 들어, 어떤 프로그램에서는 임상 학생들이 박사학위 논문 연구계획을 승인 받기 전에는 인턴으로 응시하지 못하도록 하는 규칙이 있다. 만일 여러분이 속한 프로그램에는 그런 규칙이 없다면, 아마도 여러분과 지도교수가 그와 비슷한 규칙을 만들 수 있을 것이다. 예를 들어, 어떤 일자리에 지원하고자 한다면, 아마도 여러분과 지도교수가 특정 단계(㉖ 자료수집 혹은 자료분석)를 마치기 전에는 추천서를 받을 수 없다고 정할 수도 있을 것이다. 학회에 초록을 제출하는 기한이나 세미나에서 연구결과를 발표하는 날짜와 같이 기타 전문적인 마감일 또한 여러분에게 마감일 역할을 할지도 모른다.

두 번째 전략은 마감일의 습관 자체를 고치는 것이다. 연구와 학술적 글쓰기를 하는 전문적인 직업인이 되고자 한다면, 미루는 버릇을 줄여야 할 필요가 있을 것이다. '의지를 가지고' 이 장에서 제시한 대로 시간 계획을 세우고 이를 지킨다면, 이 버릇을 고칠 수 있을 것이다.

유용한 접근방법 중의 하나는 Premack 원칙(이를 대중화한 심리학자의 이름을 딴)에 따라 일정을 배열하는 것이다. 이것은 발생 가능성이 낮은 행동을 발생 가능성이 더 높은 행동 앞에 수행함으로써 강화시키는 것이다. 이것은 "먼저, 일하고 나서 놀라"라는 오래된 격언의 바탕이 되는 행동 원칙이다. 연구에 대한 무언가를 하고 나서, 여러분이 정말로 원하거나 필요로 하는 일을 하라(㉖ 쇼핑 혹은 잠자기). "일이 첫째, 노는 것은 둘째"라는 규칙을 생활양식 속에 집어넣는다면, 연구과제를 훨씬 더 쉽게 끝낼 수 있을 것이다.

논문을 완수하기 위한 일정에 보상을 포함하는 것도 좋은 생각이다. 예를 들어, 연구계획서의 최종판을 심사위원들에게 제출하고 나서, 사랑하는 사람과 어디론가 여행을 떠나는 계획을 짜라. 하지만 연구계획서가 완료되지 않는 한은 떠나지 마라. 만일 여러분이 완수할 때마다 중요한 주위 사람들에게 보상을 한다면, 그 사람들은 여러분이 논문을 쓰기 위해 노력하는 동안 계속 여러분을 지원해 줄 것이다. 계획을 세울 때 미리 보상을 포함한다면, 여러분은 그 보상을 고대할 것이다. 이러한 방식으로 한다면, 단순히 과제를 마치고 나서 여러분과 주변 사람들이 좋아하는 무슨 일을 할까 결정하는 것보다 과제와 관련된 행동을 훨씬 더 잘 관리할 수 있을 것이다.

끝으로, 여러분을 지원해주는 사람들에게 여러분이 일을 잘 진행할 수 있도록 격려해달라고 부탁하라. 완수한 것을 동료들이 축하해 줄 수 있도록 이야기하라. 몇몇 학생들은 서로 단결하여 박사학위논문 서포터 집단을 만들어 각자 계획대로 진행할 수 있도록 도와주고 있다. 하지만, 이 부분에서 신중히 하라. 이러한 집단은 여러분이 진행하지 못하고 있는 것을 동정하거나 이에 대해 '적절한 이유'를 달도록 도와주는 집단이 아니라, 성취를 강화해 주는 것이어야 한다!

---

## ✔ To Do . . .

### 시간과 문제를 관리하기

☐ 목표를 가지고 시작하라.
☐ 필요한 시간을 추정하라.
  – 소목표와 활동을 규명하라.
  – 큰 과제를 작은 단계들로 나누어라.
  – 소목표/활동/단계의 순서를 정하라.
☐ 작업 계획을 만들어라.
☐ 예상치 못한 일에 대해 대비하라.
  – 연구대상
  – 연구인력
  – 도구
☐ 지연과 기피를 최소화하라.
  – 일반적인 사고 패턴을 피하라.
  – Premack 원칙을 이용하라.

**5** 심사위원장과
심사위원 선정하기

지도교수(chairperson) 선정은 학위논문을 계획하는 초기 단계에서 해야 하는 가장 중요한 결정 중 하나이다. 좋은 지도교수는 여러분이 택한 주제에 대해 전문적인 지식과 작업에 대한 구체적 피드백을 제공해 주고, 여러분을 지원해 주는 동시에 필요하다면 야단도 칠 수 있는 사람이다. 서투른 지도교수는 이러한 것들을 거의 제공해 주지 못할 것이고, 사실 학위논문 작성 시 어려운 과정을 헤쳐 나가야 할 때 여러분의 인생을 비참하게 만들지도 모른다.

지도교수가 될 가능성이 있는 교수에게 접근하기 전에 지도교수의 역할을 생각해 보라. 이러한 역할은 학교마다 지도교수마다 차이가 있을지라도 몇 가지 일반적인 기능은 보편적이다. 첫째, 지도교수는 학생들이 연구주제와 방법론을 작성하도록 돕는다. 둘째, 지도교수는 연구과제의 질에 대한 확신을 제1차적으로 제공해 준다. 즉, 지도교수는 학위논문의 각 부분 초안들을 읽고 평가해준다. 셋째, 지도교수는 학생이 연구계획서와 학위논문의 최종판을 다른 심사위원들에게 제출하기 전에 검토해 준다.

몇몇 지도교수들이 학생들에게 혼자서 작업을 하고 연구계획서와 최종보고서를 완성했을 때만 보고하라고 할지라도, 대부분의 지도교수들은 학생들과 보다 긴밀하게 작업한다. 특히 석사학위논문을 지도하는 경우에는 더

욱 그러하다. 따라서 지도교수를 정하기 전에 세 가지 중요한 부분에 대해 숙고해야 한다. (a) 그 교수와 협동하여 얼마나 작업을 잘 할 수 있을 것인가? (b) 그 교수가 여러분이 하는 연구분야의 전문지식을 얼마나 가지고 있는가? (c) 그 교수가 여러분이 학위논문을 순조롭게 마치도록 지도하는 데 필요한 과업에 얼마나 능숙한가? 선택을 잘 한다면, 지도교수와 편안하게 일을 할 수 있을 것이고, 연구과제에 대해 구체적이고 시의적절하게 전문화된 지도를 받을 수 있을 것이다. 좋은 지도교수와 작업하는 것은 좋은 치과의사에게 치료를 받는 것과 같다. 그 과정이 즐겁지 않거나 아픔이 있을지 몰라도, 예상한 것만큼 나쁘지 않을지도 모른다. 그리고 최종 생산물은 그 가치가 충분히 있다!

학과에는 학위논문의 지도교수와 심사위원을 어떻게 정하는지에 대한 규정이 있을 것이다. 대부분의 경우 지도교수 자신도 박사학위가 있어야 한다. 몇몇 학교에서는 적절한 최근 출판물이 있거나 특정 기간 이상 정교수로 재직하고 있는 사람들에게만 박사학위논문 심사위원장의 역할을 할 수 있도록 허가하고 있다. 이러한 규정은 경험이 부족한 교수나 적극적으로 연구하지 않는 교수들은 박사학위 연구과제의 영역이 적합한지, 문헌에 근거를 두고 있는지, 방법론적 정확성을 가지고 있는지를 확인하는 데 필요한 기술이 부족할 것이라는 가정에 근거한 것이다. 석사학위논문의 지도교수가 되는 것과 관련된 규정은 종종 (늘 그런 것은 아니지만) 박사학위논문의 지도교수가 되는 것과 관련된 규정보다 덜 엄격하다. 게다가, 몇몇 학교에서는 학생이 소속한 학과나 전공 외의 교수와 함께 작업하기를 바란다면 특별히 허가를 받아야 하는 경우도 있다. 교수가 아닌 사람을 지도교수로 선택해 함께 일하는 것은 불가능하거나 특별한 상황(예 학과교수가 기꺼이 공동 지도교수나 명목상 지도교수로 임해 줄 때)에만 허가를 받을 수 있을 것이다. 이러한 규정들을 미리 알아낸다면 학위논문을 지도할 자격이 없는 교수와 함께 작업하면서 마음 쓰는 일을 피할 수 있을 것이다. 덧붙여, 지도교수와 심사위원들이 각 역할들을 맡는 데 동의한다고 가정하면 어떤 서류에 서명을 받아야 하는지 알아보고 준비하라. 이를 통해 동의를 공식화하고, 심사위원들이 나중에 마음을 바꾸기 힘들도록 만들 수 있다!

## 지도교수-학생 협업의 본질을 생각하라

학위논문을 쓰는 작업은 지도교수와 학생 간의 협력적인 과정이다. 「국제 박사학위논문 초록(Dissertation Abstracts International)」에 최종 학위논문이 보관될 때, 지도교수와 학생 양측의 이름이 모두 올라간다. 국내 및 국제적으로 명성이 있는 교수는 자신들의 이름이 관련되는 작업의 형태에 대해 신중하게 생각할 것이다. 박사학위논문 심사위원회의 위원장(지도교수)직을 맡는다는 것은 대부분의 교수들이 가볍게 생각하는 그런 직책이 아니다.

협업을 성공적으로 이끌기 위해서 지도교수와 함께 적절히 조화로운 작업을 할 필요가 있다. 연구경험이 거의 없거나 많은 지도가 필요하다면(석사학위의 경우 종종 그러함) 특히 더 그러하다. 지도교수와 얼마나 작업을 잘 할 수 있는가를 평가하는 첫 번째 단계는 여러분이 지도교수로부터 원하는 바와 지도교수가 자신의 역할을 수행하는 최선의 방식이라고 생각하는 바가 조화를 이루는지 살펴보는 것이다.

그렇다면 여러분이 지도교수로부터 바라는 바는 무엇인가? (아마도 지도교수가 관심을 가지고 있는 어떤 것에 대한) 주제를 찾도록 이끌어주기를 바라는가, 혹은 여러분의 의향을 기꺼이 따라 줄 지도교수를 바라는가? 매우 구조화된(예 마감일을 정하고, 학생과 규칙적으로 만나는) 지도교수가 작업을 하는 데 최선인가 혹은 보다 자유롭게 풀어주는 지도교수가 나은가? 대인관계가 따뜻하고 지지적인 사람과 작업하기를 바라는가, 혹은 전문지식과 같은 다른 특성이 더 중요한가? 한 마디로, 여러분 자신이 주제 전개에 관해서 얼마나 많은 정보를, 어떤 구조로, 어떤 대인관계 스타일로 받기를 선호하는지에 대해 생각해 보고 결정하라. 그 다음에, 교수의 스타일이 여러분이 작업하는 데 선호하는 방식과 얼마나 잘 들어맞는지 평가하는 단계로 넘어갈 수 있다.

## 지도교수가 될 가능성이 있는 사람의 전문지식을 고려하라

몇몇 학생들과 교수들은 지도교수는 학생이 선택한 주제에 대해 학생보다 훨씬 많이 알고 있어야 한다고 주장한다. 다른 사람들은 이와 같은 주장에 동의하지 않으며, 지도교수의 역할은 방법론과 논증의 논리를 비평하는 것이지 그 주제분야에서 전문가일 필요는 없다고 한다. 이들은 우수한 방법론적·분석적 기술은 어떤 주제분야에든 적용될 수 있다고 한다.

우리 저자들은 후자의 진술에 동의한다. 우리 저자들은 또한 학생들이 때때로 연구과제를 시작할 때부터 그 주제분야에 대해 거의 아는 것이 없는 지도교수와 작업을 해도 훌륭한 연구물을 산출한다는 것에도 동의한다. 그럼에도 불구하고, 학생이 선택한 주제분야 내의 전문가를 지도교수로 찾아내는 것이 보통 학생과 교수에게 최선의 득이 된다고 생각한다. 더욱이, 우리 저자들은 일반적으로 학생들에게 교수의 관심분야 내에서 작업하면서 교수와 공동으로 주제를 발전시키라고 권한다. 이 방법은 경험과 기술이 좀 부족한 상태에서 이 과정에 들어서거나 연구과제의 모든 단계에서 보다 많은 지도를 필요로 하는 석사과정 학생이 연구를 수행할 때에 특히 중요하다.

여러분이 택한 주제분야에 관해 전문지식을 가지고 있는 지도교수와 작업을 하라고 추천하는 것은 일반적으로 보다 짧은 시간에 고통을 최소화하면서 더 나은 결과물을 산출할 것이라고 생각하기 때문이다. 먼저, 수년간 그 분야에서 연구한 교수들은 선행 문헌에 대해 잘 알고 있다. 이들은 어떤 연구가 수행되었고 수행되지 않았는지, 최근 진행되고 있는 연구는 무엇인지 알고 있다. 이러한 지도교수의 지식을 통한다면, 여러분이 이상적이라고 생각하는 연구를 설계하기 위해 몇 달을 투자하였으나 누군가가 지난달에 여러분이 생각한 연구를 *Journal of Personality and Social Psychology*에 발표하였다는 사실을 알게 되는 불상사를 예방할 수 있을 것이다. 나아가, 그런 교수는 여러분이 그 분야에 기여할 수 있는 연구를 할 수 있도록 이끌어 주는 경향이 있다.

아는 것이 많은 교수들은 그 분야에서 진행하는 연구에 대해 속속들이 알고 있을 것이라는 점 또한 중요하다. 그 분야에서 효율적인 피험자 모집 방법, 일반적인 설계와 절차상의 함정, 방법론적 규준들을 알고 있을 것이다. 그렇게 하면, 여러분이 하는 연구가 얼마나 오래 걸릴지를 몰라서 석사학위논문의 연구비용을 잘못 책정할 가능성이 낮아질 것이다. 또한 여러분이나 지도교수의 주제분야에 대한 무지로 말미암아 '치명적 결함'이 있는 연구를 설계할 가능성도 없게 될 것이다. 여러분이 택한 주제분야의 문헌을 알고 있는 지도교수는 관련 논문, 장, 저서를 알려줄 수 있을지도 모른다. 예를 들어, 우리 저자들의 학생 중 한 명은 최근에 문헌 탐색을 하러 도서관에 가겠다고 하였다. 그 학생은 찾고자 하는 분야의 자료들을 지도교수가 파일장 2개 가득 가지고 있다는 것을 알게 되었고, 하루를 투자해서 이 자료들 중 필요한 논문을 복사하였으며, 결국 많은 시간을 절약하게 되었다.

지도교수가 하고 있는 연구분야에서 작업을 하라는 또 다른 이유는 이러한 지도교수들은 여러분의 연구과제에 보다 많이 투자를 할 것이기 때문이다. 여러분이 연구하고 있는 것에 대해 깊은 관심을 보이는 교수들은 그렇지 않은 교수들에 비해 여러분과 보다 오랜 시간을 같이 보내고, 연구과제에 대해 보다 충분히 생각하며, 여러분의 진행과정을 보다 면밀히 주시하는 경향이 있다. 공동 소유권자로서의 인식은 종종 협력자들 간의 책임감을 증진시키고, 여러분이 지도교수와 소유권을 공유한다면, 보다 시의적절하고 깊이 있는 피드백과 지원을 받는 이점이 있을지도 모른다.

끝으로, 적극적으로 연구 프로그램에 참여하는 교수들은 종종 실험실의 공간, 장비, 때로는 경제적 자원(예 피험자들에게 줄 사례금이나 보조비)까지도 가지고 있다. 많은 교수들은 여러분이 그들의 분야에서 연구한다면, 이러한 시설의 일부나 모두를 사용할 수 있도록 해 줄 것이다.

물론, 교수들의 연구분야에서 작업할 때 잠재적인 결점이 전혀 없는 것은 아니다. 어떤 교수들은 여러분의 지적 발달이나 아이디어는 고려하지 않고, '교수 자신'이 원하는 것을 하도록 하고, '자신들이' 원하는 방식으로 하도록 요구하면서, 여러분을 지나치게 통제할지도 모른다. 여러분은 연구자로서 자율적인 역할을 하기 위해 필요한 기술을 발달시키기보다는 지도교수가 지시하는 바를 따르고 있는 자신을 발견할 지도 모른다. 박사과정 학생보다 상당히 덜 독립적인 관계에 있는 석사과정 학생의 수준에서조차도, 여러분은 시키는 대로 작업하기보다는 새로운 기술을 학습할 수 있어야 한다. 여러분이 앞으로 연구관련 분야에서 일하기를 원하는데도, 이 단계에서 연구기술을 익히지 못한다면 분명히 약점이 된다. 그러한 종류의 직업에서, 박사학위를 마친 후 여러분은 독립적인 기능을 훌륭히 수행하고, 자신의 연구를 설계할 수 있어야 할 것이다. 덧붙여, 교수들은 때때로 자신들이 익숙하지 않은 분야보다는 알고 있는 분야에 대해서는 보다 많은 것을 요구한다. 하지만, 이러한 잠재적인 문제들은 결코 불가피한 것들이 아니고, 우리 저자들은 대부분의 학생들이 지도교수가 잘 알고 있는 분야에서 작업함으로써 얻는 이점이 이러한 잠재적인 문제들보다 훨씬 많다고 생각한다.

전문가인 지도교수와 작업할 수 있는 기회가 없다면, 그 분야 전문가 한 명 이상을 학위논문 심사위원으로 모시는 것을 생각해 보라. 학과의 교수들, 학술공동체, 가까운 다른 학교, 지역공동체의 교수들 중 이러한 전문가를 찾아보라. 실제적 분야의 전문가와 상의한다면 지도교수가 하는 기능의 일부를 충족시킬 수 있을 것이다.

## 지도교수가 될 가능성이 있는 사람의 기술을 평가하라

학위논문을 잘 지도하기 위해서는 특정한 기술(skills)이 필요하다. 여기에는 연구과정을 지도하고 질적으로 관리하는 기술도 포함된다. 이는 지도교수가 연구계획서 및 최종보고서의 여러 초안을 읽어보고, 개선이 필요한 부분에 대한 피드백을 제공할 것이며, 여러분이 봉착한 문제를 해결하는 데 도움을 줄 것이라는 점을 의미한다. 지도교수는 논문심사위원회를 이끌 것이고, 보통 연구계획 심사회의 및 연구과제의 구술심사를 감독할 것이다. 훌륭한 지도교수들은 자신이 기대하는 바를 분명히 하고, 긍정적이든 부정적이든 피드백을 구체적으로 제공하고, 적절한 기간 내에 초안을 읽고 돌려줄 것이며, 연구과제에 대해 논의하기 위해 여러분을 만날 것이고, 심사위원들 간에 갈등이 있다면 이를 해결할 것이다.

## 기대와 피드백

대부분의 학과에서 어떤 교수들은 기준이 매우 높은 반면, 다른 교수들은 다소 덜 비판적이고 수정작업이나 광범위한 방법론을 덜 요구한다. 하지만, '힘든' 지도교수와의 작업과 '쉬운' 지도교수와의 작업 간 차이는 연구과제에 얼마나 많은 시간을 투자해야 할 것인가를 의미하는 것 이상이다.

우리 저자들은 우리 스스로의 성벽에 대해 잘 안다. 우리 저자 두 사람 모두가 학생들과 작업할 때 기준이 높다는 것을 알고 있다. 이러한 기준이 학생들에게 몇 가지 좋은 결과를 가져온다고 생각한다. 첫째, 기준이 높은 지도교수를 만족시키는 결과물을 산출해 낸다면 논문심사위원회에서 심각한 문제가 생길 우려가 적어질 것이다. 왜냐하면, 여러분과 지도교수는 이미 연구과제와 관련된 주요 문제에 대해 충분히 고려하였고 적절한 결정을 내렸기 때문이다. 둘째, 연구계획심사와 구술심사에 보다 적절히 준비를 하였을 것이다. 왜냐하면, 여러분과 지도교수가 심사위원들이 제기할 주요 문제들 중 많은 부분을 이미 논의했을 것이기 때문이다. 끝으로, 여러분이 지도교수를 만족시켰다면, 다른 심사위원들이 예상 밖의 질문을 할 때도 지도교수가 여러분의 편에 서 줄 가능성이 더 높다.

교수의 기준을 고려하는 것을 넘어 지도교수로 예상되는 사람이 구체적 피드백을 제공해 줄 것인가에 대해서도 숙고해 보라. 여러분에게 작업을 개선해야 한다고 지적하지만, 구체적으로 어떻게 해야 하는지를 말해 줄 수 없는 사람과 작업하는 것보다 더 어려운 일은 없다. 지도교수가 여러분을 위해 구체적으로 특정한 논문을 찾아주고, 모든 의사결정을 내려주고, 혹은 서투른 문장을 다시 써 주기를 기대해서는 안 된다. 하지만 여러분이 작업을 진행해 갈 때, 연구과제를 개선하기 위해 필요한 것이 무엇인지 명확하게 말해 줄 수 있는 지도교수를 찾아야 한다.

## 시의적절성과 유용성

대부분의 학생들은 지도교수가 학위논문의 각 부분을 최종적으로 승인하기 전까지 각 부분의 초안에 대해 피드백을 받는다. 이러한 피드백을 적시에 받는 것도 중요하다. 지도교수가 여러분이 제출한 서론 및 방법론 부분의 초안을 몇 달간 가지고 있다면, 진행이 심각하게 지연될지도 모른다. 그러므로 지도교수는 여러분이 봉착하는 문제들에 대해 논의를 할 수 있도록 적절한 시간 내에 만날 수 있는 사람이어야 한다.

'적절한' 시간은 어느 정도인가? 우리 저자들은 2주 정도 내에 초안을 돌려주기 위해 노력한다. 매우 바쁜 시기(⑩ 기말시험 성적처리 기간, 저자들이 다른 지역에 다녀오는 주, 모든 학생들이 자신의 연구과제를 끝내고 싶어하는 마감 직전)에는 그 보다 더 오래 걸릴 수도 있다. 이와 유사하게, 학생이 논의할 문제를 가지고 있거나 만나고자 하면, 우리 저자들은 보통 일주일에서 열흘 내에는 약속시간을 잡는다.

다음 몇 가지는 여러분이 원할 때 적시에 피드백을 받거나 지도받는 데 장애가 될 수도 있다. 지도교수가 될 가능성이 있는 사람에 대해 고려를 할 때 이러한 점들을 생각해 보라. 인기 있는 교수들 아래에는 시간을 얻기 위해 경쟁하는 학생들이 많이 있을지도 모른다. 어떤 교수들은 연구비를 받은 연구 혹은 잦은 출장으로 매우 바쁠지 모른다. 다른 교수들은 상담이나 임상실습을 활발히 해서 학생들을 지도할 시간이 적을지도 모른다. 여러분의 논문이 아무리 우수하다할지라도 지도교수가 자신의 급료와 맞바꾸기는 힘들다. 또한 많은 교수들은 대학당국과 9개월간의 작업에 대해 계약하기 때문에 여름방학 동안에는 논문지도에 관한 작업을 하지 않을지도 모른다.

이러한 문제들 중 어느 것이라도 염려되는 것이 있다면, 지도교수가 될 가능성이 있는 사람과 이러한 문제점에 대해 의논해 보라. 보통 보고서를 보고 돌려주는 데는 어느 정도가 걸리고, 정기적으로 만날 수 있는지, 함께 작업한다면 얼마나 자주 모임을 가져야 하는지 등에 대해 알아보라. 이어지는 부분에서 지도교수가 될 가능성이 있는 사람에 대한 정보를 어떻게 얻을 것인가에 대해 살펴보면서, 이러한 내용에 대해 좀더 논의할 것이다.

## 설득력

우리 저자들은 여러분이 지도교수와 심사위원들로 선정한 사람들이 함께 잘 작업할 것이라고 생각한다. 그러나 그렇지 않다면 어떻게 할 것인가? 심사위원들이 타당하지 않은 요구를 할 때, 지도교수가 여러분을 뒷받침해 줄 수 있을 정도로 충분히 설득력 있게 의사를 표현할 수 있는가? 연구를 진행하고 있는 외부기관에서 문제가 발생한다면, 지도교수가 이를 해결하는 데 도움을 줄 수 있는가? 지도교수가 단호하게 의견을 주장하는 기술은 연구절차가 까다롭고, 따라서 기관의 지지, 연구윤리위원회의 심사 등이 요구되는 경우에 특히 중요하다. 단호하게 의견을 주장할 수 있는 지도교수를 찾아내는 일은 여러분이 속한 학과가 대인 간 불화의 소굴이며, 논문심사위원회는 교수들의 싸움터가 되어 학생들은 그저 불운한 방관자 역할을 할 수밖에 없는 그런 경우에도 중요하다.

끝으로, 연구과제는 연구자로서의 능력을 검증하고 학습하는 경험, 이 두 가지라는 점을 기억하라. 일반적으로, 석사학위논문은 검증보다는 학습경험으로 간주되는 반면, 박사학위논문은 그 반대이다. 연구과제를 진행해 나갈 때, 특정 교수가 연구에 대해 얼마나 잘 지도해 줄 것인가? 그 교수가 여러분이 연구자로서 성장하는 것을 뒷받침해 줄 것인가? 그 교수가 여러분을 위해 대부분의 일을 할 것인가, 지도가 거의 없이 여러분 스스로의 방식을 찾아내야만 할 것인가, 혹은 노련한 지도교수의 감독 하에서 연구기술 능력을 배우고 신장시킬 수 있을 것인가?

## 지도교수가 될 가능성이 있는 사람을 연구하라

지도교수가 될 가능성이 있는 사람에 대한 정보는 다음 세 가지 출처를 통해 알아낼 수 있다. 첫째는 여러분의 개인적 경험이다. 특정 교수의 강의를 들었거나 모임에서 그 교수와 이야기를 나누었을지도 모른다. 더 나은 정보로, 과거에 실제로 그 교수와 함께 연구작업을 했을지도 모른다. 이는 물론, 그 교수의 지도 아래에서 작업하는 것이 어떠한지에 대해 직접적 정보를 얻는 최선의 방법이다.

대학원 입학 초기에 이 책을 읽는다면, 공통된 관심사를 가지고 있는 교수와 얼마나 작업을 잘 할 수 있는지 직접 알 수 있도록 그 교수와 함께 하는 작업을 고려해 보라. 유급 연구보조원이나 무급 지원자(예 교수의 연구 일부분에서 이차적 역할 수행하기)로 일한다면 이러한 정보를 알 수 있을 것이다. 여러분이 자원한다면, 작업에 참여하겠다고 결정하기 전에 그 교수와의 접촉 정도 및 요구사항을 분명히 알아보라. 여러분이 그 교수와 함께 얼마나 작업을 잘 할 수 있는가를 알아보기 위해 참여한다면, 그 교수의 연구실에서 일하고 있는 박사 후 과정 학생을 돕는 무급 연구보조원 역할을 하는 것이 아니라, 그 교수와 직접 접촉하고자 할 것이다. 누군가와 석사학위논문 작업을 하는 것은 박사학위논문 지도교수 가능성이 있는 교수에 대한 정보를 얻는 또 다른 방법이다.

지도교수가 될 가능성이 있는 사람들과의 경험에 대해 과거의 상호작용에서 어떤 점이 좋았고 어떤 점이 좋지 않았는지를 생각할 때, 지도교수로서의 역할과 일반 교수로서의 역할에 차이가 있다는 점을 명심하라. 예를 들어, 여러분은 Smith 박사의 강의 스타일을 매우 좋아할지도 모른다. 그러나 Smith 박사는 여러분의 박사학위논문 심사위원회에서 강의를 하지는 않을 것이다! 그 대신, Smith 박사가 여러분이 낸 보고서에 대해 구체적이고 도움이 되는 피드백을 주었는지, 제시간에 다시 돌려주었는지에 대해 생각해보라. 물론, Smith 박사가 모든 상황에서 일관적이지는 않을지 모르므로, 여러분의 경험을 보완해 줄 다른 종류의 자료를 찾아볼 필요가 있다.

두 번째 출처는 교수와 함께 일한 적이 있는 동급생으로부터 나오는 것이다. 하지만, 우리 저자들은 소문을 가지고 말하는 것은 아니다. 소문은 가게에서 파는 타블로이드판 잡지처럼, 보통은 흥미를 돋구어줄 정보의 출처이다. 그러나 유감스럽게도, 소문은 항상 '정확한' 정보의 출처일 수는 없다. 소문은 대개 학생들 사이에서 만들어지고 부풀려지며, 한쪽으로 편향된 것이기 때문이다. 교수−학생 간 문제에는 다른 대부분의 인생사에서처럼 모두 두 가지 측면이 있는데, 진실은 보통 그 두 가지 사이의 어딘가에 있다. 학생들과 가끔 잡담을 나누지 않는 교수들은 소문의 내용에 자신들의 견해를 반영시키지 못한다.

물론, 몇몇 교수들의 평판에는 그럴만한 이유가 있다. 하지만, 문제는 믿을 만한 자료 없이는 그 평판—좋은 것이든 나쁜 것이든—이 사실에 근거한 것인지 지어낸 것인지를 알아내기가 힘들다는 것이다. 소문은 신뢰할 만한 자료를 제공하지 않는 것이다.

보다 믿을 만한 정보를 얻기 위해서는, 지도교수가 될 가능성이 있는 교수 아래에서 작업한 적이 있는 학생들과 이야기를 나누어보라. 그 학생들은, 어쨌든 그 교수와 지도교수−학생관계를 직접적으로 경험하였다. 상당한 표본을 얻기 위해서는 한 명 이상과 이야기를 나누어보라. 여러분이 우려하는 부분에 대해 질문하라. 각 장마다 논문초안을 몇 번이나 썼는가? 교수가 그 초안을 얼마나 빨리 돌려주었는가? 교수가 어떤 종류의 피드백을 주었는가? 심사위원들이 어떤 종류의 문제를 제기하였고, 지도교수는 이에 어떻게 반응하였는가? 이러한 질문들이 그 학생의 교수에 대한 주관적인 인상보다는 특정 교수의 행동에 대해 묻는 것이라는 점을 특별히 언급하

라. 그 학생이 지도교수를 좋아했는지 싫어했는지를 알아내는 것이 흥미로울지도 모르지만, 더 중요한 것은 그 지도교수가 학생과 상호작용한 방식이다. 그러한 정보를 알 수 있다면, 정보를 제공한 학생이 그 지도교수와 어떻게 작업했는지에 상관없이, 지도교수가 될 가능성이 있는 사람과 작업하는 것이 '여러분에게' 득이 될 것인지를 결정할 수 있을 것이다.

덧붙여, 학생들이 하는 말을 평가할 때, 그 근거를 반드시 생각해보라. 우둔한 학생들은 지적으로 엄격한 교수가 "너무 까다롭다"고 생각할지도 모르는 반면, 똑똑한 학생들은 그 교수가 지적 자극을 주고 도움이 된다고 생각할지도 모른다. 지나치게 능력이 부족한 학생들에게까지 충분히 지지적인 교수를 찾기는 힘들다. 지도교수들이 학생들에게 무작위로 할당되는 것이 아니라는 점을 기억하라. 선택에 대한 편견이 작용한다. 우리 저자들의 경험에 의하면, 똑똑한 학생들은 종종 기대수준이 높더라도 공정한 지도교수를 선택하고, 우둔하거나 게으른 학생들은 종종 안이한 방법을 허락해줄 교수를 선택한다. 그리고 어떤 학생이라도 매주 요구사항을 바꾸고, 책임감이 없거나 독재적인 교수들을 선택하지는 않는다.

정보의 마지막 출처는 교수 당사자들과의 면담이다. 어느 순간이 되면 여러분에게 지도교수가 될 가능성이 있는 교수들의 명단과 면담 시의 질문사항이 생기게 될 것이다. 교수가 여러분의 질문에 대답하는 방식은 정보를 얻을 수 있는 또 다른 출처이다. 교수들에게 다가가는 것은 이어서 살펴볼 주제인 '학위논문 예절'의 일부이다.

## 지도교수가 될 가능성이 있는 사람에게 다가가라 : 학위논문 예절 I

여러분은 지도교수에게 바라는 바가 무엇인지에 대해 생각해 보았다. 다른 학생들과도 이야기를 나누어 보았다. 그리고 하나 혹은 그 이상의 주제 분야를 생각하고 있다. 이제는 지도교수를 선정할 시기이다.

일을 진행할 때, 교수들이 연구논문을 지도할지 혹은 지도하지 않을 지에 대한 선택권을 가지고 있다는 점을 명심하라. 대부분의 교수들은 연구논문을 지도하겠다는 결정을 내리는 데 있어 외적 또는 내적 지침을 가지고 있다. 예를 들어, 우리 저자들의 동료 중 한 명은 박사학위논문을 쓰고자 하는 학생들 중 지도할 학생을 선별하는 기준을 다음과 같이 제안한 바 있다.

1. 연구설계에는 비교집단이 포함되어 있어야 한다.
2. 이러한 비교는 관련 문헌에서 나온 가설들을 포함해야 한다.
3. 측정방법 중 일부는 자기보고(self-report) 이상의 방법을 이용해야 한다.
4. 학생이 그 교수의 강의를 적어도 한 과목 이상 들었어야 한다.
5. 학생은 특정 연구과제를 마치는 데 필요한 방법론적 준비가 되어 있어야 한다.
6. 학생은 (a) 박사학위 논문작업을 지속적으로 할 수 있는 시간이 있어야 하고, (b) 교수의 집무시간 내 논문에 대해 논의할 수 있는 시간이 있어야 한다.

여러분이 어느 교수의 실험실에서 일을 한 적이 있다하여도, 그 교수가 당연히 지도교수의 역할을 맡아 줄 것이라거나 여러분이 그 교수의 기대치를 잘 알고 있다고 볼 수는 없다. 그 교수에게 물어보아야 한다.

지도교수가 될 가능성이 있는 사람에게 어떻게 접근하는가는 여러분이 아직 고려중이고 보다 많은 정보를 원하고 있는지 혹은 함께 작업하고 싶은 교수를 정했는지에 따라 다르다. 두 경우 모두, 첫 번째 단계는 연구논문의 지도에 관해 상의하기 위해 약속을 잡는 것이다. 교수를 만나 여러분의 문제를 직접적으로 설명하라. 지도해 줄 교수를 아직 정하지 못하였다면, 다음과 같이 말할 수도 있다.

저는 학위논문에 대해 생각하고 있는데, 제가 고려하고 있는 분야 중 하나는 _____입니다. 제가 이 주제를 선택한다면, 교수님께서 이 분야의 논문을 지도하시는 데 관심이 있으신 지에 대해 알고 싶습니다. 이에 대해서 논의할 시간이 있으십니까?

만일 그 교수의 지도를 받고 싶다면, 다음과 같이 말할 수도 있을 것이다.

저는 _____ 분야에 관한 학위논문을 쓰는 데 관심이 있습니다. 교수님과 구체적인 아이디어를 논의하고, 제 연구논문을 지도해 주실 수 있으신 지에 대해 알고 싶습니다.

교수가 그 자리에서 여러분에게 질문하거나 곧 결정을 내리는 경우를 대비하라. 예를 들어, 우리 저자들은 우리가 잘 알지 못하는 학생들에게 일상적으로 앞으로 다룰 주제에 대해 질문하고, 왜 다른 교수가 아닌 우리들에게 관심을 갖는지 물어본다. 이를 통해 우리 저자들이 전문가가 아닌 주제를 가지고 온 학생들을 다른 교수들에게 보내고, 우리(및 그 학생)가 약속 시간을 낭비하지 않도록 한다. 마찬가지로, 우리 저자들이 그 주제에 관해 관심을 가지고 있고, 그 학생을 잘 알고 있어 기꺼이 함께 일하고자 한다면 즉시 동의한다. 저자들이 지나치게 꼼짝못할 정도로 바쁘다거나 그 주제에 관심이 없거나 혹은 그 학생과 작업하는 것을 원하지 않을 때는 즉시 학생들을 돌려보낸다.

교수가 여러분을 만나준다면, 논의하고자 하는 문제를 가지고 만나라. 아직 결정하지 못한 채, 교수들을 두루 살펴보고 있다면, 그 교수가 여러분에게 좋은 지도교수가 될 수 있을지를 결정하는 데 도움이 될 질문을 하라. 여러분이 관심을 가지고 있는 전반적인 분야를 간략히 언급하면서 이야기를 시작하라. 교수들이 가지고 있는 외적 · 내적 규칙들을 알아보라. 학생들과 어떤 식으로 작업을 하는지, 주제를 정하는 데 어느 정도 도움을 주는지, 어떤 종류의 학생들과 같이 작업할 때 가장 좋은 결과를 가져오는지, 새로운 학생을 지도할 여력이 있는지 등에 관해 알아보라. 하지만, 여러분이 구체적 연구문제를 정할 때까지는 교수가 연구논문을 지도해 주겠다고 약속할 것을 기대하지는 마라. 많은 교수들은 연구가 사소하다거나 흥미롭지 않다고 생각되면, 논문지도를 하는 시간과 에너지를 투자하고자 하지 않을 것이다. 여러분에게 아이디어가 부족하다면, 교수에게 조언을 구하거나 연구문제를 만드는 데 도움이 되는 문헌이 있는지 물어보라. 교수가 주제를 발전시키거나 논의하기 위해 다시 만나는 데 응해준다면, 이는 첫 관문을 통과한 것이다. 하지만 그렇다고 그 교수가 반드시 연구논문을 지도해 줄 것이라고 볼 수는 없다.

교수가 연구과제를 지도하는 데 잠정적인 혹은 확실한 관심을 보이고 여러분도 그 교수에게 계속 관심이 있다면, 면담을 끝낼 때 다음과 같이 질문해보라. "제가 다음에는 무엇을 해야 할까요?" 이런 질문으로 지도과정을 지속시키기 위해 여러분이 해야 할 일이 무엇인지를 명확하게 알아낼 수 있다. 만약 아직도 지도교수를 찾고자 둘러보고 있는 중이라면, 상담한 교수에게 여러분이 몇몇 교수들과 상담을 하고 있는 중이고, 이에 대해 더 논의하고자 한다면 다시 찾아 올 것이라고 하면서 약속시간을 내 주셔서 감사드린다고 말할 것이다.

기대와 역할에 대해서 지도교수와 명확하게 직접적으로 의사소통하는 것은 대단히 중요하다. 기대되는 바가 무엇인지 알고 있다면 관련된 사람들 모두에게 그 과정이 보다 분명해 질 것이다. 교수들은 이런 명확한 정보를 줄지도 모르고 주지 않을지도 모른다. 그래서 학생들은 어떻게 하면 연구논문을 계획하는 것과 관련된 문제들에 대해 적절하게 직접적으로 의사소통할 것인가에 대해 생각해야 한다. 초기의 직접적인 의사소통으로 좋은 작업관계를 위한 기반을 다질 수 있고, 이는 지도교수나 학생의 잘못된 추측으로 인해 발생하는 문제들을 예방하는 데 도움이 된다.

## 심사위원회의 특성과 기능을 고려하라

논문심사위원회는 학교나 학위에 따라 규모, 구성, 구체적 의무가 다양하다. 하지만 심사위원들의 일반적인 역할은 상당히 비슷하다. (a) 연구계획과 그 이후의 최종 논문을 완결하기 위한 조언을 한다. (b) 연구계획서와 최종

논문의 질을 추가로 확인한다. 그리고 (c) 구술심사에서 학생을 평가하는 데 주도적인 역할을 한다. 석사학위논문의 경우 구술심사에서, 심사위원들은 보통 학생들이 연구에 대해 이해를 하고 있는지, 논리적으로 이야기할 수 있는지를 확인하고자 한다. 또한 박사학위논문의 경우는 구술심사에서 심사위원들은 그 학생이 독립된 연구자로서의 역할을 수행할 수 있는 능력을 가지고 있는지 평가한다. 따라서 심사위원들은 한편으로는 조언자로서 또 다른 한편으로는 검사관으로서의 역할—매우 다른 두 가지 역할—을 하게 된다. 조력자와 검사관 간의 균형은 학교마다 위원회마다 다르고, 연구 과제가 석사학위논문인지 박사학위논문인지에 따라서도 달라진다.

이상적인 경우로는 심사위원들이 지도교수를 보완하고, 연구를 증진시킬 수 있는 새로운 통찰력과 아이디어에 공헌할 수 있는 전문지식을 제공해 주어야 한다. 예를 들어, 우리 저자들 중 한 명은 연구계획서의 모집단, 독립변인, 혹은 주요 종속변인에 대해 어느 정도의 전문지식을 가지고 있는 경우에만 심사위원의 역할을 맡는 데 응한다. 동시에, 심사위원들의 이론적 관점과 견해가 학생의 관점과 견해와 적절히 조화를 이룰 수 있어야 하고, 심사위원들은 그 주제에 어느 정도 관심을 가지고 있어야 한다. 외부의 기관과 밀접히 관련된 작업을 하는 학생들은 그 기관의 박사급 인사를 심사위원으로 청하는 것도 고려해야 한다. 이 사람은 대체로 기관 내에서 그 학생의 지원자이자 연락 담당자가 되고, 기관의 규칙에 대해 중요한 정보를 제공해 줄 뿐만 아니라, 기관의 자원을 어떻게 활용하는 것이 적절한지에 대해서도 피드백을 줄 것이다. 여러분이 복잡한 통계절차를 이용할 것이고 통계 전문가의 조언이 자주 필요하다면, 심사위원 중 통계 전문가를 포함하는 것이 유용할 것이다.

또한 심사위원들은 지도교수와 적절한 대인관계를 유지해야 한다. 그리고 심사위원들은 반드시 공정하고 솔직하며 신뢰할 수 있어야 한다. 사적으로는 학생을 칭찬하면서 구술심사에서는 그 연구논문을 공격하는 심사위원들은 드물지라도, 그러한 경험은 매우 당황스럽고 충격적인 것이므로, 이를 사전에 예방할 수 있도록 심사위원이 될 가능성이 있는 사람들에 대한 정보를 충분히 수집해야 한다.

심사위원 선정에서 구체적 사항을 고려하기 전에, 연구계획서와 최종논문 준비 시 심사위원들이 관여하는 것과 관련된 문서화된 규칙과 불문율을 알아내라. 여러 학과에서는 지도교수가 연구계획서와 최종논문을 승인한 후에 심사위원들이 이러한 서류를 읽는 '지도교수 중심' 모형을 따르고 있다. 이러한 승인을 받기까지는 학생과 지도교수 간에 논문을 적절한 형태로 만드는 광범위한 작업이 진행된다. 연구과제의 특정 부분에서 심사위원들 각자의 전문 분야(예 구체적 측정방법 문제 또는 통계적 자료처리) 내에서 조언을 기대할 수 있도록 되어 있지만, 보통 심사위원들이 지도교수를 대신하는 역할은 하지 않는다(예외의 경우는 심사위원이 지도교수보다 연구가 행해지는 주제분야에 대해 더 많이 알고 있고, 연구과제의 일부 측면에 대해 보통 때보다 더 광범위한 책임이 있다고 가정할 때이다). 심사위원이 아닌 지도교수가 가설, 연구설계, 측정방법 선택, 기타 세부사항에 대해 학생에게 조언을 한다. 지도교수가 그 연구계획서에 만족한 이후에야 심사위원들은 각자의 견해를 말한다. 심사위원들의 지식이 특정 문제를 해결하는 데 매우 적절해서 보다 초기에 도와달라고 요청을 받지 않는 한 그러하다.

물론, 지도교수 중심의 모형만 있는 것은 아니다. 몇몇 학교에서는 심사위원들의 역할이 지도교수의 역할과 비슷하다고 보고, 때로는 학생이 준비하는 연구계획서와 최종논문의 초안들을 심사위원들이 살펴보게 한다. 우리 저자들의 경험에 의하면, 이러한 상황에서는 심사위원들의 역할이 종종 모호하므로, 학생들은 언제, 어떻게 심사위원들이 관여하는지 알아보아야 한다. 이러한 방식이 보편적이라면, 학생들은 지도교수가 바라는 심사위원들의 역할이 무엇인지 구체적으로 물어서 이러한 과정을 명확히 할 수 있다. 지도교수에게 구체적인 의견을 듣는 것이 중요하다. 언제 어떻게 심사위원들에게 초안을 보여줄 것인가? 얼마나 많은 초안을 준비해야 할 것인가? 공식적인 연구계획에 대한 심사회의가 있을 것인가? 그 다음에, 학생은 이러한 기대사항에 대해 심사위원이 될 가능성이 있는 사람들과 상의해야 한다.

역할이 모호할 때 생길 수 있는 또 다른 위험은 특정 연구문제가 다루어 지는 방식에 대해 지도교수와 심사위원들의 생각이 다를 때에 학생이 봉착하게 되는 문제이다. 학생이 지도교수와 심사위원들 사이를 왔다갔다 하도록 만들고, 때로는 해당 문제에 대해 각 심사위원들이 어떻게 말하였는지를 잘못 인용하거나 잊어버리는 경우도 생기게 된다. 이러한 경우에, 우리 저자들은 가족치료사들의 접근방법이 최선의 해결책이라고 생각한다. 관련된 모든 사람들이 한꺼번에 모이는 자리를 마련하여 얼굴을 맞대고 문제에 대해 논의하여 해결하도록 하라.

## 심사위원이 될 가능성이 있는 사람을 연구하라

지도교수 선정에 대해 했던 많은 조언들이 심사위원의 경우에도 동일하게 적용된다. 심사위원회의 구성에 대한 공식적인 규칙들과 누가 심사위원이 될 수 있고 될 수 없는지를 알아보라. 각 교수들을 심사위원으로 한 적이 있는 학생들에게 그에 관한 이야기를 들어보라. 그리고 소문들로부터 정보를 입수하라. 덧붙여, 지도교수에게 심사위원이 될 가능성이 있는 사람들에 관해 물어보라. 지도교수는 그 사람들과 작업한 적이 있을지도 모르고, 연구과제에 기여할 수 있는 그 사람들의 견해와 전문지식이 무엇인지 알고 있다. 심사위원으로 초빙하기 전에 심사위원 내정자들에 관해 지도교수와 논의하는 것이 필수적이다. 왜냐하면 지도교수가 특별히 추천하는 사람이 있을지도 모르고, 다른 교수들보다 특정 동료들과 보다 작업을 잘 할 수 있을지도 모르기 때문이다.

지도교수는 심사위원들에게 언제 이야기를 꺼내야 하는지에 대해서도 알려 줄 것이다. 일반적으로, 우리 저자들은 학생들에게 연구문제를 정하고, 방법론을 전개하고, 연구계획서 진행에 대한 계획표를 만들어 연구를 수행할 때까지는 위원회를 구성하지 말라고 권한다. 구체적 주제를 아는 것이 중요한 이유는 명백하다. 교수들이 안식년이거나 휴가를 떠나거나, 같은 주에 여러 번의 논문심사회의에 참석하기를 원치 않을 것이므로 연구과제 진행의 시간계획에 대해 아는 것도 중요하다. 급료를 받지 않는 여름방학에는 학생들을 만나지 않거나 연구계획 심사회의나 구술심사회의에 참석하지 않는 교수들도 많다. 심사위원을 대체하는 것은 어려운 일일 수 있다. 여러분이 계획하는 기간에 활용이 가능한 교수로 심사위원회를 구성하라.

## 심사위원이 될 가능성이 있는 교수들에게 다가가라 : 학위논문 예절 Ⅱ

지도교수의 경우처럼, 교수들을 찾아가 논문심사위원으로 모시고 싶다고 이야기하라. 연구주제, 방법, 연구계획서 및 최종학위논문을 마칠 때까지의 시간계획 등에 대해 간략히 설명하라. 또한 심사위원이 될 가능성이 있는 교수에게 여러분이 생각하기에 그 교수가 연구과제에 기여할 수 있다고 생각하는 점을 말할 수도 있다. 만약, 특정 과업(예 통계상담이나 방법론에 대한 도움)을 하는 데 예비 심사위원의 도움을 바란다면, 그러한 부분에 대해서도 이야기하라. 심사위원의 역할을 맡는 데 동의해 준다면, 연구과제와 관련하여 그 교수의 요구사항도 구체적으로 말해달라고 하라. 예를 들어, 통계학자인 심사위원은 여러분이 지도교수와 통계에 대해 논의한 후에야 통계방법에 대해 논의하고자 할지도 모른다.

## 문제점을 예측하라

지도교수와 심사위원을 찾아 갔을 때 몇 가지 문제는 어려울 수도 있다. 우리 저자들은 학생들이 느끼는 일반적인 근심거리와 이를 어떻게 다루어야 하는지에 대해 언급하고자 한다.

1. "저는 McGee 박사님 연구실에서 일하였고 석사학위논문도 McGee 박사

님 지도로 썼지만, 박사학위논문은 Jones 박사님의 지도로 작업하고 싶습니다. McGee 박사님과 사이가 멀어지지 않으면서 이렇게 할 수 있는 방법이 있겠습니까?' 많은 학생들은 누군가의 실험실을 떠난다는 것이 그 교수로부터의 호의 및 추천서와 멀어지는 것을 의미한다고 두려워한다. 꼭 그럴 필요는 없다. 많은 학교에서는 학생들의 관심사가 바뀌었거나 학생들이 다른 연구 분야에서 작업하고자 한다면, 학생들에게 지도교수를 바꾸는 것을 허락한다(어떤 경우에는 이를 추천한다). 지난 몇 년간 훈련시키고 투자한 학생들을 잃는 것에 대해 유감스럽게 생각할지라도 대부분의 교수들은 이러한 점을 이해한다.

이러한 상황에 대해 우리 저자들은 여러분이 떠나고자 하는 교수와 그 취지에 대해 이야기하면서 이 문제를 논의하라고 권고한다.

> 저는 박사학위논문 주제에 대해 생각하고 있습니다. 교수님과 작업을 하면서 많은 것을 배웠지만, 제 관심사는 사실 _____ 분야입니다. 저는 Jones 박사님과 이것에 대해 함께 작업할 수 있는지 이야기 해보고 싶습니다만, 교수님의 의견을 알기 위해 먼저 교수님께 말씀드리고자 합니다.

너그러운 교수는 "나는 학생과 함께 작업하는 것을 매우 좋아하지만, 그건 학생의 선택에 달려 있다"라고 말할 것이고, 이로 인해 나쁜 영향은 없을 것이다. 사실, 교수는 여러분이 다른 교수에게 가기 전에 자신과 상담한 것을 고마워할지도 모른다. 덜 너그럽고 단도직입적인 교수는 자신이 여러분을 훈련시키는 데 많은 시간을 투자하였고 이에 대한 '대가'는 자신이 관심을 가지고 있는 주제에 대해 학위논문을 쓰는 것이라고 말할지도 모른다. 이때 여러분은 학위논문의 주제 및 계획을 바꿀 가치가 있는지에 대해 생각해 보아야 한다.

2. "저는 벌레들이 방향을 바꾸는 데 미치는 태양등의 영향에 관해 연구하고 싶습니다. 이것은 Barton 박사님의 분야입니다만, 저는 Barton 박사님과 함께 작업하고 싶지 않습니다." 이러한 표현은 적어도 다음 두 가지 이유에서 문제가 된다. 첫째, 누군가 Barton 박사만큼 전문지식을 가지고 있지 않는 한,

연구논문을 지도하는 데 적격인 교수를 찾지 못할지도 모른다. 둘째, Barton 박사는 여러분의 연구주제를 알게 될 것이고, 여러분이 어떤 이유에서 다른 지도교수를 선택하였다는 것을 알아낼 것이다. Barton 박사가 이를 문제삼을 수도 있고 그렇지 않을 수도 있다. 더욱이 Barton 박사와 친한 동료교수들은 지도교수나 심사위원을 맡지 않으려고 할지도 모른다.

우리 저자들은 이런 경우 두 가지 문제를 고려하라고 권한다. 첫째, Barton 박사를 택하지 않는 이유를 생각해 보라. 예측되는 문제를 최소화할 수 있도록 진행과정을 조정할 수 있는 방법이 있는가? 지도교수를 찾고자 할 때 교수들과 작은 문제들에 대해서도 논의할 수 있을 것이다. "저는 교수님의 분야에서 작업하고 싶습니다만, 교수님께서는 매우 바빠 보이시고, 저는 상당한 지도가 필요한 학생입니다. 함께 작업하기로 결정한다면, 정기적으로 만나 뵐 수 있겠습니까?" 논리적인 문제들을 미리 터놓고 논의한다면 종종 해결할 수 있다. 하지만 무책임한 행동 및 부정적인 대인관계 스타일과 관련된 문제들은 이야기를 꺼내는 것도 쉽지 않고, 미리 예방하는 것도 쉽지 않다.

두 번째 문제는 Barton 박사가 아닌 다른 누군가를 선택한 결과를 현실적으로 평가해 보는 것이다. Barton 박사가 정말로 관심을 가질 것인가? Barton 박사가 어떤 행동을 할 것인가? Barton 박사의 감정이나 의견이 학위를 마친 후에 여러분의 인생에 어떤 영향을 미칠 것인가? Barton 박사는 학생을 한 명 더 지도하지 않아도 되어 기뻐할지도 모르고 혹은 그 학생이 Barton 박사를 좋아하지 않는 것만큼 Barton 박사도 그 학생을 좋아하지 않을지도 모르지만, 많은 학생들은 Barton 박사를 선택하지 않은 것이 매우 나쁜 영향을 미칠 것이라고 생각할 것이다. 동시에, 여러분이 앞으로 Barton 박사의 연구분야에서 계속 일하고자 하고, Barton 박사가 그 분야의 전문가라면, 그가 가진 전문적 기술을 배우기 위해 Barton 박사의 괴팍한 성미를 견뎌내는 것이 현명할지도 모른다.

다른 방법으로, 학위논문의 주제를 바꿀 수도 있다. 물론 다른 지도교수를 택하고 여러분과 Barton 박사의 체면을 세워 줄, 관심이 있는 다른 아이디어를 찾을 수도 있다. 학위논문을 마친 후에 언제라도 연구의 관심사를 바꿀 수 있다.

**3. "제 연구과제를 지도해 주실 분을 찾을 수 없습니다."** 만약 이것이 문제라면, 그 원인을 생각해보는 것이 중요하다. 이러한 문제점의 가장 보편적인 원인은 학생이 선택한 연구주제에 있다. 교수들이 생각하기에 연구주제가 하찮은 것이거나 자신들의 전문분야 밖이어서 지도해 달라는 부탁을 거절할지도 모른다. 특정 연구문제를 정하고, 교수의 지도 없이 그 연구문제를 발전시키고, 그 연구문제를 교수에게 기정사실로 발표하는 학생들은 특히 주제와 관련된 이유로 거절당하는 경향이 있다. 물론, 해결책은 과정 초기에 교수들에게 이야기를 하고, 여러분뿐만 아니라 교수도 관심을 갖고 있는 주제에 대해서 이야기하고, 무엇이 중요하고 무엇이 그렇지 않은지에 대한 피드백에 여러분이 개방적이고 융통성 있게 작업한다는 사실을 교수들에게 알리는 것이다.

지도교수를 찾는 데 실패하는 또 다른 이유는 학생이 철저히 알아보지 않았기 때문이다. 특정 교수로 마음을 정하고 나서, 그 교수는 다른 학생을 받을 수 없다거나, 안식년에 들어갈 것이라거나, 혹은 다른 이유로 가능하지 않다는 것을 알게 된다. 그러면 여러분은 "지도교수를 맡아 주실 분이 없다"고 결론을 내린다. 실망스러울지라도, 여러분의 연구에 대해 다른 교수들의 관심을 높일 수 있는 다른 주제 분야를 탐색해야 할지도 모른다.

끝으로, 몇몇 학생들의 경우, 학생의 학업문제나 개인적 문제로 교수들이 지도해주기를 꺼려할 수도 있다. 수련과정중 반복해서 어려움을 겪는 학생들은 자신들을 지도하는 괴로움을 감당해 줄 교수가 거의 없다는 것을 알게 될지도 모른다. 만약, 여러분이 힘들어하는 것이 이 점이라면, 상황을 정직하게 평가해야 한다. 과거 문제점에 비추어 여러분에게 고도의 전문적인 도움이 필요한지 자문해 보라. 첫째, 이러한 문제에 여러분 자신이 기여한 점이 무엇인지 알아낼 필요가 있을 것이다. 여러분은 신뢰할 수 없고, 적대적이며 마찰을 일으키거나 융통성이 없었는가? 석사 수준의 기본적인 학업 기술이 부족하고 광범위한 개선이 필요한가? 둘째, 여러분의 기술, 행동 혹은 태도를 상대적으로 짧은 기간 내에 바꿀 수 있는지 살펴보아야 한다. 이들 두 목표를 성취할 수 있다면, 여러분의 이러한 성실한 노력에 대해 교수들에게 이야기하고, 이를 증명할 수 있는 변화된 모습을 교수들에게 보여주며, 기회를 다시 한번 달라고 부탁하라. 부정적인 평판을 바꾸는 것은 매우 힘든 일이다. 교수에게 논문지도를 부탁하기 위해서, 또한 교수가 여러분에 대해 가지고 있는 부정적인 기대를 극복하기 위해서는 다른 학생들보다 더 열심히 노력해야 할지도 모른다.

자신을 바꿀 수 없다면, 아마도 지금이 깨끗이 퇴장해서 여러분의 성격이나 능력에 더 잘 맞는 직업을 찾아야 할 때인지 모른다. 대학원에서의 반복된 문제들을 통해 대학원에 필적하는 요구조건을 가진 직장 상황에서도 이와 유사한 문제들을 예측할 수 있다.

**4. "어떻게 심사위원회를 구성할 수 있을까요? 우리 과 내 모든 교수들은 서로를 싫어합니다!"** 이 문제를 다루기 위해서는 진상을 알아보아야 한다. 흥미본위의 이야깃거리에 목말라 있는 소문은 종종 가짜 갈등을 만들어낸다. 잘못된 해석과 억측에 근거하여 친한 동료들 몇몇과 잘 지내지 못하고 있다는 소문을 얼마나 자주 들었는가! 더 나은 출처를 이용해 확인하라(예 지도교수에게 심사위원이 될 가능성이 있는 사람과 얼마나 작업을 잘 할 수 있는가, 그리고 그 교수가 다른 논문심사위원회에서 학생들을 대한 경험은 어떠하였는지 알아보라). 덧붙여, 열띤 학술적 논쟁이 반드시 교수가 다른 교수를 개인적으로 싫어한다거나 타협을 이룰 수 없다는 것을 의미하지는 않는다는 점을 기억하라. 끝으로, 많은 전문가들은 개인적 혹은 일상적 부조화로 인해 심사위원회에서 공정성을 잃을 정도로 미성숙하지는 않다. 성숙한 사람이라면 특정 교수와 함께 작업을 할 수 없다고 생각할 경우 그 교수와 함께 심사위원이 되려고 하지 않을 것이다. 다시 말해서, 누가 누구와 함께 작업을 잘 할 수 있는지를 알아내는 최선의 방법은 믿을 만한 출

처로부터 논문심사위원회에서 관찰한 교수들의 상호작용에 대해 알아내는 것이다.

## 요약

조화를 이룰 수 있는 지도교수와 도움이 되는 심사위원들은 연구과제와 연구진행에 큰 도움이 될 것이다. 지도교수가 될 가능성이 있는 사람들에 대해 믿을 만한 자료를 수집한다면, 지도교수를 현명하게 선택하는 데 도움이 될 것이다. 지도교수를 선정할 때 여러분이 원하는 부분을 양보해야 하는 경우일지라도(결국, 완벽한 지도교수가 얼마나 되겠는가?), 여러분이 지도교수의 역할에 대해 생각해 보고 그 사람의 스타일을 알아낸다면, 이러한 정보가 없는 상태에서 누군가를 선택하는 경우보다 더 나은 선택을 하는 경향이 있다.

✓ To Do . . .

**지도교수와 심사위원 선정하기**

☐ 지도교수와 심사위원들에 관해 공식적인 규칙을 알아내라.

☐ 지도교수와 심사위원들의 역할에 관해 비공식적 규범을 알아내라.

☐ 지도교수–학생 협업에서 여러분이 원하는 바를 규명하라.

☐ 관심을 가지고 있는 분야에서 지도교수가 될 가능성이 있는 사람들의 전문성을 알아내라.

☐ 지도교수가 될 가능성이 있는 사람의 능력을 평가하라.
   – 기대
   – 피드백
   – 시의적절성과 유용성
   – 설득력

☐ 지도교수가 될 가능성이 있는 사람을 연구하라.
   – 이 사람들의 과거 경험을 고려하라.
   – 동료학생들과 이야기하라.
   – 교수들과 이야기하라.

☐ 지도교수가 될 가능성이 있는 사람들에게 이야기를 꺼내라.
   – 그 사람들과 논의할 중요한 문제들을 규명하라.
   – 의사소통을 분명하게 하라.
   – 지도교수가 되겠다는 약속을 받아내라.

☐ 심사위원이 될 가능성이 있는 사람들에 관해 연구하라.
   – 지도교수와 이야기하라.
   – 동료학생들과 이야기하라.

☐ 심사위원이 될 가능성이 있는 사람들에게 이야기를 꺼내라.
   – 여러분의 연구와 예정표에 대한 개요를 제시하라.
   – 심사위원이 되겠다는 약속을 받아내라.

☐ 문제가 될 수 있는 부분을 예측하고 예방하라.

**6**

# 연구계획서의 개요

이제 여러분은 무엇을 연구하고자 하는지 알고 있고, 그 연구를 이끌어 주고 도와줄 사람도 선정하였다. 다음에 해야 할 일은 여러분의 연구 계획이 제대로 된 형태를 갖추도록 하는 일이다. 본 장에서는 연구계획서의 내용과 구조를 다룰 것이다. 제14장에서는 논문심사위원회에서 이 연구 계획서를 어떻게 발표하고 답변할 것인지에 대해 논의할 것이다.

## 논문작성을 위한 연구계획서의 기능과 중요성에 대해 이해하기

연구계획서에는 무엇을 어떻게 연구할 것인지가 자세하게 명시되어 있어야 한다. 연구계획서의 작성은 다음의 몇 가지 관점에서 중요한 의미를 갖는다. 첫째, 연구계획서는 여러분이 논문에 관해 가장 먼저 작성하는 의미 있는 글이다. 연구계획서를 작성한다는 것은 어느 정도 그 연구에 대한 기초 훈련기간 및 시험기간을 갖는다는 의미이기도 하다. 둘째, 여러분은 연구계획서를 작성하는 과정에서 복잡한 연구과정에 대해, 그리고 여러분이 선택한 특정 연구분야에 대해 통찰력을 갖게 될 것이다. 또한 연구계획서를 통해 지도교수와 심사위원들에게 여러분이 연구를 실행하기 위해 준비가 되었다는 것과 학자로서 어떻게 연구할 것인지를 증명하는 것이 된

다. 그러므로 여러분은 심사위원들에게 보여주고 싶은 바를 의사소통하는
방식으로 연구계획서 작성과정에 임해야 한다. 매번 지도와 확인이 필요
한, 무기력하고 의존적인 사람으로 보이고 싶은가? 조언이 필요할 때와 필
요 없을 때를 잘 판단할 수 있는, 보다 신뢰할 수 있고 독립적인 사람으로
보이고 싶은가?

연구계획서가 중요한 또 다른 이유는, 심사위원회에서 일단 통과되고 나
면, 이것은 여러분이 하고자 하는 일의 청사진 역할을 하기 때문이다. 연구
계획서에는 연구를 수행하기 위한 계획이 정확히 일일이 열거되어 있다.
심사위원회에서 연구계획서가 승인되었다는 것은 그 계획서에 기술된 대로
정확히 진행한다면 그들의 기준에 부합하게끔 그 연구를 실행할 수 있을
것이라는 의미를 갖는 것이기도 하다.

몇몇 학교에서는 연구계획서를 비공식적인 계약서로 생각한다. 계약서
(연구계획서)의 내용대로 절차를 따른다면, 심사위원들이 피험자가 더 많이
필요하다거나 연구계획서와 다른 절차를 따르라거나 다른 통제 조건을 만
들라거나 하는 요구를 할 수 없을 것이다. 실제 몇몇 학교들은 (연구계획심
사회의에서 제안된 바대로 수정·추가하는 데 있어서) 심사위원들에게 승
인서에 서명하도록 하고, 수정된 연구계획서와 승인서를 학장실이나 교학
과에 보관하도록 하기도 한다. 몇 년 후, 기진맥진한 박사학위 지원자가 논
문을 완성하여 피지섬에서 돌아왔을 때, 연구계획서 제출 시에 참여했던 심
사위원들이 이제 학교에 남아있지 않아도, 그 대학이 정말로 남양제도의 80
대 사람들의 수중 에어로빅 운동에 대한 연구를 승인하였다는 증거가 남아 있
다. Sternberg(1981)는 공식적인 문서로서의 연구계획서에 대해 보다 자세
한 논의를 제공하고 있다.

하지만 모든 교수진이나 학과에서 '공식 문서'라는 견해를 가지고 있는
것은 아니다. '공식 문서'라는 견해를 가진 사람들조차 연구계획서에 대해
승인한 것이 연구 프로젝트의 최종 결과물에 대해서도 승인할 것이라는 의
미를 갖는 것은 아니라는 점을 지적한다. 연구 또한 잘 진행하여야 하고,

자료를 적절하게 분석하여야 하며, 연구의 최종 결과물을 적절한 형태로 작
성해야 한다. 더욱이 대부분의 연구자들은 계획했던 것 중 일부를 실제 연
구를 수행하면서 수정할 필요를 느끼게 된다. 그럼에도 불구하고, 연구계획
서가 학생과 교수 양측에 어떤 구속력을 갖는 것인지 그에 관한 지역적 규
준을 살펴볼 가치가 있다.

많은 학생들은 연구계획서를 만만치 않은 장애물로 본다. 그러나 믿든
믿지 않든 간에 여러분은 이미 이들 작업 중 많은 부분을 진행했을 것이다.
여러분이 지금 해야 할 일은 이미 살펴본 많은 보고서들, 모든 참고문헌들,
주제에 대해 연구할 때 수집한 측정도구들을 조직화하여 하나의 문서로 만
드는 일이다. 이어서 연구계획서에 무엇을 포함해야 하는지 살펴볼 것이다.

연구계획서는 학자로서 무엇을 할 수 있는지를 보여주는 기회가 될 것이
다. 그러나 연구를 개념화하고 수행하는 데 있어서는 창의성과 독창성이
값진 특성이라 할 수 있지만, 글을 쓰는 방식에서는 그렇지 않다는 사실을
주의하라. 연구계획서가 여러분이 규칙을 바꾸거나 여러분이 생각하기에
보다 나은, 나름대로의 방식으로 시도해 보는 장이 되어서는 안 된다. 여러
분이 속한 학과나 학교에서 연구계획서 작성 시에 요구되는 사항이 무엇인
지 알아보라. 연구계획서 작성 시에는 정해진 방식을 따르도록 하라. 여러
분의 독창성은 보다 중요한 목표들을 위해 남겨두라.

## 연구계획서를 구성하는 요소가 무엇인지 이해하기

그렇다면 연구계획서를 구성하는 요소는 무엇인가? 경험에 의하면 "연구
계획서에 포함되는 내용은 결국은 전부 완성된 논문에 다 들어갈 것이다."
이 시점에서 주저하지 마라. 여러분의 아이디어, 참고문헌, 통찰력은 현재
비교적 참신하고 유용한 것이다. 여러분의 머릿속 시냅스상 혹은 글을 쓰
는 데 있어 생기는 혼란으로 이들을 놓치지 마라. 여러분의 아이디어와 통
찰력을 연구계획서에 포함시킨다면, 이들을 놓치지 않을까 걱정할 필요가

없을 것이다. 또한 연구계획서는 심사위원들이 여러분의 아이디어와 계획에 대해 피드백을 줄 수 있도록 한다는 점을 명심하라. 지금보다 완전하게 작성할수록 심사위원들이 구두로 다음과 같은 말을 할 부분이 적어지게 된다. "나는 이것을 당연히 내 방식대로 할 것이라고 생각했는데, 그렇게 하지 않았군. 엄청난 실수를 바로잡기 위해 이 모든 주제들을 다시 손 볼 필요가 있군."

심사위원장이나 심사위원들의 선호도뿐만 아니라 공식적 규칙은 다양할 수 있지만, 연구계획서를 조직화하는 좋은 방법은 세 가지 주요 부분에 따라 작성하는 것이다. 서론(문헌고찰), 연구방법, 연구결과가 그것이다. 물론 몇몇 자료들이 이들 주요 부분 앞(예 표지, 목차)이나 뒤에(예 참고문헌, 부록) 들어가게 된다. 그럼에도 불구하고 이들 세 부분은 연구계획서의 중심을 이루게 된다. 앞으로 이들 각 영역에 대해 보다 자세히 살펴보기로 한다.

## 서론(문헌고찰)

이 부분에서는 연구의 주제분야에 대해 전반적으로 언급하고 관련되는 문헌들을 고찰하게 된다. 논문을 고찰하는 데는 주로 두 가지 방식이 많이 사용된다. 첫 번째 방식은 두 개의 장으로 된 모형(two-chapter model)이다. 이 방식에서는 첫 번째 장에 주제를 제시하고 간단한 개요를 기술하며 연구문제나 가설을 언급하는데, 이 장은 상대적으로 짧게 구성된다. 보다 더 긴 두 번째 장에서는 비판적이고 통합적인 문헌고찰을 하게 된다. 이 모형의 관건은 첫 번째 장에서 이 연구의 연구문제가 왜 중요한지 읽는 사람이 이해할 수 있도록 충분한 정보를 제공하는 것이다.

보다 간결한 하나의 장으로 된 모형(one-chapter model)은 두 개의 장으로 된 모형의 자료들을 하나로 통합한 것이다. 보통, 주제에 대한 간략한 서론으로 시작하여 중점이 되는 문헌을 고찰하고, 연구문제와 가설에 대한 언급으로 마무리한다. 이 모형의 좀 드문 형태는 학회지 논문에서 찾아볼 수 있는 4~8쪽 분량의 서론 부분으로 이 경우에는 부록에 좀더 길고 자세한 고찰을 첨가하기도 한다.

연구계획서에서 구체적 연구주제와 관련되는 문헌에 대한 고찰은 완벽해야 한다. 다시 말해서 여러분의 연구과제에 대한 최종판(연구를 진행하는 동안에 출판된 몇몇 새로운 연구들도 모두 포함한 것)이 되도록 문헌고찰을 작성하라. 어떤 학교에서는 연구계획서에서 문헌고찰 부분을 간략히 하는 것도 인정하지만, 연구계획 단계에서 완벽하게 고찰하는 것이 바람직하다. 그 이유는 다음과 같다. 여러분이 연구계획서를 작성하기 위해서는 관련문헌을 완전하게 고찰해야 하기 때문이다. 그렇지 않다면, 다른 누군가가 이미 여러분의 아이디어에 대해 연구하였는지 아닌지 알 수 없을 것이다. 또한 문헌을 완벽하게 고찰함으로써 그 분야의 연구에 대한 절차나 설계에 대해 자세히 알게 될 것이고, 이를 통해 다른 사람들이 한 실수를 피할 수 있을 것이다. 문헌고찰 부분을 작성하기 위해서는 정확성이 요구되므로, 여러분이 단순히 논문을 읽고 간단히 살펴보는 경우보다 훨씬 철저하게 논문들의 세부사항을 음미하도록 만든다. 게다가 문헌고찰과 방법론 부분을 완벽하게 작성한다면, 이미 학위논문의 반은 완성한 것이나 다름없다. 문헌고찰을 이후로 미룬다면, 연구과제의 끝부분에 해야 할 많은 노력이 요구되는 집필작업을 남겨두는 것이 된다. 여러분이 자료를 수집하는 동안 잊어버리고 있었던 모든 관련 논문들을 다시 읽을 정도로 의욕이 솟아나지는 않을 것이다.

문헌고찰에서는 '깔때기' 식 접근법을 사용해야 한다. 연구주제 분야에서 일반적인 문헌으로 시작하고, 점차적으로 연구의 구체적 분야와 연구하고자 하는 정확한 연구문제로 초점을 좁혀가라. 주제를 소개하고 관련문헌을 고찰한 후, 독자들에게 여러분의 연구가 왜 필요한지에 대한 이론적 근거를 명확하게 제시하라. 한 장으로 구성된 모형으로 작성할 때는 문헌고찰의 끝 부분에서 문제의 제기, 연구문제, 가설을 다루게 될 것이다.

## 연구방법

요리책에 비유하여 본다면, 서론을 신중하게 작성하였다면, 독자들은 이제 여러분이 왜 초콜릿 무스 케이크를 만들기로 결정하였는지를 알고 있을 것이다. 여러분이 제시한 논리나 구성이 뛰어나므로 아무도 다른 후식을 선택할 생각을 하지 않을 것이다. 이제부터는 만드는 방법에 대한 것이다. 연구방법 부분은 연구계획서에서 "연구를 어떻게 진행할 것인지"에 대해 기술하는 부분이다. 우리들의 경험에 따르면 반복가능성이 중요하다. 연구방법 부분에서 그 글을 읽는 누구라도 연구의 중요한 모든 측면을 그대로 반복할 수 있도록 자세하게 기술하여야 한다. 다시 말해서, 매번 정확하게 똑같은 케이크가 만들어져야 한다.

연구방법 부분에 포함되는 상당히 표준적인 몇몇 하위부분이 있다. 첫번째 하위부분은 거의 항상 '연구대상'이라고 불리는 부분이다. 이어지는 하위부분은 연구설계, 독립변인, 종속변인과 기타 측정도구, 연구환경 및 연구절차이다. 정확히 어떤 내용을 담고, 어떤 순서로 작성하는가는 여러분이 하고자 하는 연구에 달려 있다.

연구방법 부분을 작성하는 데 명심해야 할 점은 '글을 읽는 사람'이다. 여러분 자신은 연구에서 무엇을 어떻게 하고자 하는지 매우 정확하게 알고 있을지 모른다. 그러나 글을 읽는 사람들은 그렇지 않다. 여러분이 의도한 일에 대해 거의 아무 것도 알지 못하는 독자들에게 방법론을 제시한다는 점을 명심하라. 독자들이 여러분의 글을 분명히 따라갈 수 있도록 자료들을 제시하고 조직화해야 한다. 예를 들어, 연구의 전체적 설계에 대해 아는 것이 없는 독자들에게 독립변인에 대한 내용으로 글을 시작하는 것은 말이 되지 않는다.

## 연구결과

이 부분에서는 결국, 수집한 자료에 대한 결실을 제시한다. 이 부분을 종속변인 측정치에 적용할 통계적 절차를 다루는 분석 관련 하위부분으로 시작하라. 여러분은 "불안과 과제의 복잡성이 오류에 미치는 영향을 분석하기 위해, GPA를 공변인으로 한 2×2 공분산분석을 사용할 것이다"와 같은 식으로 언급할 것이다. 종속변인에 대해 각 집단의 평균 및 표준편차 표를 제시할 것이라고 언급하라. 분산분석(ANOVAs)이나 공분산분석(ANCOVAs)을 이용한다면, 주효과, 상호작용, 오차, 자유도를 나타내는 요약표(summary table)를 포함하라. 연구결과가 예측한 대로 정확히 나온다면, 여러분이 찾고자 하는 주효과나 상호작용효과를 그래프로 제시할지도 모른다. 이러한 것들에 대해 미리 고려하는 것은 여러분이 무엇을 하고 있는지를 분명히 하고, 이후 컴퓨터상 결과물의 오류를 확인하는 작업을 하는 데 도움이 될 것이다. 분석하고자 계획한 모든 점수들에 어떤 통계적 검사를 사용할 것인지를 제시하라. 또한 각 변인들의 점수가 어떻게 산출된 것인지도 알려야 한다.

분석방법에 대해서는 여러분의 연구문제와 밀접히 관련된 다른 연구들에서 사용한 방법을 찾아서 참고하라. 사실 분석방법을 슬기롭게 선택하였다면, 이미 여러 연구에서 사용한 방법이나 다른 사람들이 이용한 분석에 대해 살펴보았을 것이다. 연구문제와 부합되는 통계방법에 대해서는 제10장에서 다룰 것이다.

여러분 자신과 심사위원들에게 연구결과를 명확하게 하는 한 가지 방법은 모의 결과를 작성하는 것이다. 그래서 종속변인에 대해 각 집단의 평균과 표준편차 표를 적절히 제시할 것이다. 다중회귀분석을 사용한다면, 결정계수($R^2$), 베타 값 등을 표로 제시하라. 찾을 수 있을지 모르는 효과에 대해서 그래프로 제시하라. 결과를 이상적인 형태로 보여주라. 즉, 가설에서 예측한 그대로 연구결과가 나온다면, 어떻게 되는지를 보여주라. 그 다음에, 연구결과가 예측과 전혀 다르게 나오면 어떻게 되는지 보여주라. 끝으로, 긍정적인 연구결과, 부정적인 연구결과, 혼합된 연구결과들을 모두 보여주어라. 연구설계에서 단일 케이스나 피험자 집단에 대해 반복측정을 한다면, 이러한 자료들에 적절한 도식이나 표를 제시하여야 한다. 여러 측

정치들 간의 상관관계를 포함하는 기술연구라면, 예상되는 상관의 행렬을
제시하라.

이 책에서 논문의 연구계획서에 대해 설명하면서 왜 결과 부분을 다루는
지 의아해할지도 모른다. 요컨대, 이것을 요구하는 사람이 거의 아무도 없
는데 왜 할 필요가 없는 이 작업을 해야 하는가? 더군다나 연구계획서란
연구를 실행하기 위한 계획서가 아닌가? 아직 연구를 완성하지도 않았는
데, 이 부분에 포함될 결과가 어디 있단 말인가?

우리 저자들이 설명하는 이 부분을 '모의 결과' 혹은 '기대되는 결과',
'희망하는 결과' 부분으로 생각한다면 이해하기 쉬울지도 모른다. 연구계
획서에 결과부분이 필요하다는 것에 모든 사람들이 동의하는 것은 아니지
만, 우리 저자들은 결과부분을 포함하는 데는 중요한 이유가 있다는
Sternberg(1981)의 견해를 지지한다. 가장 중요한 것은 그러한 부분이 어떻
게 정확히 자료를 분석하고 제시할 것인지에 대해 생각하도록 만든다는 것
이다. 모의 결과를 작성함으로써, 여러분이 사용할 통계적 절차를 사전에
확인하게 된다. 이러한 과정을 통해 자료가 다양한 통계적 가정에 잘 부합
할 것인지, 연구문제에 답하기 위해 분석될 수 있는 자료인지, 분석을 할
때 상담이나 다른 도움이 필요한지 등을 알게 될 것이다.

이러한 과정으로 인해 연구를 수행하기 전에 통계에 대해서도 보다 많이
학습하게 될 것이다. 예를 들어, 연구에 상대적으로 복잡한 경로분석,
LISREL, 또는 확증적 요인분석을 이용해야 한다면, 이러한 절차들에 대해
보다 많이 공부할 필요가 있다. 또한 자료를 분석하는 데 필요한 소프트웨
어 프로그램을 찾고자 할지도 모른다. 그리고 실제 자료를 수집한 후 분석
할 때 수시로 조언해 줄 전문가를 찾고자 할지도 모른다. 모의 결과를 초기
에 작성해 본다면, 여러분에게 필요한 것이 무엇인지를 정확히 알게 될 것
이고, 여러분이 가진 자원 중 부족한 부분이 있으면 자료를 수집하는 동안
이에 대처할 수 있을 것이다. 이러한 과정은 이후에 많은 시간을 절약하게
해 줄 것이다. 자료가 수집되면, 즉시 분석을 시작할 수 있고, 무엇을 할 것

인지, 어떻게 할 것인지를 결정하기 위해 머뭇거릴 필요가 없을 것이다. 복
잡하고 지루한 연구 프로젝트를 진행하는 추진력을 잘 유지하는 것은 매우
중요하다.

연구계획서의 발표 이전에 모의 결과를 미리 작성해 보는 다른 이유는
심사위원들에게 여러분이 연구에 대해 완벽하게 계획을 세웠고, 모든 세부
사항에 대해서도 고려하였다는 것을 보여주는 기회가 된다는 것 때문이다.
또한 여러분이 부딪힐지 모르는 문제들을 사전에 지적받을 수 있는 기회가
되기도 한다. 때로는 모의 결과를 이용해 여러분이 무엇을 하고자 하는지
바쁜 심사위원들에게 정확하게 전달할 수도 있다. 이처럼 자세한 사항을
첨부할 때, 심사위원들은 여러분이 부딪힐지 모르는 어려움을 규명할 수 있
고, 문제에 봉착하기 전에 피할 수 있도록 도와줄 수 있을 것이다.

## 참고문헌

논문에는 연구계획서에서 인용한 참고문헌의 목록을 포함하라. 여러분이
속한 학교에서 구체적으로 정한 방식이 없다면, APA 출판 양식(APA, 1994)
에서 제시하는 형태로 목록을 작성하라. 실제 인용한 참고문헌만을 포함해
야 한다는 점을 명심하라. 몇몇 신참 연구자들은 자신들이 읽은 논문 모두
를 참고문헌으로 작성한다. 이런 방식이 심사위원들에게 강한 인상을 남기
고 도서관에서 많은 시간을 투자하였다는 것을 보여줄 수 있을지는 몰라도,
이러한 목록은 불필요하다. 여러분이 읽기는 했지만 인용하는 데 사용하지
않은 참고문헌은 목록에서 제외해야 한다. 일단 참고문헌을 작성하고 나면,
연구를 마칠 때까지 목록을 추가하는 일은 쉬운 일이다.

## 부록

이 부분에는 미래에 여러분의 연구를 반복하고자 하는 사람들에게 유용
할지 모르며, 또는 심사위원들에게 여러분이 적절한 방식으로 과제에 접근
하였다는 것을 안심시키는 데 중요할지 모르는, 추가적인 세부사항 모두를

기록한다. 피험자들에게 나누어 준 지시문, 승낙서, 연구가 끝난 후 피험자들에게 제시한 연구설명서, 저작권이 없는 자료수집도구, 구성의 청사진, 기계나 장치 설계도, 실험처치 안내서 등을 부록에 제시한다. 일반적으로 타인이 저작권을 가지고 있는 측정도구는 부록에 포함하지 않는다. 포함하고자 한다면, 저작권자에게 서면으로 된 허가서를 받아야만 한다.

이들 항목을 부록에 제시하는 순서는 연구계획서에 나타나는 순서대로 한다. 따라서 연구계획서에서 참조할 내용 중 첫 번째 것이 피험자를 모집하기 위해 지역신문에 게재한 기사 내용이라면 이것은 부록 A가 될 것이다. 그 다음으로 나오는 참조내용은 부록 B가 되는 등의 순으로 나열된다.

## 목차

연구계획서의 나머지 부분을 일단 모두 작성하고 나면, 목차를 만들고자 할 것이다. 사실 윤곽을 잡기 전에 미리 목차를 준비하는 것이 좋은 방법이다. 이는 예를 들어, 문헌고찰이나 방법부분 등을 조직화하는 데 도움이 될 수 있다. 또한 자료를 개념화하는 데 있어 나타나는 문제점을 규명하고 피할 수 있도록 도와줄 것이다. 사전에 목차를 준비하면 논문을 완성하기 위해 해야 할 과업도 분석이 될 것이다. 신중하게 준비하였다면, 3단계(I, II..., 1, 2, ...1), 2))의 개요 혹은 목차 표가 여러분이 해야 할 일을 상당히 명백히 나타내게 될 것이다. 각 부분을 완성함에 따라 여러분이 성취한 것을 확인하면서 만족감을 느낄 수 있을 것이다.

물론, 목차에서 페이지 번호는 연구계획서를 완성할 때까지 기입하지 말아야 한다. 사실, 목차는 집필과정에서 수정될 수 있는 임시적인 개요이다. 목차에 페이지 번호를 기입할 준비가 되면(위원회에 연구보고서를 제출하기 바로 전) 부록에도 제목을 달아야 한다는 점을 기억하라. 즉, "부록 A : 피험자 지시문 … p. 86"와 같은 방식으로 피험자들에게 한 말을 찾아 볼 수 있는 부분이 어디인지를 정확히 나타내라. (몇몇 논문에서는 무슨 내용이 들어 있는지는 밝히지 않은 채, 부록 A가 p. 86에서 시작한다고만 표시

**<표 6-1> 논문 목차의 견본**

〈계속〉

**<표 6-1> 논문 목차의 견본 <계속>**

출처 : *Paternal and Marital Factors Related to Child Conduct Problems* by V.V. Wolfe, 1986, Doctoral dissertation, West Virginia University. Reprinted by permission of the author.

한다. 이것은 너무 허술하다.) 다른 좋은 방법은 본문 내에서 언급될 때 부록의 실제 페이지를 표시하는 것이다. 즉 " … 피험자들에게 각 세션을 시작할 때 10분씩 휴식 시간을 줄 것이라고 하였다(부록 A, p. 86 참조)."

〈표 6-1〉은 우리 저자들이 지도한 논문 중 한 편의 최종 목차를 제시한 것이다. 신중하게 살펴보면 우수한 논문의 연구계획서(와 논문)가 갖는 구성요소를 알 수 있을 것이다. 여러분의 지도교수가 추천하는 논문의 목차를 살펴보면, 연구계획서를 조직화하는 또 다른 방법을 알 수 있을 것이다. 감사의 글 부분은 심사위원회에서 최종적인 논문심사를 마친 후에 첨부한다는 점을 주의하라.

---

### ✔ To Do …

**연구계획서 작성하기**

☐ 연구계획서의 기능과 중요성을 이해하라.
　－ 연구계획서를 어떻게 구성해야 하는지 알아보라.
　－ 학교나 학과에서 요구하는 조건을 규명하라.
☐ 연구계획서를 구성하는 요소를 이해하라.
　－ 서론(문헌고찰)
　－ 연구방법
　－ 연구결과
　－ 참고문헌
　－ 부록
　－ 목차

# 1

# 문헌 고찰하기

주제를 정하고 나면 더 많은 공부를 해야 한다. 주제에 관한 전문적 문헌을 찾아 읽고, 이것을 요약해야 한다. 다른 사람들이 말한 것과 연구한 것을 읽고 생각한다면, 그 분야에서 핵심적인 개념적·방법론적 문제를 이해하게 될 것이다. 또한 이러한 과정을 통해 다른 누군가가 여러분이 하고자 하는 연구를 이미 수행하였는지 여부도 알 수 있을 것이다. 이 과정은 글을 쓰지 않고 단지 편하게 읽기만 하면서 시간을 보낼 수 있다는 이점도 있다.

## 관련 문헌 찾아보기

관련 문헌의 형태로는 크게 다음 세 가지를 들 수 있는데, 단행본, 단행본의 장(章), 출판된 학회지의 논문이 그것이다. 학회에서 발표된 논문과 출판되지 아니한 학위논문도 검색해보아야 할 것이다. 관련 논문을 찾아보는 데는 약간 구식인 방법 몇 가지와 좀더 세련된 방법 몇 가지가 있다. 완벽한 방법은 없지만, 이들 모두를 동시에 이용하면 논리적으로 포괄적인 문헌 탐색을 할 수 있을 것이다.

## 주요 저자와 학회지를 알아보라

관련 논문을 수집하는 시작 단계에서 좋은 방법은 그 연구분야에서 핵심이 되는 연구자와 이들이 선호하는 학술지를 찾아내는 것이다. 그 분야의 대가는 누구인가? 그 연구자들은 어떤 학술지에 정기적으로 글을 발표하는가? 여러분보다 그 분야에 대해 잘 알고 있는 사람들(예 지도교수와 심사위원들)을 통해 이러한 정보를 보다 확실히 입수할 수 있다.

두 번째 방법은 최근에 출판된 서적의 참고문헌 부분을 살펴보는 것이다. 관련 논문에 있는 참고문헌을 직접 찾아보고, 그 분야에 대해 누가 연구하고 있는가를 살펴보라. 참고문헌을 읽으며 그 분야에서 핵심이 되는 문제와 개념을 알아보라.

우리 저자들은 보통 논문에서 인용된 문헌 목록 부분을 살펴볼 때, 참고문헌을 완전한 형태(APA 양식)로 작성하여 색인 카드(카드당 참고문헌 한 개씩)나 컴퓨터 파일로 만들어 둔다. 이렇게 하면 실제로 도서관에서 책이나 논문을 찾을 때 편리하다. 책이나 학회지 사이에 색인 카드를 끼워 넣어 복사하거나 노트에 기입할 페이지를 표시할 수도 있다. 나중에 카드들을 알파벳 순으로 놓고 타이핑하면 참고문헌을 작성할 때 인용 페이지, 저자 등을 일일이 다시 찾아보는 데 소비되는 시간을 절약할 수 있다. 여러분이 참고문헌을 어떤 방식으로 작성하건 간에 참고한 논문을 정확하게 기록하라 ― 출판된 논문이나 책에서 행한 모든 인용이 정확한 것은 아니다.

## 도서목록의 참고문헌 출처 이용하기

문헌을 찾을 때 다양한 출처를 활용할 수 있다. 예를 들어, *Psychological Abstracts*에는 심리학회지에 발표된 논문들의 초록을 축약한 것과 이를 주제 및 저자에 따라 분류한 목차가 들어 있다. *Dissertation Abstracts International*에도 이와 유사한 방식으로 학위논문들에 대한 정보가 담겨있고, *PsycBOOKS*에는 단행본과 단행본 각 장들에 대한 정보가 들어 있다. Educational Resources Information Center(ERIC)는 교육과 관계된 정보들을 모아놓은 주요 정보센터이다. *Current Contents*는 최근 출판된 학술지들의 목차와 각 논문을 누구로부터 입수할 수 있는지에 대한 정보가 들어 있는 정기간행물이다. 끝으로, 미국심리학회(American Psychological Association)에서는 주제별로 *PsycSCANS*라는 간행물을 발간하여 각 분야의 학술지 논문들의 초록을 제공한다. 예를 들어, *Developmental PsycSCAN*에는 아동발달과 관련된 학회지에 대한 정보가 들어 있다. *Current Contents*와 *PsycSCAN*이 항상 도서관에 비치되어 있는 것은 아니지만, 교수들이 그 간행물들을 구독하고 있어 여러분에게 빌려줄 수 있을지도 모른다. Cooper(1989)는 이들 참고문헌에 대한 여러 출처를 어떻게 사용할 것인가에 대해 보다 자세한 정보를 제공하고 있다.

많이 이용되지는 않지만 중요한 의미가 있는 출처 하나를 소개하고자 한다. *Social Sciences Citation Index(SSCI)*를 통해 논문이 출판된 후 그 논문을 누가 인용했는지를 찾아 볼 수 있다. 이 자료를 이용하기 위해서는 인용된 원 논문을 알아야만 한다. 초기에 논문이 출판된 후 이어서 어떤 연구들이 이루어졌는가를 알고자 할 때 SSCI는 매우 유용하다. 시간의 흐름을 따라 그 논문의 영향력을 찾아볼 수 있고, 컴퓨터로 하는 문헌탐색에서 찾지 못한 참고문헌을 종종 찾을 수 있을지도 모른다. SSCI는 또한 여러분이 사용하기로 한 측정도구의 심리측정학적 특성에 대한 정보를 담고 있는 논문을 찾는 데도 도움이 된다. 도구를 사용한 대부분의 사람들은 측정도구에 대한 원 논문을 인용한다. SSCI를 처음 이용할 때, 우선 이용법을 차근차근 읽고 사서에게 도움을 요청할 수도 있다. SSCI를 처음 이용하는 사람들의 대부분은 사용법이 어렵다고 느낀다.

심리학 내·외의 특정 분야에서 출판된 문헌목록도 도움이 될지 모른다. 주요 대학 도서관의 사서들은 적절한 목록을 찾는 데 도움을 줄 것이다.

## 전산화된 문헌탐색 방법을 이용하라

컴퓨터를 이용하면 빠른 시간 내에 문헌을 검색할 수 있다. 이를 효율적으로 활용하기 위해서는 검색의 실행방법을 배워야 한다. 검색 프로그램은 각각 차이가 있지만, 대부분은 유사한 특성을 가지고 있다. 첫째, 논문의 내용을 묘사하는 단어나 구, 핵심단어 또는 검색용어를 알아야 한다. 그 다음에 컴퓨터에 핵심단어를 입력하고 이것을 어디에서 검색할지 정해야 한다. 즉, 컴퓨터가 핵심단어를 논문의 초록, 제목, 또는 본문에서 찾아야 하는지, 혹은 저자에 대한 설명이나 목차에서 찾아야 하는지를 입력해야 한다. 저자의 이름이나 학회지명도 핵심단어로 사용할 수 있다. 덧붙여, 컴퓨터를 통해 하나 이상의 핵심단어가 들어 있는 초록을 찾을 수도 있다(보통 단어와 단어를 'and' 로 연결한다). 다른 방법으로는 'or' 라는 명령어를 사용하여 핵심단어로 정한 단어가 하나라도 들어 있는 논문들을 검색할 수도 있다. 화면상에 나타난 검색 결과를 살펴보고 인쇄하거나 하드 혹은 플로피 디스크에 다운로드 할 수 있다.

정확한 핵심단어를 찾아내는 것은 컴퓨터 탐색의 성공여부를 가름하는 중요한 열쇠가 된다. 이것은 결코 쉬운 일이 아니다. 모든 연구자들이 연구를 할 때 동일한 전문용어를 사용하는 것은 아니다. 몇몇 프로그램에서는 전문적 색인작성 장치를 이용해 각 논문에 적절한 색인을 단다. 적절한 핵심단어를 찾는 좋은 방법은 해당분야에 있는 몇몇 논문을 찾아서 그 논문들의 초록을 살펴보는 것이다. 자주 등장하는 단어는 핵심단어 후보가 된다. 또한 어떤 학술지에서는 색인이 될 수 있는 목록(descriptor)을 자체적으로 제시한다.

전산화된 검색을 이용할 때 빠질 수 있는 함정은 이 방식으로 관련된 논문을 모두 찾았다고 믿는 것이다. 이러한 검색의 문제점은 그 결과가 (a) 핵심단어의 적절성, (b) 그 분야의 저자나 색인이 제목이나 초록 등에서 동일한 단어를 사용한 정도, (c) 컴퓨터의 데이터베이스에 담겨있는 저널의 범위, (d) 데이터베이스에 자료가 수록된 년 수에 달려 있다는 것이다. 이러한 제한점이 있으므로, 컴퓨터 검색을 이용할 때는 본 장에서 제시한 다른 방법들로 보완해 주어야 한다.

심리학에서 아마도 가장 널리 유용하게 사용되는 전산화된 데이터베이스는 *PsycLIT*와 *PsycINFO*이다. 이 둘 모두 *Psychological Abstracts*의 다른 형태(*PsycLIT*는 온라인 데이터베이스인 *PsycINFO*의 콤팩트디스크 판이다)이고, *PsycBOOKS*에서 나온 정보를 통합한 것이다. 사용하기 쉬운 개인지도 프로그램이 *PsycLIT*에 익숙하지 않은 사용자에게 문헌을 검색할 수 있는 여러 가지 프로그램을 안내해 준다. 이들 프로그램의 특징 중에 특히 유용한 것은 용어 동의어 사전으로, 이것은 여러분이 선택한 핵심단어와 관련된 용어를 찾아주고, 여러분이 생각하지 못했지만 연구 프로젝트와 관련된 주제에 대한 아이디어를 알려줄지도 모른다. 또한 동의어 사전은 핵심단어와 관련된 보다 포괄적이거나 보다 구체적인 범주를 알아내는 데도 도움이 될 것이다. 부록 B에는 전산화된 문헌 데이터베이스에서 널리 사용되는 목록이 추가로 제시되어 있다. 또한 심리학 분야에서는 Reed와 Baxter(1992)의 도서관 사용에 대한 책도 도움이 될 것이다.

설명을 계속하기 전에 가장 유용한 전산화된 참고문헌 데이터베이스 중 하나로 빠르게 부상하고 있는 서비스에 대해 언급하고자 한다. *UnCover*라고 알려진 이 서비스는 Collorado Alliance of Research Libraries(CARL Systems Inc.; 부록 C 참고)를 통해 받을 수 있는데, 여기에는 10,000개 이상의 학술지 목록이 들어 있다. 거의 2,000,000편의 논문이 포함되어 있고, 매년 600,000편 이상씩 추가된다. *UnCover* 2는 논문 전체에 대한 복사를 주문하고 신용카드로 계산할 수 있게 되어 있다. 팩스를 이용해 24시간 내에 논문을 받아볼 수도 있다.

## 논문 복사본이나 출판 전 논문 입수하기

일단 주요 연구자를 알아내고 나면, 전화나 편지로 논문을 부탁하라. 논문의 저자들은 보통 부탁을 받으면 학술지 논문의 복사본을 보내준다. 어떤 저자들은 복사비용과 우편요금을 청구할 지도 모른다. 또한 쉽게 발견할 수 없는 학술지의 논문, 출판 전 논문(출판하기로 예정된 논문), 학회에서 발표된 논문을 저자에게 부탁하라. 모든 저자들이 논문의 일부 장이나 인쇄 전 논문, 발표 논문을 복사해 보내주지는 않을지라도, 여러분이 그 자료들을 입수하게 되면 곧 출판될 논문이 어떤 것인가를 알 수 있을 것이다. 미국심리학회(American Psychological Association)나 미국심리학연구회(American Psychological Society)의 주소록(대부분은 학교나 학과 도서관이나 심리학과 학과장의 연구실에 있을 것이다) 또는 논문의 저자가 속해 있는 전문가 집단(예 Society for Research in Child Development)의 최근 주소록에서 저자의 최근 주소를 확인하라. 빠른 답을 기대한다면 편지보다는 전화가 효율적일 것이다. 편지보다 전화로 이야기한 사람의 부탁은 잊어버리기가 쉽지 않다.

Yates(1982)가 지적하듯이, 학회 프로그램에서 여러분이 관심 있는 분야와 관련해 제시된 논문의 제목을 찾아 볼 수도 있다. 이러한 연구들의 대부분은 몇 해 내에 출판될 것이므로, 이 연구들을 알아내는 것은 곧 출판될 논문이 무엇인지를 아는 데 도움이 될 것이다.

## 다른 분야의 문헌을 살펴보라

*Psychological Abstracts, PsycLIT,* 그리고 그 외의 출처들은 이들 각각이 포함하는 분야 내의 학술지에 대한 정보만을 제공해 준다. 여러분의 연구분야가 다른 분야와 겹쳐질 수도 있다. 의학, 언론학, 교육학, 사회학 등 모든 분야에서 심리학과 어느 정도 관련을 가지고 있는 논문을 출판하는 학술지가 있다. 많은 분야들에는 *Psychological Abstracts*와 같은 초록들이 있고, 여러분의 연구분야가 하나 이상의 분야와 관련된다면 이들을 참고해야 할 것이다. 또한 여러분이 접근할 수 있는 전산화된 데이터베이스도 있다.

## 핵심 학술지의 목차를 살펴보라

여러분이 연구주제 분야에 익숙해졌다면, 그 분야에 대한 논문이 출판되는 학술지를 찾아내라. 그 다음에, 해당 학술지의 지난 10년간 목차를 살펴보라. 이를 통해 아주 최근에 발표되어 아직 참고문헌이나 인용 자료에 포함되지 못한 논문들을 찾을 수 있고, 다른 방법으로 찾은 결과물들을 한번 더 확인할 수 있을 것이다.

## 참고문헌 목록을 이용하라

관련 논문을 찾으면, 그 논문의 참고문헌 부분을 살펴보고 여러분이 연구하고자 하는 것과 관련된 참고문헌을 기록하라. 이것들은 다른 출처에서는 찾아볼 수 없는 중요한 자료가 된다.

Cooper(1989)는 주요 학술지와 논문의 참고문헌을 살펴보는 방법을 사용할 때 처할 수 있는 함정이 있다고 지적한다. 즉, 특정 분야 내의 연구자들 대부분은 비공식적인 개인 간 연계망과 학술지 연계망을 가지고 있다. 따라서 이들은 자신들의 학술지 연계망 내에서 논문을 인용하고 출판하는 경향이 있는데, 이로 인해 그 연계망 내에 있는 학술지의 논문을 너무 많이 인용하고, 연계망 밖에 있는 학술지의 논문은 잘 인용하지 않는다. 이러한 이유로 문헌을 포괄적으로 고찰하기 위해서는 다양한 방식을 이용해야 한다.

## 일차적 출처를 이용하라

종종 '이차적 출처(secondary sources)'라고 불리는, 원 저자가 아닌 다른 사람들이 연구나 결과에 대해서 기술한 자료에 의존하지 마라. 원 논문을 찾아보고 직접 읽어보라. 사람들은 저자들이 하지도 않은 말을 했다고 하거나 저자들이 하지도 않은 일을 했다고 하는 등 잘못 인용하는 경우가 많다. 실제로 우리 저자들도 연구에서 원래 우리들이 취했던 입장과 반대되는 입장을 지지한다고 잘못 인용한 논문을 본 적이 있다. 게다가 여러분은 논문에서 다른 사람들의 결론에 동의하지 않을지도 모른다. 이제 여러분의 지적 기준으로 스스로의 결론을 내릴 때가 되었다.

원 논문이 너무 오래된 학술지이거나 출판되지 않고 학회에서 발표된 논문이어서 찾을 수 없다면, 여러분이 마치 실제로 이 논문을 읽은 것처럼 인용하지 마라. 그 대신 APA 양식에 따라 재인용의 출처를 밝혀라(예 "Foster, 1985, cited in Cone, 1989").

### 대중 잡지를 피하라

Time, New York Times, Glamour 등과 같은 잡지가 세상에서 무슨 일이 일어나고 있는지에 대한 일상적 지식을 입수하는 데는 좋은 정보원이 되지만, 학자들이 고찰한 학술적 논문의 대체물은 되지 못한다. 대중적 정기간행물에 담긴 정보가 정확할 수도 있겠지만, 자료수집과 분석방법이 정확한지에 대해서 학술지의 논문처럼 평가할 수는 없다.

위에서 언급한 모든 절차를 거치고, 찾아낸 논문들을 여러 번 반복해서 살펴보면, 검색이 끝난다. 이것이 해당 주제에 관한 모든 자료를 수집했다는 것을 의미하지는 않겠지만, 그 분야의 주요 논문은 거의 찾아냈다고 할 수 있을 것이다.

### 찾은 자료를 비판적으로 읽어라

논문을 모으면서 각 자료를 비판적으로 읽어라. 이들 정보를 각 연구의 주제, 강점, 약점이 드러나는 논리적인 고찰로 종합해야 한다는 점을 기억하라. 그러기 위해서는 숲과 나무를 모두 보는 능력이 필요하다. 문헌고찰에서 각 논문을 어떻게 조직화할 것인지 생각해보라. 주제와 방법론 및 개념적 틀에서 공통점을 살펴보라. 덧붙여, 여러분이 읽은 모든 논문을 다 인용하지는 않을 것이다. 여러분의 연구와 가장 관련이 있는 자료는 무엇이며, 또 관련이 없는 자료는 무엇인가? 정말로 다룰 필요가 있는 주제는 무엇이며, 그냥 넘어가도 좋은 주제는 무엇인가?

여러분이 읽은 논문에서 답을 찾지 못한 질문들이나 방법론적 강점과 약점에 주의를 기울이고 이러한 것들을 기록하여 두어라. 문헌고찰을 작성할 때 도움이 될 것이다. 〈표 7-1〉에는 경험적 연구들을 평가하는 데 사용할 수 있는 문항들이 제시되어 있다.

경험적 논문에서 결론 부분이 아니라 연구의 필요성, 방법론 그리고 결과 부분을 보다 신중하게 읽어라. 여러분 스스로 결론을 도출해 낼 수 있어야 한다. 그리고 난 후 저자들의 결론에 동의하는지 아닌지 확인할 수 있어야 한다. 연구결과에 대해 저자들이 언급하지 않은 시사점이 있다고 생각하거나 저자의 연구결과가 다소 좀 비약되었다는 생각이 들어도 놀라지 마라. 여러분의 견해를 기록으로 남겨라. 많은 논문들에 대해 이러한 관찰력이 축적되면, 여러분의 연구주제에 대해 중요한 통찰력을 갖게 될지도 모른다.

이 과정에서 많은 양의 복사한 논문들과 책의 장들, 또는 복사를 하지 못한다면 논문들과 책의 장들을 정리한 기록이 남게 될 것이다. 우리 저자들은 비록 비용이 더 들더라도 복사를 하라고 추천한다. 왜냐하면 기록하지 않은 부분에 대해 보다 자세히 알고자 논문을 다시 찾아보아야 할지도 모르기 때문이다. 그리고 이 분야에서 연구를 계속하고자 한다면, 복사물을 이용해 반복해서 활용할 수 있는 개인도서관을 만들 수 있을 것이다.

노트에 기록하는 방법을 택한다면, 방법론에 대한 세부사항을 철저히 기록해야 한다. 읽을 때는 별로 중요해 보이지 않던 세부사항도 이후에 일치하지 않는 연구결과들을 해석하거나 절차상 잠재적으로 혼동을 가져올 수 있는 부분을 찾아내고자 할 때에는 매우 중요한 역할을 할 것이다. 여러분이 논문을 읽을 때마다 기록할 정보목록(예 피험자 수 및 특징, 독립변인 등)을 미리 만들어 놓는 것도 좋은 방법이다. 각 연구의 구체적 세부사항을 기록하는 "관리 노트(control sheet)"를 준비해 이를 보다 체계화할 수도 있다. 예를 들어, 우리 저자들 중 한 명은 〈표 7-2〉에 제시한 양식을 사용해 행동주의적 부모-훈련 문헌을 고찰한 적이 있다. 이렇게 체계적으로 접근하면 이후에 필요할지 모르는 특정 논문의 구체적 사항을 빠뜨리지 않고 기록할 수 있을 것이다. 관리 노트에 대한 보다 자세한 사항은 Cooper(1989)를 참고하기 바란다.

다른 사람의 글을 노트에 옮긴다면, "인용부호를 넣어라." 나중에는 여러분 자신의 글인지 어떤 논문의 글을 인용한 것인지 잊어버리기 쉽다. 실수라고 할지라도, 다른 사람의 글을 적합한 인용표시 없이 사용하는 것은 표절이다. 본 장의 끝 부분에서 이 주제에 대해 다시 논하겠다.

끝으로, 지나치게 읽지 마라. 지나치게 읽는 것은 진행을 지연시키는 전략으로 많이 사용되기도 한다. 여러분이 해당 주제분야에서 출판된 모든 논문에 대해 암기하거나 자세히 서술할 필요는 없다. 경험에 의하면 문헌을 적어도 두 번, 각기 다른 방식으로 읽을 필요가 있을 것이다. 처음에는 그 분야에서 핵심 쟁점이 무엇이고 어떤 자료가 관련되는지, 어떻게 조직화할지를 결정하기 위해 읽을 것이다. 다음으로 문헌고찰에 관해 쓸 때, 특정 저자가 무엇을 하였고 그 결과가 어떠했는지 자세히 알아내기 위해 선택한 논문이나 책을 다시 읽어야 할 것이다. 일단 여러분의 아이디어를 기술하기 시작하면 집중적으로 다시 읽기를 하라.

---

**〈표 7-1〉 경험적 연구를 평가하기 위한 지침서**

**서론**

1. 서론에 연구의 필요성이 논리적으로 제시되어 있는가?
2. 연구문제와 가설이 명확하게 언급되어 있는가? (연구문제는 종종 연구목적 안에 함축적으로 제시된다.)

**연구방법**

1. 추가적인 정보 없이도 연구를 반복하는 것이 가능하도록 방법이 기술되어 있는가?
2. 연구대상
   ⓐ 연구대상 모집과 선택방법이 나타나 있는가?
   ⓑ 연구대상자들을 무선적으로 선택하였는가? 표집 시 편견이 없었는가?
   ⓒ 연구자가 일반화하고자 하는 모집단에 근거하여 적절한 표본인가?
   ⓓ 표본의 특성이 적절히 묘사되어 있는가?
   ⓔ 두 집단 이상을 비교할 때, 이들 집단이 잠재적인 제3의 변인(ⓔ 인구학적 배경)에 대해서는 차이가 없는가? 있다면, 이를 적절히 통제하였는가?

〈계속〉

**<표 7-1> 경험적 연구를 평가하기 위한 지침서 <계속>**

    (f) 승낙서가 있는가?

    (g) 표본의 수가 측정변인의 수나 효과크기를 고려하였을 때 충분한가?

3. 연구설계

    (a) 필요하다면 통제집단이 사용되었는가?

    (b) 통제가 적절히 이루어졌는가?

    (c) 통제된 것은 무엇인가?

    (d) 실험연구라면, 피험자들을 집단에 무선적으로 할당하였는가?

4. 측정

    (a) 모든 측정치(피험자를 분류하기 위해 사용한 측정치, 종속변인 등)에 있어 신뢰도와 타당도를 제시하였는가?

    (b) 해당 척도를 사용하기에 신뢰도와 타당도가 적절한가? 본 연구를 위해 척도를 개발한 것이라면 구체적 정보를 제시하는 것이 중요하다.

    (c) 연구문제와 가설에 잘 부합되는 척도인가?

    (d) 과제나 척도를 하나 이상 사용하였을 때, 순서를 바꾸어 그 제시 순서의 효과를 견제하면서 진행하였는가? 순서가 미칠 수 있는 잠재적인 영향을 분석하였는가?

    (e) 다양한 방법을 사용하였는가, 특히 동일한 영역이나 구성개념을 측정하는 데 여러 가지 방법(예 자기보고식, 타인에 의한 평가, 자기-모니터링, 또는 직접 관찰)을 이용하였는가?

    (f) 여러 관찰자, 평정자, 또는 평가자들이 포함된 경우라면, 관찰자 간 신뢰도나 평정자 간 신뢰도를 산출하였는가? 자료에서 대표적 표본을 추출하여 이러한 신뢰도를 산출하였는가? 두 명의 평가자들이 각각 독립적으로 평가하였는가? 평정자 간 신뢰도는 만족할 만한 수준인가?

5. 편견과 인위적 결과

    (a) 피험자들이나 실험에 대한 정보를 모르는 상태에서(즉, 실험가설을 모르는 사람이) 실험을 진행하고 채점하였는가?

    (b) 준실험연구라면, 저자가 결과에 대한 경쟁 가설을 배제하기 위해 적절한 단계를 밟았는가?

〈계속〉

## <표 7-1> 경험적 연구를 평가하기 위한 지침서 <계속>

ⓒ 모든 집단 내 피험자들이 동일한 절차를 거쳤는가? 다른 절차로 인해 결과가 달라지지는 않았는가? 이러한 혼동이 얼마나 문제가 되는가?

6. 독립변인

ⓐ 실험연구라면, 독립변인을 기술한 대로 조작하였는지 확인하였는가?

ⓑ 중재연구라면, 표본으로 한 치료사의 수가 충분하였는가? 또는 중재를 행하는 사람을 바꾸어 시행해 보았는가(즉, 일반화 가능성을 증가시키기 위해)?

ⓒ 하나 이상의 처치나 조건을 비교한다면, 저자들은 이러한 조건들이 처음에 제시한 방식대로 달랐다는 점을 상세히 기술하였는가? 처치 외 다른 부분에서는 모두 같은 방식으로 진행되었는가(예 길이, 치료사의 자격)? 그렇지 않다면, 이러한 다른 부분이 결론에 심각한 영향을 미치는가?

ⓓ 연구절차나 독립변인이 연구의 외적 타당도를 위협하지는 않는가?

**결과**

1. 자료가 통계의 선행가정이나 조건을 충족하는가(예 반복 측정 분산분석에서 분산의 동질성)?

2. 유의성 검증이 사용되고 적절히 (즉, 어떤 분석이 실시되었는지를 이해하기에 충분히 자세한 정도로) 보고 되었는가?

3. 상관연구에서 저자가 상관이 낮지만 유의하게 나온 결과를 마치 측정치 간 공유하는 변량이 매우 큰 것처럼 해석하지는 않았는가? 하나 혹은 그 이상 측정치에서 축소된 범위로 인해 상관계수가 낮아졌는가? 이를 판단할 수 있도록 저자가 평균과 표준편차를 제시하였는가?

4. 통계적 검증을 여러 차례 실시하였다면, 저자들은 이로 인해 커질 수 있는 제1종 오류를 감소시키기 위해 적합한 다변량 기법을 사용하거나 유의성 수준을 조정하였는가?

5. 통계적으로 유의한 차이가 충분히 의미 있는 것인지를 살펴볼 수 있도록 평균과 표준편차를 제시하였는가?

6. 다변량 통계에서 변인당 피험자 비율이 적절한가(분석에서 사용되는 각 종속변인당 최소 7명)?

〈계속〉

## <표 7-1> 경험적 연구를 평가하기 위한 지침서 <계속>

**논의**

1. 저자는 유의하지 않거나 약간의 차이로 유의하지 않은 결과를 마치 유의한 것처럼 논의했는가?

2. 저자는 자료를 과대해석 하고 있는가(예 상관 결과를 해석하는 데 인과적 관계를 언급하거나 자기보고식 행동에 대해 직접적 관찰과 동일한 것처럼 해석하는가)?

3. 저자는 결과에 대한 대안적 설명을 고려하는가?

4. 저자는 방법론적 문제를 포함하여 연구의 제한점에 대해 언급하고 있는가? 연구결과의 일반화 가능성을 제한하는 피험자 선택, 절차, 종속변인 관련 측면을 지적하고 있는가?

5. 저자는 영가설을 "수락" 하는가?

출처 : "A Reader' s, Writer' s, and Reviewer' s Guide to Assessing Research Reports in Clinical Psychology" by B. A. Maher, 1978, *Journal of Consulting and Clinical Psychology*, *46*, pp. 835–838. Copyright 1987 by the American Psychological Association, Adapted by permission.

## <표 7-2> 연구논문 정보를 기록하기 위한 관리 노트의 견본

저자 : _____

제목 : _____

출처 : _____

이용가능 형태 : _____파일 _____청구 _____가능하지 않음

연구 형태 : _____단일 가족   _____다 가족

문제 행동 : _____

_____

〈계속〉

## <표 7-2> 연구논문 정보를 기록하기 위한 관리 노트의 견본 <계속>

직접적으로 관련된 자녀의 수 : _____

종속변인의 형태와 측정대상 : _____

_____

실험자에 의한 행동 관찰(E) : _____ 예 _____ 아니오

실험자에 의한 관찰 장소(E) : _____ 가정 _____ 병원

_____ 연구실 _____ 거주지 _____ 학교

치료(훈련) 회기의 수 : _____

설계 : _____ 사례 연구, 측정 없음

_____ 사례연구, 측정 : _____ 사전 _____ 세션중 _____ 사후

_____ 시간계열( ○○○×○○○ )

_____ 동등한 시간 표본 : _____ A-B _____ A-B-A

_____ A-B-A-B _____ A-B$_1$-A-B$_2$ _____ A-B$_1$-B$_2$

_____ B-A-B _____ 기타 : _____

_____ 다중 기초선 설계

_____ 단일집단, 측정 없음

_____ 단일집단, 측정 : _____ 사전 _____ 세션중 _____ 사후

_____ 단일집단 시간계열( ○○○×○○○ )

_____ 단일집단, 동등한 시간 표본 : _____ A-B _____ A-B-A

_____ A-B-A-B _____ A-B$_1$-A-B$_2$ _____ B-A-B

_____ 기타 : _____

_____ 두 집단(실험 대 통제)

_____ 두 집단 이상 : 통제, 처치, 다른 처치 비교

_____ 요인 설계

_____ 기타 : _____

추후 분석 : _____ 예 _____ 아니오 _____ 분명하지 않음

연구 종료후 시간의 양(예 : 1주, 1개월, 1년 등) _____

비고 :

## 글쓰기 준비

글쓰기를 시작하기 전에 작성할 논문의 특징 중 하나를 명심하라. "여러분은 자신을 위해 글을 쓰는 것이 아니다." 읽는 사람들을 위해 글을 쓰는 것이다. 여러분은 자신이 무엇을 알고 있는지를 알고 있다. 하지만 심사위원들은 여러분의 머릿속을 직접 들여다보지 못한다. 또한 그들 중 대부분은 문헌에 대해 여러분만큼 잘 알지 못한다. 어떤 사람은 그 주제에 대해 완전히 문외한일지도 모른다. 따라서 문헌고찰을 작성하는 작업은 그 주제에 대해 심사위원들을 교육시키는 것이다. 그렇게 함으로써 심사위원들에게 여러분이 유능한 연구자라는 확신을 심어줄 수 있다. 읽은 자료들을 통합하였고 그 정보들의 질을 평가하였다는 것을 보여주라. 문헌고찰 부분을 살펴본 후, 심사위원들이 그 분야의 연구문제, 절차, 결과에 대해 이해할 수 있어야 한다. 또한 과거에 행해진 연구들의 단점과 앞으로 그 분야에서 무엇이 진행되어야 하는지도 알 수 있어야 한다. 심사위원들이 마지막 부분을 읽을 때면, 연구문제에 대한 근거와 여러분이 과거의 방법, 설계, 절차를 개선하는 방식으로 연구하고자 한다는 점을 명백하게 인식할 수 있어야 한다. 문헌고찰을 능숙하게 조직화했다면, 읽는 사람들은 다음에 행해져야 하는 가장 최선의 연구가 여러분이 준비하고 있는 연구라는 결론을 내리게 될 것이다.

## 길이와 양식을 알아보라

펜을 들기 전에 혹은 키보드를 두드리기 전에, 학위논문에서 문헌고찰을 어떻게 하는지 지역적 규준을 찾아보라. 이러한 규준은 학교마다 다르기 때문에 글을 시작하기 전에 어떻게 써야 할 것인지를 아는 것이 중요하다. 제6장에서 자료를 제시할 때 하나의 장으로 된 모형과 두 개의 장으로 된 모형 간의 차이점—자료를 어떻게 조직화 할 지에 영향을 미치는 중요한 형식적 구분—에 대해 설명하였다.

문헌고찰 부분의 양식과 길이는 상당히 다양하다. 지도교수에게 어느 정도 길이로 얼마나 포괄적으로 작성해야 하는지 물어보라. 이를 통해 다루어야 하는 범위를 정의할 수 있을 것이다. 저자들이 다른 사람이 한 문헌고찰을 찾아보기보다는 '지도교수에게' 물어보라고 이야기한 점을 주목하라. 왜냐하면, 이것은 역설적으로 보일지 모르지만, 과도하게 길게 문헌고찰을 작성하는 것이 간결하고 범위가 제한된 글을 쓰는 것보다 쉽기 때문이다. 따라서 교수들은 20~25쪽 정도면 문헌을 통합하는 학생의 능력을 증명하기에 충분하다고 생각하는 경우, 학생들이 길게 쓰도록 놓아두긴 하지만 40~50쪽(혹은 그 이상!)에 이르는 문헌고찰에 대해 종종 불만을 털어놓는다. 우리 저자들은 개인적으로 모든 것을 다루려고 하는 엉성한 긴 고찰보다는 더욱 간략한, 보다 중점적인 고찰을 선호한다. 간략한 고찰의 또 다른 장점은 출판을 위해 잠재적인 이점이 있다는 것이다. 많은 학술지들은 본문이 25~30쪽이 넘으면 받아들이지 않는다. 따라서 간명한 글쓰기에 익숙해지는 편이 좋다.

### 예비 개요를 만들어라

무엇을 어떻게 다루고자 하는지 생각하기 위해 문헌고찰 부분에서 이용하기로 한 주요 제목들로 개요를 만들어라. 각 제목 아래 대략 어느 정도의 분량을 할당할 것인지 표시하라. 〈표 7-3〉에는 한 학생이 초등학교 고학년 아동의 인종 및 성별과 또래와의 갈등을 다루는 데 사용하는 전략의 형태 간 관련성을 연구하는 학위논문을 작성하기 위해 만든 문헌고찰의 개요가 제시되어 있다. 이 개요는 우리 저자들이 추천한 하나의 장으로 된 약 25쪽 정도의 문헌고찰을 위해 영역별로 쪽수를 할당한 전형적인 예이다. 그러나 기준이나 선호도는 상당히 다양하기 때문에, 조직화와 쪽수 할당에 대해 지도교수에게 반드시 물어보라.

〈표 7-3〉에 제시된 개요는 앞의 제6장에서 언급한 깔때기 식의 접근을 하고 있다는 점을 주목하라. 일반적인 맥락에서 시작하여 점차 구체적으로

---

### <표 7-3> 문헌고찰 개요와 쪽수 할당

**논문 주제 : 9~12세 아동의 인종 및 성별과 또래갈등 해결전략 유형 간의 관계**

개요

  I. 서론(2~3쪽)
    A. 또래갈등 연구의 역사적 맥락
    B. 발달에서 갈등의 중요성
    C. 갈등의 정의

  II. 걸음마기 유아(6개월~3세; 2쪽)
    A. 갈등의 쟁점
    B. 해결전략

  III. 취학 전 유아(3~5세; 5쪽)
    A. 갈등 발생과 지속 기간
    B. 갈등의 쟁점
    C. 해결전략
    D. 결과
    E. 성차

  IV. 아동 초기(5~9세; 5쪽)
    A. 갈등의 발생과 지속 기간
    B. 갈등의 쟁점
    C. 해결전략
    D. 결과
    E. 성차

  V. 아동 후기(9~12세; 2쪽)
    A. 목표
    B. 전략

  VI. 인종(2쪽)
    A. 협동/경쟁 연구
    B. 갈등해결 형태

  VII. 요약 및 비평(3~5쪽)

  VIII. 연구문제와 가설

출처 : Outline prepared by Avid Khorram, California School of Professional Psychology, San Diego, December 1991. Reproduced by permission of the author.

진행하고 있으며, 결국 기존 연구들에 대한 구체적 비판에 중점을 두고, 진행하고자 하는 연구의 구체적 근거를 이끌어내고 있다.

예비 개요를 보면 계획한 대로 글을 쓸 때 전체 장의 길이가 얼마나 될지, 글의 범위를 제한하거나 확대할 필요가 있는지를 알 수 있을 것이다. 덧붙여, 개요를 작성함으로써 문헌고찰이라는 거대해 보이는 작업과 관련된 불안과 지연을 줄일 수 있다. 할당한 쪽수를 살펴보고, 여러분이 하는 일은 5~10쪽 분량의 글들을 여럿 연결시켜가면서 쓰는 것이라는 점을 기억하라. 대학원 재학중 5~10쪽 분량의 보고서들을 얼마나 많이 작성해 왔는가? 이 작업은 단지 그런 보고서들을 작성한 것과 같은 것이다.

글을 쓰면서 개요가 변하더라도 놀라지 마라. 우리 저자들이 예로 제시한 개요에서도 인종에 대한 자료를 2쪽 이상 다루기 위해 다른 영역(걸음마기) 하나를 없앴다. 개요는 자료를 조직화하고 작업을 시작하도록 도와주는 하나의 도구라고 생각하라. 그러나 글을 쓰기 시작하면 바꿀 수 있는 것이라고 융통성 있게 생각하라.

### 고찰의 범위를 제한하라

여러분이 작성한 개요에 쪽수를 할당한 후 놀랄지도 모른다. "이 모든 정보를 어떻게 겨우 25쪽에 모두 담을 수 있을까?" 이런 생각을 한다면, 다음과 같은 두 가지 오해를 하는 것이 된다. 첫째, 여러분은 살펴본 모든 논문을 인용하고 주제와 관련된 모든 자료를 다 다루어야 한다고 생각하는 것인지도 모른다. 역사, 이론, 선행연구, 새로운 연구, 고찰, 일화식의 증거 등을 모두 말이다. 그건 오산이다! 여러분은 그 모든 정보를 알고 있을 필요가 있고 그에 대한 질문에 답을 할 수 있어야 한다. 하지만 그 모든 지식을 글로 써서 위원회에 증명할 필요는 없다. 그 분야의 현황에 대한 평가이면 족하다.

둘째, 여러분이 쓰려고 하는 범위를 뚜렷하게 제한하지 않는 것이다. 여러분이 읽은 논문을 모두 다 인용할 필요는 없지만, 어떤 논문을 포함하고 어떤 논문은 배제할 것인지에 대한 규칙이 있어야 한다. "나는 이 연구가 좋다" 또는 "이 논문에서 사용한 통계는 이해하지 못 하겠다" 등은 좋은 이유가 아니다. 특정 연구대상 집단(예) 연령, 성별, 인종 또는 여러분이 준비한 연구와 관련되는 다른 특성), 연구설계의 형태나 질(예) 통제집단 연구), 독립변인이나 종속변인 등에 따라 고찰하고자 하는 문헌을 제한하는 것이 적합할 것이다. 문헌고찰에 포함시킨 기준에 대해서도 매우 구체적으로 언급하고, 선택을 할 때 가능한 한 개인적 편견이 개입되지 않도록 노력하라(예) "나는 이 논문을 좋아하지 않는다")(Cooper, 1989). 이러한 기준을 문헌고찰 서두 부분에서 언급하는 것도 잊지 마라.

한 예로, Julie라는 학생은 또래가 화나게 만들 때 효과적으로 대처하는 방법을 가르치는 프로그램을 평가하는 연구를 계획하였다. 그리고 또래의 거부 및 그와 관련되는 요인, 사회적 기술훈련 프로그램, 행동 변화를 훈련 프로그램 상황에서 일상 상황으로 일반화시키는 자료 등 거대한 양의 문헌을 찾았다. 문헌을 살펴본 후 찾은 자료들 중 극히 일부분인 사회적 기술에 대한 연구만이 자신이 다루고자 하는 연구문제와 직접적으로 관련된다는 것을 깨닫게 되었다. 즉, 또래의 거부와 관련되는 요인에 대한 논문들은 그 학생의 연구과제와 별로 관련이 없고, 일반화에 대한 논문들은 각 논문별로 살펴보기보다는 왜 어떤 연구들이 실패하였는가를 다루는 부분에 통합되어야 한다는 것이다. 25쪽의 대부분을 지적으로 정상이지만 과도한 부정적 행동을 보이는 아동들에게 사회적 기술을 가르치고자 하는 연구들에 대한 내용으로 구성해야 한다. 나머지 문헌들은 설령 다루어진다 해도, 가볍게 지나가는 정도로 다루어질 것이다. 그 학생이 포함시키고자 하는 연구대상과 주제를 제한하면 문헌고찰을 작성하는 작업은 보다 더 다루기 쉬워질 것이다.

또 다른 학생의 예로 Lisa는 다른 문제에 봉착하였다. 그 학생은 청소년 관련 치료에서 치료사의 자아노출이 미치는 영향에 관심을 가지고 있었다. 그 학생은 성인 치료에서의 자아노출, 개인적 관계(성인과 청소년)에서의 자아노출, 청소년 대상의 여러 치료법의 효과, 개인적 관계에서 자아노출의 영향에 대한 이론적 배경에 대해 많은 논문을 찾았다. 그러나 그 학생의 연구주제와 구체적으로 관련된 논문은 매우 적었다. 문헌고찰에 어떤 논문을 포함할 것인가? Lisa는 독립변인에 대한 근거를 밝히기 위해 성인치료에서 자아노출에 관한 논문을 포함하고, 자신이 이용하는 방법론에 대한 새로운 측면을 강조하기로 결정하였다. 또한 치료에서 자아노출이 왜 중요한 역할을 하는가를 밝히기 위해 청소년의 개인적 관계에서 자아노출의 역할을 살펴볼 필요가 있었다. 그 학생은 이론적 논문, 청소년치료의 결과에 대한 연구 또는 성인의 대인관계에 관한 논문은 살펴볼 필요가 없었다. 만약 이들 논문이 그 학생이 다루고자 하는 두 분야의 연구를 분석하는 데 기여하였다면, 그 논문들의 핵심사항을 통합할 필요가 있었을지 모른다.

## 문헌을 구성하기

개요를 만들기 위해서는 모든 논문, 책 등의 자료들과 이들을 살펴보면서 여러분이 생각한 것들을 체계화하고 통합해야 한다. 몇 가지 방식으로 논문들을 다루기 쉽고 논리적인 하위집단으로 묶을 수 있다. 다음은 가장 많이 쓰이는 몇 가지 방식을 제시한 것이다.

1. **'관련된 독립변인들'을 살펴본 연구들을 함께 다루어라.** 예를 들어, 조직의 효율성을 높이기 위한 전략들을 살펴볼 때, 연구들을 전략형태별로 묶으면 적절한 기본 틀이 생길 것이다.

2. **'관련된 종속변인들'을 검토한 연구들을 함께 구성하라.** 예를 들어, 알코올중독자의 성인 자녀가 어떤 특징을 보이는지 살펴보고자 한다면, 이들의 성격에 대해 살펴본 연구들을 고찰하고 나서, 이들의 음주 형태에 관한 연구들을 살펴보고, 그 다음 이들의 대인관계 기술에 대한 연구들을 살펴볼 수 있을 것이다. 또는 이들을 대상으로 한 연구결과들을 자기보고식, 타인에 의한 평가, 직접관찰 등의 '평가방법'에 따라 묶을 수 있을 것이다.

3. **'연구설계의 형태'에 따라 구성하라.** 보통 이런 방식은 허술한 설계에서 시작하여 점차 보다 강력한 설계로 진행하게 된다. 즉, 통제되지 않은

사례연구들 다음에 통제된 설계를, 상관연구들 다음에 실험연구들을, 횡단연구들 다음에 종단연구들을 제시하게 된다. 체계적 둔감화에 대한 연구를 기술한 Paul(1969)의 고전적 논문은 이런 구성 전략을 이용한 예가 된다.

**4. '이론적 전제'를 이용하여 구성하라.** 여러분의 연구가 한 현상에 대한 경쟁적인 가설들을 검증하고자 하거나, 연구문제를 만드는 데 여러 가지 이론적 맥락이 관련된다면 이 방식이 유용하다. 예를 들어, Wolfe(1986)는 품행장애 아동 및 정상 아동을 대상으로 가족 내 아버지의 상호작용에 대해 연구하였다. Wolfe는 사회학습적 관점에서 아버지가 아동의 파괴적 행동을 유지시키는 원인이 될 수 있다는 방식으로 문헌고찰을 구성하였다(Wolfe가 쓴 문헌고찰의 주요 부분은 〈표 6-1〉을 참고하라).

이러한 전략들은 문헌을 구성하는 많은 방법들 중 일부에 지나지 않는다. 문헌의 중요한 측면을 강조하는, 특히 여러분이 연구에서 밝히고자 하거나 개선시키고자 하는 특정 측면을 강조하는 구성 틀을 선택하라. 예를 들어, 여러분의 연구가 자기보고식 방법 대신 직접 관찰을 사용해 과거 연구들을 증진시킬 수 있다고 가정해보자. 종속변인을 평가하는 데 사용된 방법에 따라 연구결과들을 제시한다면, 글을 읽는 사람들에게 직접 관찰을 하여 평가한 연구가 없었다는 점을 명백하게 보여줄 수 있을 것이다. 깔때기를 기억하라. 일반적인 것에서 구체적인 것으로 글을 써라.

## 쓰기 시작하기

이제 글을 쓰거나 키보드를 두드릴 준비가 되었다. 노트나 복사물을 체계화하고, 개요를 작성하며, 문헌고찰의 각 부분을 작성하라.

이 시점에서 글을 쓰는 데 방해가 되는 것들을 경계하라. 이러한 방해물은 여러 학생들에게, 심지어 수업과제로서는 별 어려움 없이 문헌고찰을 작성하던 학생들에게조차 영향을 미친다. 여러분이 작성한 문헌고찰이 완벽해야만 한다는 잘못된 생각은 글을 쓰는 데 때로는 방해가 된다. 지도교수에게 문헌고찰 초안을 제출하기 전에 관련된 모든 연구들을 인용해야 하고, 뛰어난 통찰력으로 관련 문헌들을 통합해야 한다고 생각하는 것은 비현실적이다.

그렇지 않다! 대부분의 학생들은 초안을 제출하고 여러 번 수정하는 과정을 거쳐 문헌고찰을 완성하게 된다. 여러분의 논문이 아무리 뛰어난 것일지라도, 지도교수는 수정할 부분이 있고 초안을 더 다듬어야 한다고 생각할 것이다. 초안이 완벽할 수는 없으므로, 초안을 증진시킬 기회를 가져라. 이것도 학습의 과정이라는 점을 명심하라. 여러분이 만든 초안에 결점이 하나도 없다면, 배울 것도 없는 것이 될 것이다.

학생들이 접하게 되는 두 번째 방해물은 글을 쓸 때에 처음에 서론을 쓰고, 그 다음에 이론적 배경을 쓰는 등 순서대로 글쓰기 작업을 진행해야 한다고 잘못 생각하는 데서 비롯된다. 그래서 원만히 진행되지 않는 부분을 몇 시간씩 붙들고 있는 것이다.

서론에서 시작하는 것이 어렵다면, 보다 쉽게 진행할 수 있는 부분에서 시작하라. 문단이 잘 만들어지지 않는다면, 여러분이 다루고자 하는 아이디어를 먼저 쓰고 나서 그 아이디어들을 가지고 문단을 만들어라. 연구들이 어떻게 변화되어 왔는지를 잘 이해하지 못하겠다면, 먼저 각 연구들에 대해 기술하고 나서 이들이 변화된 과정을 써라. 요점은 할 수 있는 것부터 먼저 쓰는 것이다. 왜냐하면 오늘 하기 어려워 보이는 일이 이후에 더 쉬워질지도 모르기 때문이다. 구체적 순서에 따라 각 부분 부분을 완성하는 것보다 무조건 시작하고 보는 것이 더 중요하다. 그리고 글을 처음 쓰는 것보다는 수정하는 작업이 더 쉽다는 점을 기억하라. 무엇이든 글을 써라. 그리고 그 다음에 다듬어라.

덧붙여, 제4장에서 언급한 몇몇 아이디어가 여기서도 유용할지 모른다. 글을 시작하는 데 어려움을 느낀다면, 매우 작은 단위로 목표를 정하라. '과정' 보다는 '결과' 로서의 목표를 설정하라. '결과' 로서의 목표는 여러분이 달성해야 하는 것을 가리키는 것이다. "한 페이지를 써라"가 그 예이다.

'과정'으로서의 목표는 여러분이 해야 하는 것이지만, 최종적인 결과물이 아닌 것을 가리키는 것이다. "논문 쓰는 작업을 2시간 동안 하라"를 예로 들 수 있다. 후자대로 한다면, 여러분이 해야 하는 것은 실제 무엇인가를 쓰는 일이 아니라 컴퓨터 앞에서 그냥 시간을 보내는 일이 된다. 작은 결과로서의 목표가 일을 진행할 수 있도록 만들어 주기 때문에 보다 효율적으로 작업하도록 해줄 것이다.

또한 작은 결과로서의 목표를 달성하였을 때 작은 보상을 받을 수도 있다. Premack 법칙을 기억하라. 논문을 쓰는 것보다 우선적으로 하고 싶은 어떤 행동이라도 보상으로 사용할 수 있다. 많은 사람들에게 보상은 거의 어떤 것이라도 될 수 있다! 예를 들어, 이 책을 저술하면서, 우리 저자들은 종종 스스로에게, "이 세 쪽을 마친 후 커피를 마시겠다", "이 표를 만든 후 잡지를 읽을 것이다", 또는 "이 장을 편집한 후 친구에게 전화를 걸어야지"라고 약속했다. 이러한 예들을 보면 동기화를 위해서 필요한 보상이 반드시 값비싼 것이거나 많은 시간을 들여야 하는 것은 아니라는 점을 알 수 있다.

## 서문 작성하기

간단한 서문으로 문헌고찰 부분을 시작하라. 서문에서는 주제의 개요를 간략히 전개하고, 핵심개념과 용어를 소개하며, 고찰의 범위와 논문의 구성에 대해 기술해야 한다. 서문은 전체 25쪽 중 약 3쪽 정도를 차지한다.

서문을 끝낼 때는 문헌고찰의 범위를 알려주는 문단으로 마무리하는 것이 좋다. 이것을 때로는 '사전 조직화(advance organizer)'라고 하는데, 이 부분에 어떤 논문들을 어떠한 순서로 제시할지에 대해 기술해야 한다. 또한 문헌고찰의 길이가 적절하도록 몇몇 논문들을 제외시킨다면, 논문을 포함하거나 배제한 기준 및 특정 논문을 왜 선택하였는지에 대해서도 기술해야 한다. 예를 들어, 여러분이 택한 주제를 다룬 연구들은 어느 것이나 특정의 방법론적 문제를 내포하고 있다고 생각되는데, 이들 연구를 다루기에 지면이 부족하다면, 서문의 끝 부분에 다음과 같이 언급할 수 있을 것이다.

이어지는 장의 나머지에서는 _____에 관한 최근의 문헌을 비판적으로 고찰할 것이다. 이 분야의 초기 연구들(예_____)은 일반적으로 _____라고 결론지었다. 그러나_____와 _____(1989)가 지적하였듯이, 이 연구들은 _____와 _____간 차이점을 밝히지 못하였으므로, 이 연구들의 결론을 신뢰하기 어렵다. 이후 연구에서는 이러한 결점을 수정하였으므로 이후 고찰에서 이들 연구를 중점적으로 살펴볼 것이다. 앞부분에서는 _____와 _____에 대해 논의할 것이다. 여기서는 기존 연구들에 대한 요약과 비평을 다루고, 이어서 문헌고찰을 통해 제안된 구체적 연구문제와 가설을 제시할 것이다.

## 문헌고찰의 각 하위부분을 작성하라

서문에 이어서 문헌을 고찰하고 통합하는 각 하위부분을 작성할 것이다. 다양한 양식으로 하위부분을 전개할 수 있다. 아마도 가장 쉬운 방법은 서문 다음에 관련된 연구들끼리 묶은 후, 이 연구들을 하나씩 묘사하는 것이다. 각 연구에서 연구대상, 독립변인, 종속변인, 연구설계, 연구결과, 주목할만한 세부사항(예 방법론적 문제) 등의 비교할 만한 정보들을 제시하라. 그런 후 다음 연구로 넘어가라. 하위부분을 마무리할 때 제시한 자료들을 요약하고 전반적으로 평가하라.

이렇게 하나씩 제시하는 방식을 쓰면서 지루하지 않게, 마치 도서목록 카드를 읽는 것 같은 느낌을 주지 않으려면 상당한 기술이 필요하다. 전환하는 단어를 많이 활용한다면 도움이 된다. 또한 방법들 및 결과들을 서로 간단히 비교하는 것도 연구들 간 연결을 수월하게 해 주고, 연구들의 유사점과 차이점 및 진보 상태를 잘 알 수 있게 해 줄 것이다. Inderbitzen-Pisaruk과 Foster(1990)는 이러한 형태의 문단을 사용하여 각 연구별로 제시하는 방식을 잘 보여주고 있다. 여기서 문단의 내용을 없애고 전환적 표현과 통합적 표현만을 살린 문헌고찰의 일부분을 제시하면 다음과 같다(주 : 우리 저자들의 노력에도 불구하고, 이 원고의 초안을 살펴본 어떤 분은 이것이 마치 각

주가 달린 참고문헌과 너무 비슷하다는 점을 지적하였다!).

> Kuhlen과 Bretsch는. . . [연구에 대한 묘사] . . .
>
> 이 연구에서 보다 명백하게 구체화된 행동이 . . . . . . 요구된다.
>
> 유감스럽게도, 이 두 연구들은 시대에 뒤지게 되었다. 따라서 . . . .
>
> 덧붙여, 이 둘 모두 . . . 이것은 . . . . . 인지 아닌지가 불확실해 진다.
>
> 이러한 불확실성은 보다 최근의 연구에서 다루어졌다.
>
> 흥미롭게도, 지난 40년 동안 청소년 문화의 변화에도 불구하고, 여기서 언급
> 한 연구들의 결과는 지지를 받게 되었다. 예를 들어, . . . . Inderbitzen-
> Pisaruk & Foster, 1990, pp. 426-427)

문헌고찰의 하위부분을 구성하는 두 번째 방법은 먼저, 허술한 연구 또는 유사한 방법을 사용한 연구들끼리 묶어서 이들을 간략하게 고찰하고, 다음으로 보다 가능성이 크고, 모범적인 또는 방법론적으로 강건한 연구들을 심도 있게 다루는 것이다. 이 경우, 하위부분의 앞부분 문단에는 하나로 묶을 수 있는 여러 연구와 결과들, 그리고 이들의 공통된 장점과 단점을 설명한다. 뒤에 이어지는 문단에서는 이들 중 특히 중요한 연구들을 개별적으로 살펴보는 것이다.

문헌고찰을 하는 세 번째 방법은 연구들을 결과에 따라 분류하는 것이다. 이러한 형태로 하는 경우에는 앞서 제시한 방법으로 작성하는 경우보다 개개의 연구에 대한 설명이 덜 들어간다. 그 대신, 글을 쓰는 사람은 연구결과들을 고찰에서 전개하는 일련의 논점을 입증하는 데 활용한다. 이러한 형태의 고찰이 가장 작성하기 힘들다. 왜냐하면 글의 취지를 논리적으로 전개해야 하고, 문헌을 활용할 때도 자신의 아이디어를 지지해주는 결과의 논문인지, 자신의 아이디어에 반대되는 결과의 논문인지를 공정하게 고려해야 하기 때문이다. 연구가 상반되는 이론적 설명과 관련되거나 이론보다는 경험적 결과에 근거해 변인들을 선택한 경우에는 이처럼 문헌의 여러 측면을 고려하여 문헌고찰을 작성하는 것이 최선의 방법일지도 모른다.

앞서 언급한 문헌고찰을 작성하는 세 가지 방법은 모두 문헌을 질적으로

통합하는 방식이다. 네 번째의 방법은 보다 양적인 방식으로, 구체적 특성에 따라 각 연구들을 체계적으로 점수화하고 메타분석(meta-analysis)을 실시하는 것이다. 메타분석에서는 같은 문제를 다룬 연구들을 묶어서 하나의 집단으로 보고, 그 집단의 특성을 통계적으로 평가한다. 메타분석은 고찰 전문 학술지에서는 흔히 찾아볼 수 있지만, 학위논문의 문헌고찰에서는 일반적으로 잘 쓰이지 않는다. 따라서 여기서 더 이상 언급하지는 않을 것이다. Cooper(1989), Hunter와 Schmidt(1990)는 메타분석의 절차에 대해 함축적이지만 자세하게 설명하고 있다.

## 문헌을 통합하고 비판적으로 분석하라

문헌고찰을 처음 하는 사람들은 종종 설명을 과도하게 하고 비판적 분석은 적절치 못하게 하는 경우가 있다. 읽은 것을 단순히 기술하지마라. 문헌들을 통합하라. 연구결과들은 어떤 양상으로 나타나는가? 연구결과들이 일관적인가? 그렇지 않다면, 그 이유는 무엇인가? 결과가 일관적이지 않게 나타나는 이유(예 연구들 간 방법론적·설계상·연구대상에서의 차이, 독립변인 조작이 잘못되었을지 모른다거나 종속변인이 잘못되었을지 모른다)를 생각해보라. 문헌고찰 부분을 다 읽으면, 그 분야 연구결과들의 경향 및 연구방법들의 경향을 파악할 수 있어야 한다.

덧붙여, 문헌을 비판적으로 평가해야 한다. 어떤 연구가 가장 훌륭한가, 왜 그러한가? 어떤 연구가 가장 형편없는가, 왜 그러한가? 개념적 강점과 약점뿐만 아니라 방법론적 강점과 약점을 생각해보라. 〈표 7-1〉에 제시한 체크리스트를 기억하라. 출판된 논문이라고 해서 방법론적인 문제가 없는 것이 아니다. 여러분의 연구분야에서 미래 연구들이 역점을 두고 다루어야 할 방법론적 문제를 제시하라. 미래 연구들이 취해야 할 주제를 강조하라. 문헌을 읽을 때 문제점과 쟁점들을 기록해 놓았다면, 그 기록들을 참고해 아이디어를 얻어라.

다른 사람의 연구를 비판할 때는 전문가적인 어조를 사용하라. 여러분은 분명히 지도교수의 작업을 쓰레기 취급하고 싶지는 않을 것이다. 또한 여러분과 다르게 생각하는 사람들에 대해서도 과장하여 비평해서는 안 된다. '연구'에 대한 비난이 아닌 '사람'에 대한 비난은 결코 적절하다 할 수 없다. 공명정대하라. 그리고 모든 연구는 약점뿐 아니라 강점도 가지고 있다는 점을 기억하라.

문헌에 대한 통합과 분석이 여러분의 연구를 위한 초석이 되어야 한다. 문헌고찰을 모두 읽으면, 여러분이 제안하는 문제에 대한 근거와 그 문제를 살펴보는 방법에 대한 근거가 명백히 드러나야 한다. 즉, 여러분이 그 분야의 논문들을 통합해 본 결과 나타난, 풀리지 않은 (그래서, 여러분이 살펴보고자 하는) 문제를 강조해야 한다. 이와 비슷하게, 문헌에 대한 비평에서는 여러분이 수정하고자 하는, 과거 연구들의 방법론적 문제를 강조해야 한다.

문헌을 통합하고 평가하는 글을 쓰는 데는 다음의 몇 가지 방식이 있다. 첫째, 글을 읽는 사람이 그 분야의 경향을 알 수 있도록 통합적 전환문장과 전환구들을 사용하라. 예를 들어, 다음에 제시된 문단의 서론에서 연구들을 어떻게 묶었고, 연구들의 주요 유사점과 차이점을 어떻게 강조하고 있는지 살펴보라.

> 지금까지 기술한 대부분의 연구들은 상관설계를 사용하였지만, Smith와 Jones(1988)는 실험설계를 이용하여 _____의 문제를 살펴보았다. 그 결과는 이전의 상관연구와 매우 유사하게 나타났다.

둘째, 비교 및 평가를 의미하는 구를 사용하라. 어떤 표현들은 구체적 연구를 평가할 때만 사용된다. 이러한 표현들은 특정의 연구에 대해 설명할 때에 적절하다.

> 우리 저자들은 다른 연구자의 결과를 다시 증명하는 데 실패하였다. 유감스럽게도, 몇몇 집단의 피험자 수가 너무 적어서(8명) 유의한 결과를 찾아내는 데 필요한 검증력이 지나치게 낮았는지도 모른다.

그 밖에 여러 연구들을 묶어 하나의 집단으로 보고 평가하는 표현들은 문헌고찰의 하위부분을 마무리 할 때에 사용될 수 있다.

이들 연구의 대부분은 유사한 강점과 약점을 가지고 있다. (이에 대해 설명하라.) 이들의 방법론적인 문제에도 불구하고, 대부분은 유사한 결론을 내리고 있다. (이것이 무엇인지 밝혀라.)

고찰에서 각 논문들을 통합하고 분석할 뿐만 아니라, 끝부분에 최종적인 '요약과 비평'을 첨가하고자 할지도 모른다. 이 부분에서는 과거 논문들의 강점과 약점을 다룰 뿐 아니라 미래 연구에서 살펴보아야 할 주제를 구체화할 수 있다. 이미 언급한 것들을 요약하는 수준 이상이어야 한다. 그 대신, 지금까지 문헌고찰을 하면서 찾아낸 사실들을 함께 엮어라. 무엇보다도 이 부분을 연구문제와 가설을 언급하기 위한 선행단계로 활용하라.

예시가 필요하다면, *Psychological Bulletin*, *Clinical Psychology Review*, 그리고 *Developmental Review*와 같은 학술지에 출판된 문헌고찰을 찾아보라. 몇몇 단행본에도 통합적인 문헌고찰이 들어 있다. 여러 고찰의 구조와 조직에 대해 살펴보고, 저자들이 문헌을 어떻게 통합하고 분석하였는가를 살펴보라. 다른 사람의 글에 대해 연구함으로써 여러분이 어떻게 글을 써야 할지에 대한 아이디어가 떠오를지도 모른다.

## 여러분의 연구와 가설을 소개하라

문헌고찰을 하나의 장으로 구성한다면, 요약과 비평을 한 다음에 연구의 필요성 및 연구문제, 가설을 제시할 것이다. 문헌고찰을 두 개의 장으로 구성한다면, 연구의 필요성과 구체적 가설을 언급한 후에 요약과 비평을 하게 될 것이다. 두 개의 장으로 된 모형에서는 문헌고찰에 앞서 구체적 연구주제를 도입하게 되므로, 문헌고찰에서 다룰 자료에 대해서도 요약해 제시해야 한다. 두 개의 장으로 된 모형에서 서두 부분에는 연구주제에 대한 근거 및 여러분의 연구가 이 분야에서 어떤 새로운 기여를 하는가도 제시해야 한다. 서두 부분을 쓰면서 명심해야 할 것은 '문헌고찰을 읽기 전에' 이 부분을 읽게 된다는 점이다. 따라서 서두부분 자체만으로도 이해가 되도록 명확하게 기술하라.

하나의 장으로 된 문헌고찰을 하든지 두 개의 장으로 된 문헌고찰을 하든지 간에, 연구에 대한 근거로서 연구의 필요성을 제시하여야 한다. 또한 연구대상, 연구설계, 독립변인, 종속변인에 대해서도 간략히 소개해야 한다. 이는 글을 읽는 사람들이 구체적 연구문제와 가설을 이해하는 데 도움을 줄 것이다.

제3장에서는 연구가설과 연구문제를 작성하는 방법을 설명했는데, 여러분이 제안하는 가설이나 문제는 그러한 방법을 바탕으로 작성되어야 한다. 덧붙여, 특정 가설에 대한 근거가 분명하지 않다면, 여러분이 예측하는 바에 대한 근거를 간략히 제시하라. "이 가설은 ＿＿＿＿라는 누구누구의 연구결과에 근거한 것이다."

제3장에서 언급하였듯이, 주요 연구문제의 답에 대해 예측할 수 있어야 한다. 하지만 가설들을 끌어내는 것이 매우 어려운 경우도 있다(예 연구분야가 매우 새로운 것이거나 이전 연구결과들이 일치하지 않을 때). 예측을 하는 데 있어 연구나 이론에 대해 확실한 근거를 가지고 있지 않다면 몇 가지 대안이 있다. 첫째, 단지 상황에 대해 간단히 언급하고 가설의 방향성은 제시하지 않는 것이다. 둘째, 그 대안으로, 기본적 연구목적을 밝힌 연구문제(가설을 제공하는 것)와 보조적인 연구문제(가설을 제공하지 않는 것)로 나누어 작성할 수 있다. 끝으로, 공식적 연구의 한 부분인 구체적 문제를 빼버릴 수도 있다. 연구문제가 연구할 만한 것이라면, 이들 중 첫 번째와 두 번째 방법이 더 나을 것이다.

## 추가 부분을 작성하라

대부분의 학교에서 학위논문은 지금까지 다룬 부분들을 모두 포함한다. 덧붙여, 어떤 학교에서는 용어의 정의, 연구의 제한점, 연구의 바탕이 된 이론적 방향에 대한 논의와 같이 추가적인 자료를 요구하기도 한다. 문헌고찰에서 다루어야 하는 추가적 자료에 대해서 지역적인 기준을 확인하라.

## 표절하지 않도록 주의하라

앞에서 저자들은 표절에 대해 잠깐 언급하였다. 표절의 정의는 여기서 다시 반복할 필요가 있다. *Webster's New World Dictionary of the American Language* (1970)에 따르면, 표절이란 "다른 사람의 생각이나 글 등을 자신의 것인 양 사용하는 것"(p. 1987)이다. 다른 사람의 글을 인용부호 없이 옮기는 것은 명백히 표절이다. 다른 사람의 문장을 아주 비슷하게 바꿔 쓰는 것도 표절이다. 그리고 다른 사람의 아이디어를 여러분의 것인 양 제시하는 것도 표절이다. 문단의 구성—주제를 구성하는 방식—을 모방하는 것 또한 표절이다. 여러분 자신의 글로써 아이디어를 구성하는 방식을 찾아내라. 직접 인용을 절제하고, 인용을 할 때는 타인의 아이디어나 구성 방식을 인용한다는 것을 밝혀라. 분명하지 않을 때는 동료나 지도교수의 자문을 구하라.

## 요약

본 장에서는 문헌을 검색할 때 활용할 수 있는 다양한 전략에 대해 살펴보았다. 여러분이 찾아낼 정보를 일관되고, 집중적인 문헌고찰로 엮어낸다는 것은 글쓰기 이상을 의미한다. 이를 통해 주제에 대한 생각을 다듬고, 문헌들의 개념적·방법론적 문제를 찾을 수 있어야 한다. 또한 이 과정을 통해 여러분의 연구에 가능한 절차와 방법론적 쟁점도 찾아낼 수 있어야 한다. 연구방법 부분에서는 연구를 어떻게 수행할 것인지 설명하게 된다. 이어지는 제8장과 제9장은 연구계획서의 연구방법 부분을 제대로 작성하는 데 도움이 될 것이다.

✔ **To Do . . .**

**문헌 고찰하기**

☐ 관련 문헌을 찾아내라.
 − 주요 저자와 학술지를 찾아내라.
 − 도서목록의 참고문헌을 이용하라.
 − 전산화된 문헌 검색을 이용하라.
 − 복사 논문과 발표 전 논문을 입수하라.
 − 다른 분야의 문헌을 찾아보라.
 − 주요 학술지의 목차를 살펴보라.
 − 논문과 책의 참고문헌 목록을 이용하라.
 − 일차적 출처를 이용하라.
 − 대중잡지를 피하라.
☐ 문헌을 비판적으로 읽어라.
 − 주제를 규명하라.
 − 각 논문의 강점과 약점을 규명하라.
 − 분야 전체의 강점과 약점을 규명하라.
 − 복사물과 기록들을 모아라.
☐ 글 쓸 준비를 하라.
 − 길이와 양식을 찾아보라.
 − 예비 개요를 만들어라.
  • 페이지를 할당하라.
  • 고찰의 범위를 제한하라.
  • 여러분이 다룰 문헌을 조직화하라.
☐ 문헌고찰을 작성하라.
 − 서론을 작성하라.
 − 하위부분들을 작성하라.
  • 전환과 통합적인 구를 사용하라.
  • 문헌을 통합하고 비판적으로 분석하라.
☐ 여러분의 연구와 가설을 소개하라.
☐ 표절하지 않도록 주의하라.

# 8 연구방법론

본 장에서는 제6장에서 소개한 연구방법 부분을 구성하는 요소에 대해 상세히 설명할 것이다. 그 다음에 심리학 분야의 윤리원칙에 대해 논의하고 이 원칙에 따라 연구를 설계하고 수행하는 과정에 대해 살펴볼 것이다. 이 부분에서는 인간과 동물 피험자에 대한 보호, 승낙서(informed consent), 피험자 자료의 비밀보장, 사후보고(debriefing subjects)에 대한 감사위원회(Institutional Review Boards : IRB)의 요구사항을 처리하는 방법에 대해 다룰 것이다.

본 장이 연구설계와 절차에 대한 지침서가 아니라는 점을 잊지 마라. 예를 들어, 여러분의 연구에서 상관설계가 좋은지, 집단설계가 좋은지에 대해서 혹은 모든 적합한 통제를 고려하였는지에 대해서는 다루지 않을 것이다. 연구방법론에 대한 배경 지식이 오래된 것이거나 부족하다면 부록 D를 참고하라. 부록 D의 도서목록들은 여러분이 학습한 적이 없거나 잊어버린 것을 공부하는 데 도움이 되는 자료들이다.

## 연구방법 부분을 구성하는 요소를 이해하라

「미국심리학회 출판편람」(1994)에는 연구방법 부분의 기본적인 하위영역으로 세 가지가 제시되어 있는데, 연구대상, 측정도구, 연구절차가 그것이다. 연구방법 부분이 이렇게 세 가지로 구성되기도 하지만, 대부분의 연구에는 추가적인 요소들이 필요하다. 다음에서는 연구방법론에 포함되어야할 방법론의 각 측면에 대해 설명할 것이다. 물론 이 부분들 모두가 모든 연구에서 다 필요한 것은 아니다. 많은 연구에서 우리 저자들이 제시하는 하위영역의 순서를 따르고 있기는 하지만 반드시 이와 같은 순서를 따를 필요는 없다. 연구방법의 하위영역 구성요소를 보다 구체적으로 살펴보기 전에 연구설계에 대해 몇 가지 언급하고자 한다.

## 연구설계

「미국심리학회 출판편람」에 의하면 이 부분을 분명하게 연구방법의 하위영역이라고 하지는 않는다. 왜냐하면 연구방법 부분에 선행하는 문단에서 설계 요소를 구체적으로 언급하는 것이 더 나을 수도 있기 때문이다. 그 위치에 대해서는 융통성을 가져라. 하지만 연구계획서에서 가장 적절한 부분에 연구설계에 대해 언급하라. 우리 저자들은 연구방법 전에 연구설계에 대해 기술하는 방식을 선호하는데, 이는 연구방법의 모든 요소가 연구설계의 영향을 많이 받기 때문이다.

연구설계에 대해 기술할 때, 시작부분에서 피험자 내(within subjects) 차이를 보고자 하는 것인지 또는 피험자 간(between subjects) 차이를 보고자 하는 것인지에 대해 명확히 언급해야 한다. 연구에서 살펴보고자 하는 것이 동일한 피험자가 시간적 차이나 상황적 차이에 따라 어떻게 달라지는가를 보고자 한다면, 피험자 내 접근법을 이용하는 것이 좋을 것이다. 만일 단일 시점에서 피험자들 간의 차이를 살펴보고자 한다면, 피험자 간 접근법을 이용하는 것이 좋을 것이다. 이러한 구분을 제대로 이해하지 못하겠다면, 이들 주요 설계 간의 차이에 대해 다룬 Cook과 Campbell(1979)을 참고하기 바란다.

여러분이 사용하는 접근법의 기본적 특성이 분명해졌다면, 이제 연구설계의 세부사항을 구체적으로 제시할 준비가 된 것이다. 연구설계를 설명할 때 여러분이 하고자 하는 것의 명칭(예 두 집단, 진형 실험설계; A-B-A-B 철회설계; 솔로몬 네 집단설계; 상관설계; 조사연구)과 설명을 모두 제시하는 것이 도움이 된다. 이 하위부분에서 연구설계와 통계를 혼동하지 마라. "일원변량분석으로 집단 간 차이를 검증할 것이다"는 통계적 검증방법에 대한 서술이지, 설계에 대한 서술이 아니다. 이러한 서술은 제6장에서 언급하였듯이 연구계획서의 결과부분에 있는 분석부분에서 언급되어져야 할 것이다. "아침 식사시간과 퇴근 직후 및 저녁 식사시간에 부인들이 남편들을 칭찬하도록 한 다중기초선 설계(multiple baseline design)를 사용할 것이다"라는 서술은 연구설계 부분에 포함되는 내용의 예가 된다. 또 다른 예를 들면, "2×2 요인 설계에서 기대치가 높은 집단과 낮은 집단에 과업이 복잡한 집단과 별로 복잡하지 않은 집단으로 나누어 무선적으로 피험자를 할당하였다"이다. 다중측정법을 사용한다면, 처치 순서를 번갈아 시행하고 이에 대해 기술해야 한다. 피험자의 어떤 특성(예 성별, IQ, 문제의 심각성 정도)을 짝지어서 집단에 할당하였다면 이 과정에 대해 기술하라. 처치 순서를 번갈아 시행하는 것과 피험자를 짝지어 할당하는 것이 얼마나 중요한가를 잊어버렸다면, 연구방법론에 관한 문헌을 살펴보거나 이들 개념을 다시 공부하라.

　복잡하거나 어려운 설계를 설명하는 데에는 도식이나 차트가 도움이 될 수 있다. Cook과 Campbell(1979)의 저서에서는 피험자 간 비교와 관련된 설계의 좋은 예를 찾아 볼 수 있다. 피험자 내 비교와 관련된 설계의 예는 Barlow, Hayers와 Nelson(1984)을 참고하라. 〈그림 8-1〉에는 Sobell, Bogardis, Schuller, Leo, Sobell(1989)이 사용한 다소 복잡하지만 매우 유용한 도식이 제시되어 있다.

## 연구대상

　연구대상 부분에는 다음의 세 가지 질문에 대한 해답이 포함되어 있어야

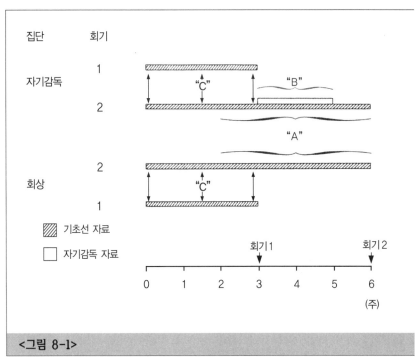

**<그림 8-1>**

〈그림 8-1〉은 여러 회기에 걸쳐 음주에 대한 일정표 자료와 자기감독 자료를 두 집단의 피험자들로부터 수집하여 자료들을 (도식에서 문자로 나타낸) 주요 통계분석에 사용한 실험설계의 도식이다. A는 피험자 간 분석으로, 자기감독에 대한 반응성을 검증하기 위해 두 번째 회기의 일정표 자료를 이용하였다. B는 피험자 내 분석으로, 자기감독 집단의 피험자들로부터 두 번째 회기의 자기감독과 일정표 자료를 이용하였다. 동일한 피험자들로부터 동일한 시기에 얻은 일정표 자료 및 자기감독 자료를 비교하였다. C는 두 번째 회기에서 각 피험자들의 일정표 자료를 첫 번째 회기의 일정표 자료와 비교하였다.

**출처** : "Is Self-Monitoring of Alcohol Consumption Reactive?" by M. B. Sobell, J. Bogardis, R. Schuller, G. I. Leo, and L. C. Sobell, 1989, *Behavioral Assessment, 11*, 451. Copyright 1989 by Pergamon Press. Reprinted by permission.

한다. (a) 누가 참여할 것인가? (b) 얼마나 많은 수가 참여할 것인가? (c) 연구대상을 어떻게 선택할 것인가? 무선적으로 할당하는 것이 아니고 피험자의 어떤 특성(예 연령, 진단적 분류, 또는 특정 과제에서의 수행력과 같은 피험자 변인이 피험자를 분류하는 데 사용되고, 그것이 연구의 독립변인일 경우)에 따라 각 집단으로 분류한다면, 어떻게 분류할 것인지 밝혀라.

연구마다 대상에 대해 자세히 기술하는 정도가 상당히 다르지만, 대상이 인간이라면, 성별, 연령(평균과 범위), 지역, 사회경제적 지위, 출처(예 대학 학부수업중 또는 정신과 의원), 참여한 이유(예 자원, 유급, 학점)에 대한 정보를 제시하는 것이 좋다. 연구의 특성에 따라 지적 능력(IQ 점수의 평균 및 범위), 특정 변인 점수(예 우울증, 불안 또는 과체중 정도), DSM 범주 등과 같은 정보도 포함시키고자 할 것이다. 또한 연구대상으로 적합하지 않은 특성, 다시 말해서, 연구대상에서 배제시키는 기준도 제시하라.

신참 연구자는 때때로 누가 연구대상인지를 혼동한다. 연구에서 여러 집단의 사람들을 각기 다른 시기에 이용한다면 이러한 구분이 힘들어질 수도 있다. 예를 들어, 한 학생은 문제성 소비를 평가하는 척도를 개발할 때, 각 문제 상황에서 사람들이 금전을 다루는 방식이 얼마나 적절한가를 평가하기 위해 소비자-신용 전문가를 이용하였다. 그 학생은 예비 기준을 만들기 위해, 이러한 판단을 이용해 측정도구에 응답한 개인들의 반응에 가중치를 주었다. 연구의 기본 취지가 문제성 지출을 구분해 내는 신뢰할 수 있고 타당한 척도를 개발하는 것이었으므로, 연구대상은 바로 신뢰도와 타당도에 관련된 자료를 제공한 사람들이다. 적합한 등급을 매기는 일을 한 사람은 '평정자(judges)' 이다. 물론, 그 학생은 연구방법의 어느 하위부분에서 평정자의 특징에 대해서도 자세히 기술할 필요가 있다. 일반적으로, 연구대상 부분에 기술되는 사람들은 연구의 구체적 가설에 대한 답이 되는 자료를 제공하는 사람들을 말한다. 척도를 만들거나 자료를 수집할 때 관련된 사람들(예 평정자 혹은 관찰자)을 연구대상으로 보지는 않는다.

표집 전략과 피험자 모집방법에 대해서도 기술하라. 지역신문에 광고를 낼 것인가? 캠퍼스 주변에 공고를 붙일 것인가? 출생신고를 이용해 표집할 것인가? 여러분이 하고자 하는 바를 정확하게 기술하라. 피험자를 모집하기 위해 사용한 공고나 문구를 부록에 첨부하라.

연구대상이 인간이 아니라면 다음과 같은 문제들에 대해 설명해야 한다. 가능하다면, 여러분이 사용할 동물의 수, 종, 속, 계통을 제시하라. 동물의 출처에 대한 정보 또한 유용하다. 끝으로 동물의 성별, 연령, 무게를 밝히고 일반적 상태에 대해 기술하라. 동물의 역사, 보살핌, 처리 등에 대한 세부사항도 포함되어야 한다(APA, 1983).

실제 참여한 연구대상의 수뿐만 아니라 모집한 전체대상의 수를 밝히고, 연구대상에서 배제된 이들의 수와 그 이유를 반드시 설명해야 한다. 피험자의 대표성은 연구의 외적 타당도에 매우 중요하다. 따라서 최종적 문서에는 이러한 수치뿐 아니라 자발적 참여자와 비자발적 참여자 간 차이와 관련된 어떤 정보라도 누락되어서는 안 된다. 만약 피험자가 조기에 탈락하였다면, 탈락한 비율과 그 원인에 대해 언급해야 한다.

누구를 어떻게 피험자로 선택할지를 결정할 때, 경험에 의하면 '대표성' 규칙을 따르는 것이 좋다. 즉, 연구대상이 대표하고자 하는 모집단을 고려하라. 여러분이 일반화시키고자 하는 대상이 누구인가? 그러한 사람들을 모집할 수 있는 절차를 고안하고, 연구대상들이 모집단의 특성에 잘 부합하는지 알아볼 수 있는 추가적인 정보를 수집하라. 여러분이 일반화시키고자 하지 '않는' 사람들은 누구인가? 이러한 개인들을 구분해 낼 수 있는 절차나 방법을 포함하라.

연구설계에도 피험자로 포함되거나 배제되는 기준을 내포할 수 있다. 일반적으로 동질적인 모집단에서는 이질적인 모집단보다 측정치의 점수 변이가 작게 나타나는 경향이 있다. 이는 이질적인 모집단에서 측정치와 관련된 피험자의 외생적인(extraneous) 특성이 나타나는 경향이 더 높기 때문이다. 한편으로는, 그러한 점수 변이는 일반적으로 $r$과 그 변량이 사용되는 (예 다중회귀분석과 요인분석) 순수 상관설계에서는 좋을 것이다. 왜냐하면, 상관되는 변인들의 범위가 축소된다면 상관계수도 낮아지기 때문이다 (McNemar, 1962).

또 다른 경우는 ANOVA나 관련 접근법을 사용하여 여러 집단들을 비교하고자 할 수도 있다. 이 경우, 피험자의 외생적인 다양한 특성이 통제되지 않는다면, 오차변량이 커지게 될 것이다. 이는 유의한 결과를 찾아내기 위

해서 이질적인 변량을 통제할 때보다 더 영향력 있는 독립변인을 사용해야
한다는 점을 의미한다. 이러한 경우에, 일반화하는 데는 그리 중요하지 않
지만 주요 종속변인들과 관련성을 보여 온 특징들을 고려하여 모집단을 제
한해야 할 것이다. 그 다음에 이러한 특성을 바탕으로 연구대상을 특정 하
위모집단으로 제한해야 한다.

　또한 집단설계에서 다음 두 방식으로도 연구대상의 다양한 특성을 통제
할 수 있다. 설계 시 연구대상자의 한두 가지 특성을 독립변인으로 추가하
여 통제할 수 있다. 예를 들어, 'Sesame Street'를 시청하는 것이 취학 전
읽기검사 점수에 미치는 영향을 보는 연구에서 사회경제적 지위의 영향이
염려된다면, 사회경제적 지위를 독립변인으로 추가할 수 있다. 물론, 이러
한 방식은 더 많은 수의 연구대상자를 필요로 한다. 이 문제를 다루는 두
번째 방식은 통계적인 것이다. 자료를 수집한 후 사회경제적 지위를 측정
하고 종속변인과 상관이 있는지 살펴보라. 상관이 있다면, 분석을 할 때 사
회경제적 지위를 공변인으로 이용하라.

　이제 연구하지 않기로 한 대상을 제외하기 위해서, 그리고 연구대상이 어
떠한지 알아보기 위해서 연구대상에 대한 정보를 수집할 필요가 있다는 것
이 명백해졌을 것이다. 특히 중요한 정보는 우연찮게 독립변인의 효과와
혼동되거나, 예측 결과에 대한 대안적 설명이 될 수 있는 연구대상의 특성
과 관련이 있다. 문헌을 통해 혼동시킬 가능성이 있는 변인을 찾아내라. 종
속변인과 상관을 보이는 연구대상 변인은 무엇인가? 이러한 변인들은 독립
변인의 효과를 혼동시킬 가능성이 있는 후보들이므로, 이 변인들을 측정하
여 연구결과를 설명하는 데 영향을 미치는지 분석해 보아야 한다.

　평가하고자 하는 연구대상의 특성을 어떻게 측정할 것인지도 기술해야
한다. 연구대상에 대한 정보를 수집하기 위해 인구학적 자료와 2개의 질문
지를 사용한다면, 이에 대해 언급하고 저작권이 없는 자료라면 이 도구들을
부록에 첨가하라. 또한 연구대상 부분이나 이후 측정부분에 이 도구들의
심리측정학적 특성에 대해서도 기술해야 한다. 끝으로 모든 학생들이 제기

하는 질문에 대해 언급하고자 한다. "연구대상을 몇 명으로 해야 합니까?" 이를 계산하는 데는 두 가지 방법이 있다. 첫 번째는 문헌을 찾아서 규준을 알아보는 것이다. 이 방법은 쉬운 대신, 유감스럽게도 단일유기체 설계(individual organism designs)를 제외하고는 그리 좋은 방법이 아니다. 가장 권위 있는 전문 학술지들을 살펴본 고찰에서도, 대부분의 집단설계에서 영향력이 매우 강할 때를 제외하고는 충분한 통계적 검증력을 갖기에는 연구대상의 수가 너무 적다는 점을 지적하고 있다(Rossi, 1990).

여러분에게 필요한 연구대상자 수가 몇 명인지를 계산하는 보다 더 좋은 방법은 무엇인가? 이 질문에 답할 때 고려해야 할 문제가 두 가지 있다. 첫째는 이용하고자 하는 통계와 관련된 것이다. 다변량분석에서는 안정적인 결과를 산출하기 위해서 연구대상 대 변인의 특정 비율이 지켜져야 한다. 다중회귀, 요인분석, 다변량 분산분석(MANOVA), 판별분석 혹은 이들과 관련된 분석을 사용한다면, 통계적 관점에서 필요한 최소 대상자의 수를 계산하는 방법은 다음과 같다. 종속변인이 산출해 낼 점수들의 수가 몇 개인지 세어서 이들을 하위집단으로 구분하라. 각 하위집단에는 분석에 사용될 점수들의 명칭이 포함되어야 한다. 예를 들어, 공격성을 평가하는 세 가지 종속변인이 포함된 다변량 분산분석을 한다고 가정해 보자. 이것이 여러분의 첫 번째 하위집단이다. 두 번째 하위집단은 두 번째 MANOVA에서 사용될 다섯 가지 인구학적 변인으로 구성된다. 세 번째, 네 번째 하위집단도 이와 같은 식으로 구성된다. 각 하위집단에 있는 종속변인의 수를 세어라. 어느 하위집단이든 점수들의 개수가 가장 많은 집단을 택하여 그 개수를 적어라(위에서 방금 제시한 예라면, 이 수치는 5가 될 것이다). 그 다음에, 이 수치를 7에서 20 사이의 숫자와 곱하여라(매우 보수적인 통계학자라면 각 변인당 20명 이상의 피험자를 요구할 것이지만, 보다 개방적인 통계학자는 각 변인당 약 7명 이상을 요구할 것이다). 이것이 통계적 관점에서 요구되는 연구대상의 수를 계산하는 방법이다.

하지만 통계적 관점에서 요구되는 사항은 검증력과는 상관이 없다. '검증력(power)' 이란 여러분이 사용한 통계가 독립변인의 효과를 찾아낼 수 있는 정도를 말한다. 검증력은 표본크기, 독립변인들의 효과크기(예 독립변인이 종속변인에서 어느 정도 차이를 만들어 내는가?), 선택한 유의수준($\alpha$)에 따라 달라진다. 따라서 얼마나 많은 연구대상을 모집해야 하는가를 알아내기 위한 두 번째 단계는 검증력을 계산하는 것이다. 검증력 분석을 통해 작은 효과, 중간 효과, 큰 효과를 찾아내기 위해서 연구대상을 몇 명으로 해야 하는지 알아낼 수 있다. 연구대상의 수와 유의수준(보통, $p < .05$)을 고정한다면, 효과의 크기가 클수록 그 효과를 찾아내는 데 필요한 검증력은 작아도 된다.

집단설계에서 검증력을 계산하기 위해서는 여러분이 찾아내고자 하는 효과의 크기를 알아내는 것이 필요하다. 효과가 매우 작은 경우 그것을 찾아내고자 한다면, 연구대상의 수가 매우 커야 한다는 것을 곧 알게 될 것이다(Keppel, 1991; Kraemer & Thiemann, 1987 참고). 경험에 따르면, "이 분야에서 의미가 있어 보이는 최소한의 효과는 어느 정도인가?"라고 스스로에게 물어보는 것이다. 임상분야에서는 보통 중간 효과 정도가 필요하다. 중간보다 작은 효과는 의미 있는 실질적 유의성을 갖기 어렵다. 하지만, 이것은 여러분이 하는 연구의 분야에 따라 다르다. 특정 의약분야처럼 종속변인에 영향을 미치는 요인들이 상당히 많이 알려져 있는 분야에서는 작은 효과도 매우 중요한 의미를 가질 수 있다.

검증력을 분석하기 위해서는 다양한 정보가 필요할 것이다. 첫째, 연구에서 바라는 검증력 수준을 선택해야 한다. .80이면 적당한 값이다. 둘째, 예상되는 자료에 근거한 추정치가 필요하다. 모수통계를 사용하는 집단설계에서 여러분이 사용할 공식에 따라 평균, 표준편차, 오메가자승값(즉, 효과크기, 이것을 계산하는 데는 ANOVA 계산법에 의하면 제곱합, 평균제곱오차 값이 필요하다)이 필요할 것이다. 상관통계에서는 기대되는 상관수치들이 필요할 것이다.

여러분은 연구도 하지 않은 상태에서 이러한 수치를 어떻게 산출하느냐고 물을지도 모른다. 그에 대한 답은 정확하게는 계산할 수 없다는 것이다. 하지만 시험연구의 자료나 동일한 종속변인, 그리고 관련된 독립변인들을 사용한 선행연구들을 근거로 하여 이들이 어떠할지 추정할 수는 있다. 그 다음, 필요한 연구대상의 수를 계산하는 공식에 이 추정치를 사용하면 된다. Cohen(1988)과 Keppel(1991), Kraemer와 Thiemann(1987)은 검증력을 계산하는 방법을 설명하고 있다. Goldstein(1989)도 DOS를 기초로 한 마이크로컴퓨터에서 검증력을 계산하기 위한 통계적 프로그램들에 대해 고찰하고 있다.

검증력 분석을 해 본 적이 없고, 여러분의 연구가 위의 저자들이 제시한 예나 프로그램 예에 해당하지 않는다면, 여러분을 도와주거나 이러한 계산을 확인해 줄 수 있는, 이에 대해 잘 알고 있는 사람을 찾아라. Cohen(1992)은 $p < .01, .05, .10$ 수준에서 작은, 중간, 혹은 큰 효과를 찾고자 하는 경우 필요한 연구대상자 수를 계산할 때 사용할 수 있는 표와 검증력 분석에 대해 간략하고 이해하기 쉽게 논의하고 있다. 이 표에서는 $t$ 검증, 상관, 비율 검증, 카이자승, ANOVA, 다중회귀분석을 다루고 있다.

## 실험환경과 실험도구

연구가 진행되는 전체적인 맥락(context)을 설명하라. 만일 이것이 꽤 표준적인 것이라면, 세부사항을 구체적으로 언급할 필요는 없다. 실험실의 일반적인 치수와 가구, 실험자와 피험자의 위치에 대해 간략히 언급하라(예 "이 연구는 2.7m×3.7m 크기의 실험실에서 진행되었고, 피험자와 실험자는 1.2m 폭의 탁자에서 얼굴을 마주보고 앉았다"). 하지만 대학이나 초등학교 교실에서 연구대상 집단들로부터 자료를 수집한 연구라면 이런 세부사항은 보통 필요하지 않다. 만일 자극을 제시하거나 피험자가 반응하도록 만들기 위해 특정 도구를 사용한다면, 이에 대해 자세히 기술하고 이를 만드는 방법에 대해서도 본문이나 부록에서 설명하라. 도구가 상업적으로 판매되는 것이라면, 그 상표와 모델명을 제시하라.

## 독립변인

독립변인들을 어떻게 조작할 것인지를 설계부분이나 절차부분 혹은 독립 변인 부분에 제시하라. 이것을 어느 부분에 기술할 것인가는 독립변인들의 복잡성에 따라 달라진다. 중재 프로젝트나 특정한 자극에 노출시키는 것처 럼 매우 복잡하다면, 따로 하위부분을 만들어 설명해야 할 것이다.

이 정보를 어느 부분에 기술하든지 간에 특정 세부사항은 필수적으로 들 어가야 한다. 독립변인을 어떻게 조작할 것인가? 독립변인들이 계획한 대로 일관성있게 조작되었는지를 평가하는 내용을 포함하라(Billingsley, White, & Munson, 1980; Peterson, Homer, & Wonderlich, 1982 참고). 여기에는 평가 자들이 독립변인 조작을 확인하는 것(예 치료사나 실험자가 계획된 대로 행 동하였는지를 평가하는 것)과 실험자가 예방조치를 취하는 것(예 일방경을 통해 세션이 진행되는 동안 관찰하기)이 포함될지도 모른다. 연구에서 피험 자들에게 특정 사항을 조작해야 한다면(예 피험자들이 혼자서 옆방에 있는 두 사람으로 된 팀과 게임을 해서 이기고 있다고 믿도록 만드는 것), 피험자 들이 이러한 속임수를 모르고 정말로 믿고 있었는지를 평가하는 방법도 제 시하라.

조작이 제대로 되었는지를 확인하는 것은 때때로 꽤 복잡할지도 모른다. 예를 들어, 우리 저자들이 지도한 학생들 중 한 명은 4학년 여아를 대상으 로 또래들이 중요하다고 생각하는 행동을 많이 하면, 또래들이 그 아동을 사회적으로 보다 유능하다고 평가할 것인가에 관심을 가졌다(Hoier, 1984; Hoier & Cone, 1987 참고). 여기서 사회적 행동의 증가를 독립변인으로, 유 능성에 대한 평가를 종속변인으로 사용하였다. 사회적 행동이 실제로 증가 하는지를 확인하기 위해 Hoier는 실험 회기를 녹화하였다. 훈련받은 관찰 자들이 나중에 이 자료들을 점수화하였다. 연구계획서의 방법부분에 이 점 수 체계의 신뢰도를 기술하는 것이 중요했다. 이처럼 조작을 확인하는 정 보는 독립변인 부분이건 측정부분이건 간에 읽는 사람들이 가장 분명히 이 해할 수 있는 부분에 제시되어야 한다.

실험자 역할을 누가 할 것인가를 설명하라. 많은 문헌들은 피험자와 상호작용을 할 실험자나 자료수집자가 실험가설을 몰라야 한다는 점을 강조하고 있다. 따라서 이 역할을 할 사람이 여러분 자신이어서는 안 된다. 여러분이 어떤 사람이 어떤 조건에 있는지에 대해 자신이 모르도록 만드는 창의적인 기법을 만들어내기 전에는 그렇다. 예를 들어, 우리 저자들이 알고 있는 한 학생은 경제적으로 여유가 없었는데, 이 문제에 현명하게 대처하였다. 그 학생은 성격장애와 관련된 신념을 평가하는 새로운 질문지의 변별타당도를 알아보고자 하였다. 먼저 표준화된 구조적 면접을 이용해 피험자들을 임상적 범주로 분류하였다. 이 면접은 약 한 시간 정도 걸렸고, 면접을 실시하기 위해서는 광범위한 훈련을 받아야 했다. 그 학생은 이러한 면접을 수행할 누군가에게 사례비를 줄 여유가 없었다. 만약 그 학생 자신이 면접을 수행한다면 피험자들의 예상되는 진단에 대해 알지 못해야 한다는 사실을 입증해야 했다. 따라서 임상의에게 부탁해 피험자를 그 학생에게 보내도록 하고, 그때 피험자의 예상되는 진단에 대한 정보는 알려주지 않도록 하였다. 이런 방식으로 피험자에 대한 사전 지식에 대해서는 알지 못한 채 그 학생 스스로 면접을 수행할 수 있었다.

연구대상과 상호작용할 때 편견을 가질 수 있는 요인들을 모르는 상태로 진행할 수 없거나, 실험을 수행하는 데 다른 사람을 고용할 여유가 없다면, 다음 몇 가지 대안을 활용할 수 있을 것이다. 여러분이 대학에 있다면, 학부 학생에게 실험자로서 활동하도록 하고 연구학점을 줄 수도 있다. 또는 여러분과 같은 상황에 있는 다른 동료와 서로의 연구에서 실험자 역할을 수행해 줄 수도 있다. 동료를 실험자로 활용할 수도 있고, 여러분이 그 동료의 실험자가 되어 줄 수도 있다(하지만 이때 그 동료와 연구의 세부사항에 대해서 이야기 할 수 없다는 점을 명심하라!). 끝으로 최후의 대안은 여러분 자신이 실험자로 활동하고 각 조건에서 피험자를 차별하여 다루지 않는지를 확인하는 또 다른 절차를 포함하는 것이다. 이러한 예로 모든 피험자에게 실험자에 대한 문항에 답하도록 하거나 실험회기를 녹음하여 가설을 모르는 평정자에게 평정하도록 하는 것 등을 들 수 있다.

독립변인을 실행하는 데 기술이 필요하거나 복잡한 절차를 거쳐야 한다면, 실험자를 훈련시킬 방법과 실험 전과 진행중에 이들이 제대로 하고 있는지를 확인할 방법을 제시하라. 이는 중재, 동물의 외과적 수술, 실험공모자(experimental confederates)[1] 의 이용과 관련된 연구를 할 때 특히 중요하다.

끝으로 혼동(confounds)을 예방하기 위해 만든 통제 절차를 제시하라. 예를 들어, 피험자에게 비디오로 일련의 자극들을 보여줄 것이라면, 제시 순서효과가 미치는 영향을 어떻게 통제할 것인지에 대해 밝혀라. 만일 여러 실험자가 독립변인의 각 수준을 수행할 것이라면, 실험자의 차이가 아닌, 독립변인 수준의 차이가 결과에 영향을 미쳤다는 것을 어떻게 증명할 것인가? 글을 읽는 사람들에게 실험조건은 단지 독립변인에 의해서만 차이가 있을 것이라는 점을 확신시킬 수 있는 정보를 제공하라. 물론, 이를 위해서는 혼동을 가져올 수 있는 변인들을 생각해내고 이들을 제거하거나 그 영향을 평가해야 할 것이다.

## 종속변인

종속변인 부분에서는 여러분이 사용할 자료수집 방식에 대해 자세히 기술하여야 한다. 제9장에서는 제대로 된 측정도구를 식별하기 위해 무엇을 살펴보아야 할지를 설명할 것이다. 여기서는 일단 선택한 측정도구들에 대해 제시해야 하는 정보가 무엇인지 언급하고자 한다.

일반적으로 이용할 수 있는 측정도구에 대해서는 이름, 저자, 출판된 것이라면 출판 날짜를 제시해야 한다. 출판되지 않은 측정도구라면 연구계획서의 부록부분에 첨부하라. 어느 논문에서 제시된 측정도구인지 뿐만 아니

---

1) **역자 주** : 실험공모자는 실험을 진행하기 위해 연구자가 실험상황 내에서 특정 역할을 하도록 지시하고 훈련시킨 사람을 말한다.

라 어떤 측정도구인지도 기술하라. 즉, 피험자에게 주지시킨 방법을 부연 설명하고, 대표적인 검사자극이나 문항을 묘사하며, 응답의 예에 대해 언급 하라(예 예—아니오 혹은 1에서 4점 척도). 측정도구 전체를 부록에 첨부하 였더라도 대표적인 문항을 심사위원들이 바로 볼 수 있도록 연구계획서의 본문에 표나 문장으로 제시하라. 물론 MMPI(Minnesota Multiphasic Personality Inventory)처럼 잘 알려진 도구를 사용한다면, 대부분의 독자들이 이 도구에 대해 알고 있으므로 일반적으로 자세하게 기술할 필요는 없을 것이다. 어떤 검사(예 웩슬러 성인지능검사 수정판)의 경우는 검사도구의 보안을 위해 일부 문항을 공식적 문서에 적어 넣을 수 없게 되어 있다. 여 러분이 사용하는 측정도구가 얼마나 잘 알려진 것인지에 대해 잘 모르겠으 면 지도교수에게 자문을 구하라. 끝으로, 채점은 어떻게 할 것인지에 대해 기술하라. 그 도구가 하나 이상의 점수를 산출해 낸다면, 사용하고자 하는 각 점수에 대해 간략히 언급하라.

측정도구의 형태학적 특징을 기술해야 할 뿐만 아니라, 심리측정학적 적 합성에 대해서도 밝혀라. 일반적으로 측정도구가 신뢰할 만하고 타당하다 고만 언급하는 것으로는 충분하지 않다. 신뢰도와 타당도는 상대적인 것이 다. 연구논문에서 관심을 갖는 구체적 문제에 답하는 데 적합한 측정도구 를 선택하였다는 것을 보여주라. 누군가가 신뢰할 만하다고 제시한 측정도 구도 여러분의 연구에서 사용하기에는 신뢰도가 적합하지 않을지도 모른 다. 어쨌든 '신뢰도'라는 일반적 용어는 정보를 제공하기에는 너무 개괄적 인 개념이다. 신뢰도(reliability)나 일반화 가능성(generalizability)에는 여러 종류가 있다(Cone, 1977; Cronbach, Gleser, Nanda, & Rajaratnam, 1972). 예를 들어, 여러분의 연구가 사전과 사후에 측정한 피험자의 행동을 설명하 는 것이라면, 측정도구의 시간적인 안정성(예 검사—재검사 신뢰도)이 중요 한 특징이 될 것이다. 이 측정도구의 내적 합치도는 덜 중요할지도 모른다. 게다가 사전과 사후 피험자 집단에서 나타나는 평균의 변화가 문제라면, 단 지 시간의 흐름에 따른 측정도구의 안정성이 아니라, 평균 점수의 안정성을 보다 관심을 갖고 알아내고자 할 것이다. 이와 유사하게 2주 후에 재검사를 실시해 산출한 정보가 측정도구의 시간적인 안정성을 입증해 줄지도 모른다. 하지만 중재 기간이 상당히 길어진다면, 2주 이상의 기간에 측정도구의 수행능력을 제시해주는 문헌을 찾아보아야 할 것이다.

여러 종류의 신뢰도를 검사해보는 것에 덧붙여, 여러분이 사용하는 측정도구와 여러 종류의 타당도에 대한 자료도 제시하고자 할 것이다. 특히 자기보고식 측정도구에서, 변별타당도(Campbell, 1960)를 나타내는 정도를 살펴보라. 수렴타당도에 관한 정보도 언급해야 한다. 여러분의 연구가 어떤 것인가에 따라서 다른 종류의 타당도(예 준거 관련, 구성, 처치, 변별타당도 등)가 더 중요할지도 모른다. 이에 대해서는 제9장에서 더 자세히 다룰 것이다.

물론, 이러한 제안들은 종속변인들에 대한 측정도구에 관한 것이다. 독립변인은 어떠한가? 앞서 언급하였듯이, 여러분은 독립변인이 계획한 대로 조작되었다는 것을 입증하는 단계를 밟아야 하고, 측정부분(독립변인 부분이나 절차 부분)에 이러한 단계에 대해 기술해야 한다. 마찬가지로, 연구대상을 묘사하기 위해 수집한 측정도구의 자료들도 여기서든 아니면 연구대상 부분에서 기술할 수 있다. 이 정보를 어디에서 보고할지를 결정할 때 스스로에게 물어보라. "독자들이 이해하기 가장 쉬운 위치가 어디인가?"

덧붙여, 관찰자나 평가자로 사람을 이용한다면, 누가(예 학부 학생) 할 것인지를 언급하라. 이들을 어떻게 모집하고, 선택하고, 훈련할 것인가? 이들이 실제 자료를 평가할 준비가 되었는지를 어떻게 알 수 있을 것인가(직접관찰에서 이를 위한 실질적 지침서는 Foster, Bell-Dolan, & Burge, 1988을 참고하라)? 나아가 관찰자 간 혹은 평정자 간 일치도를 확인한 자료의 비율은 얼마이고(각 조건이나 피험자를 무작위로 선택하였을 때, 최소한 20%는 확인해 보아야 한다), 일치도를 어떻게 산출할 것인지를 제시하라. Foster와 Cone(1986) 및 Hartmann(1982)은 평정자 간 일치도를 산출하는 데 사용되는 여러 가지 통계와 계산공식에 대해 살펴보았다(House, House, &

Campbell, 1981도 참고). 끝으로, 평정자 간 혹은 관찰자 간 일치도를 평가하는 데 사용할 절차를 제시하라. 가능하다면 언제 누가 관찰자나 평정자들의 일치 정도를 평가할 것인가를 관찰자나 평정자들이 모르도록 하라. 이들이 알고 있다면, 일치도를 추정한 수치가 과장되기 쉬울 것이다 (Romanczyk, Kent, Diament, & O'Leary, 1983).

관찰이나 심사자의 평정을 이용할 때 포함해야 할 마지막 정보는 이들이 사용할 정의를 포함한 범주체계와 자료수집 시트를 포함한 절차에 대해 전부 기술해야 한다는 점이다. 보통 이러한 내용은 방법부분에서 요약해야 하고, 코딩 안내서나 지침서, 채점 시트를 부록에 제시해야 한다.

여러분의 연구에서 새로운 측정도구를 개발한다면, 이 점수들의 심리측정학적 특성에 대한 정보를 가지고 있지 않을 것이다. 이 경우, 연구계획심사회의 전에 예비 자료를 수집하지 못한다면, 연구기간 동안 신뢰도와 타당도 정보를 어떻게 산출할 것인가에 대한 정보를 연구계획서에 반드시 포함하라. 대부분의 경우, 주요 연구문제에 답하는 데 필요한 자료를 수집하기 전에 이 작업을 진행하여야 한다. 그 이유는 일반화에 요구되는 자료와 주요 연구문제에 답을 하는 데 필요한 자료를 동시에 수집한다면, 여러분이 수집한 자료가 여러분의 측정도구가 적합하지 못하다는 것을 보여줄 경우 낭패를 보게 되기 때문이다. 이 경우 특정 연구를 수행하는 데 필요한 측정도구의 신뢰도나 타당도가 불충분하므로, 자료에 대한 해석에 의문이 생기게 된다. Cone(1992)은 이 문제에 대해 보다 자세히 논의하고 있다.

## 연구절차

이 부분에서는 연구대상에게서 자료를 얻기 위해 거치는 실질적 단계를 기술하라. 독자들이 마치 연구대상이 경험한 과정을 스스로 거쳐가듯이 자세히 기술하라(Yates, 1982). 처음부터 시작하라. 만일 연구조교가 자원자 목록을 이용해 연구대상에게 전화를 걸거나 선별할 것이라면, 통화 내용을 자세히 언급하라. 질문지를 우편으로 보낸다거나 연구대상에 대한 기타 정보가 필요하다면, 이를 어떻게 수행할 것인지 언급하라. 연구대상이 자료수집 장소에 와서 거치게 될 절차와 각 절차를 책임질 사람이 누구인가를 기술하라. 예를 들어, 실험집단과 통제집단에 무선적으로 피험자를 할당한다면, 이러한 무선화가 어떻게 이루어질 것인지 설명하라. 실험조건에 대한 피험자의 반응성, 악명 높은 '호우돈 효과(Hawthorne effect)'(Ray & Ravizza, 1988 참고)와 같은 피험자의 편견을 특히 주의하라. 피험자들에게 참여자로서 알아야 하는 것에 대해서만 말하라. 실험자의 편견을 최소화하는 이중 속임(double-blind)[2] 접근법을 이해하고, 가능하다면 이 방법을 사용하라.

승낙서를 받는 절차에 대해 설명하라. 인간을 연구대상으로 하는 경우 이를 심사하는 절차(human subjects review process)를 포함하고, 이때 이용할 승낙서를 부록에 첨가하라. 실험이 끝난 후 피험자에게 실험내용에 대해 간략히 보고할 과정에 대해서도 기술하라. 이에 대한 대본을 작성하고 이를 부록에 첨가하라. 피험자들에게 요약한 연구결과를 받을 수 있는 기회를 주는 것도 잊지 마라. 이를 실시하기 좋은 방법은 승낙서에 요약한 결과에 관심이 있는지를 체크할 수 있는 항목을 첨가하는 것이다. 이때 피험자들이 주소를 적을 수 있는 칸도 마련해야 한다.

각 피험자에게 할 지시사항도 자세히 제시하라. 각 집단에 다른 지시를 한다면, 이러한 지시사항이 어떻게 다른지 서술하고, 지시내용 전체를 부록에 첨가하라. 지시사항을 녹음하여 각 피험자에게 들려준다면, 동일한 내용을 전달했다는 것도 확인할 수 있고, 의도하지 않게 연구결과에 영향을 미칠지도 모르는, 실험자의 피로, 의사소통의 지루함이나 조급함 등 일반적으로 실험자들이 보이는 반응을 방지할 수 있을 것이다. 만일 독립변인 조작

---

2) **역자 주** : 실험결과에 대한 주관적인 편견을 없애기 위해서 심리 또는 임상실험을 할 때 피험자와 실험자 모두가 어떤 피험자에게 어떤 처치를 하는지 혹은 어떤 약물을 투여하는지 등에 대한 정보를 모르게 하고 실험을 진행하는 방법

의 일부로 피험자들에게 다른 많은 사람들에게서 성공적으로 나타난 처치
를 받게 될 것이라고 말한다면, 이에 대한 피험자들의 기대나 믿음을 평가
하는 방법에 대해 기술하라.

끝으로, 여러분이 한 설계가 사후평가나 추후검사를 필요로 한다면, 이것
들이 어떻게 진행될 지에 대해서도 기술하는 것을 잊지 마라. 언제 평가할
것인가? 피험자들을 다시 부를 것인가? 전화나 우편 등을 이용하여 접촉할
것인가?

위의 제안들을 모두 따랐다면, 방법부분을 완전하고 명백하게 작성하였
을 것이다. 여러분이 작성한 방법부분이 관련사항을 모두 다루었는지를 평가
하고자 할 때 〈표 8-1〉의 목록을 이용할 수 있다. 물론, 여기에 제시된 항목
들이 모두 다 여러분의 연구와 관련되는 것이 아닐 수도 있다.

## 심리학의 연구윤리에 익숙해지기

이 부분에서는 여러분이 가능한 한 윤리적인 방식으로 연구를 수행할 수
있도록 돕기 위해 연구윤리에 대해 어느 정도 자세히 다룰 것이다. 여러분
이 지켜야할 의무가 무엇이고, 이를 효율적으로 지키기 위해 어떻게 해야
하는지 설명하기 위해 크게 두 부분으로 나누어서 살펴 볼 것이다. 첫 번째
부분에서는 심리학에서 연구를 수행할 때 지켜야 하는 윤리원칙에 대해, 두
번째 부분에서는 이 원칙들을 실행하기 위한 실질적 제안에 대해 다룰 것
이다.

### 심리학자들의 연구에 적용되는 윤리기준

전문가로서 심리학자의 행동은, 이들이 개업가이건 연구자이건, 학생이건
노련한 전문가이건 간에 미국심리학회(American Psychological Association,
1992)의 윤리원칙과 기준(standards)에 따라야 한다. 연구와 가장 직접적으
로 관련되는 기준 6.06~6.26은 부록 A에 첨부되어 있다. 이들의 핵심은 다

## <표 8-1> 연구방법 부분에서 포함해야 할 요소

### 연구대상
_____연구대상의 수
_____연구대상에 포함한 기준
　　　_____각각을 결정한 방법
_____연구대상에서 배제시킨 기준
　　　_____각각을 결정한 방법
_____연구대상의 기타 특징
　　　_____각각을 결정한 방법
_____표집 및 모집 절차
_____승낙서 받는 방법

### 연구설계
_____설계 명칭
_____독립변인들과 수준
_____종속변인들
_____집단에 피험자를 할당하는 방법

### 실험장소 및 실험도구
장소
　_____연구가 수행되는 장소
　_____장소의 주요한 특징

도구
　_____구조와 모형
　_____본 연구를 위해 만든 도구에 대한 상세한 설명

### 독립변인
_____조작적 정의
_____혼동을 줄 수 있는 요인 및 이를 피하거나 평가하는 방법
_____실험자에 대한 설명

〈계속〉

## <표 8-1> 연구방법 부분에서 포함해야 할 요소 <계속>

_____실험자가 가설을 알지 못하도록 하는 방법

_____실험자가 받은 훈련

_____독립변인들 전체를 평가하는 방법

    _____조작 확인

    _____측정도구와 방법

**측정**

연구대상의 특징 측정

_____설명

_____채점

_____사용할 점수

_____문헌에 나타난 심리측정학적 자료

_____본 연구에서 수집한 심리측정학적 자료


종속변인 측정

_____설명

_____채점

_____사용할 점수

_____문헌에 나타난 심리측정학적 자료

_____본 연구에서 수집한 심리측정학적 자료


독립변인 측정

_____설명

_____채점

_____사용할 점수

_____문헌에 나타난 심리측정학적 자료

_____본 연구에서 수집한 심리측정학적 자료


평정자, 관찰자, 채점자와 관련된 측정

_____평정자의 수

<계속>

---

**<표 8-1> 연구방법 부분에서 포함해야 할 요소 <계속>**

_____평정자가 될 사람

_____평정자가 받을 훈련

_____평정자의 능력에 대한 기준

_____실제 자료에서 평정자 간 일치 정도를 평가하는 방법

_____평정자 간 일치도를 확인한 자료의 비율(%)

_____일치도를 계산하는 데 사용한 통계

**절차**

_____피험자에게 한 지시

_____승낙서를 받는 방법과 시기

_____피험자와 접촉한 사람

_____과제의 순서와 시기

_____피험자의 반응성을 예방하기 위한 단계

_____실험 후 실험내용에 대해 피험자에게 간략히 설명하기(debriefing)

---

음과 같이 요약할 수 있다. "심리학자는 참여자의 권위와 복지를 고려하여 합법적으로 연구를 수행한다"(기준 6.07[a]).

연구대상의 위엄과 복지에 대한 책임을 다하기 위해 다음 사항을 지켜야 한다.

(a) 연구에 대한 윤리적 수용가능성을 평가한다.

(b) 참여자와 관련된 위험 정도를 평가한다.

(c) 여러분과 연구에 관계된 다른 사람들이 연구의 윤리적 행위를 지키도 록 한다.

(d) 참여하는 피험자들에게 자발적인 승낙서를 받는다.

(e) 부득이한 경우가 아니거나 정당화될 수 없는 경우라면, 피험자를 속이 거나 정보를 숨기지 않는다.

(f) 피험자가 언제라도 참여를 거부할 수 있도록 피험자의 권리를 보호한다.

(g) 연구절차와 관련될 수 있는 신체적 위해, 위험, 불편함으로부터 피험 자를 보호한다.

(h) 연구절차와 관련될 수 있는 정서적 위해, 위험, 불편함으로부터 피험 자를 보호한다.

(i) 자료수집 작업이 끝난 후 피험자에게 연구내용에 대해 간략하게 설명 한다.

(j) 개인이 연구에 참여한 결과로 생기게 된 바람직하지 않은 결과를 바로잡아 준다.

(k) 연구중 피험자에 대해 수집한 정보는 어느 것이든 엄격히 비밀을 보장한다.

연구에서 동물을 이용한다면, 가장 중요한 윤리원칙은 "연구 시 동물 사용과 보살핌"에 관한 기준 6.20이다. 이러한 연구를 윤리적인 방식으로 수행하기 위해 다음 사항을 준수해야 한다.

(a) 동물을 다루거나 보살피는 것과 관계된 모든 법률을 지킨다.

(b) 동물을 보살피는 것을 훈련받은 숙련된 심리학자가 동물을 이용할 때 감독하도록 하고, 동물애호적인 처치에 대한 책임을 지도록 한다.

(c) 연구에 관계된 모든 사람이 연구에 사용된 동물을 다루기 위해 특정 훈련을 받았다는 것을 증명한다.

(d) 연구절차와 관련될 수 있는 신체적 위해, 위험 또는 불편함을 가능한 한 최소화한다.

(e) 대안이 없고, 연구가 실질적, 교육적, 혹은 과학적 가치가 있다고 그 목적이 정당화될 수 있는 경우에 한해서만, 스트레스, 고통, 또는 결핍과 관련된 절차를 사용한다.

(f) 적절한 마취를 한 다음 수술을 행하고 수술중과 수술 후에 감염을 막고 고통을 최소화하기 위한 절차를 밟는다.

(g) 동물을 희생시키는 것이 부득이하다고 생각될 때에는 자비롭고, 고통

이 없는 방법을 사용하여 빨리 끝낸다.

## 윤리기준 맞추기

연구자로서 이러한 기준들을 지킨다면, 연구를 윤리적으로 수행할 수 있을 것이다. 이 부분에서는 이와 관련된 몇 가지 제안을 하고자 한다. 보다 자세한 내용은 '인간을 대상으로 하는 연구의 윤리강령(*Ethical Principles in the Conduct of Research with Human Participants*)' (APA, 1982)에 제시되어 있다.

첫 번째 필요조건은 여러분의 연구가 윤리적으로 받아들여질 수 있는 것이어야 한다는 점이다. 그렇다는 것을 어떻게 아는가? 간단한 검사방법은 위에 제시한 목록들의 원칙을 살펴보는 것이다. 각 사항들을 준수한다고 해도 연구를 진행할 수 있는가? 그렇다면, 아마도 윤리적으로 받아들여질 만한 연구일 것이다. 그렇지 않다 해도, 윤리적으로 받아들여질 수 있을지도 모른다. 하지만 이를 알아보기 위해 추가적인 단계를 거쳐야 하고, 윤리적 연구라는 점을 여러분 자신과 다른 사람들이 보증할 수 있어야 할 것이다.

일반적인 문제 중 하나는 속임(deception)과 숨김(concealment)에 관한 것이다. 예를 들어, 어떤 연구에서 피험자에게 다른 사람과 경쟁하도록 하는 과제를 이용한다고 하자. 상대편의 수행능력을 뛰어넘는 정도를 정확하게 계산하기 위해, 실험자는 실제 피험자와 겨룰 컴퓨터 프로그램을 만들지도 모른다. 피험자들에게는 다른 실험실에 있는 사람이 경쟁할 상대라고 말한다. 이들은 서로 의사소통은 할 수는 있지만 서로 볼 수는 없을 것이다. 피험자에게 알려지지 않은 상대는 사실 다른 실험실에 있는 컴퓨터이다. 이 실험에서는 피험자를 속이고 있다는 것이 명백하다. 표면적으로, 이것은 속임에 대한 금지조항에 위배된다. 하지만 여러분이 수행하는 연구가 중요하고 속임수를 쓰지 않고는 진행할 수 없다는 것이 인정되면, 비윤리적으로 연구한다는 비난을 면할 수 있다.

유감스럽게도 연구의 윤리성을 입증하는 일이 시간을 소모하는 일이 될수 있고, 초보 연구자에게 어려운 일이 될 수도 있다. 위의 예에서 속임수를 사용하지 않고 연구를 할 수도 있을 것이다. 상상해보면, 피험자들이 실제 사람과 경쟁하든지 컴퓨터와 경쟁하든지 간에 과업에서 동일한 행동을할지도 모른다. 하지만 연구에서 이것을 입증할 필요가 있을 것이다. 다시말해, 본 연구를 수행하기 전에 예비연구를 실시할 필요가 있을 것이다. 하지만 여러분이 빨리 연구를 마치고 학위를 받고자 한다면, 이 방법은 일반적으로 그리 현실적이진 않다.

여러분의 연구가 윤리적이라는 점을 보장해야 하는 것이 현재 실행 가능한 연구분야 내에서 연구를 계획하는 또 다른 이유이다. 그 분야 중에 진행할 연구가 많이 있다면, APA의 윤리원칙에 합당한 연구를 택할 가능성이높을 것이다. 연구를 윤리적으로 수행한다는 것을 여러분 자신과 심사위원들, 그 외 사람들에게 확인시키기 위해 확증된 문헌을 선례로 언급할 수도있다. 물론, 연구의 윤리성을 입증하는 데 기존 문헌에 대한 언급만으로는충분하지 않을 것이다. 원칙의 각 사항을 언급하고, 연구를 윤리적으로 진행할 수 있다는 것을 심사위원들과 교내 인간 피험자 심사위원회에게 입증할 수 있어야 한다.

그러는 과정에서 피험자를 위험에 처하게 하는 문제가 가장 중요시 될것이다. 신체적이건 정서적이건 혹은 기타의 것이건 간에 피험자가 노출될수 있는 위험의 정도를 평가해야 한다. 연구자가 예정된 연구에서 기존의연구와 유사한 절차를 사용한다면 보통 기존의 문헌에서 이것을 확인할 수있다. 몇몇 경우에는 연구절차의 잠재적인 유해한 특성을 직접적으로 연구하기도 했다(Bell-Dolan, Foster, & Sikora, 1989 참고). 여러분이 승낙서를만들 때 그러한 연구결과를 언급할 수도 있다. 그러나 대부분의 경우는 잠재적인 위험을 직접적으로 연구하지 않았고 문헌에서 추론한 것이다. 이경우에는 문헌 내용을 찾아보고 피험자에게 신체적, 정서적, 혹은 기타 위해가 있었다고 (혹은 없었다고) 보고한 부분("이러한 절차를 사용한 수십 편의 연구들이 문헌상에 제시되어 있다"거나 혹은 그 효과에 대한 문장)을 제시해야 한다.

여러분이나 연구를 도와주는 사람이 항상 윤리적인 방식으로 행동한다는 것을 확실히 하기 위해서 먼저 연구와 관련된 APA 원칙을 완전히 이해해야 한다. 일단 이러한 원칙들과 하고자 하는 연구와의 관련성을 알게 된다면, 연구보조원들과 기타 관련된 사람들을 그에 따라 교육시킬 수 있다. 원칙과 일치하는 절차를 설계하는 것은 윤리적으로 책임 있는 연구라는 것을 보장하는 두 번째 방법이다. 예를 들어, 피험자에게 정보를 확실히 알린다는 것은 잠재적 피험자에게 연구에 관련된 위험, 연구에 참여하지 않을 권리, 어느 때라도 참여를 중단할 권리를 모두 알린다는 것이다. 또한 여러분은 피험자가 자발적으로 참여하는 절차를 만들 수도 있다. 이 때는 아래에 제시한 바와 같이 신중하게 만든 승낙서를 사용하고, 강제적이지 않은 동의 절차를 거쳐야 한다. 윤리적 연구라는 것을 보장하는 또 다른 절차는 안전한 실험도구(예 피험자를 감전시킬 수 있는 전기배선이 없는 도구)를 만드는 것이다. 그밖에 윤리적인 연구수행을 도와주는 추가적인 절차로 연구가 끝난 후 피험자들에게 연구내용을 간략히 설명하는 방법, 보안이 유지되도록 자료를 다루고 저장하는 방법을 들 수 있다.

하지만 여러분과 다른 사람들을 교육시키고 윤리적으로 수행한다는 것을 확증하는 것은 이 과정의 일부분일 뿐이다. 연구를 실제 수행하는 방식을 감독하는 것도 그만큼 중요하다. 만일 연구보조원을 활용하는 경우라면, 피험자들이 승낙서에 동의하였는지, 피험자들에게 모든 권리를 설명해 주었는지를 확인하기 위해 피험자 면접 시 옆에 앉아서 혹은 면접내용을 녹음하여 들어 볼 수도 있을 것이다. 또한 승낙서들을 파일로 잘 정리하고, 모든 피험자들의 승낙서가 다 있다는 것을 주기적으로 확인해야 한다. 피험자들의 신상자료에 대해서도 마찬가지다. 신상자료 양식에 피험자들의 이름이 없어야 하고, 확인번호와 이름을 부호화한 해독 방법은 최근의 것이어야 한다. 나아가 이 자료들을 잠금장치가 있는 안전한 곳에 보관하라. 연구보조원이 피험자들에게 참여한 실험의 핵심사항을 보고하는지 확인하기 위해 보고내용을 녹음해 듣거나 직접 그 자리에서 들어보라. 만일 임상표본을 사용한다면, 피험자의 임상적 상태가 악화되지 않도록 특별히 주의해야 한다. 이를 확인하기 위해 자주 전화로 연락한다면, 피험자의 상태가 나빠진 경우 바로 적절한 조치를 취할 수 있을 것이다(Yates, 1982).

연구대상들의 승낙서는 연구를 윤리적으로 수행하기 위한 핵심적인 요소이다. 승낙서 형식에 포함되어야 할 정확한 내용은 경우에 따라 다를 것이다. 다음은 어떤 승낙서 형식에서건 포함되어야 하는 최소의 핵심 항목이다.

(a) 연구와 그 목적에 대한 설명

(b) 피험자에게 질문할 정보

(c) 피험자에게 요구할 행동에 대한 설명

(d) 개인 피험자들에 대한 잠재적인 위험과 혜택에 대한 설명

(e) 참여는 자발적인 것이고, 어느 때라도 아무런 처벌 없이 그만둘 수 있다는 진술

(f) 모든 자료의 비밀이 보장된다는 보증

(g) 연구에 대한 추가적 정보를 얻기 위해 피험자가 연락할 수 있는 사람의 이름과 전화번호

(h) 이 연구에 참여한 결과 발생한 불만사항이 있을 때, (연구자 외) 피험자가 연락할 수 있는 사람의 이름과 전화번호

(i) 피험자와 연구자가 서명하는 난

## <표 8-2> 연구 참여를 위한 성인의 승낙서

"이성 간의 사회적 행동에 대한 기능적 평가"라는 제목의 연구에 참여해 주셨으면 합니다. 이 연구의 목적은 대학생들이 하고자 하는 대화의 형태를 보다 잘 이해하는 것입니다. 이 연구에 참여하기로 결정하셨다면, 참여하는 데 소요되는 시간은 1시간 이내가 될 것입니다. 여러분은 한 남자와 한 여자가 이야기하는 일련의 오디오 테이프를 듣게 되실 것입니다. 그 다음에, 남자가 한 이야기에 대해 평가를 해 주시면 됩니다. 예를 들어, 그 남자가 여자에게 한 이야기를 바탕으로 여러분이 그 남자를 어느 정도 좋아하는지 묻습니다. 이것은 처치연구가 아니라 단순한 평가연구이기 때문에, 여러분께서 연구에 참여하셔도 예상되는 위험이나 혜택은 없습니다.

참여는 완전히 자발적인 것이고, 중간에 그만두시거나 거부하셔도 아무런 불이익이 없습니다. 참여를 그만두셔도, 학점이나 수업태도 평가에는 아무런 영향을 미치지 않습니다. 모든 정보는 부호화되고 비밀이 보장됩니다. 여러분의 서면승낙서가 없이는 여러분의 신원도 밝혀지지 않을 것입니다.

다른 질문이 있으십니까?

이후에 질문이 있으시면, 아래 연락처로 문의해 주십시오.

Bill Carr, MA              Barry A. Edelstein, PhD
West Virginia 대학 심리학과     West Virginia 대학 심리학과
전화 : 292-8690            전화 : 293-2511

아래 문단을 읽으시고, 참여에 동의하신다면, 서명을 부탁드립니다.

나는 이 연구에서 입수된 나에 대한 어떤 정보라도 엄격히 비밀이 보장된다는 것을 알았습니다. 나는 연구기록이 연방 법률기관에 의해 조사를 받을지도 모르고, 혹은 법원에서 소환자료로 사용될지도 모른다는 점을 알고 있습니다.

서명_____       날짜_____
연구자_____      날짜_____

이 승낙서의 복사본을 수령하였다는 것을 증명하기 위해 다음 칸에 성과 이름의 첫 철자만을 써 주십시오. _____

출처 : *A Functional Assessment of Heterosocial Initiation Behaviors in Adults* by T. M. DiLorenzo, 1984. Unpublished doctoral dissertation, West Virginia University. Adapted by permission of the author.

## <표 8-3> 자녀의 참여에 대한 부모 승낙서

학부모님께

여러분의 자녀가 질문지를 작성함으로써 본 연구를 도와줄 수 있도록 허락해 주시기를 부탁드립니다. 질문지의 내용은 십대들이 급우들과 활동하는 방식에 대한 것입니다. 이 연구과제는 "사회적 기술 질문지 개발"이라고 하며, 십대들이 시간이 지나도 자신을 보는 방식이 같은지 알아보기 위한 것입니다. 또한 십대들이 질문지에 제시된 행동들을 긍정적으로 혹은 부정적으로 보는지 알고자 하는 것입니다.

**연구의 진행내용**  연구에 참여한 십대들에게 총 30분 정도 걸리는 질문지 3부를 작성하게 할 것입니다. 첫 번째로, 여러분의 자녀는 특정 행동을 얼마나 자주 하는지에 답하게 될 것입니다. 질문지상의 행동을 예로 들면, 다른 친구가 숙제하는 것을 도와주기, 다른 친구와 점심 나누어 먹기, 교사와 논쟁하기, 개인적인 비밀 지키기 등입니다. 두 번째로, 이와 같은 행동들이 얼마나 좋다고 혹은 나쁘다고 생각하는지를 답하게 합니다. 세 번째 질문지는 첫 번째 질문지와 동일한 것으로, 시간이 지나도 동일하게 답하는지를 알기 위해 첫 번째 질문지를 작성한 지 2주 후에 하게 됩니다.

**잠재적인 혜택과 염려사항**  여러분의 자녀들이 중요한 수업을 놓치지 않도록 질문지를 작성하는 시간을 계획할 것입니다만, 빠진 시간을 보충해야 할지도 모릅니다. 프로젝트에 참여하는 경우의 혜택은 십대들이 스스로 자신이 어떻게 무엇을 생각하는지가 다른 사람과 지내는 방식에 영향을 미친다는 것을 생각해 보도록 한다는 것입니다.

**참여선택은 자유입니다.**  여러분의 자녀들이 이 연구에 참여하고 안하고는 완전히 자유의사로 결정할 수 있습니다. 자녀가 본 연구에 참여하는 것을 바라지 않거나 연구 도중 질문에 답하는 것을 거부하거나 중단하여도 아무런 불이익을 받지 않습니다. 이 연구과제는 교육위원회와 여러분의 자녀가 다니는 학교의 승인을 받은 것입니다.

**정보는 비밀이 보장됩니다.**  모든 정보는 법률적으로 가능한 내에서 비밀이 보장될 것입니다. 연구자만이 질문지를 볼 것입니다. 일단 질문지가 회수되면, 이후 질문에 답한 내용과 여러분의 자녀가 연결되지 않도록 자녀의 이름이 삭제되고 숫자로 표시하게 됩니다.

〈계속〉

**<표 8-3> 자녀의 참여에 대한 부모 승낙서 <계속>**

**질문사항이 있습니까?** 이 내용을 받아보셨는지를 알기 위해, 이 페이지 끝 부분에 있는 십대 자녀의 참여 여부를 표시하여 학교로 다시 보내주시면 감사 하겠습니다. 이 편지의 복사본은 여러분께서 보관하시면 됩니다. 문의 사항이 있으시면, 대학원생인 Heidi Inderbitzen-Pisaruk 양(293-2001)이나 Sharon Foster 박사(293-2511, 293-2360)에게 문의해 주십시오. 원하신다면 질문지를 자녀가 작성하기 전에 미리 보실 수 있도록 해 드리겠습니다. 본 연구에 참여 하시는 분의 권리에 대해서는 West Virginia 대학의 심사위원회(293-7073)에도 문의하실 수 있습니다.

협조해 주서서 감사합니다.

Heidi Inderbitzen-Pisaruk, MA          Sharon Foster, PhD
심리학과 대학원생                  심리학과 조교수

아래의 적절한 칸에 표시하시고, 자녀를 통해 다시 학교로 보내주시기 바 랍니다.
☐ 나는 승낙서를 읽었고 이해하였습니다. 우리 아이가 이 연구에 참여하 는 것을 동의합니다.
☐ 나는 대학원생 Heidi Inderbitzen-Pisaruk과 Sharon Foster 박사의 편지 복사본도 받았습니다.
☐ 나는 우리 아이가 참여하는 것을 허락하기 전에 보다 자세한 정보를 알 고 싶습니다.
_____로 전화해 주십시오.
☐ 나는 우리 아이가 이 연구에 참여하지 않았으면 합니다.

부모의 서명/날짜_____
자녀의 이름_____

이 글을 자녀를 통해 다시 학교로 보내 주십시오. 감사합니다!!!

## <표 8-4> 십대에게 사용하는 승낙서 양식

### 연구대상 동의 양식

연구제목 : 사회적 기술 질문지 개발

연구자 : Heidi Inderbitzen-Pisaruk, 석사과정(293-2001)

　　　　Sharon L. Foster, 박사(293-2511)

　나는 Heidi Inderbitzen-Pisaruk씨와 Sharon L. Foster 박사님의 연구 프로젝트를 도와달라고 부탁받고 있습니다. 이 연구의 목적은 십대들이 하는 행동에 대한 것으로, 급우들이 자신을 더 좋아하게 만들거나 더 싫어하게 만드는 행동이 무엇이라고 생각하는지에 대한 질문지를 개발하는 것입니다.

　내가 참여하고자 한다면, 첫 번째 날 20분, 두 번째 날 10분 모두 30분 정도의 시간이 걸릴 것입니다. 첫날 내가 어떤 행동을 얼마나 하는지에 관한 것(예 다른 사람과 점심 나누어 먹기, 다른 사람 숙제 도와주기, 혹은 교사와 논쟁하기)과 이러한 행동을 좋다고 혹은 나쁘다고 생각하는지에 관한 것, 이 두 종류의 질문지를 작성하게 됩니다. 두 번째 날에는 이 두 질문지 중 하나를 다시 작성하게 됩니다.

　내가 수업의 일부를 놓친다면, 보충수업을 받아야 할 수도 있습니다. 또한 나는 우리 반 급우가 내가 좋아하는 일과 좋아하지 않는 일을 하는 것에 대해 생각해 보는 것이 다른 학생들과의 관계를 보다 잘 이해하도록 도와줄 것이라는 것을 알고 있습니다.

　나는 이 연구에 대한 설명을 들었고, 연구에 대한 질문도 할 수 있었습니다. 내가 원하지 않는다면 이 질문지를 작성하지 않아도 되며 아무런 불이익도 당하지 않을 것이라는 것을 알고 있습니다. 또한 내가 원한다면 중간에 그만둘 수 있고, 답변을 원하지 않는 문항은 건너뛸 수 있습니다. 나는 이 양식을 읽었고, 연구를 이해하고, 참여하는 것에 동의합니다.

　　　학생＿＿＿＿＿＿＿＿＿＿＿＿＿＿　　날짜＿＿＿＿＿＿

　　　연구자＿＿＿＿＿＿＿＿＿＿＿＿＿　　날짜＿＿＿＿＿＿

## **<표 8-5> 초등학생에게 사용하는 승낙서 양식**

나는 아이들을 힘들게 만들거나 아이들 마음을 아프게 하는 일들을 살펴보기 위한 연구에 참여하도록 부탁받았습니다. 내가 이 연구에 참여한다면, 혼자 면담을 하게 될 것이고, 아이들을 힘들게 하거나 마음 아프게 하는 일을 겪은 경험에 대해 이야기하게 될 것입니다. 이 과정은 약 20분 정도가 걸릴 것입니다.

내가 원하지 않으면 어떤 질문이라도 대답할 필요가 없으며, 원하면 다시 교실로 돌아갈 수 있다는 것을 알고 있습니다. 내가 원하는 어느 때라도 이 연구에 참여하는 것을 그만둘 수 있으며 아무도 나에게 화를 내지 않을 것입니다. 내가 이 연구에 참여하는 것을 원하지 않아도 내 성적에는 아무 영향이 없을 것입니다. 어떤 질문에 대해서라도 내가 기분 나쁘게 느낀다면, 선생님이나 Foster 박사님께 이야기 할 수 있습니다.

나는 내 이름이 밝혀지지 않을 것이며 면접자와 한 이야기가 비밀로 지켜질 것이라는 것을 알고 있습니다. 나도 대답한 내용에 대한 비밀을 지킬 것입니다.

내가 질문이 있으면, 부모님이나 선생님 또는 Foster 박사님(452-1664)께 여쭤 볼 수 있습니다.

나는 질문할 기회를 가졌습니다. 이 연구에 자발적으로 참여합니다.

아동 서명_____ 날짜_____
연구자 서명_____ 날짜_____

〈표 8-2〉에서 〈표 8-5〉에 인간을 대상으로 한 전형적인 승낙서 양식 견본이 몇 가지 제시되어 있다. 첫 번째 승낙서 양식(〈표 8-2〉)은 성인 피험자에게 자발적인 참여 여부를 묻는 것이고, 두 번째 승낙서 양식(〈표 8-3〉)은 십대 자녀가 연구에 참여하는 것을 동의하는지 그 부모에게 묻는 것이다. 연구가 학교에서 수행되기 때문에, 부모의 서명을 받기 위해 이 양식을 집으로 보내야 한다. 세 번째 양식(〈표 8-4〉)은 두 번째 양식과 같은 연구에서 십대 본인의 참여 여부를 묻는 승낙서이다. 마지막 견본(〈표 8-5〉)은

훨씬 어린 아동들(초등학교 2학년과 5학년)을 위해 만든 것으로 이들에게 적절한 언어로 수정한 것이다.

법률적으로 승낙서를 작성할 수 없다고 판단되는 사람이나 아동을 대상으로 하는 경우는, 그 대상의 부모나 법률적 후견인에게 동의를 받아야 한다. 연구에 대해 단순한 용어로 설명하고 당사자에게 직접 참여 여부를 물어서 동의하거나 거부할 기회를 주는 것도 좋은 방법이다. 보다 쉬운 말로 승낙서를 작성하여 아동들이 서명하도록 할 수도 있다(〈표 8-5 참고〉). 법률적 후견인이나 본인이 거절한다면, 그 개인을 연구대상에 포함시킬 수 없다.

절차상으로, 승낙서 양식에 서명하는 것은 보통 피험자가 실험회기에 참석하는 첫 날 진행된다. 만일 아동이 참여한다면, 보통 그 양식을 가정에 보내서 부모의 서명을 받아 가져오게 한다. 이러한 방식으로 부모가 최소한 그 양식을 보았다는 사실을 알 수 있다. 어떤 연구자들(예 Clarke, Lewinsohn, Hops, & Seeley, 1992; Roberts, Lewinsohn, & Seeley, 1991)은 최근 수동적 승낙서의 절차를 이용하여 성공하였다. Clarke과 그 동료들의 연구를 예로 들면, 예상되는 연구 참여 아동의 부모에게 자녀가 연구에 참여하는 것을 거부한다면 '거부' 카드를 연구자에게 보내달라고 부탁하였다. 부모가 '거부' 카드를 돌려보내지 않은 경우에, 아동을 연구대상에 포함시켰다. 물론, 아동들에게도 절차를 설명한 후 참여를 거부할 수 있는 기회를 주었다. 이러한 절차는 능동적 승낙서 절차보다 참여수준을 높일 수 있다. 하지만 여러분이 이 수동적 전략을 구상중이라면, 먼저 인간 피험자 보호를 위한 IRB(Institutional Review Boards)의 승인을 받아야 하고, 지도교수와 잠재적인 효과에 대해 논의해야 한다는 점을 잊지 마라. 수동적 승낙서 절차가 논란의 대상이 될 수 있다는 점도 고려하라. 한 연구자는 논란이 되는 절차가 있는 연구에서 학생들을 대상으로 수동적 승낙서를 실시하였다. 자료를 수집한 후 한 학부모가 이에 대해 이의를 제기하였고, 연구자는 결국 수백 명의 자료를 폐기 처분해야만 했다.

여러분이 속한 학교의 IRB에 따라 승낙서 양식에 추가적인 항목을 포함시켜라. 잠시 IRB에 대해 이야기하자. 연방기금을 받기 위한 조건으로, 미국 보건복지부(U.S. Department of Health and Human Service)에서는 대학이나 병원, 의원 또는 공공시설 등의 기관에서 서비스를 받는 개인의 인간적 처우를 확인하기 위해 중간 기관들에서 공식적 절차를 밟도록 하고 있다. 연구를 허가하는 각 기관에는 개인의 권리를 보호하기 위한 집단이나 위원회가 반드시 있어야 한다. IRB에서 연구를 감독할 때 따르는 절차는 보통 출판물로 발표된다. 이것들을 입수해서 읽어보아야 한다. 자료를 수집하기 전에, 연구를 승인받기 위해 거쳐야할 단계가 무엇인지 적혀있을 것이다. IRB 절차는 보통 예비검사에도 해당되기 때문에 연구계획 초기에 이것들을 살펴보는 것이 중요하다. IRB 회의 날짜, 계획서를 제출해야 하는 마감날짜와 규칙을 주의해 살펴보라. 만일 회의가 한 달에 한 번 열린다면, 한 번을 놓치면 연구를 시작하는 시기가 한 달이 늦어질지도 모른다. 연구에서 요구되는 사항이 무엇인지를 정확히 알기 위해서 다른 범주의 연구들도 찾아보라. 아마도 여러분이 계획하는 연구가 실제 IRB 검토를 면제받거나 빠르게 처리될 수도 있을 것이다. 문헌에서 나온 자료만을 사용하거나 비교적 온화한 방법을 사용한다면, IRB의 철저한 검토절차를 거치지 않아도 될 것이다. 계획하는 연구에 논란의 소지가 있다면, IRB 검토 절차는 힘든 과정이 될 것이다. 지도교수나 다른 심사위원들의 경험에 의지하라. 이들은 지역 IRB의 정책에 대해 잘 알고 있고, 검토과정을 성공적으로 마치기 위한 조언을 해 줄 것이다.

이와 관련된 재미있는 논쟁의 예는 Sharon Foster가 몇 년 전에 시도한 아동의 사회적 기술에 대한 것이다. 이 연구절차는 아동들이 가장 좋아하는 또래 및 가장 싫어하는 또래 3명씩을 지명하도록 하는 것이었다. IRB 위원 중 한 명이, 싫어하는 또래로 지명 받은 아동들에게 이목이 집중되고, 또래들도 이러한 지명방법으로 인해 평상시보다 더 부정적으로 이 아동들을 대할 것이라고 주장하면서, 이 절차가 잠재적으로 나쁜 영향을 미칠 수 있다고 주장하였다. Foster는 이러한 쟁점을 검증하는 연구를 고안하는 데 앞서 반대한 IRB 위원의 도움을 받기로 했다. Foster는 어떤 자료에서도 이러한 절차가 해롭다는 결과가 나타나지 않았다고 주장하였다. 하지만 IRB를 안심시키는 데는 아동들이 지명절차를 통해 부정적 영향을 받는가를 살펴보는 연구를 수행해야 하였다. 물론, IRB 위원은 최소한 이에 대한 연구는 승인해야 했다. 그래서 Foster의 제자 한 사람이 석사논문으로 그 연구를 수행하였다. 첨언하면, 부정적 영향은 나타나지 않았다(Bell-Dolan et al., 1989).

---

✓ To Do . . .

**연구방법 작성하기**

☐ 연구방법의 각 하위부분을 작성하라.
  - 연구설계
  - 연구대상
  - 실험환경 및 실험도구
  - 독립변인
  - 종속변인
  - 절차
☐ 관련된 정보를 전부 포함하였는지 확인하기 위해 〈표 8-1〉을 이용하라.
☐ 심리학의 연구윤리를 따르라.
  - 윤리지침서를 읽어라.
  - 승낙서를 작성하라.
  - 관련 연구심사위원회에서 승인을 받아라.

## 9 측정

본 장에서는 종속변인과 독립변인을 조작하는 방법을 다룰 것이다. 이러한 조작화 방법이 바로 연구의 측정방법이 된다. 그리고 측정방법과 이에 관한 정보를 찾는 방법을 제안할 것이다. 좋은 측정방법의 특징과 측정도구의 심리측정학적 적합성이 증명되지 않았을 때에는 어떻게 해야 하는지에 대해서도 논할 것이다.

### 변인을 조작적으로 정의하라

학위논문을 준비하고 있다면, 아마도 조작적 정의가 무엇인지 알고 있을 것이다. 그렇지 않다면, 연구설계에 대한 적절한 교재를 찾아서(예 McBurney, 1990; Ray & Ravizza, 1988; 추가 제언은 부록 D를 참고하라) 관련부분을 공부하도록 하라.

연구방법 부분에서는 종속변인과 독립변인을 객관화시키기 위해 어떤 계획을 세울 것인가에 대해 다룰 것이다. 예를 들어, 고소득층, 중산층, 저소득층의 가정에서 나타나는 응집성을 살펴보고자 한다고 하자. 사회경제적 수준을 어떻게 설정할 것인가? 응집성을 어떻게 측정할 것인가? 또는 후천성면역결핍증에 걸린 아동들과 그 외 다른 질병에 걸린 아동들에게 제공되는 보살핌을 살펴보고자 한다고 하자. 연구대상이 후천성면역결핍증 환자인지 다른 질병 환자인지 어떻게 구분할 것인가? 만일 간호사가 가지고 있는 AIDS에 대한 지식이나 경험에 따라 보살핌이 달라질 것이라고 예측한다면, 관련 지식이나 경험을 어떻게 측정할 것인가? 어렸을 때에 괴롭힘을 당한 경험이 있는 성인이 그렇지 않은 성인에 비해 심리적 문제를 더 많이 가지고 있는지를 알아보는 데 관심이 있다고 생각해 보라. 괴롭힘(molestation)을 어떻게 정의하고 평가할 것인가? 여러 형태들을 단일 범주로 묶을 것인가? 학대와 괴롭힘을 구분할 것인가? 구분한다면, 어떻게 구분할 것인가? 만약 인종적 또는 민족적 차이에 대해 연구하고자 한다면, 인종이나 민족성을 어떻게 정의할 것인가? 혼혈인 경우는 어떻게 할 것인가? '평가불안' 정도(고, 저)가 다른 피험자들로 하여금 스트레스 정도(고, 중, 저)가 다른 대중연설 상황을 접하도록 만들고자 한다면, 스트레스를 어떻게 조작할 것인가? 또한 그러한 조작이 성공적이었다는 것을 어떻게 알 수 있는가? 패스트푸드점에서 비만인 고객과 비만이 아닌 고객이 어떻게 먹는지 설명하고자 한다면, 이를 어떻게 관찰할 것인가?

이러한 질문들에 대한 해답은 대부분 어떤 형태의 객관적 측정도구를 사용할 것이라는 점이다. 측정도구는 피험자를 몇 개의 인종집단이나 사회경제적 수준으로 구분하는 것처럼 매우 단순한 것일지도 모른다. 아니면, '평가불안'이나 성격특성에 관한 질문지처럼 다소 구체적이고 긴 것일지도 모른다. 그 특성이 어떻든 간에 여러분이 조작화한 지표는 과학적 공동체에서 인정받을 수 있는 일정한 특성을 가지고 있어야 한다. 이 점에 대해 살펴보기로 하자.

## 사용할 가능성이 있는 측정도구의 중요한 특징을 이해해라

어떤 것이건 과학적 연구에서 사용되는 측정도구의 필요조건은 (a) 현명하게 선택된 것이어야 하고 (b) 일반화 가능성(예 신뢰도, 타당도)이 적절해야 하고 (c) 적당할 정도로 직접적이어야 한다는 것이다. 선택에 대한 것은 그 측정방법이 여러분이 관심을 가지고 있는 변인과 잘 맞는가에 대한 문제이다. 예를 들어, 만일 부부관계에서의 갈등에 관심을 가지고 있다면, 측정치가 부부간의 갈등을 반영해야 한다. 따라서 측정도구를 선택하기 전에 변인들을 정확하게 정의할 필요가 있다. '갈등' 이란 다소 일반적인 용어이고, 여러 가지 행동들로 표현될 수 있다. 여기에는 배우자와의 상호작용이 포함될 수도 있고 그렇지 않을 수도 있다. 예를 들어, 어떤 사람은 부부관계를 지속하는 데 갈등적인 사고를 많이 할 수도 있다. 만약, 여러분이 생각하는 구성개념이 배우자와의 상호작용에 관한 것이라면, 그것은 언어적 갈등인가, 신체적 갈등인가, 혹은 둘 다인가?

평가하고자 하는 것이 무엇인지를 정확하게 알고 있다면 그렇지 않은 경우보다 적절한 측정도구를 선택하기 쉬울 것이다. 이는 독립변인이건 종속변인이건 간에 여러분이 연구하고자 하는 구성개념 모두에 해당하는 것이다. 불안이 아닌 것은 불안이 아니다. 불안을 살펴보는 데는 여러 가지 방법이 있다. 민족성이 아닌 민족성도 민족성이 아니다. 더군다나 그저 측정도구 개발자가 명명해놓은 측정도구의 명칭만으로 판단할 수는 없다. 여러분이 연구에서 사용할 정의와 일치하는 방식으로 구성개념을 평가하는지 알아보기 위해 그 내용을 살펴보아야만 한다.

여러분이(운동 활동, 사고와 감정의 경험, 생리학적 반응을 포함하는) 행동 그 자체에 관심을 가지고 있는 것인지, 아니면 가설적 구성개념의 지표로서 행동에 관심을 가지고 있는 것인지에 대해서도 생각해야만 한다. 이러한 구분은 각 측정치의 특성에 대한 자료를 평가하는 방법과 중요한 관계가 있다. 만일 여러분이 행동 자체에 관심을 가지고 있다면, 측정치에 피험자의 실제 행동이 반영되어야 한다는 점이 중요할 것이다. 만일 구성개념에 관심을 가지고 있다면, 측정치에 '실체' 가 직접적으로 반영되는지 여부보다는 그 측정치가 구인망[1] 내에 있는 다른 측정치들과 적절한 상관을

---

1) **역자 주** : 동일한 구성개념 관계망(nomological net)

보이는지가 더 중요할 것이다.

여러분의 관심사가 행동에 있다고 가정해 보자. 이 경우, 좋은 측정방법은 적절히 직접적인 것이다. 직접적 측정방법은 관심사인 행동이 자연적으로 일어나는 '시간'과 '장소'에서 '그 행동'을 평가하는 것이다(Cone, 1978). 앞에서 언급한 부부갈등의 예에서 언어적 형태의 갈등에 초점을 맞추기로 하였다고 하자. 언어적 갈등을 평가하는 방법 중 하나는 면담을 통해 피험자에게 물어보는 것이다. 그 외의 다른 평가방법으로는 적절한 자기보고식 측정방법을 사용하거나 그 부부를 잘 아는 다른 사람에게 그 부부의 언어적 갈등에 대해 평가하게 하거나, 그 부부 자신들이 직접 스스로를 모니터하도록 하거나(즉, 가정에서 자신들의 갈등을 관찰하고 기록하게), 훈련된 관찰자가 그 부부를 관찰하여 모든 언어적 갈등을 기록하는 방법이 있다.

여러분이 관심을 가지고 있는 행동과 특정 평가방법이 반영하는 행동 간의 형태학적, 시간적, 공간적 유사성 정도에 따라 이들 여러 대안적 평가방법들을 하나의 연속선상에 배열할 수 있을 것이다. 보통은 가능한 한 자연적으로 일어나는 행동에 가까운 피험자의 반응에 관심이 있을 것이다. 왜냐하면 자료가 '실제 세계'를 반영하고 있기를 바라기 때문이다. 연구의 외적 타당도가 가능한 한 높기를 바랄 것이다. 직접적 측정방법은 외적 타당도를 높여준다. 누군가에게 언젠가 어느 장소에서 그 사람들이 한 일에 대해 이야기하도록 한다면, 여러분이 실제 그 행동을 관찰하여 입수한 것에 비해 충분하지 못한 자료를 얻게 되는 경향이 있다.

유감스럽게도 직접성은 비용과 관련된다. 자연스러운 환경에서 사람들을 관찰할 관찰자를 훈련시키는 일은 힘든 일이다. 직접관찰은 관찰 코드를 개발하고 표준화하는 데, 관찰자들을 찾고 훈련시키는 데, 피험자의 자연환경에 접근하는 데, 그 환경에서 피험자들이 눈치채지 않게 관찰하는 데, 그리고 관찰자의 자료를 사용 가능한 형태로 줄이는 데에 많은 시간이 소요된다. 이를 구조적 면접을 개발해 누군가에게 이 면접을 실시하는 데 걸리는 시간과 비교해 보라. 만일 여러분이 면접자를 훈련시키고 면접을 녹음하며 녹음 내용을 스크립트로 만든다고 하여도 직접 관찰을 선택했을 때 걸리는 시간보다 훨씬 적은 시간이 소요될 것이다.

자기보고식 측정방법을 사용한다면 보다 더 적은 비용이 들 것이다. 면접자를 훈련시키고, 녹음테이프를 스크립트로 만들고, 스크립트를 채점하는 대신, 연구대상들이 자신들의 행동을 묘사하는 한정된 기술적 진술문에 반응하도록 만들면 되지 않는가? 사실, 안될 것도 없다는 것이 많은 연구자들―신참 연구자나 고참 연구자들―의 대답이다. 실제로 자기보고식 측정방법은 매우 일반적이어서 우리가 객관적 측정방법을 탐색할 때 가장 먼저 생각하게 되는 평가방법이다. 위의 예에서, 부부들에게 '돈에 대한 논쟁', '다른 사람들 앞에서 목소리 높이기' 등의 여부를 묻는 진술문에 "예" 또는 "아니오"라고 답하라고 할 수 있을 것이다. 이는 부부들이 실제로 자신들의 행동과 일치하는 응답을 할 것이라는 가정을 전제로 하는 것이다. 사람들이 자신들이 한다고 보고하는 행동과 실제 하는 행동이 일치하는지 여부를 알아보기 위한 연구에서 이러한 가정은 유감스럽게도 흔히 잘못된 것이라고 판명된다(Bellack & Hersen, 1977; Mischel, 1968).

이는 자기보고식 측정치가 다른 측정치와 관련이 없다는 말은 아니다. 자기보고식 측정치와 다른 측정치 간에는 흔히 관련이 있다. 특히 다른 자기보고식 측정치와 상관이 있다. 우리 저자들은 단지 직접평가 형태를 대신하여 자기보고식 평가를 사용하는 것이 연구문헌에서 그리 지지를 받지는 못한다는 점을 지적하고자 할 뿐이다. 사실 많은 연구자들은 솔직히 자기보고서가 행동을 반영하지 못할지도 모른다는 것을 인정하면서도 정말 그러한지를 알아보기 위한 수고는 하지 않는다.

우리 저자들은 자기보고식 측정방법 하나에만 의존하기보다는 그 대안을 고려해 보라고 권한다. 예를 들어, 타인이 측정을 하도록 한다면 객관성이 높아질 것이다. 왜냐하면, 자신들의 평가가 어떻게 사용될 것인가에 그리 신경을 쓰지 않는 사람들이 자료를 제공하기 때문이다. 하지만 다른 시간이나 장소에서 일어났었던 행동에 대해 다른 사람들의 보고에 의존하는 것도 여전히 간접적인 방법이다. 빈틈없는 연구자라면 이러한 평가방법을 사용하기 전에 이러한 방식을 이용해 입수한 자료들이 갖는 제한점(예 Cairns & Green, 1979)에 대해서도 숙지하고 있을 것이다.

또 다른 대안으로 자기관찰법을 들 수 있다. 이 방법은 면접이나 자기보고서, 또는 타인에 의한 평정보다 더 직접적이다. 왜냐하면 이 방법에서는 관심을 갖는 행동이 나타날 때마다 피험자들에게 '그 행동' 및 일어나는 '시간'과 '장소'에 대해 기록하도록 하기 때문이다. 자기관찰법은 비록 평가자와 평가되는 행동이 독립적인 경우에 비하면 객관성이 떨어지지만, 피험자들이 잘 정의되고 구체화시킨 반응에 초점을 맞추도록 함으로써 이러한 문제를 완화시킬 수 있다. 타인이 관찰한 방법의 정확도를 알아볼 수 있는 것처럼 자기관찰법의 정확도도 알아볼 수 있다(Johnston & Pennypacker, 1980 참고).

끝으로, 변인을 측정하기 위한 방법으로 직접 관찰법을 고려해야 한다. 이미 언급하였듯이 직접 관찰법은 비용이 많이 드는 것이 사실이다. 하지만 직접 관찰법을 사용할 때에도 비용을 좀 줄일 수 있는 방안이 있다(Foster et al., 1988; Foster & Cone, 1986). 예를 들어, 훈련된 관찰자가 자연스런 맥락에서 오랫동안 지켜보며 관찰하도록 하기보다는 이후의 분석을 위해서 그 행동을 비디오나 오디오 테이프를 사용하여 녹화하거나 녹음할 수 있다. 또는 관찰자가 다른 방에서 일방경을 통해 연구실에 있는 피험자를 관찰할 수 있다. 이러한 접근법은 행동을 원래의 자연스러운 맥락 밖으로 옮겨놓게 되지만, 앞에서 언급했던 덜 직접적인 방법들보다는 실제 수행과 보다 가까운 자료를 산출해 낸다. 동시에 그 행동을 비디오나 오디오로 기록하면 비교적 영구적인 기록을 갖게 되고, 보다 객관적 자료를 산출하기 위해 다시 살펴볼 수 있다.

이 논의에서 지적하였듯이 연구에서 다룰 변인들을 여러 가지 방식으로 조작할 수 있다. 이어지는 부분에서는 이미 개발된 측정도구를 찾아내는

것과 관련해 살펴볼 것이다. 연구하고자 하는 변인을 측정하기 위한 방법
을 운좋게 기존 문헌에서 찾아낸다면, 측정도구를 개발하고 그 도구의 심리
측정학적 적합성을 증명하는 작업을 하지 않아도 될 것이다. 물론 이를 위
해서는 여러분이 찾아낸 측정도구가 심리측정학적으로 흠이 없어야 한다.

좋은 측정도구란 현명하게 선택되어진 것이고, 적절히 직접적이며, 일반
화 가능성(신뢰도와 타당도)을 적절히 증명할 수 있는 것이라고 하였다. 이
어지는 부분에서 중요한 심리측정학적 특성을 살펴보고 측정도구를 평가하
기 위한 최소의 규준에 대해 알아 볼 것이다. 지면관계상 측정도구의 구성
과 측정이론에 관한 설명은 생략한다. 자신의 구체적 연구과제에서 이들
개념에 대해 생각해보지는 않았다할지라도 여러분은 이러한 개념들 대부분
에 이미 익숙해 있어야 할 것이다. 여러 문헌들에서 이에 대한 문제를 제대
로 다루고 있다(Anastasi, 1988; Cronbach, 1990; Cronbach et al., 1972;
Guilford, 1956; Kaplan & Saccuzzo, 1989; Nunnally, 1967).

## 사용할 가능성이 있는 측정도구의 신뢰도를 평가하라

측정도구에서 가장 중요한 기준은 그것이 자연과학 분야이든 행동과학
분야이든 간에 신뢰할 수 있는 자료를 산출해 내야 한다는 것이다. 측정학
자들은 수년에 걸쳐 신뢰도의 여러 형태에 대해 정의를 내려왔다(Wiggins,
1973). 여러분은 검사―재검사 신뢰도, 이형검사 신뢰도, 내적 합치도 등의
신뢰도에 대해 들어 본 적이 있을 것이다. Cronbach과 그의 동료들은 1972
년에 신뢰도의 여러 형태들을 일반화(generalizability)이론으로 통합시킬 것
을 제안하였다. 본질적으로 이들이 언급한 것은 여러 가지 방식으로 산출
하는 여러 형태의 신뢰도가 측정도구를 이용해 산출한 자료를 일반화시키
고자 하는 방식과 관련된 것이라는 점이다.

측정도구는 적어도 신뢰할 수 있는 방식으로 점수를 산출해야 한다. 이
것은 누가 그 측정도구에서의 반응을 점수화하든지 간에 동일한 반응에 대
해서는 같은 점수가 산출되어야 한다는 것이다. Cronbach와 그의 동료들

(1972)은 그렇게 한다면, 특정 피험자나 피험자들에게서 나온 점수가 점수화하는 사람에 따라 달라지지 않는다는 것을 알게 되었다. 이것은 분명히 바람직한 일이다. 왜냐하면 우리는 피험자의 특성을 평가하는 데 관심을 가지고 있는 것이지 채점자의 특성에 관심을 가지고 있는 것이 아니기 때문이다! 그래서 변인의 조작적 지표를 선택하는 데 있어 알아야 하는 첫 번째 사항은 그것이 신뢰할 수 있게 점수화 될 수 있는지에 대한 것이다. 그렇지 못하다면, 그 측정도구는 신뢰도나 타당도를 가지기 어려울 것이다. 이미 만들어져 있는 측정도구의 개발자들이 보통은 채점자 일반화 가능성 (scorer generalizability)이나 신뢰도에 대한 정보를 제시할 것이다. 이는 앞서 언급한 직접 관찰법과 같이 보다 직접적 형태의 평가에서 특히 그러하다. 자기보고식 측정도구의 대부분은 해답서나 컴퓨터를 이용해 채점이 되고, 사용자들은 이러한 절차가 신뢰할 만하다고 가정하므로, 이를 사용하는 사람들은 종종 채점자 간 신뢰도를 언급하지 않는다. 여러분이 연구에서 그러한 측정도구를 사용한다면 확인을 위해 때때로 점수화 절차의 신뢰도를 검증해 보는 것도 좋은 생각이다.

측정도구에 다른 사람의 평가가 수반된다면, 동일한 피험자에 대한 측정치를 이용하여 각 평정자들 간의 일치도에 대한 정보를 제시해야만 한다. 이러한 평가자 간 신뢰도(interrater reliability) 자료는 평정−척도 자료에 대한 채점자 일반화 가능성을 나타내게 된다. 이와 유사하게, 직접 관찰법을 사용한다면 관찰자 간 일치도에 대한 정보를 제시해야 한다. 관찰자 간 일치도(interobserver agreement)는 직접 관찰 측정방법에 대한 채점자 일반화 가능성을 나타낸다.

여러분이 생각하고 있는 측정도구의 채점자 일반화 가능성이 증명되어 있다면, 다른 형태의 일반화 가능성을 살펴볼 수 있다. 만약 채점자 일반화 가능성이 증명되어 있지 않다면, 여러분이 그 측정도구를 사용할 때 이 중요한 특성을 증명해야 한다. 채점자 일반화 가능성에 대해 출판된 자료가 있다 하더라도, 여러분 자신의 연구에서 이것을 확인하여 제공하는 것이 중요할 것이다. 왜냐하면 1953년 Montana의 Cutbank에서 Max Efficient가 수행한 연구에서 관리자의 사회적 기술에 대해 평정할 때 상관을 보였던 평정자들의 점수가 여러분의 연구에서도 여전히 같은 상관을 보일 것이라는 것을 의미하지는 않기 때문이다. 그러한 자료는 측정도구가 채점자 간 일치도 면에서 신뢰할 만하다는 전제를 제공할지라도, 여러분이 연구를 하는 특정 상황에서도 반드시 그러하리라는 것을 보장하지는 않는다. 다시 말해서, 일반화 가능성 자료 그 자체를 항상 일반화시킬 수 있는 것은 아니다! Meehl은 심리학의 고질적 문제인 맥락에 대한 의존성을 논하면서 이에 대해 언급한 바 있다(Meehl, 1978). 따라서 출판된 자료의 평가자 간 혹은 관찰자 간 일치도를 평가할 때, 여러분의 연구에서 이용하는 평정자나 관찰자는 다른 연구자들의 연구에서처럼 일치하지 않을지도 모른다는 점을 기억하라. 여러분이 자료를 평가하는 데 사람을 평정자로 이용할 때마다 그 특정 연구에서 자료에 대한 만족스러운 일치도를 증명해야만 한다. 그렇게 하기 위해서는 코딩 계획과 여러분이 이용할 관찰자, 평정자, 판단자를 훈련시킬 절차에 대한 정보를 입수해야 한다.

그 다음으로 가장 빈번히 살펴보는 일반화 가능성의 형태는 시간에 따른 안정성에 대한 것이다. 오늘 피험자로부터 수집한 자료는 다른 날 수집한 자료와 일치할 것인가? 전통적으로 검사–재검사 신뢰도 또는 시간적 안정성이라고 불리는 일반화 가능성의 한 형태는 연구대상의 심리학적 구성개념이나 아동 초기경험의 결과로 시간이 지나도 안정적이라고 생각되는 개인차 변인들을 다룰 때 중요한 의미를 갖는다. 여러분이 택한 변인이 안정적이라고 개념화한다면, 이 변인들의 측정점수 또한 안정적인 것임을 보여 줄 필요가 있다. 이는 논리적으로 요구되는 것으로 측정도구의 안정성이 없다면, 여러분이 택한 측정도구를 가지고 변인들을 제대로 평가할 수 없을 것이다.

측정치가 어느 정도의 안정성을 나타내야 하는지는 측정되는 변인들의 특성과 연구에서 이들을 어떻게 사용할 것인지에 달려 있다. 예를 들어, 이타심 같은 어떤 특성에 기초하여 피험자를 선택한다면, 측정치가 적어도 1~2주 정도는 안정적이라는 증거를 찾고자 할 것이다. 즉, 상당히 높은 ($r=.80$) 상관이 나타나면, 여러분은 이러한 방식으로 평가된 이타심이 일관적이라고 만족할지도 모른다. 동시에 연구에서 이타심이 변하는 것에 대해 살펴보고자 한다면, 이타심의 시간에 따른 안정성에 대해 보다 구체적 정보를 얻고자 할 것이다. 여러분이 피험자들에게 이타적 행동을 증가시키도록 고안된 프로그램에 참여하도록 만든다고 해보자. 연구설계상 각 집단에 무작위로 할당을 한 후에 사전검사를 하고, 이타심을 증진시키는 프로그램을 4주간 실시한 후 4주째 되는 마지막 날 사후검사를 받도록 할 것이다. 사전과 사후 검사기간 동안(4주) 이타심에 대한 측정 점수의 안정성에 대해 알고 있다면 보다 유용할 것이다. 이 정보를 통해 사전과 사후검사의 차이가 이 변인 측정치가 시간의 경과에 따라 보이는 정상적 차이보다 더 큰지를 결정할 수 있다. 물론, 통제집단에 대한 평가만으로도 이와 유사한 정보를 얻을 수 있을 것이다.

여러분이 이와 같이 사전-사후설계를 사용한다면, 시간적 일반화 가능성을 대표하는 상관뿐만 아니라 두 평가점수의 평균도 살펴보고자 할 것이다. 통계수업시간에 배운 것을 생각해보라. 대부분의 상관계수는 두 변인의 점수들이 서로 상대적으로 동일한 서열상 위치에 존재한다는 정도를 말해 줄 뿐이다. 점수들의 서열상 차이뿐 아니라 실제 점수상 차이도 고려하는 등급내 상관계수(intraclass correlation coefficient)는 여기에서 제외된다. 검사-재검사의 상관은 높으나 평균점수상 유의한 차이가 있는 경우도 있다. 여러분이 사용하는 이타심 측정치에서 이러한 현상이 나타났다고 가정해보자. 그렇다면, 이타심 점수는 단지 시간의 경과 때문에 사전과 사후에서 관찰되는 변화만큼 변할 수도 있다. 여러분이 계획한 평균 차이와 비교할 수 있는 평가시기의 차이로 나타나는 일반적인 평균의 변화를 아는 것은 시간적 안정성을 나타내는 상관의 정도를 아는 것만큼 중요할 것이다.

이타심의 예와 관련된 또 다른 형태의 일반화 가능성은 전통적으로 이형검사 신뢰도(alternate form reliability)라 불리는 것이다. 피험자를 어떤 처치에 노출시키기 전과 후에 이들에게 동일한 측정방법을 사용한다면, 이는 그 처치로 인한 변화를 측정하고자 하는 것일 것이다. 다른 모든 조건이 동일하다면, 사람들은 보통 자신들에 대해 말할 때 일관성을 유지하고자 노력한다. 실험처치 전과 후에 동일한 측정도구를 사용한다면, 사람들이 일관적으로 답하려고 하는 경향이 문제가 될지도 모른다. 즉, 실제로는 처치효과가 있는데도 피험자들이 동일하게 보이고자 할지도 모른다. 실험으로 인해 생겼을지 모르는 실질적 변화가 나타나지 않을지도 모른다. 만일 처치 전과 후에 동일한 것을 측정할 때 다른 형식을 사용한다면, 피험자들에게서 나타나는 실제 변화를 찾아내기가 보다 쉬울지도 모른다. 물론, 이러한 측정방법을 이용할 때 두 형태가 서로 매우 유사하다는 것을 보여주어야 할 필요가 있을 것이다. 즉, 이 두 형태 간 상관이 높아야 하고, 평균도 같아야 한다. 일반화 가능성 이론에 따르면, 이러한 유사성은 검사의 두 형태 모두를 이타적 내용에 대한 동일 영역에서 표집해 만든다는 것을 의미할 것이다. 둘 중 어떤 형태를 사용하든지 상관없이 피험자에 대해 동일한 결론을 내릴 수 있을 것이다. 여러분이 선택한 측정방법의 다른 형태(alternate forms)가 없다고 해서 그 연구가 불가능한 것은 아니다. 여러분이 하나를 만들어 내거나 사전처치 평가가 미칠 수 있는 영향을 피할 수 있는 설계를 이용할 수도 있을 것이다.

　측정도구가 원래 긴 것이라면 때로는 검사의 이형(異形)을 쉽게 만들 수 있다. 예를 들어, 검사가 50문항으로 되어 있다면 25문항씩으로 나누어 두 가지 형태를 만들 수 있을 것이다. 이렇게 하는 것이 가능한지를 알아보는 것은 어렵지 않다. 여러분이 이 검사의 신뢰도를 알고 있다면, 검사의 길이를 반으로 줄였기 때문에 Spearman-Brown 예측 공식을 사용하여 신뢰도를 수정하면 된다(Kaplan & Saccuzzo, 1989). 원 측정도구가 매우 신뢰할 만한 것이라면 반으로 나누어도 신뢰할 만한 이형을 만들어 낼 수 있을 것이다. 원 측정도구가 그리 신뢰할 만하지 않거나 나누기에 너무 짧다면, 작업이 좀더 힘들어질 것이다. 문항을 더 만들어서 측정도구의 특성을 증명하는 긴 과정을 택하기보다는 이런 문제를 해결할 수 있는 설계를 선택하는 편이 현명할 것이다. 예를 들어, 솔로몬 네 집단설계를 선택할 수도 있다. 이러한 연구설계에서는 사전검사의 영향을 구체적으로 산출할 수 있다.

앞서 언급하였듯이 측정도구의 중요한 특성은 관심영역을 적절히 대표하는 것이다. 이를 위해서는 측정도구가 여러분이 연구하고 있는 구성개념에 중점을 둔 것이어야 한다. 이는 도구상의 각 점수가 각 현상을 나타내야 한다는 것을 의미한다. 이를 위해 측정도구(또는 관련 하위도구)는 내부적으로 동일한 것을 평가해야 한다. 다시 말해서, 내적 일관성이 있어야 한다는 것이다. 한 평가도구 내의 모든 문항이 동일한 것을 측정한다면, 문항들 간에 상관이 나타날 것이다. 일반화 가능성의 이론에 따르면, 모든 문항이 동일한 내용영역에서 추출된 것처럼 동일한 것을 측정한다고 한다. 30문항으로 된 검사가 있다고 하면, 여기서 10점을 산출하는 데 어떤 문항이 관련되었는지는 문제가 되지 않는다. 앞의 10문항, 중간의 10문항, 혹은 끝의 10문항에 응답하거나 어떤 문항 10개에 응답하여도 동일한 점수가 나올 수 있다. 내적 일치도가 높은 평가도구를 동질적이라고 한다. 이러한 동질성을 증명하는 기본적인 통계도구가 상관이다. 반분신뢰도, Kuder-Richardson 상관계수, $\alpha$ 계수 등을 이용할 수도 있다(Cronbach, 1990; Kaplan & Saccuzzo, 1989).

지금까지는 측정도구상 점수를 일반화시킬 수 있거나 없는 여러 방식에 대해 언급하였다. 분명한 것은 이런 것들이 개념적으로나 실용적으로 차이가 있다는 것이다. 그 결과 여러분이 연구방법 부분에 특정 측정도구가 신뢰할 만하므로 그 도구를 선택하였다고 언급하는 것은 별로 유익한 정보라고 할 수 없다. 정말 중요한 내용은 그 측정도구가 여러분의 연구에 필요한 형태의 일반화 가능성을 가지고 있다는 점이다. 이러한 평가를 하는 것은 쉬운 일이 아니다. 이를 위해서는 여러분의 연구주제와 그것을 어떻게 연구할 것인지에 대해 명확하게 이해하고 있어야 한다. 예를 들어, 여러분이 어떤 심리학적 구성개념을 연구하고자 한다면, 자연과학의 관점에서 어떤 행동을 연구하는 경우보다 더 많은 여러 가지 일반화 가능성 문제가 생기게 될 것이다(이들 두 주제에 대한 측정상 차이를 다룬 중요한 논의는 Johnston & Pennypacker, 1980을 참고하라). 만일 여러분이 어떤 심리학적 구성개념을 연구하고자 한다면 이 구성개념에 대한 가정은 무엇인가? 시간이 경과해도 비교적 일관적이라고 가정하는가? 상황에 따라서는 어떠한가? 단일 구성개념인가 또는 다차원적 구성개념인가? 피험자의 언어적 행동에서 나타나는가, 혹은 행동에서, 아니면 생리적 반응에서 가장 잘 나타나는가?

이러한 질문들에 대한 해답에 여러분이 측정도구를 선택할 때 살펴보아야 할 특정 형태의 일반화 가능성 정보가 담겨 있을 것이다. 이상적으로는, 필요한 정보를 미리 확인하고, 그 정보를 담고 있는 측정도구를 선택하며, 선택의 근거가 되는 정보를 방법부분에 제시할 수 있어야 할 것이다. 최소한 그 측정도구가 신뢰도와 타당도의 정보를 가지고 있다는 것 이상을 언급해야 한다. 이러한 목적을 위해 다음과 같이 언급하는 것도 좋은 생각일 것이다. "다음과 같은 형태의 신뢰도의 자료가 필요하다." 그 다음에 그것들이 무엇인지 언급하라. 여러분이 선택한 측정도구에 대해 다른 사람들이 증명한 내용도 언급하라. 끝으로 우리가 앞으로 살펴볼 주제인 타당도에 대해서도 이와 같은 과정을 거쳐라.

## 사용할 가능성이 있는 측정도구의 타당도를 평가하라

변인의 점수를 일관된 방식으로 산출하는 것에 덧붙여, 그 측정치가 무엇을 측정하는지를 알아야 할 것이다. 이는 타당도에 대한 증거가 된다. 어떤 측정도구는 신뢰도 면에서 일반화 가능성이 높은 자료를 산출해 낼지도 모르나, 이들 자료가 아무 것과도 관련되지 않을 수도 있다. 다시 말해서, 신뢰할 만하나 타당성이 없는 측정치를 산출할지도 모른다. 하지만 고전적 측정이론의 맥락에서 그 반대 경우는 불가능하다. 타당성을 갖기 위해서는 측정도구가 반드시 신뢰할 수 있는 것이어야 한다. 타당도는 특정의 측정방법으로 산출된 점수들이 다른 측정방법으로 산출된 점수들과 관련되는 정도를 의미한다. 이는 측정하고자 하는 것을 측정한다면 그 측정도구는 타당하다는 진부한 정의보다 더 총괄적인 정의이다. 진부한 정의에는 잘 맞지 않고 여기서 언급한 보다 넓은 의미의 타당도를 갖는 측정치들이 있다.

신뢰도에서처럼 측정도구가 타당하다고 말하는 방식도 여러 가지이다. 측정도구가 피험자들이 보기에 연구목적에 적절한 것처럼 보인다면 그 도구는 안면타당도(face validity)를 갖는다. 전문가들이 보기에 측정되는 변인들에 적합한 내용이 담겨 있다면 그 도구는 내용타당도(content validity)를 갖는다. 내용타당도는 그 측정도구가 평가되는 구성개념이나 행동과 관련된 내용의 모집단에서 문항을 얼마나 잘 표집하였는가에 대해 설명하는 것이다. 그래서 문항을 어떻게 선택하였고 범주들을 어떻게 정의하였는지 등이 내용타당도의 핵심 쟁점이 된다. 그 측정도구에서 나온 점수로 보통 실용적인 다른 측정도구상 점수를 예측할 수 있다면 그 도구는 준거−관련 타당도(criterion-related validity)가 있다고 한다. 타당화 하고자 하는 측정도구에서 점수를 산출하는 동시에 준거에서의 점수를 산출한다면, 이를 동시타당도(concurrent validity)라고 한다. 준거가 되는 점수가 미래에 구할 수 있는 것이라면 예측타당도(predictive validity)라고 한다. 측정치들이 측정도구의 기초가 되는 이론에 나타난 관계의 일부가 된다면 그 측정도구는 구성타당도(construct validity)가 있는 것이다. 동일한 행동이나 동일한 구성개념을 평가하는 다른 방법들과 관련이 된다면, 그 측정도구는 수렴타당도(convergent validity)가 있는 것이 된다. 이론적으로 독립적이라고 여겨지는 측정치들과 관련이 없다면 그 도구는 변별타당도(discriminant validity)를 갖는다. 집단점수들 간에 기대되는 평균차이가 나타난다면 그 도구는 차별타당도(discriminative validity)를 갖는다. 여러분이 사용하는 측정도구에 필요한 타당도는 이것들 중 어떤 것인가? 어쩌면 여러분의 연구가 단지 이러한 정보를 제공하기 위해 설계된 것일지도 모른다. 그렇다면 어떤 형태의 타당도를 무엇 때문에 증명하고자 하는가?

증명해야 하는 타당도의 형태는 신뢰도와 마찬가지로, 여러분이 수행하는 연구 주제의 본질과 구체적 연구문제에 따라 달라진다. 심리학적 구성개념(예 적대감, 불안, 이타심, 또는 극단적 우월주의)을 연구하고자 한다면, 최소한 측정도구의 구성타당도를 증명해야 할 것이다. 만약 여러분의 연구가 이타심에 관한 것이라면 이타심과 다른 변인과의 관계를 조사해야 할 것이다. 기대되는 관계는 어디서 찾아야 하는가? 정답은 이타심에 대한 누군가의 이론에서 찾아야 한다는 것이다. 관계를 적절하게 검증하려면, 관련된 이론적 문헌에서 인정되는 구성개념을 의미 있게 나타내는 이타심 측정도구를 사용해야 한다. 이러한 의미는 측정도구의 구성타당도를 다루는 연구문헌에서 찾아볼 수 있다(Grusec, 1991 참고).

만일 여러분의 주제가 행동, 특히 자연과학적 관점에서 연구하는 행동에 대한 것이라면, 앞서 언급한 의미에서의 구성타당도를 특별히 고려하지는 않을 것이다. 그 대신, 측정도구의 내용에 보다 중점을 두고자 할 것이다. 여러분은 그 측정도구가 직접적으로 측정하기 힘든 보다 큰 모집단에서의 행동을 대표하는 행동 표본의 근거가 될 수 있는 자극을 담고 있기를 바랄 것이다. 더욱이, 측정도구상 행동이 다른 시기나 다른 장소에서 나타날 것이라고 기대되는 행동들을 대표하는 정도를 알고자 할 것이다. 우리 저자들은 앞에서 서로 다른 시기에 측정된 자료들이 얼마나 일관성이 있는가에 대한 것으로 시간적 안정성에 대해 논의하였다. 그 자료가 다른 맥락에서 기대되는 자료들을 얼마나 잘 대표할 수 있는지에 대한 것이 환경의 일반화 가능성(setting generalizability)이다(Cone, 1978). 예를 들어, 실험실에서 부부간 긍정적인 언어적 상호교환을 관찰한다면, 그것이 가정에서도 관찰할 수 있을 것으로 보이는 언어적 상호교환을 대표한다고 할 수 있는가?

신뢰도와 마찬가지로 연구방법에서 그 측정도구가 타당하다고 언급하는 것만으로는 충분하지 않다. 그 대신, 연구목적에 어떤 형태의 타당도가 중요한지를 기술하고, 그러한 타당도가 여러분이 사용하는 측정도구에 존재한다는 증거를 제시하라. 여러분의 연구가 측정도구를 타당한 것이 되게 하고자 하는 것이라면, 연구를 하기 위해 사용하고자 계획한 도구와 관련되는 광범위한 측정 문헌을 고찰하게 될 것이기 때문에 확실히 이와 같이 할 것이다. 어떤 연구에서라도 이와 같은 정밀 조사가 필요하기는 하다. 여러분은 항상 측정도구가 관심의 대상이 되는 변인을 평가하는지, 일관성 있게 평가하는지를 확인해야 한다. 이 같이 중요한 정보가 없다면 연구결과를 해석하기가 매우 힘들어진다.

다음 네 부분에서 측정도구의 심리측정학적 특성에 대한 정보를 찾을 수 있을 것이다. (a) 측정도구를 설명하는 안내서, (b) 측정도구를 평가하는 책의 장이나 고찰 논문, (c) 측정도구의 심리측정학적 특성을 구체적으로 평가하는 논문, (d) 그 측정도구를 사용하는 논문이 그것이다. 이들 중 마지막 (d)의 경우, 심리측정학적 자료를 수집했다는 사실을 초록이나 서론에 언급하지 않을지도 모른다는 사실을 기억하라. 그 대신 그 정보가 연구방법의 부분에 숨겨져 있을지도 모른다. 덧붙여, 심리측정학적 문제를 언급조차 하지 않은 연구들이 타당도 문제에 관련된 연구결과를 내포하고 있는지도 모른다. 예를 들어, 자기보고식 불안 측정치와 우울은 높은 상관을 보인다는 반복되는 결과들은 이러한 측정방법의 변별타당도에 의문을 품게 만든다 (Barlow, 1988 참고).

## 적절한 측정도구를 폭넓게 찾아보라

지금까지는 연구에서 변인들을 조작하기 위해 선택할 수 있는 평가방법들을 살펴보았다. 좋은 측정도구가 갖추어야 할 주요 특징에 대해서도 논의하였다. 그러한 측정도구들을 어디에서 찾을 것인가? 여러분이 활발한 연구분야에서 작업하고 있다면, 아마도 그 분야에서 보편적인 측정도구를 사용할 것이다. 여러분이 새로운 분야의 용감한 개척자라면, 가장 좋은 측정도구가 무엇인지가 기존 문헌에 분명히 나타나 있지 않을지도 모른다.

평가도구에 대한 가치 있는 정보가 출판된 몇몇 개론서들에 제시되어 있다. 이들 중 가장 잘 알려진 것은 *Mental Measurements Yearbook*(Kramer & Conoley, 1992)이다. 네브래스카 대학 출판부에서 나온 이 책은 약 900여 가지 종류의 검사를 고찰한 것이다. 이 책은 Oscar K. Buros에 의해 1938년부터 출판되기 시작한 것으로 현재 11차 개정판이 나와 있다. 보통 줄여서 Buros라고 부르기도 한다. Buros에는 측정도구에 대한 설명뿐만 아니라 500명 이상이 측정도구의 심리측정학적 적합성에 대해 고찰한 내용이 들어있다.

가능한 측정도구에 대한 좋은 정보를 얻을 수 있는 또 다른 출처로 *Tests in Print II*를 들 수 있다(Buros, 1974). Buros와 달리, *Tests in Print*에는 실제 측정도구에 대한 고찰은 들어 있지 않다. 하지만 *Buros*보다 더 많은 목록이 포함되어 있고, 특정 측정도구와 관련된 학회지의 논문과 주소를 찾는 데 유용한 자료의 출처가 된다. 안타깝게도, 이 출처는 조금 오래된 것으로 1974년 이후에 나온 측정도구들은 포함되어 있지 않다.

보다 최신의 대안적인 것으로 행동적인 것에 초점을 둔 측정도구를 사용하고자 한다면, 특히 유용한 것은 Hersen과 Bellack의 *Dictionary of Behavioral Assessment Techniques*(Hersen & Bellack, 1988)이다. 이 책에는 286가지 측정도구에 대한 설명과 고찰이 들어 있고 측정에 대한 개론적 정보도 나와 있다. 200명 이상의 연구자들이 측정도구에 대해 고찰하고 원측정도구를 찾을 수 있는 참고문헌을 제시하고 있다. 측정도구 자체는 이 책이나 우리가 앞서 언급한 어느 출처에도 제시되어 있지 않다. 인성 및 임상적 심리학자들에게 오랫동안 익숙한 전통적인 특질지향적 평가 형태와 거의 다르지 않다고 생각되는 것을 포함하는 여러 측정도구가 있다.

Sweetland와 Keyser는 1983년에 측정도구들에 대한 참고문헌을 광범위하게 수집하여 출판하였다(Sweetland & Keyser, 1983). 이들은 3,500개 이상의 측정도구에 대한 기술적인 정보를 제시하고 목록으로 만들었다. 이들 측정도구를 각각 기업, 교육, 심리학 관련 도구들로 분류하였다. 이 책에서는 심리측정학적 정보를 제공하지는 않지만, 유망한 측정도구를 찾아내고 이들에 대한 보다 많은 정보를 찾을 수 있는 관련 참고문헌을 알아낼 수 있다. 이 책의 추가 개정판은 1985년(Keyser & Sweetland, 1984)과 1990년(Sweetland & Keyser, 1990)에 나왔다. 이들 개정판에는 초판에서 빠졌던 신뢰도, 타당도, 규범화 절차에 대한 여러 정보가 포함되어 있다.

임상적 모집단이나 이들에게 흔히 나타나는 변인에 대해 작업한다면, *Handbook for Psychiatric Rating Scales*(Research and Education Association, 1981)는 참고할 만할 것이다. 여기에는 책에 포함되어 있는 각 평가척도의 신뢰도와 타당도가 제시되어 있고, 척도에 대한 묘사, 그 척도와 관련되는 클라이언트의 형태, 이후 세부사항을 위해 참고할 문헌 등이 제시되어 있다. 추가적으로 구체적 측정도구에 대한 정보를 참고할 책들로는 Corcoran과 Fischer(1987), Robinson과 Shaver, Wrightsman(1991)을 들 수 있다.

여러분이 모뎀을 갖춘 컴퓨터를 이용한다면 특히 유용한 출처는 행동 측정도구 데이터베이스 서비스(Behavioral Measurement Database Service)에서 제공하는 *Health and Psychosocial Instruments*(HAPI)라고 불리는 온라인상 측정도구 데이터베이스이다. HAPI에는 8,000개 이상의 측정도구가 포함되어 있고 일년에 4회씩 개정된다. BRS™을 이용한 HAPI에서 나온 견본 기록에서 측정도구에 대해 제공되는 정보 형태의 예는 〈그림 9-1〉에 제시되어 있다(HAPI를 포함한 온라인상 데이터베이스에 대해 보다 자세한 정보를 위해서는 부록 C를 참고하라). HAPI는 현재 CD-ROM 이용자를 위해 CD로 공급되고 있으며, 정기적인 개정판은 도서관이나 기타 이 서비스를 구독하는 곳에서 찾아볼 수 있다.

끝으로, 이러한 출처들 모두가 도움이 되지 못하였다면 *Psychological Abstracts*나 이것의 콤팩트 디스크판인 *PsycLIT*로 다시 돌아가 그것을 참고할 수 있다. 사용할 변인들을 나타내는 용어나 동의어를 이용하여 이들 데이터베이스를 검색하면 적어도 관련된 연구를 알아낼 수 있을 것이다. 운이 좋다면 몇몇 참고문헌들에서 그 변인들을 측정하는 방법을 알아낼 수 있을지도 모른다. 이러한 목적으로 사용할 데이터베이스의 목록은 부록 C 에 제시되어 있다.

---

HAPI 1985-APR 1991 (9104)

BRS SEARCH MODE — ENTER QUERY

    1_ : (영아 or 신생아 or 유아 or 태아) same (알코올 or 약물)

       same (사용 or 남용 or 의존 or 위축 or 증후군)

    RESULT     4 DOCUMENTS


    2_ : ..p all/2

       2

AN    3873. 8904.

TI    태아 알코올 증후군에 대한 기형 체크리스트(FAS Checklist)

AU    Fernhoff, Paul M.; Smith, Iris E.; coles, Claire D.

YR    1979.

SO    Coles, C. D., Smith, I. E., Lancaster, J. S., & Falek, A. (1987). 태아 시 알코올에 노출된 유아들의 신경행동학적 차이점이 생후 한달 이상 지속 Infant Behavior and Development, 10, 23-37.

DE    태아 알코올 증후군, 유아, 유아들, 증상

NQ    질문 문항 수 : 61.

ST    하위척도 제목: X.

AB    태아 알코올 증후군에 대한 기형 체크리스트(FAS Checklist)는 태내에서 알코올에 노출된 아동들을 임상적으로 평가하고 진단하기 위해 고안된 것이다. 이 체크리스트는 태아 알코올 증후군과 관련된 임상적 특징들

〈계속〉

**<그림 9-1>**

로 구성되어 있다. 각 특징들의 출현여부를 이용해 이를 점수화하고 FAS 아동에게서 나타난다고 보고된 빈도에 따라 가중치를 1, 2, 3점 할당한다.

RE   신뢰도 : 보고됨 Y / 보고되지 않음 X.

내적 합치도 : X.

동형검사 신뢰도 : X.

검사-재검사 신뢰도 : X.

평정자 간 신뢰도 : X.

VA   타당도 : 보고됨 Y / 보고되지 않음 X.

내용타당도 : X.

준거관련 타당도 : X.

구성타당도 : X.

RF   참고문헌 : Cole, C. D., Smith, I. E., & Falek, A. (1987). Prenatal alcohol exposure and infant behavior: Immediate effects and implications for later development. Advances in Alcohol and Substance Abuse, 6, 87-104. Coles, C. D., Smith, I. E., Fernhoff, P. M., & Falek, A. (1984). Neonatal ethanol withdrawal: Characteristics in clinically normal non-dysmorphic neonates. Journal of Pediatrics, 105, 445-451. Smith, I. E., & Cole, C. D., Lancaster, J. S., Fernhoff, P. M., & Falek, A. (1986). The effect of volume and duration of prenatal alcohol exposure on neonatal physical and behavioral development. Neurobehavioral Toxicology and Teratology, 8, 375-381.

AT   분석자 : Ms. I. E. Smith, GAPPP, 1256 Briarcliff Road NE, Atlanta, GA 30306.

**<그림 9-1> 계속**

Sample listing from *Health and Psychosocial Instruments*(*HAPI*) database of assesment instruments

## 중요한 심리측정학적 정보가 없다면 어떻게 해야 할지 알아보라

여러분이 측정도구를 선택하였고 그 도구의 심리측정학적 적합성을 지지하는 증거를 여기저기서 찾아보았으나 하나도 찾지 못하였다고 가정해보자. 또한 사용할 수 있는 대안적인 측정도구가 없다고 가정해보자. 어떻게 할 것인가? 여러분이 앞서 제시한 자료들을 이해하였다면, 측정도구가 나타내야 할 일반화 가능성의 형태에 대해 분명하게 알고 있을 것이다. 이들 중 보다 중요한 것들에 대해 살펴보고, 이러한 정보가 없을 때 어떻게 해야 하는지 알아보자.

### 채점자 일반화 가능성(Scorer Generalizability)

신뢰할 수 있도록 채점되는 측정도구는 어떤 연구에서건 필수적이다. 선택한 측정도구가 문헌에서 신뢰할 수 있는 것으로 제시되었다면 여러분의 연구에서도 그러하다는 증거를 제시하고자 할 것이다. 우리 저자들이 이 점에 대해서는 앞서 언급하였지만, 이를 강조하기 위해 여기서 다시 언급하고자 한다. 여러분이 자기보고식 방법을 이용한다면, 전체 답안지의 일부 분량, 약 25% 정도는 두 사람이 독립적으로 채점하도록 하라. 두 사람이 채점한 것이 일치하지 않으면 문제를 찾아내서 수정하라. 만일 구조화된 면접을 이용한다면 가능하면 그것들 모두를 녹음하고, 각 채점자들이 독립적으로 그 테이프 자체를 또는 그 사본을 채점하게 하라. 제8장에서 언급하였듯이, 적어도 20% 정도는 이중으로 채점하여야 한다. 여러분이 확인한 20~25%에서 문제가 나타난다면 조정하라. 어쩌면 두 채점자들은 여러분이 사용하는 범주에 대해 각각 다르게 정의하고 있을지도 모른다. 어쩌면 한 사람 혹은 두 사람 모두 부주의하였을지도 모른다. 재훈련을 시키거나 정확성에 대한 동기를 높여주어야 할지도 모른다. 그리고 조정한 후에 신뢰도 자료뿐만 아니라 지금까지 코딩한 모든 것을 다시 코딩해야 할 것이다. 연구대상의 20~25%에 해당하는 동일 피험자들의 자료를 두 평정자가 평가한 것을 비교해보라. 특정 형태의 측정 비율의 일치도를 통해 보다 정확한 정보를 알아낼 수는 있지만, 단순한 상관을 이용하여 이들의 일치도를 알아낼 수도 있을 것이다. 예를 들어, 여러분은 평가 척도의 각 문항의 일치도를 두 평가자가 그 항목에 똑같은 점수를 준 것으로 정의할지도 모른다. 아니면 좀더 너그럽게 두 평가자가 하나의 척도 지점 내에 표시하는 정도만을 요구할지도 모른다. 일치한 수를 세어서 전체 문항의 수로 나누면 일치도 비율을 구할 수 있다. 보다 더 나은 방법은 우연히 발생한 일치도를 보정한 카파 상관계수를 구하는 것이다.

직접관찰 코딩 체계를 이용한다면 피험자의 행동에 대한 영구적 기록을 산출할 수 있도록 비디오나 오디오 테이프로 기록하는 방법을 고려하라. 여러 명의 독립적인 관찰자들이 이 자료를 코딩할 수 있고, 각 자료를 비교할 수 있다. 다시 말해서 관찰한 것의 일부를 무작위로 선택하여 일치도를 산출해야 한다. 비디오나 오디오 테이프에 기록하는 것이 어렵다면, 독립적 관찰자들을 쌍으로 작업하게 하고, 이들의 일치도를 지속적으로 확인하는 것이 좋다. 동일한 관찰자 쌍이 항상 같이 작업하지 않도록 일련의 관찰자들을 훈련시켜서 언제라도 이용할 수 있게 하라. 이를 통해 행동의 정의에 대해 관찰자 쌍이 합의하는 것을 막을 수 있을 것이다. 만일에 여러분이 이처럼 어려워 보이는 예방조치를 취할 수 없다면, 단일 관찰자를 사용할 수 있고, 이 사람을 주기적으로 확인하는 제2의 관찰자를 활용할 수도 있다. 하지만 이 방법은 이상적인 방법이 아니다. 왜냐하면 관찰자의 행동이 종종 제2의 확인 관찰자의 존재로 인해 영향을 받기 때문이다(Romanczyk et al., 1973). 이 방법을 택한다면, 관찰자들이 혼자서 평가할 때보다 일치도를 평가받을 때 더 잘 관찰할지라도, 이러한 편차를 어느 정도 보상하기 위해서는 관찰자들이 매우 높은 수준의 일치도를 산출할 수 있을 때까지 훈련시켜라.

단지 자료를 어떤 문헌적 출처(예 병원의 환자 기록 또는 법원의 기록)에서 입수하였다는 사실만으로, 채점자 간 일반화 가능성에 대한 중요한 평가를 그냥 넘어가도 좋다고 볼 수는 없다. 처음 병원에 입원한 날에서 현재 날짜를 빼서 계산함으로써 만성적 정신분열증을 판단하는 문제는 기계적인 단순한 것이라고 생각할지도 모른다. 하지만 여러분이 어떤 파일을 찾아보았는지에 따라 처음 입원한 날짜가 서로 다를지도 모른다. 혹은 여러분이나 여러분의 조교가 그러한 날짜를 기록하거나 처음 입원날짜에서 현재날짜를 빼는 단순한 일을 신뢰하기 힘들게 수행하였는지도 모른다. 정확성을 위해서 자료 산출의 각 단계를 항상 확인하라.

자료가 신뢰할 수 있게 채점되었다고 확신하는 핵심적 요소는 평정자와 관찰자에 대한 훈련에 있다. '실제' 피험자들이 나타낼 것이라고 생각되는 것과 매우 유사한 자극(예 예비 자료)에 대해 연습을 많이 하라. 평가자나 관찰자가 중요한 연구자료를 놓치기 전에 문제점을 수정하라. 실제 자료를 제시하기 전에 평가자들이 독립적으로 작업하여 상당한 일치도를 보여야 한다는 점을 명심하라. 이들 간 일치도가 여러분이 연구에서 수락할 수 있다고 생각하는 최소의 일치도보다 10~15%는 더 높게 나올 때까지 훈련시키는 것이 현명하다. 왜냐하면 평가자나 관찰자들이 '실제' 자료를 수집하기 시작할 때 일치도가 떨어지는 것을 흔히 볼 수 있기 때문이다 (Romanczyk et al., 1973).

## 시간 일반화 가능성(Temporal Generalizability)

측정도구의 시간적 안정성이 증명되지 않았고 여러분의 연구에서 이것이 요구된다면, 다음 몇 가지 단계를 밟을 수 있다. 하나는 실제 연구를 시작하기 전에 적절한 시간 간격을 두고 측정을 반복적으로 실시해 보는 것이다. 그 다음에 두 시기에 평가한 피험자 집단의 점수 간 상관을 산출하라. 다시 말해서, 여러분 스스로 시간적 안정성을 증명하는 것이다. 그 대안은 단순한 시간경과와 관련하여 점수가 변화될 가능성을 통제할 수 있도록 연구를 설계하는 것이다. 예를 들어, 여러분의 연구에 어떤 처치도 받지 않는 통제집단(assessment-only control group)을 포함할 수도 있다. 또는 그러한 집단과 다른 집단들을 포함하는 보다 복잡한 설계(예 솔로몬 네 집단 설계)를 이용할 수도 있다. 또 다른 가능성은 독립변인을 도입하기 전과 후에 시간의 경과에 따라 피험자를 반복적으로 측정하는 것이다. 이러한 피험자 내 접근법에서 각 피험자는 단지 연습이나 시간의 경과와 관련된 점수 변화에 대해 스스로 통제집단과 같은 역할을 하게 된다.

### 문항 일반화 가능성(Item Generalizability)

내적 합치도 추정치는 새로운 측정도구를 증명하는 가장 쉬운 방법들 중 하나이다. 그래서 여러분도 이 중요한 정보를 가장 많이 선택하는 경향이 있다. 그렇지 않다면, 보통 기존의 규준적 정보를 가지고 여러분 스스로 계산할 수도 있다. 이를 위해 Kuder-Richardson Formula 21(Nunnally, 1967)을 이용하라. 만일 척도의 내적 합치도가 낮다면 문제가 될 것이다. 그래도 그 척도를 사용한다면 자료를 해석할 때 곤란을 겪을 것이다. 왜냐하면 내적 합치도가 낮은 측정도구는 복합적인 것들을 측정하기 때문이다. 척도상 여러 다른 항목들에 대한 반응에 기초하여 나온 동일한 점수라도 상이한 것들을 의미할 수 있다.

그냥 연구를 진행하고 나중에 내적 합치도 추정치를 계산한다면 문제가 발생할지도 모른다. 만일 내적 합치도가 낮다면 어떻게 할 것인가? 이 문제를 해결하기 위해 측정도구를 수정하기에는 너무 늦을 것이고, 그렇다면 여러분은 수정하고자 하지 않을지도 모른다. 내적 합치도를 증진시키기 위해서 근본적으로 측정도구의 구조를 바꾸어 기존 측정도구의 규준과 타당도 정보를 이용하지 않음으로써 새로운 방식으로 측정도구의 요소들을 조직화해야 할 것이다. 이러한 상황에서 해야 할 합리적인 일은 척도를 요인분석할 수 있을 정도로 충분히 많은 피험자를 구하는 것이 될 것이다. 그런 연후에 나타나는 각 요인들에 대한 피험자들의 점수를 알아볼 수 있다. 구성 개념에 대한 이론적·실질적 이해가 개념적으로 가장 잘 일치하는 요인들을 종속변인들로 사용할 수 있을 것이다. 물론, 이처럼 새로이 개발된 척도의 규준이나 타당도에 대한 정보는 없다. 게다가, 제8장에서 언급하였듯이 합리적인 요인분석을 위해서는 변인당 7~20명의 피험자가 필요하다. 만일 여러분의 분석이 많은 수의 문항이나 측정치를 포함한다면 이는 만만치 않은 수가 될 것이다.

　이상의 논의는 대개 자기보고식 평가나 다른 평가방법을 사용하는 경우에 적용되지만, 적어도 개념적인 수준에서는 모든 평가방법에 적용할 수 있다. 지면관계상 여기서는 이에 대해 더 이상 다루지 않을 것이다. 지금은 여러분의 주제가 심리학적 구성개념이나 실제 행동 자체에 있는지, 어떤 방법을 사용하는지에 관계없이 측정도구가 평가하는 것이 동질적이어야 한다는 것이 중요하다고 말하는 것으로 충분하다. 예를 들어, 놓아 기르는 독거미의 약탈행동을 직접 관찰한다고 할지라도, 여러분이 코딩한 몇 가지 구체적 반응들 모두 동일한 약탈행동 범주에 속한다고 가정할 것이다. 만일 어떤 행동은 보금자리를 만들고, 어떤 행동은 약탈을 하고, 어떤 행동은 생식에 관련된 것이라면, 단일 점수가 무슨 의미가 있겠는가?

## 방법 일반화 가능성(Method Generalizability)

　앞서 수렴타당도와 변별타당도에 대해 언급하였지만 자세히 논의하지는 않았다. 이것들은 특히 자기보고식 측정방법으로 심리학적 구성개념을 개발하고자 할 때에 관련된다. 왜냐하면, 새로운 자기보고식 측정법은 종종 전반적인 개인차 변인에 대해 이미 존재하는 측정법과 상당한 상관을 보이기 때문이다. 이러한 전반적 변인들 중 일부는 지능, SES, 교육수준, 자신에 대해 사회적으로 바람직하게 말하는 경향이 포함된다. 새로운 측정도구를 개발하는 사람은 새로운 도구가 이러한 변인들을 측정하는 방법을 단순히 추가하는 것이 아니라는 것을 증명해야만 한다(Campbell, 1960). 예를 들어, 사회적 바람직성 반응 세트가 이미 널리 사용되고 있기 때문에 새로운 자기보고식 측정도구는 사회적 바람직성과는 다른 것을 측정한다는 것을 증명하여야 한다(Edwards, 1970). 문헌에는 이미 사회적 바람직성(social desirability)을 측정하는 좋은 도구들이 많이 있고 굳이 다른 것을 개발할 필요가 없다. 여러분의 척도가 사회적 바람직성과 상관을 보이는지 확인하고, 관련이 되지 않는다거나 적어도 관련성이 약하다는 것을 증명하라. 이러한 과정에서 사회적 바람직성을 평가하는 여러 가지 방식들(예 Edwards, 1957; Crowne & Marlowe, 1960; Wiggins, 1959)을 맞바꾸어 쓸 수 없다는 점에 주의하라(Edwards, 1990). 이 변인의 Edwards 판만이 자기보고식 평가로 보급된 것으로 나타났다. 이것은 MMPI 항목에서 파생된 것이어서 특히 정신의학과 관련된 모집단을 평가할 때 널리 사용된다. 따라서 측정도구의 변별타당도를 증명하기 위해서는 이 Edwards 판과 비교해야 한다. 여러분의 측정도구와 비교하고자 하는 다른 반응 세트(예 인정받고자 하는 욕구; Crowne & Marlowe, 1960)가 있을지도 모르나 가장 널리 사용되는 것은 사회적 바람직성이다.

만일에 여러분의 측정도구가 사회적 바람직성과 관계가 없는 것으로 나타나지 않았다면 이에 대해 설명해야만 한다. 한 가지 방법은 사회적 바람직성 측정도구를 여러분이 사용하는 다른 측정도구와 함께 실시해 이들 간 상관을 계산해 보는 것이다. 상관이 유의하지 않다면 연구결과를 해석할 때 사회적 바람직성을 제외하고 해석할 수 있다. 하지만 상관이 나타난다면 여러분은 먼저 선행 논문과 이론에 기초하여 여러분이 예상하는 사회적 바람직성과 여러분의 측정도구의 관련성이 어느 정도인지 알아내고자 할 것이다. 예를 들어, 우울한 개인들은 부정적인 방향으로 정보를 왜곡하는 것으로 알려져 있다(Beck, Rush, Shaw, & Emery, 1979). 따라서 자기보고식 우울과 사회적 바람직성 간에 부적인 상관관계가 나타날 것으로 예상될 것이다. 물론, 상관이 매우 높게 나온다면 여러분의 측정도구를 믿기 어려울 것이다. 만일 사회적 바람직성이 여러분의 측정도구와 상관을 보이지 않을 것으로 예상된다면, 편상관(partial correlation)이나 ANCOVA를 이용하여 통계적으로 사회적 바람직성의 효과를 통제하고자 할지도 모른다.

여러분의 연구에 심리학적 구성개념이 포함된다면, 그것들을 평가하기 위해 대안적인 측정방법을 사용한다는 점을 확실하게 하라. Campbell과 Fiske(1959)는 수년 전 문헌에서 이러한 필요조건을 분명히 주장하였다. 이들은 어떤 측정도구의 점수든지 간에 일부의 점수는 측정도구 자체의 특징으로 나타나게 된다는 점을 주목하면서, 이러한 방법상 변량을 구분해 내기 위해 다중특질−다중방법 행렬(multitrait−multimethod matrix)을 사용해야 하며, 동시에 수렴타당도와 변별타당도를 증명해야 한다고 제안하였다. 구성개념 측정방법에서 수렴타당도의 중요성은 아무리 강조하여도 지나치지 않다. 언어의 구조는 개념들 간의 관련성을 자동적으로 구축한다. 우리가 언어에 근거한 평가 측정도구를 사용할 때, 구성개념은 언어의 구조 때문에 적어도 부분적으로는 서로 관련성을 나타낼 것이다. 주어진 측정도구의 타당도를 증명하기 위해서는 우연히 공통의 평가방법을 사용하는 것에서 기인하는 상관 이상의 것을 보여주어야 한다. 주어진 측정도구상 점수들의 저변에 구성개념이 있다면, 논리적으로 볼 때, 하나 이상의 방법으로 평가할 수 있어야 한다. 왜냐하면 만일 단일한 측정방법으로 어떤 개념을 완전히 조작할 수 있다면(다시 말해, 정의한다면), 그 개념은 더 이상 가설적인 것이 아니기 때문이다. 가설적이라는 것은 심리학적 특질의 주요한 특징으로 이러한 특성이 없다면 특질이라고 할 수 없다. 이는 평가의 대안들 간 관련성이 대안들의 수렴타당도를 증명하고 그와 동시에 심리학적 변인의 저변에 있는 구성타당도를 확장한다고 말하는 것의 근거가 된다.

선택한 측정도구의 수렴타당도가 증명되어 있지 않으면, 여러분의 연구에서 이것을 증명해야 한다. 이를 위해 가장 간단한 방법은 변인들을 평가하는 대안적인 방법들을 제시하고, 자료를 수집한 후 이들을 서로 비교해 보는 것이다. 만일 다른 방법들을 사용하여 나온 점수들이 서로 상관을 보인다면, 자료를 분석할 때 그 방법들을 서로 바꾸어 사용하거나 혼합해 사용할 수 있다. 상관을 보이지 않는다면, 각 방법을 이용하여 얻은 자료는 논의부분에 흥미로운 주제로 등장하면서 각각 따로따로 다루어져야 할지도 모른다.

대안적 평가방법으로 두 번째 자기보고식 측정치나 다른 사람에 의한 두 번째 평정 등을 거론하자는 것이 아니다. 자기보고식 자료는 예를 들어, 다른 사람의 평가나 직접적 관찰 자료를 이용하여 보완되어야 한다. 때때로 부수적인 자료출처들을 효율적으로 사용할 수도 있다. 예를 들어, 음주에 대한 자기보고식 자료가 측정치 중의 하나라면, 이 자료를 배우자나 룸메이트, 혹은 친구가 평정한 자료와 비교할 수 있을 것이다. 또는 반응성을 일으키지 않는 측정방법으로 휴지통 속 빈 맥주캔의 수와 같은 것을 이용할 수 있을지도 모른다(Webb, Campbell, Schwartz, & Sechrest, 1966). 몇 가지 행동들은 확증을 위해 사용될 수 있는 상당히 직접적인 산출물을 남기게 된다. 숙제를 마치는 행동이나 논문을 작성하는 데 보내는 시간을 자기보고식으로 측정하는 것이 그 예가 된다. 정확하게 끝낸 문제들을 살펴보거나 작성된 논문의 분량을 살펴보라.

### 환경 일반화 가능성(Setting Generalizability)

아마도 선행연구에서 여러분이 한 상황에서 수집한 자료를 다른 상황에까지 일반화시킬 수 있다고 제시하였을지도 모른다. 이것은 여러분 자신이 증명해야 할 것이다. 대신 연구자들이 흔히 사용하는 다음과 같은 경고에 의존할 수도 있다. "피험자들이 가정, 학습, 이웃 등에서 유사하게 수행하는지는 밝혀지지 않았으므로, 이러한 결과를 해석할 때 주의해야 한다." 여러분의 연구가 응용연구라면 어쨌든 궁극적으로 관심이 가는 환경에서 수행할지도 모르고, 환경 일반화 가능성은 논쟁의 여지가 있는 문제가 될지도 모른다. 심리학적 구성개념을 다룬다면 그 개념들의 환경에 따른 일반성을 종종 가정하지만 검증하는 경우는 드물다. 이것은 특히 여러분이 연구의 생태학적 타당도를 생각한다면 고려해 볼 가치가 있는 문제이다.

## 다른 사람들의 측정도구를 채택할 때는 주의하라

여러분의 연구목적을 위해 다른 사람이 개발한 측정도구를 채택하고자 한다면 어떠할 것인가? 예를 들어, 여러분이 자신감을 평가하는 데 매우 좋은 척도를 찾았는데, 복합 성격장애로 진단받은 개인들에게 사용하기 위해 개인들로 하여금 각 성격에 대해 언급한 설문지에 답하도록 그 척도를 변경하고자 할지도 모른다. 이것은 물론, 지시사항이나 측정도구의 초점을 바꾸는 것을 의미한다.

이 경우 원래의 심리측정학적 특성이 보존될 것인가? 그것은 확신할 수 없다. 논리적으로 여러분이 측정도구에 손을 덜 댈수록 심리측정학적 특성이 바뀌지 않고 동일하다고 가정할 수 있다. 특정 MMPI 하위척도를 실시한다면, 논리적으로 전체 MMPI에 포함된 같은 문항의 하위척도 점수와 같은 점수를 산출할 것이라고 기대할 수도 있을 것이다. 그러나 자료를 수집하여 정말로 그러한지 평가하기 전에는 확신할 수 없다. 이를 위한 방법 중의 하나는 예비조사를 실시하는 것이다. 축약된 MMPI 점수와 전체 MMPI 점수들이 (이형검사 신뢰도를 평가할 때처럼) 상관을 나타낼 수도 있다. 개인의 기본적 성격으로서 뿐 아니라 대안적 성격으로서의 자신감에 대한 평가에서 시간적 일반화 가능성과 문항 일반화 가능성을 증명할 수도 있을 것이다. 그리고 앞서 지적하였듯이, 변화된 측정도구의 타당성을 평가하는 것을 도와 줄 수 있는 추가적인 측정방법을 연구과제 자체 내에 직접적으로 구축할 수 있을 것이다.

## 측정도구를 평가하고 선택할 때 저지르기 쉬운 오류를 피하라

측정도구에 대해 기술할 때 흔히 나타나는 오류가 있다. 이러한 오류를 범하지 마라. 첫째, 측정도구의 명칭이 그 도구가 측정하는 바를 나타낸다고 생각하지 마라. 초보 연구자들과 몇몇 숙련된 연구자들조차도 측정도구의 명칭이 그 측정도구가 측정하는 것을 가리킨다고 생각한다. 그러나 꼭 그런 것은 아니다. 측정도구의 내용을 신중하게 살펴보라. 여러분이 그 도구가 평가하는 구성개념을 살펴보면 측정도구의 명칭이 잘못되었다는 것을 발견할지도 모른다.

명칭이 측정하는 내용을 반영한다고 가정하는 것은 요인분석 기법에서 나온 하위 척도들이 있는 질문지를 사용할 때 특히 문제가 된다. 간단히 말해서, 요인분석에서는 자료를 탐색하여 서로 가장 밀접하게 관련되는 것끼리 분류하고, 그러한 관련성이 어떠한지를 연구자에게 알려준다. 연구자는 어떤 문항들이 하나의 요인이라 할 수 있을 정도로 밀접하게 관련되는지를 정하게 된다. 여기서 문항의 내용은 요인분석에서의 계산과 아무런 관련이 없다. 이것이 의미하는 것은 동일한 요인에 속하는 문항들이 광범위하게 다른 내용을 담고 있을지도(혹은 담고 있지 않을지도) 모른다는 것이다. 그런 연후에 연구자는 문항들에 잘 맞아 떨어지는 것으로 보이는 명칭을 귀납적으로 지어내야 한다. 척도를 만들어낸 사람이 집단 내 문항들이 개념적으로 관련되는지를 검증하기 위해 확증적 요인분석을 사용하지 않는 한, 그 명칭은 연구자의 후 창작물이다. 명칭이 척도의 내용을 적절하게 반영한다고 가정하지 마라.

둘째, 상관이 유의하게 나타난 것을 상관이 높다고 가정하지 마라. 심리측정학적 문헌을 보는 많은 사람들이 이러한 오류를 범한다. 동일한 구성개념에 대한 두 측정치 간에 나타난 유의한 상관이 사용된 측정도구의 타당도를 지지할 수도 있고 지지하지 않을 수도 있다. 통계적 유의성이 아니라 상관의 크기가 중요하다. 작업 생산성에 대한 자기보고식 측정치와 동일 변인에 대한 기계화된 평가 간의 상관이 .20이고 $p < .05$ 수준에서 유의하게 나타날지도 모른다. 하지만 그 측정치는 공통변량의 4%를 설명할 뿐이다. 이것이 정말로 한 측정방법을 대신하여 다른 측정방법을 사용할 수 있다는 것을 의미하는가?

셋째, 자기보고식 측정치가 다른 자기보고식 측정치와 상관을 나타낸다고 하여 같은 행동을 평가한다고 가정하지 마라. 앞서 언급하였듯이, Campbell과 Fiske(1959)는 오래 전에 동일한 구성개념을 평가하기 위해 동일한 방법을 사용한 측정치 간의 상관이 새로운 측정도구의 타당도를 증명하였다는 가정이 잘못되었음을 지적한 바 있다. 방법의 다양성(다시 말해서, 측정점수상 변이의 일부가 측정도구 자체에서 기인하는 경향)이 그 결과를 설명할 수 있을 것이다. 두 가지 자기보고식 측정방법은 동일한 방법을 사용하기 때문에, 이들 점수가 동일한 접근방법을 공유한 결과로 관련성을 보이는지도 모른다. 행동을 간접적으로 측정하는 방법(예 자기보고식)에 대한 진정한 검증은 동일한 현상에 대한 직접적인 평가와 상관을 나타내는가를 알아보는 것이다. 일반적으로 동일한 것을 평가하는 각각의 방식들 간의 상관이 동일한 방법을 가지고 다른 것들을 평가한 상관보다 월등히 높아야만 한다.

끝으로, 단일 문항 측정방법을 사용하지 마라. 어떤 구성개념이나 행동에 대한 단일문항 측정도구는 신뢰할 수 없는 것으로 유명하다. 하지만 연구 초보자들은 종종 "여러분의 부모 중 알코올중독자가 있습니까?"와 같이 한 개의 질문에 대한 피험자의 대답이 피험자가 알코올중독자가 있는 집안에서 성장하였는지를 알아보는 좋은 방법이라고 생각한다. 이는 피험자의 특성을 측정하거나 피험자들을 묘사하거나 분류할 때(예 독립변인으로) 특히 문제가 된다. 이와 유사하게, 새로운 질문지를 설계하는 사람들도 종종 각 문항을 하나하나 분석하고자 한다. 여러분이 개개 문항이 신뢰할 만하고 타당하다고 증명할 수 있지 않는 한, 이러한 단일 문항을 사용하지 마라.

## 측정도구의 사본을 입수하라

여러분이 사용하고자 고려하고 있는 측정도구의 내용을 살펴보기 위해서는 그 측정도구의 사본을 입수해야 한다. 이것은 종종 매우 힘든 일이기도 하다. 학회지의 논문들에는 측정도구 사본이 거의 제시되어 있지 않고, 몇몇은 상업적 출판사들로부터 구할 수 있긴 하지만 많은 측정도구들은 그렇지 않다.

여러분이 관심을 가지고 있고, 구입할 수 없는 측정도구의 사본을 구하기 위해서는 측정도구를 만든 사람에게 연락해 부탁하여야 한다. 우선 그 사람의 최근 주소를 알아내야 한다. 미국심리학회 회원 주소록(APA Membership Register)과 같이 전문적인 주소록과 다른 전문가 단체(예 Society for Research in Child Development, American Psychological Society)의 회원 목록들은 정기적으로 개정되므로, 저자들을 찾는 데 도움이 될 것이다. 여러분이 그 사람을 찾았다면, 그 도구가 저작권이 있는 것인지 물어보라. 그렇다면, 그 측정도구를 사용하기 위해 서면으로 된 허락을 받아야만 한다.

만일 저자를 찾지 못하거나 저자가 여러분의 요구에 답을 하지 않는다면, 출판된 연구물에서 그 측정도구를 사용한 누군가를 찾아라. 그 사람은 그 측정도구의 사본을 찾았었을 것이다. 그 측정도구를 사용하였을지도 모르는 동료에 대해 지도교수에게도 물어보라. 그런 후 사용자를 알아내 사본을 부탁하라. 그 사람이 여러분의 요구에 답할 가능성을 높이기 위해서는 허락을 받아 지도교수의 이름을 이용하라.

## 요약

모든 연구자들은 자신들의 자료가 최소한, 신뢰할 수 있게 점수화된 측정도구에서 나왔다는 것을 증명해야만 한다. 여러 형태의 일반화 가능성(예 시간, 문항, 방법, 환경)의 중요도는 수행되고 있는 구체적 연구에 따라 달라질 것이다. 이 점을 명심하라. 그리고 여러분의 연구에서 이것들이 증명되어야 하는지, 그렇다면 어떻게 증명할 것인지를 고려하라. 이에 대해서 몇 가지를 제안하였다. 특정 개념이 적용되어야 하는지에 대해 의문을 가지고 있다면, 지도교수나 위원회의 다른 교수들에게 물어보라. 여러분 자신이 이 문제에 대해서 완전히 익숙해진 후에 물어 보라. 필요하다면 본 장과 부록 D에 있는 참고문헌들을 참조하라. 어떤 연구든 그 중심은 측정방법에 있다. 이에 대해 논리적인 선택을 하지 않고서는 연구를 하지 않는 편이 낫다. 이러한 선택을 현명하게 하기 위해 필요한 시간을 투자하라.

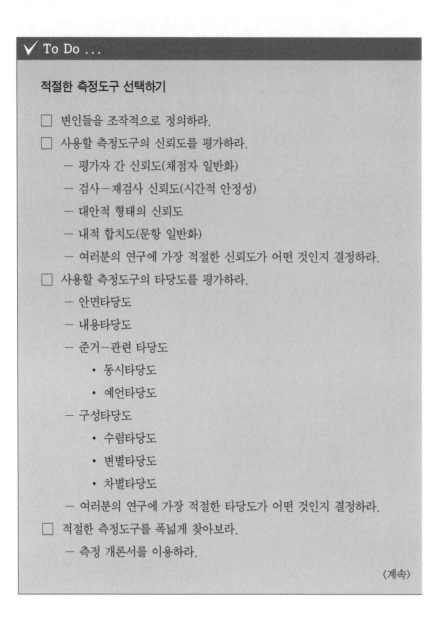

✓ To Do . . .

**적절한 측정도구 선택하기**

☐ 변인들을 조작적으로 정의하라.
☐ 사용할 측정도구의 신뢰도를 평가하라.
  - 평가자 간 신뢰도(채점자 일반화)
  - 검사−재검사 신뢰도(시간적 안정성)
  - 대안적 형태의 신뢰도
  - 내적 합치도(문항 일반화)
  - 여러분의 연구에 가장 적절한 신뢰도가 어떤 것인지 결정하라.
☐ 사용할 측정도구의 타당도를 평가하라.
  - 안면타당도
  - 내용타당도
  - 준거−관련 타당도
    • 동시타당도
    • 예언타당도
  - 구성타당도
    • 수렴타당도
    • 변별타당도
    • 차별타당도
  - 여러분의 연구에 가장 적절한 타당도가 어떤 것인지 결정하라.
☐ 적절한 측정도구를 폭넓게 찾아보라.
  - 측정 개론서를 이용하라.

〈계속〉

✔ To Do ... < 계속 >

      − 전산화된 자료를 사용하라.

      − 출판된 문헌을 이용하라.

☐ 중요한 심리측정학적 정보가 없다면 어떻게 해야 할지 계획을 세워라.

      − 채점자 일반화 가능성(평정자 간 신뢰도)

      − 시간적 안정성

      − 문항 일반화 가능성(내적 합치도)

      − 수렴 및 변별타당도(방법 일반화)

      − 환경 일반화 가능성

☐ 다른 사람의 측정도구는 주의해서 채택하라.

☐ 측정도구의 사본을 입수하라.

# 10 적절한 통계방법의 선택

**많**은 초보 연구자들에게 '통계'라는 단어만큼 겁나는 단어도 없다. 엄격한 프로그램에서 대학원의 필수 통계학 과목을 순조롭게 이수한 학생들조차도 간혹 자신의 연구에 적절한 통계방법을 선택해야 할 때가 되면, 숫자로 표현된 것은 도무지 모르겠다고 고백을 하기도 한다.

왜 우수한 학생들조차도 이러한 주제에 관해서 때때로 어려움을 느끼는가? 통계학을 가르치는 전형적인 방법에도 일부 문제가 있다. 통계학을 가르치는 사람들은 종종 '수학적' 방법이나 '요리책' 같은 접근 방법을 택한다. 전형적인 수학적 방법은 통계분석의 개념적 토대와 공식의 기원을 가르치는 것이다. 전형적인 요리책의 방법은 통계적 계산을 어떻게 할 것인가를 가르치는 것이다. 우리 저자들의 경험에 의하면 이 두 가지 방법 모두가 연구설계와 통계를 연결시키는 중요한 문제─전통적 연구설계와 통계 과목의 접점에 대한 주제─를 다루지 않고 있다.

또 다른 문제는 '수학에 대한 불안'인데, 이는 어렸을 때 수학능력에 대해 무시를 당했거나 수학과목에서 실패를 경험하여(이들 중 대부분은 학생의 무능력보다는 잘못된 교수방법에 기인하였을지도 모른다) 형성된 레퍼토리이다. 그리고 학생들은 수학에 대한 불안감으로 인해 숫자를 사용하는 기회를 회피하게 될 수도 있고, 따라서 이 분야에서 자신감을 가질 기회를 놓쳤을 수도 있다. 이러한 회피와 연습 부족은 학생들이 연구과제에서 통계를 선택할 때 다른 사람에게 의존하게 만드는 결과를 초래한다. 결국 자신의 연구분야에서 독립적으로 연구를 수행하는 방법을 배우지 못하고 만다.

본 장은 통계를 두려워하는 학생들이 자신의 연구설계에서 어떤 통계가 가장 적합한가를 알아내는 데 도움이 될 것이다. 여기서는 여러분이 기초통계학 수업을 들었고, 최소한 각 통계기법에 대한 명칭과 일반적 사용법은 알고 있다고 가정한다. 특정의 분석법을 어떻게 계산하고, 그것이 어디서 유래하였으며, 그것을 어떻게 프로그램화하는지에 대해 다루지는 않을 것이다. 오히려 기본적 집단−설계 절차와 관련된 기초적 통계를 주로 다룰 것이다. 여러분이 적절한 통계를 선택하는 데 있어 우리 저자들이 추천하는 전략은 여러분의 연구에 독립변인(예측변인)과 종속변인(준거변인)이 포함된다는 가정을 전제로 한 것이다. 여러분의 연구가 변인들의 집합에 내재된 구조만을 탐색하고자 하는 것이라면 이러한 전략들은 오히려 여러분을 혼란스럽게 만들 것이다.

게다가 우리가 이용할 수 있는 수백 가지의 통계적 검증을 하나하나 다루지는 않을 것이다. 흔히 사용되는 절차 중에서 경로분석, 순차적 (sequential) 분석과 그 외 시간계열 절차, 구조방정식 모형, 생존분석, 효과크기를 계산하는 통계방법은 여기에서 제외하였다. 특정 기법을 사용할 때 관련되는 논쟁점에 대해서도 다루지 않을 것이다. 그 대신, 광범위하게 사용되는 통계와 이들의 잠재적 기능에 대해 고찰할 것이다. 통계지식이 많은 사람들에게는 우리들 저자가 다루는 범위가 너무 단순해 보일 것이다. 반대로 통계를 좀더 공부해야 하는 사람들에게는 너무 복잡하게 보일지도 모른다.

본 장의 목적은 여러분이 연구를 위해 적절한 통계기법에 대해 아이디어를 갖도록 돕는 것이다. 일단 연구에 적합한 기법을 선택하고 나면, 여러분이 선택한 통계기법을 정말로 이해하고 있는지 확인하기 위해서, 또한 여러

분이 수행해야 할 분석에 여러분이 선택한 것이 최선의 방법이라는 것을
확인하기 위해서 그 기법에 대한 자료를 보충할 필요가 있다.

## 초기에 통계적 지식을 쌓아라

여러분이 수행할 통계분석을 위해서는 어떤 준비를 할 수 있는가? 여러
분이 대학원 과정의 초기 단계에 있다면, 실제 수행되는 연구에 참여할 수
있는 기회를 만들고, 자료분석에 대해서도 일부 책임을 맡겠다고 자원하라.
그런 다음, 교수진이나 연구책임자와 가까이서 작업하라. 특정 분석기법들
이 다른 기법들보다 왜 더 적합한지에 대해 질문해보라. 연구에서 통계를
다루는 책임을 맡는다면 여러분이 사용할 통계와 관련된 모수들과 선택사
항에 대해 배울 수 있을 것이다.

덧붙여 말한다면, 여러분의 수준에 알맞은 통계서적을 찾아라. 수십 편의
서적들은 각기 가능한 모든 통계적 주제를 다루고 있을 것이다. 이 책들은
복잡한 정도, 중점을 두는 부분, 수학적 요소와 설명적 요소 간의 균형, 수
록 내용의 깊이, 상징적 체계 면에서 다양하다. 결과적으로, 어떤 책들은 이
해하기 쉬운 반면, 또 어떤 책들은 이해하기 어려울 것이다. 여러분의 임무
는 상대적으로 이해하기 쉬운 책을 찾아내는 것이다. 우리 저자들은 본 장
을 통해 유용하다고 생각되는 통계책을 추천할 것이다. 또한 부록 D에도
이에 대해 제시하였다. Bruning과 Kintz(1987)의 저서는 여러 가지 기초 통
계학 계산 공식에 대해 이해하기 쉽게 설명하고 있다. 덧붙여, 주요 컴퓨터
프로그램의 매뉴얼에서도 유용한 통계적 정보를 제시하고 있다. 자료를 찾
는 데 있어 핵심은 여러분에게 필요한 것을 여러분이 이해할 수 있는 방식
으로 제시하고 있느냐는 것이다. 심지어 우리 저자들조차도 가장 이해하기
쉬운 통계서적에 대한 의견이 때때로 일치하지 않는다.

## 여러분이 하고자 하는 연구를 먼저 잘 살펴보라

적합한 통계를 선택하는 첫 번째 단계로 통계분석을 이용하고자 하는 목적이 무엇인가를 규명하라. 우선, 통계를 통해 답하고자 하는 다양한 질문들을 분명하게 구체화해야 한다. 논리적인 출발점은 여러분의 연구문제와 가설이 된다. 하지만 연구가설을 검증하는 것 이상으로 통계를 사용하고자 할 것이므로 연구문제와 가설에 답하는 것 이상의 것이 필요할지 모른다. 예를 들어, 다양한 종속변인들 간의 관련성을 살펴보고자 할지도 모르고, 혹은 여러분이 사용하는 세 가지 실험집단이 인구통계학적 특성상 차이가 없는지를 확인하고자 할지도 모른다. 여러분의 요구에 알맞은 분석의 종류를 알아내기 위한 일련의 단계에 대해 아래에 항목별로 적어보았다. 여러분이 계획하는 각 분석에 대해 아래와 같은 단계를 거치도록 추천한다.

먼저, 분석하고자 하는 각 변인들 전체에 대한 목록을 작성하라. 표본의 인구통계학적 특징에 대해 살펴보고자 한다면, 인구통계학적 자료의 각 부분을 목록으로 만들고, 각 변인에 대한 개개 피험자의 정보를 어떻게 수치화할 것인가를 결정하라. 종속변인들이나 독립변인들에 대해서도 이와 같은 목록을 작성하라.

혼란스러워도 놀라지 마라. 혼란스럽다고 느낀다면 이는 각 측정방법으로 정확히 어떻게 수치적 자료를 만들어 내는지에 대해 명료하게 만들 필요가 있다는 신호가 될 수 있다. 혼란스럽다면, 각 측정도구의 사본을 모아라. 그리고 몇몇 피험자에 대한 가상자료를 만들고, 그 자료를 점수화하여 결과를 검토해보라. 이러한 과정의 마지막 부분에 가면 통계를 통해 답하고자 하는 질문들의 목록과 그러한 통계에서 이용할 변인들의 목록이 남게 될 것이다.

다음, 통계를 이용하여 답하고자 하는 질문들 중 하나를 택하라. 이 질문에 답하는 것과 관련된 구체적인 독립변인과 종속변인(점수)을 제시하라. 예를 들어, 질문이 "ADHD(주의력결핍 과잉행동장애)와 ADHD가 아닌 남녀 아동은 사회적 요소에 대한 회상능력에서 차이를 보일 것인가?"라면, 여러분은 독립변인으로 성별(남자 대 여자)과 진단(ADHD 대 ADHD가 아닌 아동)을, 종속변인으로 회상능력을 목록화 할 것이다. 그런 연후에 자신에게 다음과 같은 것을 물어보라. (a) 피험자 집단들의 점수를 비교하여 이 질문에 답할 것인가? 또는 (b) 단일 집단 내의 피험자들의 여러 변인들에 대한 점수를 서로 관련지어 답할 것인가? 앞의 예에서는 첫 번째 질문에 "예"라고 답할 것이다. 여러분은 남아들과 여아들, ADHD 아동들과 ADHD가 아닌 아동들을 비교하고자 할 것이다. 이를 위해서는 각 집단이 획득한 점수들을 비교하는 통계기법이 필요하다. 집단들을 비교하는 통계에는 전형적으로 집단 간, 집단 내, 집단 간 및 집단 내 변인들이 혼합된 실험 및 준실험설계가 있다. 만일 여러분이 (a) 각 집단들(예 남자 대 여자)의 점수를, 또는 (b) 다른 시기(예 사전 대 사후) 혹은 다른 상황에서 측정된, 동일 집단 내의 개인들의 점수를 비교하고자 한다면, 집단비교 통계가 적합할 수 있다는 점을 주목하라.

집단비교 통계가 필요한 설계에서는 연구자가 각 집단들에 적합하도록 피험자를 규정하는 방식으로 정의한 독립변인들을 이용한다. 각 집단을 '수준(level)'이라고 하며 각 집단에는 명칭이 있다. 위의 예에서 성별은 수준이 두 개(남아와 여아)이다. 왜냐하면 분석 시 남아와 여아를 별개로 보고, 이들을 비교하고자 하기 때문이다. 진단 또한 수준이 두 개(ADHD와 ADHD가 아닌 아동)이다. 만약 연구자가 성차에 관심을 가지고 있지 않다면, 성별은 독립변인이 아니었을 것이고 연구자가 분석에서 성차를 살펴보지 않았을지도 모른다.

만일 여러분이 피험자들을 단일 집단으로 다루고자 하고, 점수들 간의 관련성을 살펴보고자 한다면, 상관설계가 가장 적합할 것이다. 예를 들어, 연구자가 "(여러 문항이 있는 질문지를 단일 점수로 평가한) 건강 신념과 (여러 문항이 있는 질문지를 단일 점수로 평가한) 사회적 지원, (주기적 혈액 수준 분석 값을 평균으로 평가한) 의학적 섭생의 성실도 간의 관련성은 무엇인가?'라는 연구문제를 가지고 있을 때가 그런 경우이다. 이 연구문제는 모든 피험자를 단일 집단으로 다룬다. 분리된 집단들(수준들)로 나누지 않는다. 사회적 지원과 건강 신념 측정에 대한 피험자들의 점수는 성실도 점수와 관련될 것이다. 상관설계에서 변인들은 대부분의 경우 연속변인이지만, 불연속변인인 경우도 있다. 이제 관계나 관련성 형태의 질문에 답하기 위한 상관통계를 살펴보자.

많은 학생들은 이 시점에서 어려움을 느끼는데, 이는 학생들이 연구설계에 대한 작업을 완전히 마치지 못하였기 때문이다. 어떤 연구주제에 대해서는 집단비교나 상관설계로 접근할 수 있다. 예를 들어, 지능이 높은 아동들이 지능이 높지 않은 아동들보다 또래문제를 더 많이 경험할 것인가에 관심이 있다고 가정해보자. 여러분은 이것을 다음 두 가지 방식으로 연구할 수 있다. (a) IQ 점수와 또래 상호작용 점수를 수집하고 이들 간의 관련성을 살펴보는 것(즉, 상관 살펴보기), (b) 둘 또는 그 이상 수준의 IQ 집단별로 아동들을 분류하고(예 IQ가 높은 집단과 IQ가 평균인 집단), 집단비교 통계를 이용하여 집단 간 또래상호작용에서 차이가 있는지를 살펴보는 것이 그것이다.

여러분이 진행하고 있는 연구에 대해 확신이 없다면, 연구계획서의 설계 부분을 다시 살펴보고(제8장 참고), 하고자 하는 바를 명확히 하라. 우리 저자들의 동료들 중 한 명(Dalengerg, 개인적 서신, 1992년 9월 18일)은 자신의 경험을 바탕으로 해서 다음과 같이 추천한다. 독립변인이 연속변인(예 지능)이거나 단일 종속변인을 예측하기에 적절한 독립변인들의 조합을 살펴보고자 한다면, 보통 상관설계가 가장 적합하다. 또한 어떤 사람들은 독립변인들을 조작하지 않았을 경우에 집단비교보다 상관설계가 더 적합하다고 한다. 덧붙여, 연속적 측정치를 이분화 또는 삼분화하여 집단을 만들어 상관통계 대신 집단비교 통계를 사용한다면 통계적 검증력이 낮아질 것이다(Cohen, 1983). 집단비교 설계는 독립변인이 원래 범주변인(예 성별)이거나 비선형적 방식에서 조합된 변인들(예 보통 여러 가지 행동들의 존재 유무나 정도에 근거하는 정신병리적 진단)을 기본으로 할 때에, 상관설계보다 집단 비교 설계가 더 적합하다. 또한 독립변인을 조작할 때에도 집단비교를 사용하는 것이 일반적으로 더 적합하다.

여러분이 알아야 할 두 번째 것은 연구하고자 하는 종속변인들 중 어느 것이 모수 통계에 적합한가에 대한 것이다. 모수 통계에서는 여러분이 표집한 모집단의 점수가 정상분포를 나타내고, 서로 다른 피험자들로부터 얻은 각 자료가 독립적인 것이라고 가정한다(특정 모수 검증의 요구 조건은 이보다 더 추가된다). 지나치게 단순화시키는 것인지 모르지만, 우리 저자들의 경험에 따르면 범주적 자료는 이러한 가정을 충족시키지 못하고, 비모수적 접근을 이용해 분석해야 한다. 하지만 예외(예 Myer, DiCecco, White, & Borden, 1982)도 존재한다. 그럼에도 불구하고, 연속적 자료는 범주적 자료보다 모수통계의 선행조건에 보다 잘 들어맞는 경향이 있다. 따라서 연속적 자료를 다룰 때는 모수분석을 먼저 살펴보라. 자료가 가진 특성이 모수분석에서 요구되는 가정에 위배된다면, 그리고 이러한 가정들에 대한 면제조건이 성립되지 못하거나, 이러한 위배 사항을 수정(예 자료변환을 통해)할 수 없다면, 비모수적인 대안을 고려할 필요가 있을 것이다.

이 과정에서 종속변인을 하나하나 살펴보라. 모든 변인이 동일한 특성을 가지고 있지는 아니하다. 예를 들어, 일반적인 오류는 연령, 민족성, 성별, 교육년수, 다른 인구학적 변인들에 대해 실험집단들이 동등한지를 검증하는 데 동일한 분석방법을 사용할 수 있다고 생각하는 것이다. 연령과 교육은 모수통계를 이용하여 서열적으로 분석하여야 한다. 성별과 민족성은 범주변인이기 때문에 일반적으로 비모수적으로 살펴보아야 한다. 이와 비슷하게 연구의 각 문제들에 답하기 위해 완전히 다른 통계방법을 사용해야 할지도 모른다. 한 가지 방법으로 모든 것을 다룰 수 있다고 생각하지 마라!

이 시점에서 여러분은 통계를 이용하여 대답할 문제 목록을 가지고 있어야 한다. 또한 각 문제의 독립변인들과 종속변인들의 목록도 가지고 있을 것이다. 각 종속변인에 대해 모수검증과 비모수검증 중 어느 것이 더 적합한지를 결정할 것이다. 끝으로, 그 문제가 피험자를 집단화하고 그 집단들을 비교하는 것인지(집단비교 통계), 단일 집단 내에서 하나 이상의 점수들의 관련성을 알아보는 것인지(상관통계)를 결정할 것이다. 이어지는 부분에서는 모수적 · 비모수적 집단비교 통계와 모수적 · 비모수적 상관통계의 선택 사항 각각을 차례로 살펴볼 것이다.

## 집단을 비교하는 통계방법을 고려하라

### 모수통계

#### 변량분석과 t 검증

*t* 검증과 ANOVA는 집단 간 차이를 연구하는 데 널리 사용되는 모수적 통계방법이다. 연구분석에 적합한 방법으로 이들 중 하나를 택한 후, 이들 내의 여러 종류 중에서 또 다시 하나를 선택해야 한다.

이 과정을 돕기 위해서, 첫째 특정 연구문제에 답하는 데 관련될 독립변인이 몇 개인지를 생각해보라. 다음, 각 독립변인에 포함된 수준(조건 또는 집단)이 몇 개인지를 따져보라. 이를 위해 각 독립변인에 포함된 각각의 집단(예 조건 : 회상을 위한 교육, 재인을 위한 교육, 교육하지 않음[세 가지 수준]; 시간 : 사전, 사후, 추적[세 가지 수준])으로 분리하라. 끝으로, 각각의 수준이 서로 비교되는 집단들(앞에서 언급한 '조건' 독립변인)을 의미하는지 또는 단일 집단의 동일 변인을 여러 상황(예 시기상 차이, 여러 실험적 자극에 노출된 후; 앞서 언급한 '시기' 형태의 독립변인)별로 비교하는지 생각해보라. 일단 이 질문들에 답하고 나면, 분석에 가장 적합한 통계방법을 찾아내기 위해서 〈그림 10-1〉의 순서도를 이용할 수 있다.

〈그림 10-1〉의 단계를 따르면 초기에 가장 적절한 선택을 할 수 있을 것이다. 순서도에 따르면 그 다음 과정은 여러분이 가진 자료가 해당 통계방법의 선행 가정을 충족시키는지 살펴보는 것이다. 선행 가정을 충족시키지 못한다면, 그 가정을 면제받을 수 있는지(즉, 그 방법을 사용한다 해도 잘

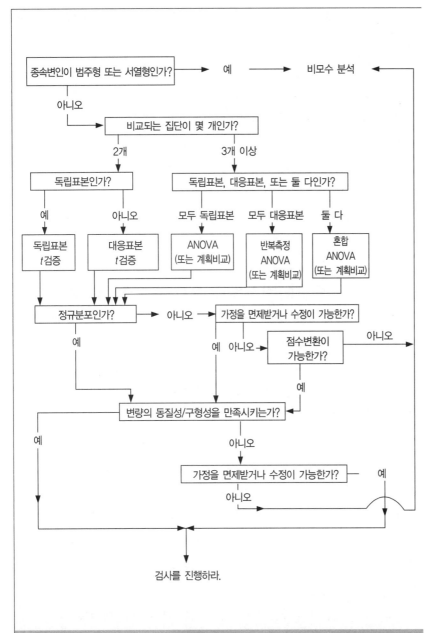

<그림 10-1> 집단비교 연구(종속변인이 하나인 경우에 한함)에 적합한 모수 통계를 선택하는 순서도

못된 결론을 산출해내지 않는지) 혹은 자료를 변환하거나 통계방법을 응용하여 그 문제를 완화시킬 수 있는지 확인해야 한다. 많은 학생들이 자료변환에 대해 경계하고 있지만, 통계치를 가정에 부합되도록 하기 위해 로그함수, 자승화, 또는 다른 종류의 변환을 이용하는 것은 속임수가 아니다. 사실 이는 제1종 오류나 제2종 오류를 피하는 데 도움이 된다.

만일 위배되는 가정을 보완하기 위한 방법을 알아낼 수 없다면, 순서도에 있는 가정이 적은 대안적 통계방법을 찾아보라. 물론, 가정이 적은 방법은 대부분 검증력이 더 낮다. 보통 모수통계가 비모수 통계보다 검증력이 높다. 그래서 일반적으로 모수적 검증방법을 사용하고자 할 것이다. 하지만 Maxwell과 Delaney(1990)는 이는 지나치게 단순화시킨 것이라고 지적한다. 어떤 경우에는 비모수적 접근이 모수적 대안보다 검증력이 더 높을 수도 있다. 어떤 것이 더 검증력이 높은가는 자료가 가진 특성에 따라 달라진다. 반반의 가능성이 있거나 혹은 여러분이 통계면에 초보자라면, 현실적인 부분을 고려해 선택하라. 즉, 여러분이나 여러분의 통계자문이 더 잘 아는 방법을 택하라.

본 장에서 지금까지 언급한 단계에 대해 예를 들어 살펴보자. 자료를 살펴보는 예비적 방법으로, 경영 스타일 질문지(점수 범위는 30에서 150까지임)에 대한 반응에서 남성과 여성의 차이가 있는지를 알아보고자 한다. 이 분석의 목적을 위해 수준이 두 개(남성과 여성)인 독립변인(성별) 한 개를 사용할 것이다. 집단들을 비교할 것이므로, 아마도 $t$ 검증이나 ANOVA를 사용할 것이다. 비교할 집단이 두 집단뿐이라면, $t$ 검증이 가장 적합할 것이다. 게다가 각기 다른 피험자들이 두 집단에 나뉘어져 있으므로, 독립표본 $t$ 검증이 보다 적합할 것이다. 덧붙여 말하면, 집단이 두 개 뿐이라면, $t$ 검증과 ANOVA는 수학적으로 같은 값을 갖는다.

이제, 여러분이 가진 자료가 $t$ 검증을 하는 데 필요한 가정을 충족시키는가? 그 가정들에는 집단들의 변량의 동질성(즉, 두 집단의 표준편차가 대략 동일하다), 관측치의 독립성, 일반화시키고자 하는 모집단에서 종속변인(경영 스타일 점수)의 정규분포가 포함된다. 각 집단의 점수들의 빈도 분포를 산출해 본다면, 변량의 동질성(homogeneity of variance)과 정규성(normality) 가정이 충족되는지에 대해 어느 정도 알 수 있고, 변량의 동질성과 정규성을 알아보기 위한 특정 통계검증을 수행할 수도 있다. 여러분이 가진 자료가 이러한 가정들을 충족시킨다면 $t$ 검증을 실시할 수 있다. 〈표 10-1〉에는 가장 일반적인 모수통계 검증법의 일부에 대한 가정과 선행 가정에 위배되어도 괜찮거나 그렇지 않은 몇몇 조건들이 제시되어 있다.

이제 보다 복잡한 예를 들어보자. 여러분이 연구에서 통찰력 지향의 개인적 치료가 문제해결의 개인적 치료보다 결혼만족도를 더 높이는지에 대해 알아보고자 한다고 가정해 보자. 종속변인은 결혼만족도 척도상의 점수이다. 독립변인 두 개는 처치의 형태(2 수준 : 통찰력 지향 대 문제해결 치료)와 시간(3 수준 : 사전 대 사후 대 추후)이다. 첫 번째 독립변인은 피험자들을 각 집단별로 비교하는 것이고, 두 번째 독립변인은 같은 집단 자체를 시기적으로 다른 시점에 비교하는 것이다. 〈그림 10-1〉의 순서도를 따른다면, 이에 해당하는 것이 피험자 간 요인(처치) 1개와 피험자 내 요인(시간) 1개로 된 '혼합 ANOVA'라는 것을 알게 될 것이다. 이 분석은 2×3 혼합 ANOVA가 될 것이다.

〈표 10-1〉을 통해 보면, 처치 비교의 결과는 변량의 동질성 가정에 위배되더라도 그 가정이 면제되는 경향이 있으나, 시기 요인과 관련된 분석은 그렇지 않다는 것을 알 수 있을 것이다. 즉, 변량의 동질성을 살펴볼 필요가 있을 것이다. 대부분의 통계학에 관한 서적(例 Keppel, 1991; Kirk, 1982; Maxwell & Delaney, 1990; 부록 D의 자료를 참고하라)에서 묘사된 여러 가지 검증법 중 하나를 이용하여 이를 수행할 수 있을 것이다. SAS나 SPSS와 같은 표준 통계 소프트웨어 프로그램을 통해 이들 검증법을 계산할 수 있다(기타 소프트웨어에 대한 정보는 부록 C를 참고하라). 만일 집단의 변량이 동질적이지 않다면, 여러 절차 중 하나를 이용하여 이 문제를 수정하기 위해 자유도를 조정할 수도 있다(Maxwell & Delaney, 1990 참고). 그 결과,

## &lt;표 10-1&gt; 일반적인 모수통계 검증의 가정

| 통계적 검증 | 가정 |
|---|---|
| $t$ 검증 | 변량의 동질성; 정규분포(일반적으로 앞의 두 가정에 위배되어도 괜찮으나 반복측정과 관련되거나 각 칸의 표본 수가 동수가 아닐 때는 그렇지 않음); 각 칸 내 점수들의 독립성(위배되면 안 됨) |
| 변량분석 (ANOVA) | 변량의 동질성; 정규분포. 반복측정 ANOVA에서는 구형성(sphericity; 이 가정은 등분산성 및 반복측정과 관련된 칸의 쌍들 간 상관의 동질성과 관계됨) 포함. 혼합 ANOVA에서도 처치─차이 분산의 동질성이 요구됨. ANOVA에서는 위배되어도 일반적으로 괜찮지만, 반복측정의 경우와 각 칸의 표본 수가 동일하지 않은 경우에는 그렇지 않음; 또한 전체 표본의 수가 작아도 위배되면 안 됨(Tabachnick & Fidell, 1989); 각 칸 내 점수들의 독립성(위배되면 안 됨) |
| 공변량분석 (ANCOVA) | 변량의 동질성(위배되면 해석상 어려움이 있고 편중된 $F$값이 산출됨, Huitema, 1980 참고); 각 칸 점수들의 독립성(위배되면 안됨); 정규분포(각 칸의 크기가 상대적으로 동일하고 오차 자유도가 19 이상이고, 양측검증이며 특이점이 없는 경우에는 일반적으로 위배되어도 괜찮음; Tabachnick & Fidell, 1989); 공변인과 종속변인 간의 선형적 관계; 회귀의 동질성(즉, 각 칸의 종속변인과 공변인 간의 관계가 동일함); 공변인이 신뢰할 수 있게 측정됨(이 가정에 위배되면 검증력이 손실됨); 공변인과 독립변인들의 독립성을 강력히 추천함; 각 조건에 피험자들을 무선 할당하는 것을 강력히 추천함; 반복측정 ANCOVA도 공분산의 동질성을 가정함. |

〈계속〉

| **<표 10-1> 일반적인 모수통계 검증의 가정 <계속>** | |
|---|---|
| 다변량<br>분산분석<br>(MANOVA) | 다변량 정규분포성; 각 종속변인과 분산－공분산 행렬의 변량의 동질성(각 칸의 크기가 동일하지 않으면 이 가정에 위배되면 안 됨); 모든 종속변인들 간의 선형적 관련성; 종속변인들 간의 다중공선성의 부재와 종속변인들 간의 단일성 |
| 판별함수분석<br>(DFA) | MANOVA와 동일함. |
| 피어슨의<br>적률상관 | 연속적인 종속변인들; 독립적 관측치 |
| 다중회귀 | 다중공선성의 부재(위배되면 안 됨)와 단일성; 다변량 정규분포; 등분산성; 예측변인과 준거변인 간의 선형적 관계; 자동상관된(autocorrelated) 잔차를 보완하지 않으면 시계열 자료에서는 사용될 수 없음(즉, 각 잔차가 바로 선행된 잔차와 관련되는 지도 모름). |

이질적인 변량으로 인한 편중을 막기 위해 종종 보다 더 보수적 방식으로 통계를 수행하게 된다(즉, 제1종 오류의 가능성을 감소시킨다). 이는 가정에 위배되지 않을 경우보다 훨씬 더 큰 집단 간 차이가 있어야 통계적 유의성이 가정에 위배되지 않는 경우와 동일한 수준으로 나타나게 된다는 것을 의미한다. 덧붙여 $F^*$검증과 $W$검증(Maxwell & Delaney, 1990)은 그 대안이 된다. $F$검증의 다양한 형태를 이용해, 각 칸의 피험자 수가 동일하거나 동일하지 않을 때 모두, 변량이 동질적이지 않을 때도 편향되지 않은 결과를 산출하게 된다. 하지만 설계가 반복 측정과 관련된다면 이 방법들은 적합하지 않다.

### 계획비교(Planned Comparisons)

〈그림 10-1〉에서는 '계획비교(planned comparison)'도 선택사항이라 하고 있다. 표준 ANOVA 접근법의 대안으로 자료를 수집하기 전에 평균 쌍들 중 살펴보고자 하는 특정 비교집합을 미리 선택할 수 있다. 이를 위해 기본적으로 여러분은 어떤 평균들이 서로 차이를 보일 것이라고 생각하는 지와 이들 간의 차이만을 검증하고자 한다는 것을 언급한다. 그 외 다른 비교는 중요하게 생각하지 않는다. 그런 후 ANOVA를 대신해서 계획비교를 수행할 수 있다. 이 방법은 수행할 검사의 수를 미리 제한하기 때문에 통계적 검증력을 높여준다는 장점이 있다. 반면 단점으로는, 사전 가설에 포함되지 않았던 재미있는 결과에 대해서는 나중에 자료를 자세히 들여다봐야 하는 번거로움이 있다. 이는 계획비교를 사용한 책임을 부담해야 하기 때문이다. 즉, 계획비교를 먼저 사용함으로써 보다 높은 검증력을 갖게 되지만 그 대가로 이후에는 엄격한 검증을 사용해 살펴볼 수밖에 없다. 일반적으로 본서에서 추천한 것처럼 문헌에서 지지하고 있는 잘 정의된 가설을 가지고 있다면, 계획비교를 하는 것이 타당하다. 또한 겨우 몇 개의 평균들만이 차이를 보이고 대부분은 그렇지 않은(예 만일 여러분이 통제조건을 많이 사용한다면) 복잡한 설계를 생각한다면, 이 경우도 계획비교를 하는 것이 타당할 것이다. 만일 여러분의 연구가 보다 탐색적인 것이라면 보다 높은 검증력을 위해 제한된 분석방법을 선호하지 않을지도 모른다. ANOVA에 대해 논하는 대부분의 통계서적은 계획비교를 하는 방법에 대해서도 설명하고 있다(예 Keppel, 1991; Kirk, 1982; Maxwell & Delaney, 1990). 비교하고자 하는 집단들을 선택하는 방법에 따라 계획비교를 수행하는 방법이 여러 개 있다는 사실을 기억하라.

### 사후비교(Post Hoc Tests)

만일 계획비교를 하지 않기로 결정했다면 어떻게 할 것인가? 아직은 통계서적을 덮지 마라! 사후검증을 선택할 필요가 있다. 이를 통해 여러분이 찾은 유의한 효과에 기여한 평균 차이가 어떤 것인지를 알 수 있다. 예를 들어, 앞서 언급한 처치 결과의 연구를 가정해 보자. 시간에 따른 주효과와 시간과 처치양식 간에 상호작용 효과가 유의하게 나타났다고 하자. 여러분은 다음에 제시된 것들을 위해 사후검증을 할 필요가 있다. (a) 시간의 주효과에 기여한 것은 무엇인가(시간에 따른 주효과는 처치 전, 처치 후, 추후 검사 시 평균 간 차이가 있다는 것을 의미한다). (b) 상호작용의 효과에 기여한 집단평균의 차이는 어떤 것인가?

상호작용은 독립변인들의 각 수준에서 집단들 간의 차이가 동일하지 않다는 것을 의미한다. 위의 예에서 시간×처치효과는 사전처치와 사후처치의 평균들 간의 변화가 두 가지 처치방법에서 동일하지 않다는 것을 의미할 수 있다. 사후처치와 추후처치의 평균들 간 차이가 두 가지 처치방법에서 동일하지 않다는 것을 의미할 수도 있다. 두 처치집단들은 한 시점에서는 다르나 다른 시점에서는 다르지 않다는 것을 의미할 수도 있다. 여섯 가지 평균들 중 어디선가 나타난 상호작용(사전-통찰력, 사전-문제해결, 사후-통찰력, 사후-문제해결, 추후-통찰력, 추후-문제해결)이 유의할 수도 있다. 하지만 여러분은 이것들이 어디에서 나타났는지 알아낼 필요가 있다. 사후검증은 이를 알아내는 데 도움이 될 것이다.

사후검증 방법에는 여러 가지가 있다. 여러분은 이 방법들의 검증력, 가정에 위배될 때에 면제되는 정도, 개념적 관점에서 각 방법이 가장 적합한 상황에 따라 이 방법들을 평가할 수 있다. Maxwell과 Delaney(1990) 및 Kirk(1982)는 이러한 선택방법들에 대해 유용한 고찰을 제시하고, 이들을 비교하고 대조한다. 변량의 동질성과 정규성 가정이 위배되면 면제받지 못하는 피험자 내 설계나 표본수가 동일하지 않은 설계를 사용한다면, 이러한 설계에 적합한 사후검증을 찾아보라. Jaccard와 Becker, Wood(1984)는 다중비교검증들을 조사하였고, 자료가 변량의 동질성의 가정에 위배될 때에 가장 정확하고 검증력이 높은 방법을 살펴보았으며, 다음과 같은 결론을 내렸다. (a) 반복측정을 사용하고 분산이 동질적이지 않은 경우, Tukey HSD

검증이나 Bonferroni 검증이 적합하다. (b) 표본크기가 동일하지 않고, 반복 측정을 사용하지 않으며 분산이 동질적이지 않은 경우, Games와 Howell 검증을 많이 사용한다. (c) 혼합설계(일부는 피험자 내, 일부는 피험자 간 독립변인들을 사용)에서 분산이 동질적이지 않은 경우, 피험자 내(반복 측정된) 변인에는 Bonferroni 검증을 사용하고, 피험자 간 변인에는 Games와 Howell 검증을 사용하라. Jaccard와 그의 동료들이 내린 결론에 따르면, 최적의 조건(표본의 크기가 동일하고, 가정에 위배되는 것이 없을 때) 하에서는 Tukey HSD와 Peritz 검증이 최선이다. 가정에 위배되는 것은 없으나 표본의 크기가 동일하지 않다면 Tukey-Kramer 검증을 추천한다.

### 공변량 분석과 다변량 분산분석

하지만 ANCOVA나 MANOVA는 어떠한가? 이 방법들을 사용해야 하는가? 공변량분석(ANCOVA)과 다변량 분산분석(MANOVA), 다변량 공분산분석(MANCOVA)은 모두 $t$ 검증과 ANOVA의 대안으로 제시된다. 다음에서 각각을 살펴보자.

ANCOVA는 기본적으로는 변량분석인데, 종속변인에 미치는 하나 이상의 변인(공변인이라 부름)의 영향력을 통계적으로 제거한 분석방법이다. 이론적으로는 ANOVA에서 공변인의 수준을 통제하여 산출한 것과 ANCOVA에서 산출한 것이 같을 것이다(이 상황은 실제로는 보다 더 복잡하다). 따라서 종속변인과 공변인 간에 강력한 관련성이 존재한다는 것을 안다면, ANOVA의 대안으로 ANCOVA를 사용하는 것이 타당하다. ANCOVA는 공변인과 종속변인 간의 관련성에 따른 변량을 추출해냄으로써 오차변량을 감소시키기 때문에, 독립변인이 유의한 효과를 나타내는 경향이 있다(Tabachnick & Fidell, 1989). 예를 들어, 읽기점수에 대한 세 가지 종류의 읽기 프로그램 효과를 연구한다고 가정해보자. 하지만 여러분이 알다시피 IQ는 읽기점수와 높은 상관을 보인다. IQ와 읽기점수와의 높은 상관 때문에 어떤 방식으로건 이를 통제하지 않는다면 세 종류의 읽기 프로그램 효과의 차이가 나타나지 않을지도 모른다. 본질적으로, IQ를 공변인으로 하여 ANCOVA를 실시하면 분석 시 IQ와 읽기점수 간의 관계를 추출해내어 독립변인의 효과를 찾아내기가 쉬워질 것이다.

연구자들은 때로는 어떤 변인이 잠재적 혼합요인으로 밝혀지고, 그 변인의 영향력을 통계적으로 제거하고자 할 때도 ANCOVA를 사용할 것을 주장한다. 예를 들어, 앞에서 언급한 통찰력 지향과 문제해결 처치의 결과를 비교한 연구를 고려해보자. 무작위 할당에도 불구하고 통찰력 지향 집단이 다른 집단보다 교육년수가 유의하게 높다고 가정하자. 나아가 교육수준이 치료결과와 상관이 있고, 통찰력 지향 집단에게 유리하게 나타난 어떤 차이점이 치료가 아닌 교육수준에 기인한 것일지도 모른다고 가정해 보자. 이러한 경우, 여러분은 교육수준을 공변인으로 사용하고자 할 것이다. 즉, 교육수준이 결혼만족도에 미칠 수 있는 잠재적 영향을 제거함으로써 교육수준이 통제된 상태에서 처치효과를 알 수 있게 된다. 하지만 몇몇은 이러한 절차의 적합성에 대해 이의를 제기한다. 어떤 경우에는 ANCOVA가 해석하기 힘들거나 잘못된 결과를 산출해 낼 수 있기 때문이다. 다음에서 이에 대해 언급하고자 한다.

ANCOVA에 대해 알아야 할 사항이 몇 가지 있다. 첫째, ANCOVA는 공변인과 종속변인 간의 유의한 상관관계가 있는 경우에만 그 사용이 타당하다는 것이다. 만일 상관관계가 없다면 의심되는 혼합변인이 종속변인과 아무런 관련이 없고, 처치집단 간의 차이에 대해 대안적 설명을 제시할 가능성이 적을 것이다. 게다가 ANCOVA의 결과는 ANOVA의 결과와 크게 다르지 않을 것이다(그리고 공변인을 포함함으로써 자유도—즉, 약간의 검증력—를 잃게 된다). 둘째, ANCOVA는 공변인과 종속변인 간의 선형적 관련성만을 통제할 뿐이다—공변인과 종속변인 간의 관계가 곡선적이라면 공변인의 효과와 섞인 혼합요인이 여전히 존재할 수 있다. 셋째, 공변인이 독립변인으로 인한 차이를 유발하거나 이와 관련될 때 ANCOVA를 사용하는 것은 해석상 큰 문제가 된다(보다 자세한 내용은 Maxwell & Delaney, 1990

참고). 넷째, 집단에 피험자를 무선할당하지 않은 경우(즉, 진형실험연구가 아니라면)에도 ANCOVA를 사용하면 해석상 문제가 된다(보다 자세한 내용은 Huitema, 1980 참고).

아마도 이러한 해석상의 문제들로 인해 어떤 사람들은 ANCOVA를 기대되는 (혹은 기대되지 않는) 혼합요인을 통제하고자 할 때가 아니라, 종속변인과 공변인 간 변량을 추출하는 데만 사용해야 한다고 주장한다. 끝으로, ANCOVA는 수준이 두 개인 명목변인(예 남자와 여자로 점수화되는 성별)을 공변인으로 사용할 수는 있지만, 수준이 두 개를 초과하는 명목 공변인(예 다섯 집단 중 하나로 점수화되는 민족성)에는 사용할 수 없다.

따라서 ANCOVA가 검증력이 높고 유용한 절차일 수 있지만, 그 결과에 대해 해석하는 작업은 그리 간단하지 않을 것이다. 만일 여러분이 ANCOVA를 사용할 가능성이 있다면, 이러한 분석을 통해 할 수 있는 것과 할 수 없는 것을 살펴보라. Huitema(1980), Maxwell과 Delaney(1990), Cook과 Campbell(1979, 4장)은 모두가 ANCOVA에 대해 다루고 있다. 덧붙여 Huitema(1980)는 ANCOVA와 함께 사용할 수 있는 몇 가지 사후검증에 대한 공식도 제시하고 있다.

MANOVA는 어떠한가? MANOVA는 여러 가지 종속변인을 모두 한번에 살펴본다는 것을 제외하고는 ANOVA와 유사하다. 예를 들어, 통찰력 지향 대 문제해결 연구에서 MANOVA를 통해 의사소통, 성적 상호작용, 도구적 과업에 대한 만족도(세 가지 종속변인)를 살펴볼 수 있다. MANOVA에서 다루는 기본적인 문제는, "다양한 요인들(독립변인들)이 이러한 종속변인들 '집단'에서 어떠한 차이를 나타내는가?"이다. 개념적으로, MANOVA 절차는 분석에 포함된 모든 종속변인들에 대한 정보를 조합한 통합변인을 만들어낸다. 그런 연후에 이 통합변인을 분석하고 끝으로 그 통합변인의 주효과와 상호작용의 유의성에 대해 알려준다. 이것은 독립변인이 통합변인에 영향을 미치는지 여부는 알 수 있으나, 독립변인이 통합변인을 구성한 개개 변인들 중 어느 하나에 영향을 미치는지 여부는 알 수 없다는 것을 의미한다.

연구자들은 때때로 MANOVA를 이용하여 제1종 오류가 커지는 것을 통제하고자 한다. 종속변인 각각에 대해 수많은 통계적 검증을 할 때 제1종 오류가 증가될 수 있으므로, 적어도 하나 정도는 여러 번 검증을 함으로써 실제로 유의하지 않은 경우에도 유의하게 나타날 가능성이 높아진다. MANOVA는 종속변인들을 하나의 집단으로 다루므로, 연구자가 보다 적은 수의 분석을 실시하고, 따라서 제1종 오류 가능성을 감소시키게 된다. MANOVA에서 유의하게 나타난다면, 연구자는 ANOVA가 유의하게 나타났을 때 구체적 집단 비교를 위해 사후검증을 이용할 수 있는 것처럼, 무엇이 유의성을 나타나게 하였는지를 알아보기 위해 각 종속변인들에 대한 ANOVA 분석을 각각 시행할 수 있다. 대안으로, 연구자는 그 효과를 설명하는 것이 무엇인지를 알아보기 위해 변인들을 하나씩 제거하는 단계-축소(step-down) 절차를 따를 수도 있다(Tabachnick & Fidell, 1989).

하지만 Huberty와 Morris(1989)는 이러한 접근법의 논리에 이의를 제기하였다. 이들은 MANOVA가 제1종 오류의 영향을 일률적으로 보호하지 못하고, 연구자가 종속변인들을 하나의 체계로 보고 관심을 갖고 있을 때 또는 종속변인들이 개념적으로 관련되고 근원적으로 동일하거나 유사한 구성개념을 평가할 때에만 MANOVA를 사용하는 것이 적합하다고 주장하였다. 이들의 주장에 따르면, 종속변인들이 개념적으로 독립적일 때, 탐색적 연구를 수행할 때, 선행연구에서 각각의 단변량 분석(univariate analyses)을 사용하였을 때(그래서 선행 연구자의 자료와 여러분의 자료를 비교할 수 있을 때), 집단들이 동등한지를 살펴볼 때(예 있을 수 있는 가능한 혼합변인들에 대해)에는 ANOVA를 여러 번 시행하는 것이 보다 더 낫다고 한다.

그래서 우리가 추천하는 바는 무엇인가? 종속변인들이 개념적으로 관련된 것이라면, 그리고 MANOVA의 가정을 충족시킬 수 있거나 그 가정에 위배되어도 특정 형태의 MANOVA가 괜찮다면, MANOVA를 사용하는 것이 타당하다. 종속변인들이 개념적으로 관련된 것이 아니라면, 그리고 여러 번의 통계적 검증을 시행한다면, 제1종 오류를 막기 위해 유의도 수준을 수정할 수 있다는(예 ANOVA를 다루는 대부분의 통계서적에 있는 Bonferroni 절차를 이용하여) 것을 기억하라. 이 상황에서 여전히 MANOVA를 사용하고자 한다면, 이에 대한 타당한 근거가 있어야 한다. 이에 대해서는 Huberty와 Morris(1989)를 참고하라.

### 변량분석에 대한 주의사항

몇몇 학생들은 ANOVA의 결과가 유의한 경우 독립변인이 종속변인의 변화를 초래한 것이라는 잘못된 생각을 한다. 그러나 그것은 그렇지 않다. 물론 독립변인의 수준들 간의 차이가 종속변인의 차이와 '관련'이 있다. 하지만 독립변인이 이러한 차이들을 초래하였다고 말할 수 있는지 여부는 연구설계에 따라 다르다. 독립변인을 조작하지 않았다면, 그에 대한 인과적 상태를 합법적으로 주장할 수 없다. 독립변인이 종속변인의 변화를 유발시켰다고 말할 수 있는지 여부는 통계방법이 아니라 연구설계에 달려있는 것이다.

## 비모수통계

여러분이 가진 자료가 ANOVA에서 요구되는 가정을 충족시키지 못한다면, 이 때에는 어떻게 할 것인가? 다행히도 비모수적 통계방법이 여러분을 도와줄 수 있을지도 모른다.

여러분이 피험자 간 ANOVA를 사용하고자 계획하였다면, 비모수적 대안으로 서열 자료에는 Kruskal-Willis 검증을 쓸 수 있다. 두 집단만을 비교하고자 할 때는 Wilcoxon의 순위검증과 Mann-Whitney $U$ 검증을 쓸 수 있다(Maxwell & Delaney, 1990). Kruskal-Willis 통계는 분포의 성격에 대해서는 아무런 가정도 요구하지 않지만, 변량의 동질성의 가정은 요구하고 있다. 따라서 Maxwell과 Delaney(1990)는 분산이 동질적이지 않을 때, 특히 각 칸의 크기가 동일하지 않을 때 $F^*$ 검증이나 $W$ 검증을 추천한다. 결합 서열화(joint ranking) 또는 쌍별 서열화(pairwise ranking) 검증(Maxwell &

Delaney, 1990)을 이용하여 ANOVA에서 사후검증으로 평균을 비교하듯이, 칸들의 쌍을 비교할 수 있다.

설계에 반복측정이 포함되고 반복되는 독립변인이 하나뿐이라면, Friedman 검증도 적합할지 모른다. 이 방법은 Kruskal-Wallis 검증처럼, 피험자의 점수 서열순서를 분석하는 것이므로 서열자료여야 한다.

범주자료의 경우, 가장 적합한 분석은 종종 카이자승검증(chi-square test)이다. 독립변인의 수준이 여러 개이거나 독립변인이 하나 이상인 경우, 카이자승검증 결과가 유의한 것으로 나타났다면 사후검증과 같은 분석을 하고자 할 것이다. 이것은 비율에 대한 $z$ 검증을 이용해 실시할 수 있다. 또 다른 방법으로는 ANOVA에 상응하는 보다 복잡한 비모수적 전략(로그 또는 로그선형 분석)이 적합할지도 모른다.

## 상관통계 방법을 고려하라

여러분이 생각한 설계가 상관설계라면, 통계를 선택하는 첫 번째 단계는 무엇이 무엇과 관련되는지를 결정하는 것이다. 관련되기를 바라는 변인이 두 개 있다면, 2변량(bivariate, 즉 두 변인) 상관이 적합할 것이다. 한 변인과 관련되기를 바라는 변인들의 집합이 있다면, 회귀분석이 최상의 선택일 것이다. 만일 한 변인이 범주변인이라면, 아마도 판별함수 분석이나 로지스틱 회귀를 사용해야 할 것이다.

### (모수 및 비모수) 2변량 상관

관련성에 대한 가장 단순한 측정방법은 2변량 상관계수이다. 두 변인에 대한 자료가 등간이나 비율로 간주될 수 있다면, Pearson의 적률상관(Pearson's product-moment correlation, $r$)이 적합할지도 모른다. 하지만 Pearson의 상관은 서열순서와 관계되고, 자료의 두 집합에서 나타나는 체계적 평균 차이를 고려하지 않는다는 점을 기억하라. 이러한 차이는 중요할지도 모른다. 예를 들어, 개인이 머리를 부딪치는 행동에 대해 두 사람이 독립적으로 동일한 대상을 관찰한 후, 두 사람이 산출한 자료들 간의 상관을 알아보고자 한다고 가정하자. 여러분은 관찰자들이 동일한 개인들을 관찰하고 머리를 부딪치는 행동을 보다 많이 또는 보다 적게 평가하였는지에 관심이 있을 뿐 아니라, 관찰한 각 개인의 머리를 부딪치는 행동의 양을 동일하게 보고하고 있는지도 알고자 할 것이다. 이러한 경우에는 평균 차이를 고려하는 급내상관계수(intraclass correlation coefficient, Winer, 1971)를 선호할지도 모른다.

만일 변인들 중 '하나'는 순서 자료이고 다른 하나는 원래 순서적이거나 등간 또는 비율 자료라면, Spearman의 순위상관 절차가 Pearson의 상관보다 더 적합할 것이다. 변인들 중 하나가 이분화된 자료라면, 점이연상관(point-biserial correlation)이 더 적합할 것이다. 변인 두 개가 모두 이분화된 자료라면 이들 변인 간의 상관을 파이상관계수(phi($\varphi$) coefficient)라고 부른다. $r$을 구하기 위한 공식으로 점이연상관계수와 파이상관계수를 산출한다는 점을 주목하라. 따라서 컴퓨터상 이분화된 자료의 $r$ 통계량을 산출하면 점이연상관계수와 파이상관계수를 알 수 있을 것이다(Cohen & Cohen, 1983).

## 회귀분석

회귀분석에서는 기본적으로 하나의 준거변인(criterion variable, 종속변인이나 결과변인이라고도 불림)과 하나 이상의 예측변인(predictor variables, 독립변인)을 선택한다. 두 개 이상의 예측변인을 사용할 경우, 회귀절차는 예측변인들을 조합하는 최선의 방식을 나타내는 방정식을 만들어내고, 예측변인상의 점수를 알고 있고 이들을 조합하기 위해 방정식을 이용하면 준거변인상의 개인의 점수를 얼마나 잘 추측할 수 있는지를 나타낸다. 예를 들어, 특정 치료자의 행동비율이 처치결과와 관련되는지, 연령, 사회적 능력, GRE(Graduate Record Exam) 점수, 학부 성적이 대학원 성적과 관련되는지,

여러 인구통계학적, 인지적 측정치가 암 수술 후 회복률과 관련되는지 등을 분석하고자 한다면 회귀분석이 적합할지도 모른다. 회귀분석은 예측변인이 한 개일 때도 사용할 수 있지만, 보통 예측변인이 여러 개인 경우가 더 많다. 이러한 모수적 회귀의 형태를 다중회귀(multiple regression)라고 부른다.

## 모수적 다중회귀

모수적 다중회귀분석은 기본적으로, 예측변인들상 피험자들의 점수를 알지 못할 때 최선의 추측(어쨌든, 이 최선의 추측이란 준거변인의 평균을 의미할 것이다) 이상으로 준거변인을 예측하는 능력을 높여주는 변인들의 목록을 산출해 낸다. 분석절차에서는 예측변인들의 일부가 서로 상관을 보일지도 모르고 따라서 중복될지도 모른다는 사실을 고려한다. 즉, 유의한 각각의 예측변인이 유일한(중복되지 않은) 정보를 제공하며 기여한다(즉, 여기서 정보는 선행된 예측변인이 제공한 것 이상의 것이다). 연속변인뿐 아니라 이분화된 변인들도 예측변인으로 사용할 수 있으나, 모수적 다중회귀 절차에서 준거변인은 반드시 연속변인이어야 한다(비모수적 회귀[로짓분석과 로지스틱 회귀]에 대해서는 이후에 언급할 것이다). 수준이 2개 이상인 명목변인들도 예측변인으로 사용할 수 있으나, 이들은 특별하게 다루어야 한다(Cohen & Cohen, 1983 참고). 보다 복잡한 형태의 회귀를 통해서는 각 예측변인들 간의 상호작용 효과까지도 평가할 수 있을 것이다.

회귀분석에는 여러 가지 형태가 있다. 대부분은 예측변인들을 회귀방정식에 투입하는 순서와 관련된 것이다. 예측변인들을 하나하나씩 투입할 수도 있고 하나 이상의 집단으로 투입할 수도 있다. 각 회귀분석의 형태는 예측변인이 준거변인을 예측하는 데 있어 각 변인이 (방정식에 있는 다른 변인들이 담고 있는 정보 이상 혹은 이하의) 새로운 정보에 기여하는지를 검증하는 분석 방식에 따라서도 다양하다.

'위계적 다중회귀(hierarchical multiple regression)'에서는 이론적 혹은 방법론적 근거에 따라 연구자가 방정식에 투입할 변인들의 순서를 미리 구체적으로 정한다. 첫 번째 변인과 관련된 변량을 추출해 내고, 두 번째 변인에도 같은 과정을 되풀이하고, 그 다음도 마찬가지다. 또는 각각의 모든 변인들이 투입될 순서를 구체화하거나, 변인들을 하위집단으로 집단화하고 그 하위집단을 투입한 후 각 집단 내 순서는 분석 시 분류되도록 할 수도 있다. 예를 들어, 우리 저자들이 지도한 학생들 중 한 명은 부모의 결혼만족도와 부모자녀 관계의 질(응집성)에 근거하여 인척만족도(in-law satisfaction)를 예측하고자 하였다. '인척만족도'가 준거변인이 된다. 그 학생은 위계적 다중회귀분석에서 먼저 인구통계학적 변인들의 몇 가지(하나의 집합으로)를 투입하였다. 그 다음에 사회적 바람직성 측정치를 투입하였다. 끝으로, (하나의 집합으로) 결혼만족도와 응집성 측정치를 투입하였다. 그 학생이 이러한 순서를 택한 이유는 인구통계학적 특성과 자기보고식 측정방법에서 사회적으로 바람직하게 답하는 경향을 통제하고자 하였고, 이들을 통제한 후 결혼만족도와 응집성 및 인척만족도 간의 관련성을 살펴보고자 하였기 때문이다. 다시 말해서, 결과에서 결혼만족도와 응집성 점수가 인구통계학적 측정치나 사회적 바람직성 측정치가 제공한 정보 이상의, 어떤 새로운 정보를 제공하는지 여부를 알 수 있었다. 하지만 그 학생이 집합 내에서 변인들을 서열화 할 필요는 없었다.

위계적 다중회귀의 대안은 '단계적 회귀(stepwise regression)'이다. 이 절차에서는 어떤 변인이 준거변인을 가장 잘 예측하는지, 그 다음으로 어떤 변인이 유의하게 추가될 수 있는지 등을 순전히 계산적인 결정 규칙을 통해 규명한다. 위계적 다중회귀에서 미리 입력 순서를 정하였던 반면에, 단계적 회귀에서는 컴퓨터가 그 순서를 정한다. 만일 앞서 언급한 예의 학생이 단계적 절차를 이용한다면, 모든 변인들을 입력하고 인척만족도를 예측하는 순서를 컴퓨터가 정해서 알려 줄 것이다.

이러한 순서를 정하는 데는 여러 가지 방법이 있고, 어떤 절차를 사용할지를 컴퓨터에 입력하여야 한다. '전진투입법(forward entry)'에서는 변량을 가장 많이 설명하는 변인을 처음으로 입력한다. 변량을 두 번째로 많이 설명하는 변인을(첫 번째 변인이 방정식에 투입되어 있는 상태에서) 그 다음으로 입력하는 식이다. 이러한 분석의 문제점은 일단 첫 번째 변인이 방정식에 투입되면 계속 방정식에 들어 있는 채로 진행이 된다는 것이다. 하지만, 첫 번째 변인 때문에 방정식에 들어가지 못하는, 이후에 입력되는 변인들이 서로 조합하여 첫 번째 변인보다 더 좋은 예측요인이 될 지도 모른다. '전진 단계적(forward stepwise)' 절차에서는 새로운 변인들을 입력할 때마다 이미 투입되어 있는 변인들이 여전히 중복적이지 않은 정보를 제공하는 데 기여하는지를 검증하여 이러한 문제점을 해결한다. '후진제거법(backward deletion)'은 모든 변인들을 한꺼번에 회귀방정식에 입력한 후, 변량을 적게 설명하는 변인들을 제거해가는 방식이다. 몇몇 후진 단계적 절차에서는 각 변인의 입력 시 방정식의 결과를 재검증한다.

모두는 아니지만, 대부분의 단계적 접근들은 분석을 진행하면서 검증할 때 변인들을 추가하거나 제거하는 절차를 이용한다. 여기서 가장 핵심적인 것은 회귀분석을 여러 가지 방식으로 수행할 수 있다는 점이다. 분석 목적에 비추어 선택 사항들과 그에 대한 찬반을 살펴보고 자세한 정보에 입각하여 결정을 내려라.

Cohen과 Cohen(1983)은 단계적 절차를 사용할 때 발생하는 단점에 대해 몇 가지를 지적하고 있다. 첫째, 많은 수의 예측변인을 이용할 때, 이 접근법은 우연의 영향을 많이 받는다. 둘째, 이러한 절차들을 사용한 결과가 다음 표본에서는 나타나지 않을 수도 있다. 셋째, 예측변인들을 투입하고 제거하는 데 사용한 규칙에 따라 결과가 상당히 오도될지도 모른다. 끝으로, 단계적 절차를 사용한다는 것은 예측변인과 준거변인 간의 논리적 관련성을 생각해 보아야 하는 것을 피할 수 있다는 것을 의미한다. 이것은 여러분이 살펴보고자 하는 것이 정확히 무엇인지 미리 구체화하고 계획하는 노력을 하기보다는 자료를 통해 살펴보는 ANOVA나 사후비교를 이용하는 것과 약간은 비슷하다.

단계적 절차는 표본크기가 크고, 연구를 되풀이하는 것이 가능할 때(두 번째 표본을 가지고 혹은 그 표본을 무작위로 둘로 나누어), 연구목적이 이론에 근거한 것이 아닐 때(연구목적이 현상을 설명하는 것이 아니라 단순히 예측하는 것인 몇몇 응용 연구에서처럼, Cohen & Cohen, 1983)에 그 사용이 보다 정당화되는 것인지도 모른다. Tabachnick과 Fidell(1989)은 단계적 절차를 모형 구축(model-building) 기법으로 본다. 초기 연구에서는 이렇게 사용되었을 것이다. 위계적 절차는 모형검증(model-testing) 기법이다[1]. 연구자들은 타당한 예측을 할 수 있을 만큼 충분히 알려져 있을 때에 이 방법을 사용할 것이다.

모든 모수통계 검증에서처럼 회귀절차에도 선행되는 특정 조건이 있다. 이들이 충족되지 않을 경우 문제가 될 수 있다. 첫째, 다중회귀절차에서는 다중공선성(multicollinearity)이 없다는 것을 전제로 한다. 다중공선성은 두 개 이상의 예측변인들이 서로 높은 상관을 보일 때에―불안정한 회귀방정식을 산출해 내는 상황(즉, 각 예측변인들과 관련된 가중치들이 새로운 모집단을 대상으로 한 연구에서는 반복하여 나타나지 않는 경향이 있음)[2]―일어난다. 만일 다중공선성이 문제가 된다면, 상관을 보이는 변인들 중 가장 중요한 예측변인만을 선택하거나 상관을 보이는 변인들을 합리적으로 단일 점수로 혼합할 수 있는지를 살펴볼 수 있을 것이다.

다중회귀를 이용할 때 선행되어야 하는 두 번째 조건은 예측변인들이 다른 예측변인들의 조합으로 나타나서는 안 된다는 것이다(이것을 '단일성

---

1) 위계적 절차와 단계적 절차를 혼합할 수도 있다. 즉, 몇 가지 변인들의 일련의 하위집합을 위계적으로 투입하나, 각 하위집합 내 변인들의 순서를 정하는 데는 단계적 방식을 사용할 수 있다

2) Tabachnick과 Fidell(1989)은 .7 이상의 2변량상관은 문제의 가능성이 있다고 주장한다. 하지만, 낮은 2변량상관이 다중공선성의 부재를 보장하는 것은 아니라는 점을 주목하라. 예측변인 2개를 각각으로 볼 때 제3의 변인과 중간 정도로 상관이 있을 수도 있으나, 이 두 변인들을 혼합하여 보면 높은 상관관계가 있을지도 모른다. SPSS-X와 SAS를 이용해 변인들을 혼합하였을 때 다중공선성을 검증하기 위한 지수를 계산할 수 있다.

(singularity)'이라고 한다). 다시 말해서, 치기, 욕하기, 주먹질하기 점수들과 공격성 총점을 예측변인들로 사용할 수 없다. 공격성 총점은 치기, 욕하기, 주먹질하기 점수들의 조합으로 나타나게 된다. 셋째, 회귀는 각 예측변인과 준거변인 간 선형적 관련성을 전제로 한다. 넷째, 다중회귀에서는 기본적으로 다변량 정규분포를 전제로 한다. 이는 각 예측변인뿐만 아니라 예측변인들의 모든 조합도 정상적으로 분포된다는 것을 의미한다. 다섯 번째의 가정은 등분산성(homoscedasticity)이다. 회귀방정식에 의한 예측은 회귀선의 각 지점에서 거의 유사해야 한다. 다행히도 끝부분의 가정 세 가지는 모두 잔차를 살펴봄으로써 확인할 수 있다. 잔차분석에서는 기본적으로 회귀방정식으로 예측되는 각 점수들과 자료의 실제 점수들 간의 차이를 살펴본다(이들 각 차이를 '잔차(residual)'라고 부른다). 회귀선상 잔차들의 패턴에 따라 다중회귀 가정을 충족시키는지를 알아볼 수 있다(가정을 충족시키지 못할 때의 양상이 그래픽상 어떻게 나타나는지를 알아보려면 Tabachnick & Fidell(1989, p. 132)을 참고하라).

## 비모수적 회귀

'로지스틱 회귀(logistic regression)'는 여러 예측변인들이 단일 준거변인과 관련된다는 점에서 다중회귀와 유사하다. 예측변인들은 연속적이거나 연속적이지 않을 수도 있으나, 다중회귀와 달리 준거변인은 범주변인이다. 게다가 로지스틱 회귀의 기본이 되는 수학은 모수통계보다는 비모수통계와 보다 밀접한 입장을 취하고, 모수적 다중회귀의 기본이 되는 수학과는 매우 다르다. 따라서 비모수적 회귀통계는 각 예측변인들이 준거변인의 변량을 얼마나 설명하는가에 대해서라기보다는, 특정 칸에서 '기대(expected)' 빈도가 '획득(obtained)' 빈도와 얼마나 잘 일치하는지에 대해 알려준다. 유사한 절차인 '로짓분석(logit analysis, 로그선형분석 버전)'은 모든 변인들 (예측 및 준거변인)이 범주변인이어야 한다는 점에서 로지스틱 회귀보다 더 제한적이다.

### 판별함수분석(회귀 및 다변량 분산분석의 상대적 존재)

판별함수분석(Discriminant Function Analysis : DFA)은 로지스틱 회귀와 용법이 비슷하나 모수통계이다. DFA는 독립변인이나 예측변인으로 간주되는 변인들의 집합에서 종속변인으로 간주되는 불연속적인 집합의 구성원을 예측하고자 할 때 가장 유용하다. 예를 들어, MMPI 점수가 정신의학적 진단을 얼마나 잘 예측하는지 혹은 직업과 회사에 대한 태도를 평가한 점수들과 인구통계학적 자료들을 조합하여 신입 사원이 취업 일년 내에 회사를 그만둘지를 예측하는 방법을 이끌어낼 수 있는지 알아보고자 할지도 모른다. 이러한 문제들은 종속변인(예 반사회적 성격장애 대 통제집단, 회사를 그만두는 사람 대 남아있는 사람)을 만들기 위해 표본을 둘 이상의 불연속적 집단으로 나눈다는 점에서 집단비교 문제와 유사하다. 변인들의 조합으로 집단을 분리할 수 있는지를 살펴보고자 한다는 점에서는 회귀문제와 유사하다. DFA는 그 전제조건이 충족된다면 이러한 상황에서 유용할 것이다 (〈표 10-1〉 참고).

기본적으로, DFA에서는 예측변인들(독립변인들)을 살펴보고, 피험자를 각 집단(종속변인)에 최대한 정확하게 분류하는 값을 산출하는 방정식을 만들어낸다. 회귀에서와 같이 DFA에도 여러 종류가 있다. 수학적으로, DFA는 MANOVA와 밀접한 관련이 있다. 중요하게 고려할 점 중의 하나는 다른 변인들에 앞서 특정의 변인들을 먼저 검증하는 계산을 할 것인지(위계적 DFA) 혹은 변인들의 순서를 통계적으로 계산할 것인지(단계 축소 DF 혹은 직접적[표준적] DFA; Tabachnick & Fidell, 1989를 참고하라)와 관련된다.

### 요인분석

앞부분에서 독립변인으로 지정한 몇몇 변인과 종속변인으로 지정한 몇몇 변인이 있고, 이들 독립 및 종속변인들이 서로 어떻게 관련되는지에 관심을 가지고 있다고 가정해 보았다. 하지만 항상 그런 경우만 있는 것은 아니다. 상관에 기초한 통계의 또 다른 방법은 독립변인과 종속변인을 구분하지 않는 것이다. 그 대신 자료들 간의 관련성이나 구조를 살펴보게 된다.

요인분석과 이와 유사한 주성분분석은 변인들 간의 상관패턴을 요약하는 방법이다. 연구자들은 종종 많은 변인들이나 항목들을 적은 수로 축소하거나 변인들의 근원에 있는 구조에 대한 가설을 검증하는 데 이러한 방식들을 사용한다. 예를 들어, 새로운 질문지를 개발하는 연구자가 집단들 간의 차이를 살펴보기 전에 50개의 문항을 보다 동질적인 몇 개의 하위척도로 축소시키고자 할지도 모른다.

요인분석을 사용하는 것과 관련된 문제들을 여기서 다루기에는 너무 많고 복잡하다. 하지만 특별히 언급해야 하는 문제 중의 하나는 표본의 크기이다. 요인분석이나 이와 관련된 기법을 사용할 때, 여러분이 평가하는 변인들 간의 관련성의 강도에 따라 달라지기는 하지만, 분석에 투입될 각 문항이나 변인당 최소 5명 이상의 피험자가 필요하다(Gorsuch, 1983; Tabachnick & Fidell, 1989). 따라서 앞서 기술한 50문항으로 된 질문지를 분석하기 위해서는 최소한 250명의 피험자가 있어야 한다. 덧붙여, 많은 연구자들은 결과를 확실히 하기 위해 요인분석을 반복(replicate)해 볼 것을 추천한다. 올바른 분석을 위해서 충분한 수의 피험자를 표집할 의향이 있는가? 그렇지 않다면, 점수들의 가지 수를 줄이기 위해 경솔하게 요인분석을 수행하여 변인들이 너무 많다는 문제를 해결하고자 시도해서는 안 된다. 더 나은 해결책은 그 모든 측정치들이 정말 필요한가에 대해서 생각해 보는 것이다.

## 신중하게 자문을 구하라

이 시점에서 어떤 통계방법이 여러분의 연구에 적합할 지에 대해 나름대로의 생각이 있을 것이다. 그럼에도 불구하고, 올바르게 선택하였는지에 대해서 의문을 가질지도 모른다. 도서관에 가서 여러분이 사용할지 모르는 통계방법에 대해 여기서 다룬 것 이상으로 보다 깊이 있게 서적을 참고할 필요가 있을지도 모른다.

만일 추가적인 도움이 필요하다면 어떻게 해야 할 것인가? 통계에 대한 도움이나 자문을 이용할 것인가? 어떤 목적으로 그러할 것인가? 이 질문들에 대한 해답은 관련된 자문의 필요정도에 달려 있다. '자문'에는 지도교수나 다른 대학원생, 혹은 통계학 교수에게 분석의 특정 측면에 대해 몇 가지 질문을 하는 것에서부터 누군가를 고용하여 여러분의 연구에 적합한 분석을 택하고 프로그램화하고 분석을 실행하는 것까지 모두 포함될 수 있다. 이러한 자문들은 자문해주는 사람과 학위를 받는 여러분 중 누가 실제 작업을 수행하였는지에 있어 매우 큰 차이가 있음을 말해준다.

자문은 건전한 것이다. 대부분의 교수진들은 자료분석에 대해 자신보다 통계적으로 전문가인 동료들의 도움을 받고 경험으로부터 배운다. 노련한 연구자조차도 때로는 통계적 자문에 연구예산을 쓴다. 특정 분석의 방향이 제대로 된 것인지 알아보기 위해 교수나 대학원생에게 받는 자문은 일반적으로 전문가 분야에서 받아들여진다. 사실 여러분이 모르는 것이 무엇인지를 알아내고 서적을 참고하거나 동료의 자문을 통해 그 답을 알아내는 것은 중요한 전문가적 기술이다.

컨설턴트를 보다 더 깊이 관여시키는 것은 어떠한가? 이것은 복잡한 문제이다. 이상적인 경우로는 학생들이 가끔 조언을 활용하는 것 말고는, 모든 작업을 스스로 해야하는 것이다. 유감스럽게도 몇몇 학교에서는 통계학 시간에 학생들을 제대로 가르치지 못하는지도 모른다. 게다가 어떤 학생은 통계를 다루는 데 곤란을 겪거나 학생뿐만 아니라 지도교수도 마찬가지로 통계를 두려워하거나, 또는 복잡한 분석에 필요한 컴퓨터 장비와 자문을 활용하는 것이 불가능할지도 모른다. 이러한 경우, 학생에게 자료분석을 어떻게 할 것인지 정해서 도움 없이 분석을 수행하라고 요구하는 것은 지나치게 무리한 요구일지도 모른다.

## 통계에 대한 책임을 져라

만약 컨설턴트를 활용한다면, 여러분의 연구과제에서 통계에 대한 책임은 궁극적으로 여러분 자신에게 있다는 점을 명심하라. 이는 여러분이 왜 어떤 통계방법은 적합하고 어떤 것은 적합하지 않은지, 자료를 분석하는 데 어떤 컴퓨터 프로그램이 사용되고 어떻게 선택한 것인지, 결측치(missing data)와 같은 것들을 어떻게 다루었는지, 컴퓨터 결과가 의미하는 것은 무엇인지, 분석이 정확하게 진행되었는지, 결과를 어떻게 해석할 것인지에 대해 알고 있어야 한다는 것을 의미한다. 다시 말해서, 여러분이 실제 분석을 수행하였건 하지 않았건 간에, 안팎으로 어떤 일이 행해졌는지에 대해 알아야 하고, 그 결과의 정확성에 대해서도 책임을 져야 한다는 것이다. 컨설턴트는 연구계획을 발표할 때나 구술심사를 할 때 함께 출석하지는 않을 것이라는 점을 기억하라.

이따금씩 조언을 받는 것 이상으로 도움이 필요하다면 어떻게 해야 할 것인가? 첫째, 여러분이 할 수 있는 한 최대로 많이 여러 번 분석해 볼 것을 권고한다. 즉, 적절한 컴퓨터 자원이 있지만 특정 통계방법에 대해 이해하지 못한다면, 통계방법을 선택하고 프로그램화하고 그 결과를 읽는 데 있어 누군가의 자문을 구해야 할 것이다. 여러분 자신이 자료를 점수화하고, 축소하고, 입력하며, 분석을 실행할 것이다(아마도 프로그램 진술문에서 오류를 찾아내는 데 도와줄 컴퓨터 컨설턴트의 도움을 받으며). 둘째, 자문의 목적은 여러분에게 부족한 기술을 배우는 것이어야 한다. 여기에는 '자문(consultation)' 보다는 '개인지도(tutoring)' 라는 표현이 더 적합할지도 모른다. 지도가 끝날 때쯤 여러분이 한 것과 왜 그렇게 하였는지, 사용한 통계방법의 전제조건과 특징, 여러분이 찾아낸 결과에 대한 시험을 통과할 정도가 되어야 한다.

사실, 논문에 대한 구술심사 시 그와 같은 문제가 출제될지도 모른다! 최종적인 구술심사에서 통계에 대한 질문에, "저, 정확히 무엇을 하였는지 확실히 모르겠습니다. 통계분석을 수행한 사람에게 물어보겠습니다"라고 답하는 것은 좋은 방법이 아니다. 여러분 혼자서—여러분을 도와준 사람이 아닌— 심사위원들에게 논문에 대해 답변해야 한다. 심사위원들이 평가하는 것은 연구를 하는 여러분의 능력이지, 컨설턴트의 능력이 아니다. 도움을 준 사람이 아닌, 여러분이 학위를 받게 될 것이다. 그러므로 배우는 데 필요한 도움을 받고 여러분이 하고 있는 것을 이해하라. 하지만 여러분이 할 수 있는 한 최선의 것을 하고, 통계방법이 올바르게 선택되었고, 계산되었다는 것에 대한 모든 책임을 스스로 져야 한다.

여러분이 하는 모든 분석을 누군가가 도와줄 것이라고 할지라도, 스스로 자료를 준비하라. 분석에서 사용할 자료를 어떻게 코딩해야 하는지 컨설턴트와 이야기를 한 후에 칼럼이 표시된 종이나 스프레드시트에 코딩하라. 이러한 작업을 통해 원자료가 어떻게 생겼는지를 이해할 수 있을 것이다. 결측치(missing data)를 어떻게 다루어야 하는지와 같이 중요한 문제들에 대해서도 생각해 보게 될 것이다. 또한 결과를 왜곡시킬 수 있고 따라서 신중하게 다루고자 할 극단의 점수(outliers)를 찾아낼 수도 있다. 스스로 예비조사를 하여 평균, 표준편차, 빈도분포 등을 살펴보라고 권한다. 앞서 언급하였듯이, 빈도분포는 어떤 통계가 적합한지를 결정하는 데 도움이 되고, 통계방법을 바꿀 필요가 있는지를 일찌감치 알려 줄 것이다. 자료분석에서 가장 첫 번째 해야 할 단계로서 예비분석을 해야 한다. 통계 소프트웨어가 없다면 대부분 손으로 할 수 있을 것이다. 예비분석에 대해서는 제11장에서 좀더 자세히 언급할 것이다.

## 여전히 혼란스럽다면 추가적인 도움을 구하라

이 장을 읽고 나서도 여전히 혼란스러운가? 여러분만 그런 것은 아닐 것이다. 모든 독자들이 통계 내용에 대해 똑같이 이해하는 것은 아니다. 여기서 모든 통계 혹은 각 기본적 통계의 모든 방법에 대해서 다루지 못하였을 수도 있다. 의심의 여지없이 여러분 중 많은 사람들이 이 시점에서 추가적인 도움을 필요로 할 것이다.

지도교수, 통계학과 교수, 대학원 동료, 컨설턴트들이 추후의 도움을 제공할지도 모른다. 덧붙여 몇 가지 다른 자료들이 참고가 될지도 모른다. Andrews와 Klem, Davidson, O'Malley, Rodgers(1981)는 적절한 통계의 선택방법에 대한 광범위한 결정순서도(decision tree)를 제시한다. 이 자료에는 상관, 비모수, 모수검증이 포함되어 있고, 언급된 각 통계방법에 대한 참고문헌이 제시되어 있으며 선택한 분석을 수행하는 통계 패키지가 들어 있다. 하지만 반복측정(피험자내) 통계에 대해서는 약간만을 다루고 있을 뿐이다. Yates(1982)는 적절한 통계를 선택하는 것을 도와주는 다소 제한적이지만 유용한 표를 제시한다. Tabachnick과 Fidell(1989, pp. 30-31)은 상관전략들을 포함하는 다변량기법에 대한 결정순서도를 제시한다.

끝으로 소프트웨어 개발자들은 연구자들이 통계방법을 선택하는 것을 도와주는 프로그램을 만들어내기 시작하였다. 재미있는 예로 *Statistical Navigator*(부록 C 참고)를 들 수 있다. 이 새로운 프로그램에서는 수십 가지의 각 통계적 검증에 대한 이름, 참고문헌, 간단한 소개를 제시하고 있다. 또한 연구자들이 연구에 대한 일련의 질문을 통해 단계적으로 통계방법에 대해 알 수 있게 하고 가능한 통계방법도 제시해 준다.

이 프로그램의 문제는, 다른 컴퓨터 보조교재와 마찬가지로, 연구와 자료에 대해 질문할 때 사용된 언어를 여러분이 이해할 수 있는가에 있다. 여러분이 질문을 이해하지 못해서 생긴 잘못된 답변 하나가 완전히 부적절한 통계를 선택하도록 할 수도 있다. 따라서 본 장을 이용하듯이 이 도구들을 이용하기를 조언한다. 즉, 적절한 독서와 자문을 통해 여러분이 이후에 검증할 아이디어를 습득하는 방식으로 말이다.

✔ To Do . . .

### 적절한 통계방법 선택하기

☐ 초기에 통계 지식을 쌓아라.
  − 이해할 수 있는 통계서적을 찾아라.
  − 통계분석을 수행하는 경험을 쌓아라.
☐ 여러분의 연구를 살펴보라.
  − 통계를 이용해 알아내고자 하는 문제들을 규명하라.
  − 분석하고자 하는 변인들의 목록을 만들어라.
  − 각 질문에 대해 독립변인과 종속변인을 규명하라.
☐ 집단−비교 통계 중에서 선택하라.
☐ 상관 통계 중에서 선택하라.
☐ 자문을 신중하게 이용하라.
☐ 통계에 대한 책임을 져라.
☐ 여전히 혼란스럽다면 추가적인 도움을 구하라.

# 11      자료수집과 자료분석

연구계획서를 완성하고 심사위원회가 연구계획을 승인하였다면, 이제는 연구방법 부분에서 여러분이 하겠다고 약속한 자료를 수집할 때이다. 하지만 약속을 하는 것이 약속을 지키는 것보다 쉬웠는지도 모른다. 약속을 지키는 것이 얼마나 어려울지는 부분적으로는 잠재적인 혼란을 최소화할 수 있는 신중한 계획에 달려 있을 것이다. 제4장에서는 연구과제의 초기에 세울 수 있는 계획 단계들에 대해 살펴보았다. 여기서는 이러한 계획들을 실천에 옮길 때에 신참 연구자들이 흔히 부딪히게 되는 문제들은 피하고 이러한 문제를 해결하기 위한 조언을 추가적으로 제시하고자 한다.

연구대상자를 서둘러 모집하기 전에 예비조사와 절차를 조정하고, 함께 작업하는 연구보조원이 있다면 이를 훈련시키고, 자료저장과 관리계획을 만들며, 장비와 시설을 준비하는 시간을 가져라. 덧붙여, 연구대상인 사람을 구하기 위해 광고하거나 모집하기 전에, 연구대상을 보호하기 위한 IRB의 '서면 승낙(written approval)'을 받아라.

## 절차를 예비적으로 검사하라

연구절차에 대해 아직 예비조사를 하지 않았다면, 지금이 그것을 해야 할 때이다. 여러분이 계획한 것이 지면상에서는 좋게 보였을지 모르나, 실제 피험자에게 시도하였을 때 그리 좋지 않을지도 모르기 때문에 예비조사를 하는 것이 중요하다. 예를 들어, 15분이면 된다고 생각했던 절차가 어떤 피험자들의 경우 한 시간이 걸릴지도 모른다. 생각하였던 방식으로 장비가 작동하지 않을지도 모르고, 여러분이 신중하게 만든 지시사항을 피험자들이 이해하지 못할지도 모른다. 연구절차가 별 무리없이 진행된다고 할지라도, 예비조사를 통해 연구보조원들을 훈련시킬 필요가 있다는 사실을 깨닫게 될지도 모른다. 여러분 자신이 잘 알지 못하는 절차를 이용해서 다른 사람을 훈련시키는 것은 힘든 일이다.

예비조사를 할 때에 연구대상은 누구로 하여야 하는가? 연구를 수행할 때 충분한 수의 표본을 구하는 것에 별 문제가 없다면, 처음에 구한 몇몇의 연구대상이 '예비조사 대상자'가 될 것이다. 이들의 자료를 본 연구에 포함하여서는 안 된다. 대개는 이들을 이후의 연구대상과 다르게 대할 것이기 때문이다. 기준에 맞는 연구대상자가 부족하다면 실제 연구에서는 연구대상으로서의 자격에 미치지는 못하지만 모집단과 잘 들어맞는 특성을 가진 사람들을 예비조사 대상자로 활용하라. 예를 들어, 아동들을 대상으로 하는 우리 저자들의 작업에서는 종종 대학동료나 대학원생의 자녀들을 예비조사 대상자로 이용한다. 다른 대학원생들, 학부 연구조교들, 친구들은 기꺼이 여러분의 연구절차 전부의 혹은 일부의 예비조사 대상자가 되어 줄 것이다.

예비조사의 구체적 목적은 (a) 피험자들이 지시사항에 알맞게 반응하는지를 확인하고, (b) 예상치 못하였던 문제들을 찾아내고, 이를 어떻게 다룰지 결정하며, (c) 장비를 어떻게 사용하는지 배우고 장비의 적합성을 확인하는 것이다. 이제 연구절차를 조정하고 문제점을 점검할 시기이다. 이를 촉진하기 위해서 실제 연구에서는 보통 하지 않는 절차이지만, 예비조사에서는 피험자들에게서 피드백을 받고자 할 것이다. 피험자들에게 한 지시사항이 분명하였는지, 지시사항을 따르는 데 힘들었던 점이 무엇인지, 장소건 실험자의 행동이건 무엇이라도 과제 수행을 방해한 것이 있었는지 등에 대해 물어보라. 덧붙여, 연구절차를 마칠 때까지 피험자를 관찰하라. 피험자들이 여러분이 지시한 대로 수행하는가? 피험자들의 피드백과 여러분의 관찰을 토대로 적절하게 바꾸어서 다음 예비조사 대상자에게 행하라. 다시, 피험자에게서 피드백을 구하라. 연구가 무리없이 잘 진행될 것이라고 만족할 때까지 절차를 조정하라. 연구보조원을 훈련시킬 일이 있다면, 이에 대한 기록을 남겨라.

사람을 평가자나 관찰자로 이용하여 피험자의 반응들을 평가하거나 기록하게 한다면, 이들을 훈련시킬 때 이용할 예비자료를 모아야 한다. 즉, 평가자들이 나중에 코딩할 반응들의 견본을 모으거나 관찰자들이 놀이터에서 기록할 상호작용을 녹화해야 한다. 이러한 견본을 이용하여 실제 자료로 연구보조원들을 훈련시킬 수 있을 것이다. 이는 중요한 것인데, 실제 자료에서는 종종 훈련 자료를 만들 때에는 예상하지 못했을지 모르는 문제가 발생하기 때문이다. 아마도, 그 결과 종종 관찰자들이 훈련기간 후 실제 피험자를 관찰하기 시작할 때 관찰자 간 신뢰도가 떨어지기도 한다(예 Taplin & Reid, 1973). 여러분은 실제 논문에 사용할 자료를 수집하기 전에 연구보조원들이 이러한 문제들을 다룰 수 있도록 훈련시키고자 할 것이다.

예비조사에서 이따금 설계나 절차상 주요 변화를 요하는 문제가 나타나기도 한다. 예를 들어, 실험공모자(experimental confederate)를 이용하는 것을 예비조사 피험자가 알아버릴지도 모른다. 실험적 조작을 통해 피험자의 흥미를 조작하려 하였으나 피험자가 흥미를 보이지 않을지도 모른다. 절차와 설계상 모든 변화는 지도교수의 승인 하에 이루어져야 한다. 만일 여러분이 절차나 설계상의 중요한 내용을 바꾸고자 한다면, 위원회 전체의 승인을 다시 받아야 할지도 모른다. 최소한 제안한 변화에 대한 개요를 적어 심사위원들에게 돌리고 이에 대한 서면동의를 구해야 한다. 덧붙여, 절차상 변화가 있다면 승낙서 양식을 바꾸고 변화에 대해 IRB의 승인을 다시 받아야 할지도 모른다.

## 연구보조원을 모집하고 훈련시켜라

보통은 여러분 혼자서 연구를 수행하지는 않을 것이다. 다른 사람에게 실험자, 평가자, 관찰자, 실험공모자(confederates) 등의 역할을 부탁해야 할지도 모른다. 이러한 사람들은 학점을 받고자 하는 학부생, 유급 보조원, 대학원생 또는 여러분에게 도움을 주고자 하는 친구나 친척이 될 것이다.

이들 보조원들에게 처음으로 말할 것은—이상적으로는 여러분과 그 사람이 서명한 서면동의서의 형태로—이들이 연구 프로젝트에서 정확히 무엇을 해야 하고, 그 역할로 인해 무엇을 보상받을지에 대한 것이다. 여기에는 이들이 맡을 의무의 특성, 즉 작업하는 시간, 참여 기간, 참여로 인한 보상, 만일 학생이어서 학점을 받고자 한다면 어떻게 평가할지 등이 모두 포함되어야 한다. 또한 이들에게 어떤 경우에 이 연구과제에서 "손을 떼어야" 하는지에 대해서도 알려주는 것이 좋다.

연구보조원을 할 가능성이 있는 사람들에게 정직하게, 직접적으로, 현실적으로 대하라. 자료를 수집하는 데는 여러분이 계획한 것보다 오래 걸릴지도 모르며 피험자가 나타나지 않을지도 모르고, 훈련기간이 길어질지도 모른다는 점을 기억하라. 예비 연구보조원으로 하여금 별로 할 일이 없는 것처럼 믿게 만들어 놓고 나중에 추가로 많은 일을 맡기게 되면 이들의 분노를 유발할지도 모른다. 여러분의 요구사항을 충족시킬 시간이 없는 사람들은 처음부터 제외하고 시작하라. 이들이 프로젝트에 개입한 후에(이들을 훈련시키는 데 상당한 시간을 소비한 후에) 여러분이 말한 것보다 작업량이 더 많아져서 그만두는 것보다는 낫다.

모집시기가 중요하다. 일반적인 오류는 보조원을 너무 빨리 모집하는 것이다. 모집한 후 이들이 몇 주 혹은 몇 달간 아무 것도 할 일이 없는 경우가 있을 수 있다. 결국 프로젝트를 진행할 때가 되면, 보통 몇몇은 더 이상 참여할 수가 없게 된다. 우리 저자들의 경험에 의하면, (a) 심사위원회에서 연구계획서를 승인받고, (b) 연구대상자를 확보하며, (c) 훈련시킬 준비가 되어 있고 초기 예비조사를 마친 후에 보조원을 모집하기 시작하는 것이 좋다고 본다. 승인된 연구계획서는 연구절차가 심사위원들의 변덕으로 인해 현저하게 변하지 않을 것이라는 점을 보증하고, 피험자의 확보는 보통 여러분이 보조원을 훈련시키자마자 자료수집을 시작할 수 있다는 것을 의미한다.

연구계획서에서는 특정 형태의 보조원에 대해 기술하고 있을지도 모른다. 여성실험공모자, 대학원생 치료사, 혹은 아동 모델 등이 그것이다. 여러분의 설계와 관계된 자질을 선별하는 것에 덧붙여 믿을 수 있는 연구보조원들을 선택하라. 여러분은 연구보조원이 실험시간 전에 나타나겠다는 말을 지키고 자신들의 책임을 다하기를 바랄 것이다. 학부생의 경우, 우리 저자들은 때때로 이들의 아르바이트 경력에 대해 물어보고 평가한다. 즉, 장기간 파트타임이나 전일제 직업을 가진 경험이 있는 학생들은 신뢰할 수 있는 수행능력을 학습하고 증명하였다는 가정에 근거한 것이다. 살펴보아야 할 또 다른 자질은 훌륭한 판단력이다. 이상적인 경우로는, 연구보조원들이 예상하지 못한 문제에 부딪혔을 때, 여러분이 그 경우에 수행하였을 행동을 해야 한다는 점이다. 예를 들어, 만일 연구보조원이 학교에서 관찰을 하게 된다면, 적합한 복장을 갖추어야 하고, 학교관계자 및 교사와 전문가적 입장에서 상호작용을 해야 하며, 교사가 사전에 알려주지 않았지만 시험시간이 되었다고 교실에서 나가달라고 요구할 경우 불만을 제기하지 않을 줄 알아야 한다. 전반적으로 뛰어난 지적 능력은 연구보조원으로서 좋은 자질이 될지라도, 신뢰할 수 있는 것과 훌륭한 판단력은 그보다 더 중요한 자질일지 모른다.

일단 연구보조원을 모집하고 나면, 잘 훈련시켜라. 기술습득과 수행력에 더하여 지도, 모델링, 연습, 피드백 등의 몇 가지 절차들이 도움이 된다는 연구결과가 있다. 여러분은 연구보조원에게 과업에 대해 설명해야 하고, 그 과업을 어떻게 수행하는지 보여주며(역할극이나 필름, 또는 다른 방법을 통해), 피드백을 주면서 연구보조원들이 연습하도록 해야 한다. 만일 연구보조원이 복잡한 과업을 수행해야 한다면, 과업을 세분화하여 이들이 각각의 작은 단계들을 학습하고 연습하여 복잡한 과업을 습득하도록 만들어라.

예를 들어, Sharon Foster와 그녀의 제자들(Dumas et al., 1992)은 다른 대학원생들을 또래가 화나게 만드는 것(peer provocation)과 관련된 사건에 대해 2, 5, 8학년 학생들을 면접하도록 훈련시켰다. 면접자는 반구조화된 면접을 수행하기 위한 양식과 아동들의 반응을 점수화하기 위한 복잡한 코딩 체계를 학습해야 했다. 첫 번째 단계에서 면접자들이 서술된 코딩안내서를 살펴보도록 하였다. 그 다음에 면접자들은 쉬운 반응에서 시작하여 보다 복잡한 반응까지, 예비조사 반응들을 코딩하는 연습을 하였다. 연구 팀은 사전에 일련의 반응들을 코딩하였다. 훈련시키는 사람들은 준거가 되는 코딩에 비해 면접자들의 반응이 얼마나 정확한지를 확인하고, 면접자들에게 피드백을 주었다. 면접자들이 일련의 예에 있는 모든 범주에 대한 코딩 방법을 습득하여 85% 이상의 일치도가 증명된 후, 아동을 면접하는 방법을 학습하게 하였다. 훈련시키는 사람들은 면접자 훈련에 대한 각 기술들(예 질문을 정확히 하고 아동의 진술을 바꾸어 말하기)을 묘사하고 모델 노릇을 하였다. 그런 후 훈련받은 사람들은 기술을 습득하기 위해 피드백을 제공해 줄 훈련시키는 사람과 면담하는 상대역을 맡아 역할극을 하였다. 모든 요소를 다 습득한 후, 면접자들은 예비조사대상자들 및 연구자들과 면접 전체를 연습하였다. 면접자들이 두 명의 연구자를 대상으로 모의 면접을 한 결과, 약간의 수정만 해도 될 경우 이들은 실제 피험자와 면접하기에 충분하다고 생각되었다.

실험가설에 대한 지식은 왜곡된 자료와 결부되므로(예 Rosenthal, 1969), 연구의 각 조건들을 연구보조원들이 가능한 한 알지 못하도록 하라. 연구 조건에 대해 알 수 없게 만들 수 없다면, 최소한 가설에 대해서라도 알지 못하도록 하라. 동시에, 연구보조원들이 적절하게 임무를 수행할 수 있을 정도로 잘 설명하라. 어떤 정보를 공유하는 것이 적절한지 아닌지에 대해 알아내기 위해 여러분 자신에게 물어 보라. "이 정보가 연구보조원이 피험

자와 상호작용하거나 자료에 점수를 부여하는 방식에 부정적으로 영향을
미칠 수 있을 것인가?" 이에 대한 대답이 "그렇다"라면, 그 정보를 연구보
조원에게 알려주지 마라.

또한 연구보조원이 학점을 받고자 일하는 학생이라면, 교육적 경험이 되
도록 만들어 주어야 한다. 여러분의 가설은 알려주지 말고, 연구설계 및 절
차와 관련된 원칙에 대해 가르쳐줌으로써 교육적 경험이 되게 할 수 있다.
따라서 학생들은 표준화된 절차의 중요성, 실험통제의 개념, 관찰자 간 일
치도 자료를 왜 수집해야 하는지 등에 대해 배울 수 있다.

연구보조원들에게 비밀을 지키는 것이 중요하다는 것을 명심하게 하라.
개인 피험자의 자료나 행동에 대해 프로젝트 밖에서 다른 사람에게 이야기
하지 말아야 한다. 임상환경의 경우, 공공장소에서 동료보조원들과 피험자
에 대해 잡담하지 말도록 반드시 일러야 한다. 앞으로 참여자가 될 사람이
어쩌다 이들의 이야기를 들을지도 모른다.

## 장소를 섭외하고 자료를 준비하라

연구절차를 최종적으로 승인하고 실제 프로젝트를 시작하는 시간표를 만
든 후, 최종적인 논리적 세부사항을 점검하라. 〈표 11-1〉에는 연구대상자
들을 관리하는 데 준비해야 할 체크리스트가 제시되어 있다. 이 체크리스
트는 프로젝트를 매주 순조롭게 유지하기 위해 어떻게 해야 하는지 미리
생각하게 하고, 그에 따라 계획을 세우도록 만든다. 그러한 계획에는 피험
자와 여러분 자신 그리고 연구보조원이 모두 가능한 시간에 피험자를 면접
할 물리적 장소를 확보하는 것이 포함된다. 만일 특정 기간 동안 여러 차례
에 걸쳐 동물을 다룬다면, 주말이나 방학 동안 그 동물들을 보살필 사람이
있는지를 확인하라.

실험용품이 필요하다면, 여러분이 필요할 때 이용할 수 있는지, 그리고
그 실험용품이 갑자기 고장나거나 없어질 경우 대용품에 대한 계획이 있는

## &lt;표 11-1&gt; 연구수행을 준비하기 위한 체크리스트

_____ 감사위원회(IRB)의 서면 승인을 구하라.

_____ 연구대상 모집 준비를 마쳐라.

_____ 연구대상 모집 양식을 완성하라.

_____ 연구대상 모집이나 실험동물의 주문을 시작하라.

_____ 연구보조원을 모집하라.

_____ 연구보조원을 훈련시켜라.

_____ 예비조사를 마쳐라.

_____ 지도교수, 위원회, IRB로부터 승인을 받은 절차상의 변화를 승인받도록 하라.

_____ 승낙서 양식을 복사하라.

_____ 다른 양식들을 복사하라.

_____ 연구대상자 파일을 만들어라.

_____ 연구대상과 자료를 찾아내는 체계를 만들어라.

_____ 연구보조원, 연구대상, 실험실, 열쇠, 실험용품 등에 대한 시간 계획을
다루는 체계를 만들어라.

_____ 자극 자료를 개발하라.

_____ 예비조사에서 제대로 조작이 되는지 확인하라.

_____ 연구장소를 확보하라.

_____ 연구장소를 사용하는 시간계획을 짜라.

_____ 연구용품을 확보하라.

_____ 연구용품이 없어졌을 때를 대비한 대용품 계획을 만들어라.

_____ 연구용품 사용을 위한 규칙을 적어서 게시하라.

_____ 방학중 연구대상을 관리할 계획을 세워라.

_____ 잠금장치가 있는 자료 보관함을 준비하라.

_____ 자료를 정리하고 저장하는 체계를 개발하라.

_____ 연구보조원과 정기적 모임 계획을 세워라.

_____ 이후 분석을 위해 자료를 기록하는 체계를 만들어라.

_____ 코딩자료를 컴퓨터에 넣는 체계를 작성하라.

_____ 자료확인 계획을 세워라.

_____ 자료분석 설비가 안전한지 확인하라.

지를 확인하라. 몇몇 사람들이 실험용품을 다른 장소로 가져가게 된다면, 실험용품이 제때에 중앙관리 구역으로 반납되도록 하고, 없어진 녹음기 등을 찾을 수 있도록 하기 위해 실험용품을 가져가고 반납하는 것에 대한 규칙을 만들어라. 비디오나 오디오 테이프 헤드를 청소하거나 건전지를 다시 채우는 등의 예방적 관리를 위한 계획을 세워라.

또한 양식들을 복사하고 정리해 놓아야 한다. 이상적인 경우로는 피험자가 도착하면, 실험자는 그 피험자를 위해 필요한 순서대로 준비되어 있는 모든 양식과 정보가 담긴 파일을 꺼내야 한다. 그 파일에는 보통 승낙서 양식, 실험자에게 주는 특별 지시사항(예 피험자의 조건을 나타내는 기록), 질문지 등이 들어 있을 것이다. 이 자료들을 나중에 분리시킬 경우를 대비하여, 모든 자료에 피험자들의 코드번호를 적어라. 연구절차가 복잡하다면, 그 파일에 완성된 과제와 측정치들을 확인하는 체크리스트도 넣을 수 있다. 피험자가 각 과제를 마칠 때마다, 실험자는 체크리스트상 적절한 지점에 표시를 할 수 있다. 여러 단계에 걸쳐 자료를 정리해야 한다면(예 녹음한 것을 받아쓰고 코딩하고, 코딩한 것을 기록하는 등) 이러한 준비가 특히 도움이 될 것이다.

자료가 수집될 때마다 저장할 장소를 준비하라. 비밀유지를 확실히 하기 위해 자료를 보관하는 방에는 최소한 잠금장치가 있어야 하고, 잠금장치가 있는 파일장에 넣어 보관하면 더 좋을 것이다. 연구보조원들에게 자료를 정리하는 규칙과 절차(예 모든 자료들을 피험자로부터 입수한 즉시 서류철을 해 놓아야 한다—자동차 안에 놓아두거나 원자료가 제자리를 벗어나서는 안 될 것이다)를 확실히 알게 하라.

연구가 진행됨에 따라 (수행한 것에 대한 누적 그래프를 공개적으로 게시하는 것이 모든 사람에게 흥미를 주게 될 것이다) 몇 명의 피험자가 과제를 마쳤는지를 알 수 있고 프로젝트에 관련된 다른 사람들에게 그 주에 무엇을 하였는지 쉽게 알려주는 방법에 대해서도 생각하라. 예를 들어, 우리 저자들 중 한 명은 종종 학교에서 아동과 개별 면담을 갖는 연구를 수행한다. 때로는 교사의 요구, 연구보조원 활용 문제, 학교의 계획으로 주마다 시간계획을 바꾸어야 한다. 매주 정해진 시간표대로 고수하는 것이 불가능할 때에는 실험자는 목요일이나 금요일에 현장여행, 교사회의 등 아동을 만나는 것이 가능하지 않은 때가 언제인지 학교 비서에게 확인한 후, 다음 주 연구보조원에 대한 시간계획을 세운다. 금요일 늦게나 월요일 일찍, 실험자나 연구보조원 팀장이 스케줄을 학교에 가져가서 교사에게 검증을 받고, 필요하다면 최종적인 수정을 거친 후 교사, 학교장, 학교 비서에게 스케줄 사본을 남긴다. 그날 아침, 최종적인 복사본을 연구보조원의 함에 넣고 실험실 벽에 붙여 놓는다. 스케줄 옆에 연구에 참여하는 데 부모의 동의를 받은 아동 목록과 동의를 받았으나 아직 참여하지 않은 아동들의 목록이 있다. 연구보조원들은 자료를 입수한 날 해당 아동의 이름에 가위표를 한다.

생각해보아야 할 또 다른 세부사항에는 자료를 컴퓨터에서 사용할 수 있는 형태로 전환하는 것도 포함된다. 여러분이 통계가 관련되지 않는, 단일 유기체 연구를 수행하지 않는 한, 결국 이 작업을 할 필요가 있을 것이다. 몇몇 연구자들은 자료가 수집될 때까지 기다리는 것을 선호하지만, 우리 저자들은 자료를 입수하는 대로 준비하여 컴퓨터에 입력하는 방법을 선호한다. 이 방법은 피험자를 다룬 개개인이 자신들이 입수한 자료를 기록하는 데 책임을 질 수 있고, 모든 자료를 한꺼번에 기록할 때의 작업만큼 지겹지도 않다. 자료를 기록하는 방법에 대해서는 나중에 논의하기로 한다.

"입수하는 대로 바로 작업하라"는 조언의 예외가 되는 것 중 하나는 관찰자들이나 평정자들이 비디오 테이프나 서면 반응을 코딩하는 경우이다. 코딩 체계를 신중하게 실행하지 않는 한, 그러한 자료는 관찰자(평정자)의 경향성에 의해 왜곡될 수 있다. 즉, 평정자들로 된 하나의 팀은 시간의 경과에 따라 점차적으로 코딩 체계를 어떻게 사용할 것인지에 일치된 경향을 보이게 된다(Romanczyk et al., 1973)는 것이다. 이들이 코딩 체계를 사용할 때의 문제점에 대해 논의하고, 이에 대한 것이 시간의 흐름에 따라 암묵적으로 결정된 규칙으로 발전된다면 경향성이 발생할 수 있다. 모든 사람들이 하나의 집단으로 같은 경향을 보이게 된다면, 평정자 간 혹은 관찰자 간 일치도가 높게 나타날 것이고, 따라서 이들 자료의 경향성을 탐지하지 못할 것이다. 무엇보다 중요한 것은, 프로젝트의 후반부에 입수되는 자료들이 종단, 시간—계열, 사전—사후설계로 인한 잠재적 혼선으로 인해, 초기에 입수한 자료들과 다르게 코딩될 것이라는 점이다. 따라서 먼저 모든 자료를 모으고, 나중에 무작위 순서로 테이프나 반응들을 코딩하는 것이 자료가 수집된 시간과 혼재된 경향성이 없다는 점을 확실히 하게 된다. 덧붙여, 집단으로 모여서, 연구를 시작하기 전에 점수화한 기준 자극을 점수화하고 이에 대한 일치도에 대해 지속적으로 피드백을 제공한다면 관찰자의 경향성을 상쇄할 수 있다(DeMaster, Reid, & Twentyman, 1977). 이 과정을 '반복측정(recalibration)'이라고 한다. 이것은 사람을 평정자로 사용하는 연구라면 어느 것이건, 그리고 자료를 나중에 한꺼번에 무작위 순으로 코딩하기보다는 입수하자마자 코딩을 해야 하는 경우에 매우 중요하다.

## 자료를 수집하라

마침내, 첫 번째 피험자가 도착하거나 동물 피험자를 다루게 된다. 절차가 순조롭게 진행되고, 피험자가 연구절차를 잘 따르고, 모든 사람이 해야 할 일을 하면서 적절한 시기에 있어야 할 장소에 있다. 연구보조원에게 책임을 인계하고 여유를 가질 시간이다. 그렇지 않은가? 사실은 그렇지 않다.

과정이 순조롭게 진행되도록 하는 핵심은 '면밀히 감독하는' 것이다. 이는 여러분이 연구보조원 주위를 맴돌면서 감시해야 한다는 뜻은 아니다. 하지만 연구보조원들이 자신들의 의무를 적시에 제대로 완수하고 있는지를 확인할 필요가 있다. 여기에는 보통 여러분과 연구보조원의 목표를 설정하고 스케줄을 잡는 일이 수반된다. 그런 연후에 정기적으로 설정한 목표를 위한 진행사항과 작업 스케줄이 지켜지는지를 평가하는 것이다. 성공적으로 수행하고 있다면 칭찬과 감사의 표시로 연구보조원들에게 보답하라. 마찬가지로 적절한 감독이 없다면 쉽게 발생할 수 있는 문제들을 예방하기 위해 연구보조원에게 수행상 어떤 문제에 대해서라도 과정 초기에 예의바르지만 확실한 방식으로 이야기하라. 또한 연구보조원들이 접하게 되는 어려움을 초기에 말할 수 있도록 이들을 격려하라. 여러분이 연구절차, 자료 코딩, 기타 여러 측면상 문제들을 빨리 발견할수록 잘 해결할 수 있다. 연구를 진행하는 사람들이 정기적으로 모임을 갖는다면 진행과 업무에 대해 유용한 토론을 할 수 있을 것이다.

자료가 입수되면 올바르게 수집되었는지도 확인하라. 이 과정을 연구보조원이 보는 앞에서 진행한다면, 자료가 좋아 보일 때에 환호성을 지르고 싶은 마음이나 그렇지 않아 보일 때에 울고 싶은 마음을 표현하지는 마라. 이러한 행동들은 연구보조원들이 피험자의 실제 수행력을 반영하기보다는 여러분이 좋아할지 모르는, 편향된 자료를 만들어 내도록 부추긴다 (O' Leary, Kent, & Kanowitz, 1975).

현장에서 자료를 수집한다면, 모든 일이 순조롭게 진행되고 있는지를 확인하기 위해 현장에 있는 사람과 정기적으로 접촉하여 확인하라. 그렇게 한다면, 진행과정 초기에 잠재적 어려움을 찾아낼 수 있을 것이다. 이는 아무리 강조해도 지나치지 않다. 지침을 따르지 못한 연구보조원 한 명이 연구가 진행되는 현장을 불편하게 만들고 여러분을 뒤흔들어 놓을지도 모른다! 현장에서의 핵심 인물에게 스케줄상의 변화에 대해 항상 알리고, 자료수집을 완료한 후에 공식적으로 감사의 뜻을 전하라(우리 저자들은 개인적으로 뿐 아니라 서면으로도 감사를 전한다). 만일 여러분이 그 사람들에게 결과를 보여주기로 약속하였다면, 자료분석이 끝난 다음 반드시 다시 가서 결과를 보여주라. 연구자로서 여러분의 행동은 이후에 학생들이나 교수들이 실제 현장에서 시설을 이용하도록 허가 받는 데 있어서 중요한 영향을 미칠 수 있다.

## 자료를 점수화하고, 확인하고, 분석하라

　자료수집을 시작할 준비가 되었을 때, 자료를 점수화하는 방법과 컴퓨터에서 분석이 가능한 형태로 전환시키는 방법에 대해 생각하라. 우리들의 경험에 의하면, 원자료와 컴퓨터 간 거쳐야 하는 단계가 적을수록 더 좋다. 피험자들이 직접 컴퓨터 용지에 답을 기입하도록 하는 것은 좋은 생각이다. 이보다 더 나은 것은 피험자들이 직접 컴퓨터 앞에 앉아서 컴퓨터상 질문에 답하도록 하는 것이다. 피험자들이 컴퓨터가 읽을 수 있는 양식을 이용한다면, 그 양식들이 컴퓨터가 읽기 전에 제대로 표기가 되었는지를 확인하라. 또한 컴퓨터가 각 표시에 올바른 값을 할당하는지(예 'a'는 '1'로)도 확인하라.

　자료수집 시 컴퓨터로 점수화 하는 일이 때로는 불가능하거나 여러분에게 없는 자원(예 자료를 읽어서 컴퓨터에 입력하는 데 필요한 장치)을 필요로 할지도 모른다. 컴퓨터로 점수화하는 일이 가능하지 않다면, 여러분과 연구보조원이 질문지나 점수 용지의 자료를 직접 컴퓨터에 입력할 수 있을 것이다. 하지만, 직접 입력과 관련된 여러 오류를 피하기 위해서 그 다음 순서로 입력되어야 할 자료의 종류를 알려주는 길잡이가 나타나도록 프로그램을 만들어야 한다. 그리고 일관성을 확인하기 위해서는 전체 자료 중 어느 정도의 비율을 다시 입력하여야 한다.

　대안으로, 여러분이나 연구보조원이 스프레드시트나 칼럼이 표시된 종이에 자료를 기록할 수 있다. 스프레드시트는 카드를 이용해 컴퓨터에 자료를 입력해야 했던 시절에 사용하던 것으로, (컴퓨터 카드가 80칸을 활용할 수 있다는 것을 나타내는) 80개의 칸과 여러 개의 줄로 되어 있다. 각 칸은 단일 숫자, 문자 혹은 공백을 위한 자리로 사용된다. 자료나 자료를 분리하는 여백이 각 칸에 표시된다. 스프레드시트에서 컴퓨터 파일로 직접 자료를 복사할 수도 있다. 스프레드시트가 원자료에서 컴퓨터로 가는 길에 추가적인 단계를 거치게 할지라도, 쉽게 전환할 수 있는 원자료 사본을 제공해 준다. 물론, 여러분이 하드 카피(컴퓨터의 처리 결과를 눈으로 읽을 수 있는 형태로 인쇄한 것)를 가지고 있기 위해서는, 직접 컴퓨터에 입력하는 원자료의 사본을 항상 프린트하여야 한다.

자료를 직접 컴퓨터에 입력하는지 혹은 스프레드시트를 사용하는지에 관계없이, 자료를 입력할 때 따라야 하는 지시사항(코딩 북)을 작성하라. 여기에는 각 변인들이 점수화되는 방법과 어디에 입력하여야 하는지가 구체적으로 들어 있을 것이다. 예를 들어, 코딩 북에는 '남자'는 '0'으로, '여자'는 '1'로 다섯 번째 칸에 입력하라고 되어 있을 수도 있다. 스프레드시트에 기록을 한다면, 변인들 사이마다 빈칸을 남겨놓아라. 이는 컴퓨터 파일로 입력할 때 나타나는 오류를 확인하기 쉽게 만들어준다. 빈칸으로 정렬된 곳에 나타난 자료를 쉽게 찾을 수 있을 것이다.

컴퓨터가 읽을 수 있는 형태로 자료를 코딩하는 방법을 계획할 때, 사용할 컴퓨터 프로그램을 고려하라. 자료가 준비되어야 하는 방식에 대한 규칙은 각 프로그램마다 다르다. 예를 들어, 어떤 프로그램에서는 같은 숫자로 하나 이상의 변인을 나타낼 수 있고(예 피험자 번호의 일부이고, 피험자의 실험 조건을 나타내는 숫자), 어떤 프로그램에서는 그렇지 않을 것이다. 만일 각 피험자들에게 시간차를 두고 동일한 측정도구를 사용해서 자료를 수집하고자 한다면, 여러분이 사용할 프로그램에서 반복측정 자료를 어떻게 다루는지 확인하라. 반복측정치 모두를 같은 선상에 기록하였다면, 어떤 프로그램에서는 반복측정 분석을 하기 위해서는 변인 전환이 필요하다. 프로그램에서 결측치를 어떻게 다루는지도 확인하라. 결측치의 값을 추정하고자 한다면, 이들 수치를 알아내서 컴퓨터 파일에 입력할 필요가 있는가, 아니면 컴퓨터 자체에서 이러한 과정이 수행되는가? 여러분이 컴퓨터를 처음 사용하거나 사용하고자 하는 프로그램에 익숙하지 않다면, 여러분이 사용할 분석에 대해서 보다 잘 알고 있는 사람과 컴퓨터 자료 파일을 어떻게 설치하는지에 대해 상의하라.

마찬가지로, 소프트웨어 패키지에 익숙하지 않고 개인용 컴퓨터를 이용해 자료를 분석하고자 한다면, 신중하게 구매하라. 부록 C에는 가정용 컴퓨터에서 사용할 수 있는 보다 대중적인 통계 패키지들에 대한 간략한 목록이 제시되어 있다. 여러분이 사용할 분석에 대해 생각하고 구입을 하기 전에 그와 관련된 것을 물어보라. 예를 들어, 특정의 분석들은 컴퓨터로 수행하기에 매우 복잡하고 오랜 시간을 필요로 하는 것이다. 여러분이 가지고 있는 컴퓨터에 수학 처리프로그램(math coprocessor)이 없다면, 통계가 매우 느린 속도로 진행될지도 모른다. 컴퓨터에서 다른 분석은 이러한 추가의 장비가 없어도 충분히 빠르게 수행될 것이다. 어떤 분석들은 여러분의 컴퓨터가 보유한 기억용량보다 더 많은 기억용량을 필요로 할지도 모른다(특히, 반복측정 통계와 다변량 절차를 이용한다면, 이들을 계산할 때 요구되는 기억용량을 확인하라). 여러분이 가진 구체적 표본과 설계에서 요구되는 기억용량에 대해 반드시 물어보라. 프로그램이 그 분석을 수행할 수 있고 컴퓨터가 그 프로그램을 수행하는 데 충분한 기억용량을 가지고 있다 해도 여러분이 가진 자료집합을 분석하기 위해 프로그램에서 요구되는 기억용량이 컴퓨터의 기억용량을 초과할지도 모른다. 만일 그렇다면, 대형 고속컴퓨터나 기억용량이 더 많은 소형 컴퓨터를 사용해야 할 것이다.

　어떤 자료와 어떤 수준들이 컴퓨터 파일상에 기록되어야 하는가? 기본적으로, 분석하려고 계획한 변인이든 아니든 간에, 분석할 가능성이 있는 모든 것을 입력하라고 권한다. 예를 들어, 우리 저자들은 피험자를 면접한 사람의 신원을 분석하는 일은 거의 하지 않지만, 만일 자료가 이상해 보이거나 어떤 실험자가 책임이 있는지를 알아보고자 할 때를 위해서 그 사람의 신원을 항상 코딩해 둔다. 컴퓨터에서 하위척도를 유도하고, 척도상의 내적 합치도 점수를 계산하고자 하거나 이후에 다른 방식으로 문항들을 집단화하고자 한다면, 질문지의 개개 문항을 코딩하라. 이들 중 아무 것도 관련이 없다면, 요약한 점수만 기록하도록 해도 괜찮을 것이다. 우리들의 경험에 의하면, 여러분이 가진 자원이 허락하는 한 자세한 수준으로 자료를 기록하는 것이 좋다. 이후에 언제라도 자료를 합칠 수는 있지만 항상 자료를 나눌 수 있는 것은 아니다. 덧붙여, 결측치를 어떻게 다룰 것인지를 생각하라(예 피험자가 질문지상의 몇 가지 문제에 답하지 않았다면 그 점수를 어떻게 추정할 것인가? 또는 응답이 없는 문항이 몇 개 이상이면 척도나 피험자를 제외하겠는가?).

"매 단계마다 사람이 기록하는 것과 같은 방식으로 자료의 정확성이 입증되어야 한다." 즉, 요약 점수를 얻고자 질문지를 채점한다면, 누군가 그 채점에 대해 확인을 해야 한다. 스프레드시트에 자료를 기록하고 나서 컴퓨터에 입력한다면, 이들 단계도 확인되어야 한다. 여기서 우리는 강박적이 될 필요가 있다. 우리 저자들도 기록을 통해 주요한 오류를 찾은 적이 있다. 가장 유능한 연구보조원들조차도 분석결과나 해석 시 변화를 가져올 수 있는 오류를 범하기도 한다. 컴퓨터는 자료를 정확하게 점수화하였는지에 대해 알려주지 않는다는 것을 기억하라. 컴퓨터는 입력된 자료만을 분석할 뿐이다. 흔히 말하듯이 쓰레기가 들어가면 쓰레기가 나온다.

자료를 기록하고 확인하였다면, 이제는 분석을 할 때이다. 이번이 어떤 프로그램이나 특정 유형의 분석을 처음 접하는 것이라면, "좌절에 대해 준비하라." 가장 강력한 컴퓨터 프로그램들 중 몇몇에는, 일반적 형태의 자료를 다루는 방법에 대해서는 자세하지 않으며, 기술적 전문용어가 들어 있어 사용하기 쉽지 않은 안내서가 있을 뿐이다. 어려움을 겪게 될지도 모르는데, 만약 어려움을 겪지 않는다면 무척 다행스런 일이다. 그리고 여러분은 혼자가 아니며, 여러분이 원하는 바를 기계가 하도록 만들 수 없다고 해서 멍청한 사람이 아니라는 점을 기억하라. 우리 저자들이 교수로 재직한 지난 수십 년간 몇 가지 컴퓨터 프로그램을 배웠고, 새로운 프로그램을 사용했을 때 오류 없이 정확하게 분석을 마친 적은 거의 없다. 새로운 프로그램으로 새로운 분석을 수행하는 데 처음에는 보통 7번 정도를 시도해야 한다!

컴퓨터에 익숙하지 않다면, 소프트웨어와 여러분이 사용할 분석법을 잘 알고 있거나 최소한 프로그램 진술문의 예를 알려 줄 수 있는 누군가를 확보하라. 지도교수나 과정중의 다른 학생이라면 더욱 좋다. 그러한 사람들의 도움이 가능할 때 분석을 시작하라. 컨설턴트가 아마도 여러분이 가진 모든 컴퓨터 인쇄물과 오류 메시지를 보고자 할 것이므로, 직접 옆에서 도움을 받는 것이 최선이다.

컴퓨터에게 무엇을 수행시키고자 할 때, 인쇄물과 변인들의 명칭을 무엇이라고 할지에 대해 생각하는 시간을 가져라. 앞으로도 5년은 기억할 수 있는 명칭을 붙이도록 하라. 독립변인의 수준에 명칭을 A와 B로 한다면, 당시에는 기억할지 모르나 한 달만 지나도 그것들이 무엇을 의미하는지 기억하지 못할 것이다. 시간과 상상력을 필요로 하지만, 각 페이지의 위쪽에 프로젝트의 명칭이 나타나도록 하고 각 독립변인 및 종속변인들의 명칭을 의미 있게 붙이도록 컴퓨터 프로그램을 만들면 나중에 인쇄물을 식별할 때 도움이 될 것이다. 만든 지 수년이 된 컴퓨터 파일명을 보면서 그것이 무엇을 의미하였는지를 생각하는 데 한참의 시간을 보내고 나서 여러분 스스로 이미 이러한 결론에 도달하였을지도 모른다.

자료를 분석하는 첫 번째 단계로 유용한 것은 원자료와 설계의 각 칸에 따른 (모수 자료를 위한) 평균, 표준편차, 범위 및 빈도분포를 인쇄하여 놓는 것이다. 빈도분포의 편포(skewness) 정도, 이봉분포(bimodal distribution), 극단적 점수(outliers), 그 외에 계획한 것과 다르게 자료를 다루어야 할지도 모르는 특징들이 나타나는지 살펴보라.

색다른 값이나 잘못된 표본크기가 있는지 평균, 표준편차, 표본크기, 분포를 살펴보라. 그러한 값은 누군가 자료를 잘못 입력했거나 프로그램 진술문에서 무언가 잘못되었다는 신호가 될 수 있다. 예를 들어, 우리 저자들 중 한 사람은 최근 1에서 7점까지 있는 척도에서 한 피험자의 점수가 71로 기록된 것을 발견한 적이 있다. 일단 범위 밖의 값이나 '옳지 않아 보이는' 값을 찾아서 수정하고 나면, 주요 분석을 수행할 수 있다.

컴퓨터에 수행하도록 지시한 변인 전환 진술문이 정확한지에 대해서도 확인하라. 손으로 직접 몇몇 변인들의 전환된 값을 계산해서 이것이 컴퓨터에서 산출한 값과 같은지 살펴보고, 진술문 자체에 오류가 없는지도 살펴보라. 이것은 매우 중요한 것이다. 우리 저자들의 학생들 중 매우 우수한 학생 한 명이 전환된 변인들을 확인하는 것만 제외하고는 여기서 제시한 확인 절차를 모두 거쳐, 자신의 자료를 신중하게 분석하고 검증하였다. 심사위원회에서 연구의 최종판을 승인받고, 우수한 학회지에 제출하여 잠정적으로 출판승인을 받았다. 그런데 몇 가지 최종적인 추가 분석에서 한 변인에 이상한 평균값이 나타났다. 그 학생이 이를 추적하여 살펴보니, 이 이상한 값들이 몇몇 변인들을 결합시키기 위한 컴퓨터 프로그램 작업 시 인쇄상 오류로 인한 것이라는 것을 알고 기겁을 하였다. 물론 컴퓨터는 명령받은 대로 수행하였을 뿐이다. 쓰레기가 들어가니, . . . . 다행히도, 그 학생은 최종판을 인쇄하기 전에 오류를 발견하였던 것이다.

오류를 확인하는 것에 덧붙여, 자료를 살펴보는 데도 시간을 할애하라. 변인들 간의 상관에 대한 산포도를 구하라. 주요 변인들상에 각 피험자 집단이 어떻게 점수화 되었는지, 각 집단들의 분포가 겹치지는 않은지, 겹친다면 얼마나 겹치는지를 살펴보라. 이처럼 초기에 자료를 살펴보면 자료에 대해 좋은 감각을 가질 수 있고, 이후에 보다 복잡한 통계결과를 해석하는 데도 도움이 된다.

끝으로, 실제로 자료분석을 실시하라. 컴퓨터에서 사용해야 할 표본의 크기와 자유도를 알아보고, 컴퓨터가 산출한 값과 여러분이 생각한 것이 같은지 결과를 인쇄하여 확인하라. 같지 않다면, 프로그래밍이나 자료입력에서 오류가 있었는지 살펴보라. 지도교수나 여러분보다 더 많이 알고 있는 누군가에게 인쇄물을 보여주고 오류가 있는지도 물어보라. 결과뿐만 아니라 프로그래밍 진술문이 나타나 있는 분석에 관한 인쇄물을 가지고 있으면 오류를 확인하기가 쉬워진다.

여러분이 분석에서 피험자 집단들을 살펴본다면, 분석을 시작할 때 각 집단들이 인구통계학적 특성이나 다른 잠재적 혼합변인들에 있어 동등한지를 살펴보는 것이 좋다. 각 집단들이 동등하지 않다면, 잠재적인 혼합변인과 독립변인들 간의 상관을 살펴볼 수 있다. 상관이 나타나지 않는다면, 그 혼합변인은 종속변인과 선형적으로 관련되어 있지 않은 것이고 따라서 분석에 영향을 미치지 않을 것이다. 하지만 보통 (또는 그 이상) 정도의 상관이 유의하게 나타난다면 연구설계를 바꾸거나(예 혼합변인을 추가적인 독립변인으로 이용하는 것) 통계방법(예 공변량분석, 제10장 참고)을 통해 그 변인을 통제할 필요가 있다는 것을 의미한다.

또한 자료가 여러분이 사용하고자 하는 통계방법의 가정에 맞는 것인지 확인하라. 그렇지 않다면, 그 가정에 위배될지라도 분석결과가 신뢰할 만한 것인지에 대해서 확인하라. 그리고 신뢰할 만하지 아니하면 적절한 행동을 취하라(예 자료를 전환하거나 대안적인 방법을 택하라). 제10장에서 논의하였던 다양한 통계방법의 가정에 대해서 기억해보라.

자료분석을 하면서 추가적인 문제가 생기거나 처음 제안하였던 것 이상의 분석을 실시할 필요가 생겨도 놀라지 마라. 예측하였던 바와 똑같이 실제 연구결과가 나오는 경우는 드물고, 왜 그렇게 나오지 않았는지에 대한 질문이 종종 생기게 된다. 추가적 분석을 하면 이러한 문제의 답을 찾는 데 도움이 될 것이다. 이러한 분석결과가 어떻게 나오느냐에 따라서, 그리고 여러분이 계획한 분석의 해석이 얼마나 적합한가에 따라서 학위논문의 최종판으로 마무리될 수도 있고 그렇지 않을 수도 있다.

분석의 마무리 부분에 이를 때, 글쓰기에 대해 다시 생각해 보라. 글쓰기로 쉽게 돌아가는 방법으로 유용한 것은 먼저, 문헌고찰과 방법부분을 수정하고 결과와 논의부분을 작성하는 것이다.


## 방법부분과 문헌고찰 부분을 수정하라

연구계획서를 작성하는 동안 문헌고찰을 철저히 하였고, 자료수집 또한 제대로 잘 하였다면, 문헌고찰에는 수정할 부분이 거의 없을 것이다. 그럼에도 불구하고, 연구계획서가 통과된 후 출판된 문헌을 추가하고, 출판중이라고 명시된 논문이 출판되었는지를 알아보기 위해서, 여러분이 연구하는 분야에 대한 논문들을 출판하는 주요 학회지를 숙독할 필요가 있을 것이다. 덧붙여, 연구계획서 심사위원회에서 심사위원들이 요구한 부분을 수정할 필요가 있을 것이다. 연구계획서를 제출하였을 때, 문헌고찰을 간략하게 하였다면, 이제 그 대가를 지불해야 하고 미루어왔던 포괄적인 문헌고찰을 해야 한다.

연구계획서의 작성 단계에서 문헌고찰을 제대로 했다는 것은 이후에 수정할 것이 적다는 것을 의미하듯이, 연구계획서의 작성 단계에서 방법부분을 명확하게 구체적으로 잘 작성했다면 이제 다음 세 가지 방법으로 수정하기만 하면 된다. 첫째, 방법부분의 문장을 미래시제로 작성하였다면, 이제 과거시제로 바꾸어라. 둘째, 계획하였던 바와 실제 수행한 바가 다르다면, 연구대상, 절차 등에 대한 묘사 부분을 바꾸어라. 셋째, 실제 모집단에 대한 세부사항을 추가하고(예 각 집단의 연구대상자 특성에 대한 묘사 혹은 표), 측정도구와 관련되어 수행한 분석에 대한 사항을 첨가하라(예 연구에서 평정자 간 일치도 자료). 이러한 수정이 끝났다면, 컴퓨터 결과물상의 숫자를 의미 있게 표현할 때가 된 것이다. 즉, 연구결과를 설명할 수 있도록, 이 숫자들을 이해할 수 있는 글, 표, 그림 등으로 바꾸어야 한다. 다음 장에서는 연구결과 부분의 글쓰기에 대해 다룰 것이다.

## ✓ To Do . . .

**자료수집과 자료분석**

☐ 예비조사를 통해 절차를 검증하라.

☐ 연구보조원을 모집하고 훈련시켜라.

☐ 장소를 섭외하고 자료를 준비하라.

　　— 〈표 11-1〉의 체크리스트를 완성하라.

☐ 자료를 수집하라.

　　— 연구보조원을 정기적으로 감독하라.

　　— 문제를 초기에 발견하라.

☐ 자료를 점수화하라.

　　— 점수화하는 과정을 확인하라.

　　— 자료를 컴퓨터에 입력하라.

　　— 자료입력을 확인하라

☐ 자료를 분석하라.

　　— 컴퓨터 프로그램에 익숙하지 않다면 도움을 청하라.

　　— 변인들과 프린트물에 명칭을 붙여라.

　　— 원자료와 변인분포에 대한 프린트물을 보유하라.

　　— 이상한 값에 대한 프린트물을 정독하고 그것들을 규명하라.

　　— 변형 프로그램의 정확도를 확인하라.

　　— 자료가 통계방법의 전제조건에 맞는지 살펴보라.

☐ 문헌고찰과 방법부분을 수정하라.

　　— 참고문헌을 갱신하라.

　　— 실제 절차를 반영하여 방법부분을 수정하라.

# 12  결과 제시하기

자료를 모두 수집하고 분석하였다. 그리고 이제 분석결과를 세상에 제시할 준비가 되었다. 어쩌면 아직은 세상에 제시할 때가 아닐지 모른다. 당분간은 논문의 논의부분으로 넘어갈 수 있도록 분석결과를 서술하는 것만으로도 행복할 것이다.

모든 것이 잘 진행되었고 지금까지 우리 저자들의 조언을 잘 따랐다면, 결과부분을 준비하는 일이 어렵지 않을 것이다. 연구계획서에서 이미 결과부분을, 적어도 골격 정도는 준비했기 때문이다. 연구계획서에 결과부분을 가상해서 작성하라는 제안에 여러분이 얼마나 놀랐었는지(그리고 어쩌면 저항했었는지!) 기억하는가? 이제 그로 인한 혜택을 받을 때가 온 것이다. 모의결과 부분이 연구설계와 계획된 분석을 분명히 하는 데 도움을 주었을 것이다. 이제 '실제' 결과부분에 대한 토대를 제공해 주면서 다시 한 번 도움을 줄 것이다. 사실, 우리 저자들의 조언을 진지하게 받아들이고 연구계획서에서 모의 결과를 완벽하게 준비하였다면, 작업의 대부분은 이미 완성한 것이나 다름없는 것이다. 이제 결과부분을 작성하는 것은 가상의 자료를 지우고 실제 자료를 적어 넣는 것이 주가 되어야 한다. 결과부분에 포함하고자 할 정보의 종류를 살펴보고, 최대한 명료하게 조직하기 위해 어떻게 해야 하는지를 알아보자.

## 관련 자료를 제시하라

결과부분에는 연구에서 이미 살펴본 가설과 관련된 주요 자료들의 형태가 제시된다. 물론, 자료와 함께 여러분이 사용한 통계적 처치도 제시될 것이다. 이런 작업들을 완벽하게 하라! 하지만 그와 동시에 뺄 것은 과감하게 빼도록 하라. 일반적 전략으로 결론에 대해 언급하고 나서 바로 결론을 뒷받침하는 자료와 통계분석을 제시하라. 예를 들어, "남아들은 대근육 활동과 관련된 형태의 놀이를 하면서 보내는 시간이 더 많은 것으로 나타났다. 남아들의 경우, 대근육 활동과 관련된 세 가지 게임의 평균이 모두 여아들의 경우보다 유의하게 높은데(성별에 따른 주효과[1, 59] = 4.62, $p < .05$), 이는 〈표 1〉에 제시되어 있다." 연구가 단일 피험자 설계와 관련된 경우를 제외하고는 개개인의 점수나 원자료는 제시하지 말아야 한다. 원자료가 필요하다면 이후 참고자료로 부록에 첨부하라. Yates(1982)가 진술한 바와 같이 문서의 보관은 매우 중요하다. 특히 그 연구를 출판하기 위해 제출하는 학회지의 편집자가 요구할 수도 있는 차후의 분석을 위해서는 더욱 그러하다.

연구목적과 관련된 자료를 제시하고, 흥미롭지만 실제로 관련되지는 않는 분석을 넣고 싶은 유혹을 떨쳐버려라. 많은 사람들은 주요 가설을 위한 자료를 산출하기 위해 필요한 도구들을 다룰 때 이러한 제언을 무시한다. 예를 들어, 척도의 적합성을 확인하는 일부로서 어떤 형태의 일반화 가능성에 관한 자료를 수집할지도 모른다(제9장에서 연구의 신뢰도와 타당도를 증명할 수 있는 몇 가지 예에 대해 언급하였다). 예를 들어, 주요 종속변인이 다른 사람들의 평정과 관련된다고 가정해보자. 이러한 자료가 이후에 연구의 주요가설을 살펴보는 데 적절히 신뢰할 만하다는 것을 나타내기 위해 독립적인 평정자들에게서 산출된 자료를 비교할 것이다. 이러한 비교의 결과는 여러분이 사용한 방법론이 얼마나 논리적인가를 증명하는 데 있어 중요하다. 하지만 여러분의 연구가 특정 측정치에 대한 평정자 간의 신뢰도에 대한 것이 아니라면, 이러한 결과가 주요 연구가설과 직접적으로 관련되지는 않는다. 이러한 자료를 제시하는 가장 좋은 위치는 연구방법 부분의 측정방법 자체를 설명하는 지점이다. 마찬가지로, 표본의 특성과 비교되는 집단들의 인구통계학적 동질성에 대한 자료를 연구방법의 연구대상 부분에 포함하라. 하지만 우리 저자들의 이러한 견해에 대해 동의하지 않는 사람들도 있다는 것을 명심하고 여러분의 지도교수에게 확인하라.

## 정돈되고 논리적인 방식으로 결과를 제시하라

결과의 제시에 관한 한 모호한 것은 있을 수 없다. 일단 여러분이 무엇을 포함하고 무엇을 배제할지를 결정하고 나면, 나머지는 다소 기계적인 것이다.

### 결과를 정리하고 차례대로 나열하라

결과부분은 가설형성 단계로 되돌아가 시작한다. 가설에 대한 매우 강력한 진술문들을 다시 떠올려보라. 연구를 시작하기 전에 몇몇 가설을 만들었다고 가정한다면(제3장에서 추천하였듯이), 대부분은 중요한 순서에 따라 가설들을 목록화하였을 것이다. 그렇다면 그와 동시에 나머지 글쓰기 부분에 대한, 특히 결과부분에 대한 전반적 구성도 만들어 놓은 셈이 된다. 이제 가설의 중요도 순으로 그저 결과를 제시하라. 글을 시작할 때 결과의 시작 부분에 주요 가설들을 다시 언급하는 것이 유용할지도 모른다. 그런 후, 각 검증과 관련된 자료와 통계분석을 제시하라. 각 가설에 여러 종속변인이 있거나 여러 분석을 사용하였다면 하위제목을 이용하는 것을 고려해보라. 각 하위제목은 검증되는 가설들을 축약한 참조가 될 수 있다. 가설과 관련된 자료를 제시하고 나서 이차 분석의 결과들을 제시하라.

몇몇 권위 있는 대가들이 결과를 주요 종속변인에 따라 조직화하라고 제안할지도 모른다. 우리 저자들의 생각으로는 이러한 방식은 가설에 의해 조직화하는 것보다 논리적으로 적합하지 않다고 본다. 왜냐하면 측정도구

자체를 연구하는 것은 아니기 때문이다. 그보다는 가설을 검증하기 위한 수단으로 측정도구들을 이용하는 것이다. 하지만 만일 각 가설과 관련된 측정도구가 여러 개라면, 그것들을 가설 내에서 하위제목에 따라 조직화하고자 할지도 모른다. 가설에 대한 결과를 제시할 때, 각 측정도구의 결과를 제시하는 순서를 정해놓고, 그 순서를 지키는 것이 좋다.

때때로 연구결과를 조직화하는 가장 분명한 방식은 분석방법에 따른 것이다. 예를 들어, 다중회귀 방정식에서 세 가지 변인들이 설명할 변량의 비율과 관계된 가설이 세 가지 있다고 가정해보라. 여기서 가설의 세 가지 모두를 요약하고, 하나의 다중회귀 결과를 제시하고자 할지도 모른다. 이러한 방식은 반복을 피하면서도 가설과 연관되게 결과를 제시하는 방식이다.

## 관련정보를 포함하라

수행한 각 분석에서 통계방법의 명칭과 그 세부사항을 포함하라. 예를 들어, ANOVA의 세부사항으로 요인들, 각 요인의 수준 수, 어떤 요인이 반복측정과 관련되는지, 이용한 사후검증의 명칭을 포함하라. 중요한 통계적 수치(예 $F$, $t$, $p$ 값)를 포함하라. 어떤 경우에는(예 부록) 유의하지 않은 효과에 대해서도 이러한 정보를 제시해야 할 것이다. 또한 각 종속변인의 평균, 표준편차, 표본의 크기도 포함하라. 상관연구의 경우 표본이 하위로 나누어지지 않았다면 (이 경우는 각 하위표본에 대한 평균, 표본크기, 표준편차를 제공해야 할 것이다) 표본 전체를 하나로 놓고 이러한 정보를 포함하라.

피험자 집단들을 비교한다면 유의한 효과마다 적절한 평균, 표준편차, 표본의 크기를 제시하라. 예를 들어, 성별×학년 ANOVA에서 성별에 대한 주효과만이 나타났다면 (학년은 무시하고) 성별에 대해서만 이러한 자료들을 제시하라. 또한 각 학년—성별 칸에 대한 이들 자료를 부록에 제시하고자 할지도 모른다.

어떤 정보는 표나 그림으로 나타내야 하고 어떤 정보는 글로 나타내야 하는가? 일반적으로 글로써 쉽게 수용될 수 있는 극소수의 경우를 제외하고는 평균과 표준편차는 대부분 표로 제시된다. 통계적 수치(예 $F$값)는 글이나 표 중 이해하기 쉬운 방법으로 제시될 것이다. 통계적 검증의 명칭을 기술하고 문장으로 각 세부사항에 대해 묘사하라.

### 결과를 분명하게 표현하라

결과부분은 논문 중 최대한 명확하게 써야 하는 부분이라는 것을 기억하라. 지금은 창의적이어야 할 때도 아니고, 가장 우수한 글을 쓰는 방법을 찾아볼 때도 아니다. 여러분이 따라야 하는 가장 좋은 법칙은 "단조롭고 반복적으로 작성하라!"는 것이다. 특정 형태의 결과를 가장 분명하게 제시하는 문장 구조를 구체적으로 정하고, 모든 결과들이 유사한 방법으로 제시되도록 그 구조를 지켜라. 예를 들어, 여러분의 연구에서 2×2 요인설계를 사용하고, ANOVA를 이용하여 분석한 종속변인이 3개라면, 각 종속변인에 대한 결과를 정확하게 동일한 방식으로 제시하라. 즉, 독립변인 중 한 개가 성별이라면, 성별에 대한 결과를 먼저 제시할 것이고, 그 다음 두 번째 독립변인에 대한 결과를 제시하며, 그 다음으로 상호작용 효과가 있다면 그것을 제시할 것이다. 각 종속변인에 대한 자료를 제시할 때 이러한 순서를 지켜라. 또한, 첫 번째 종속변인에서 여성에 대한 자료를 먼저 다룬다면, 나머지 종속변인에서도 여성에 대한 자료를 먼저 다루어라. 논문에서 가장 어려운 부분일지도 모르는 결과부분을 이해하는 데 있어 이러한 일관성과 균형은 큰 도움이 될 것이다. 문장 구조의 변화를 최소화하고 명확하고 정확하게 글을 쓴다면 읽는 사람들이 제시된 결과를 보다 쉽게 이해할 수 있을 것이다. 따라서 결과에 대한 이해를 방해할 가능성이 있는 것들을 제거하라. 덧붙여, 일관성 있게 제시되어 있으면 읽는 사람들이 이후에 나온 결과를 확인하거나 이전의 내용과 비교하기 위해 이미 읽은 앞부분을 쉽게 다시 찾아볼 수 있을 것이다.

단조롭고 반복적으로 작성하는 것에 덧붙여, 통계적 문장보다는 일반적인 문장으로 작성하는 것이 좋다(Yates, 1982). 결론이나 결과와 관련된 통계치는 문장 끝 부분에 기술하는 습관을 들여라. 예를 들어, "남자들은 여자들보다 얼굴 표정에서 나타나는 차이점을 감지하지 못하는 경향이 있었다($M_{남자}$ = 5.2; $M_{여자}$ = 3.5), $F(1, 29)$ = 6.49, $p < .05$)." 이 문장은 다음에 제시할 문장보다 훨씬 읽기 쉬울 것이다. "얼굴표정읽기 검사에서 남자들의 평균인 5.2는 여자들의 평균인 3.5보다 유의하게 높은 것으로 나타났다(ANOVA $F(1, 29)$ = 6.49, $p < .05$)." 첫 번째 예에서 남자와 여자를 비교할 때 종속변인을 측정한 구체적 측정도구가 아닌, 종속변인에 대해 언급하였다는 점을 주목하라. 이러한 방식은 특정 변인이 단일 측정치일 때 가능하다. 하나 이상의 측정치가 있다면, 첫 번째 예문 앞에 "얼굴표정에서 나타나는 차이점에 대해, 얼굴표정읽기 검사에서 남자들은 여자들보다 얼굴표정의 차이점을 감지하지 못하는 경향이 있었다"와 같은 글이 필요할 것이다. 그런 연후에 두 번째 측정치에 대한 결과를 제시할 수 있다. 예를 들어, "하지만 시각적 정서에 대한 비디오 테이프를 이용한 측정치에서는 차이가 나타나지 않았다($M_{남자}$ = 12.4; $M_{여자}$ = 13.1), $F(1, 29)$ = 1.56, $p$ = ns)."

### 통계치를 제시할 때 관례를 따르라

일반적으로 통계적 검증결과를 제시하는 방법에 대한 규칙이나 관습이 있다. 단조롭고 반복적으로 제시하는 것이 읽는 사람의 이해를 도와준다는 규칙을 기억하는가? 통계치를 제시할 때 관습을 따르는 것도 바로 이와 같은 논리에 따른 것이다. 여러분이 통계치를 독창적인 방식으로 제시하여 읽는 사람들이 이해하는 데 혼란을 일으키게 해서는 안 된다. 「미국심리학회 출판편람」(1994)에는 심리학 분야에서 통계치를 제시하는 방식에 대한 권장사항이 들어있다. 우리 저자들은 앞부분에서 미국심리학회의 양식에 따라 통계적 결과를 나타낸 예를 제시한 바 있다. 추론통계 정보를 글로 제시할 때 적용되는 일반적인 규칙은 특정 통계치의 상징(예 $F$ 또는 $t$)을 제시하고, 이어서 자유도를 제시하며(예 $F[1, 29]$), 다음으로 통계치를(예 6.49), 그리고 끝으로 유의수준(예 $p < .05$)을 제시하는 것이다. 유의수준을

제시할 때 소수점 앞의 0은 쓰지 않는다. 카이자승을 사용할 때, 자유도와 표본의 크기를 괄호 안에 제시한다. 예를 들어, $x^2(4, N=86) = 9.67, p < .05$ 이다. 글로 통계치를 제시하는 것에 대해 다른 여러 가지 관례들이 더 있으나, 여기서 모두 다 다루기에는 지면이 부족하다. 「미국심리학회 출판편람」 에 더 자세한 내용이 들어 있다.

**표를 제시할 때 관례를 따르라**

표는 조판하기에 더욱 어렵기 때문에 (따라서 비용이 더 많이 들므로), 대부분의 학술지 편집자들은 중요한 결과나 글로써 제시할 수 없는 결과가 아닌 한, 표가 들어가는 것을 반대한다. 학위논문의 경우는 편집자들이 조판하는 것이 아니기 때문에 보다 더 자유롭게 구성할 수 있다.

잘 만든 표는 읽는 사람들로 하여금 결과를 이해하는 데 큰 도움을 준다. 그러한 표를 구성하는 기술을 갖기 위해서는 많은 연습을 해야 한다. 표를 준비하는 것에 대해 우리 저자들이 줄 수 있는 최선의 조언은 제4장에서 언급한 5가지 P에서 찾아 볼 수 있다. 사전에 계획을 한다면 서투르게 수행되는 것을 막을 수 있다(Prior Planning Prevents Poor Performance). 첫째, 표를 통해 독자들에게 알리고자 하는 바가 무엇인지 생각해보라. 하나 이상인 독립변인들의 영향을 보여주기 위해서 종속변인의 측정치에 대한 자료를 제시하고자 한다면, 독립변인들의 영향 중 어떤 것을 가장 강조하고자 하는지를 결정하라. 예를 들어, 노출 및 비노출 모형을 접하는 것이 이후의 치료지원자들의 자기노출에 미치는 영향에 대해 연구하고자 한다고 가정해보라. 또한 이차적 독립변인으로 성별을 포함하였다고 가정해보라. 여러분은 자료를 $2 \times 2$ 행렬과 ANOVA를 이용하여 제시할 것이다. 이와 같이 간단히 네 집단을 비교할 때는 자료를 글로써 제시할 수 있기 때문에 표가 필요 없을지도 모른다. 하지만 표를 사용한다면, 〈표 12-1〉에 제시된 방식으로 자료를 제시하거나 아니면 〈표 12-2〉에 제시된 방식으로 자료를 제시할 수 있다. 이들 중 어느 표가 모형을 보다 강조하는 것인가? 여러분이 〈표 12-

2)라고 답하였다면, 대부분의 독자들의 생각과 같은 것이다. 일반적으로 상하로 비교하는 것보다 좌우로 비교하는 것이 더 쉽다.

이것은 상당히 간단한 예시였다. 추가로 독립변인들을 첨가하여 보다 복잡하게 만들었다고 가정해보라. 예를 들어, (a) 성과 친밀감, (b) 돈, (c) 직업적 포부로 자기노출의 형태를 분화시킬 수도 있다. 각 모형별로 여성과 남성에 따라 이들 세 가지 형태의 자료를 어떻게 제시할 것인가? 〈표 12-3〉은 하나의 예를 보여준다.

### ＜표 12-1＞

**노출 혹은 비노출 모형을 접한 후
성별에 따른 자기노출 수준에 대한 평균 (및 표준편차)**

| 모형 | 여성 | | 남성 | |
|------|------|------|------|------|
| | M | SD | M | SD |
| 노출 | 7.60 | 2.34 | 4.85 | 2.02 |
| 비노출 | 4.76 | 1.89 | 2.67 | 1.93 |

*n* = 12 (집단별)

### ＜표 12-2＞

**노출 혹은 비노출 모형을 접한 후
성별에 따른 자기노출 수준에 대한 평균 (및 표준편차)**

| 성별 | 노출 모형 | | 비노출 모형 | |
|------|------|------|------|------|
| | M | SD | M | SD |
| 여성 | 7.60 | 2.24 | 4.76 | 1.89 |
| 남성 | 4.85 | 2.02 | 2.67 | 1.93 |

*n* = 12 (집단별)

**<표 12-3>**

노출 혹은 비노출 모형을 접한 후 세 가지 형태의 내용에 대한 자기노출 평균
(및 표준편차)

| | 노출 모형 | | | | | | 비노출 모형 | | | | | |
| | 성과 친밀감 | | 돈 | | 직업적 포부 | | 성과 친밀감 | | 돈 | | 직업적 포부 | |
| 성별 | *M* | *SD* | *M* | *SD* | *M* | *SD* | *M* | *SD* | *M* | *SD* | *M* | *SD* |
|---|---|---|---|---|---|---|---|---|---|---|---|---|
| 여성 | 5.20 | 2.01 | 4.80 | 1.98 | 4.75 | 1.87 | 3.26 | 1.67 | 3.91 | 1.56 | 3.84 | 1.73 |
| 남성 | 3.35 | 1.77 | 5.92 | 1.96 | 5.87 | 2.15 | 2.67 | 1.78 | 5.13 | 2.21 | 5.46 | 2.04 |

*n* = 15 (집단별)

이와 같은 제시 방식에서 주요 독립변인, 즉 모형의 영향을 알아보기가
쉬운가? 두 모형의 조건들은 여전히 좌우로 제시되어 있다. 하지만 노출과
비노출 조건을 비교하기 위해서는 각 측정치마다 두 모형에 대해 비교해야
한다. 즉, 중간에 있는 항목들의 평균은 무시하고 왼편에서 해당 항목의 평
균과 오른편에서 그에 해당하는 항목의 평균을 찾아서 비교해야 한다. 집
게손가락으로 각 행을 짚어가며 보면 도움이 될지도 모른다. 하지만 표를
다르게 배열한다면 주요 독립변인의 영향을 보다 명확하게 평가할 수 있을
지도 모른다. 〈표 12-4〉에 제시된 방식을 참고하기 바란다.

위와 같은 배열에서는 여성과 남성에 대한 각 종속변인 측정치에 대해
각 행을 아래로 살펴보면서 나란히 비교할 수 있으므로 노출 모형의 효과
를 비교하기가 훨씬 더 쉽다. 게다가 노출 대 비노출 모형을 전반적으로
비교할 때도 각 행의 평균을 살펴봄으로써 두 모형의 차이를 쉽게 알 수
있다.

석 · 박사학위논문에서는 일반적으로 표를 너무 많이 사용하지 않는 것이
좋다. 결과부분에 연구결과를 해석하는 데 중심이 되는 표들을 포함하라.
덜 중요한 표들은 부록에 배치하라. 「미국심리학회 출판편람」에는 표를 원

<표 12-4>

여성과 남성이 노출 혹은 비노출 모형을 접한 후 세 가지 형태의 내용에 대한 자기노출 수준에 대한 평균 (및 표준편차)

| 성별 | 노출 모형 | | 비노출 모형 | |
|---|---|---|---|---|
| | M | SD | M | SD |
| 여성 | | | | |
| 성과 친밀감 | 5.20 | 2.01 | 3.26 | 1.67 |
| 돈 | 4.80 | 1.98 | 3.91 | 1.56 |
| 직업적 포부 | 4.75 | 1.87 | 3.84 | 1.73 |
| 남성 | | | | |
| 성과 친밀감 | 3.35 | 1.77 | 26.7 | 1.78 |
| 돈 | 5.92 | 1.96 | 5.13 | 2.21 |
| 직업적 포부 | 5.87 | 2.15 | 5.46 | 2.04 |

고의 끝부분인 각주 페이지 다음에 제시하라고 되어 있지만(단, 조판을 하는 경우에 표는 논의되는 글과 가까운 곳에 배치하도록 한다), 대학의 경우 종종 표를 보다 자유롭게 배치할 수 있다. 우리 저자들은 표를 그 내용이 묘사된 글과 가능한 한 가까운 곳에 배치하는 방법을 선호한다. 이러한 방식으로 제시하면 관련 표를 찾기 위해서 해당 글과 긴 논문의 끝부분을 왔다갔다 하면서 살펴볼 필요가 없으므로 읽기가 쉬워진다.

표를 구성할 때, 읽기가 편하도록 만들라. 각 사항들 사이의 간격을 충분히 띠우고, 각 행 수치들의 소수점 자리의 위치를 잘 맞추며, 가능하면 표가 다른 페이지로 나뉘어져 제시되지 않도록 하라. 각 쪽에 수직으로 표를 제시하면, 종이를 옆으로 돌려서 살펴보아야 하는 수평으로 제시되는 표들보다 보기가 쉽다. 때때로 표를 수평적으로 제시하느냐 수직적으로 제시하느냐에 따라 자료가 정확히 입력되는 정도가 좌우될 수도 있다. 자료를 소수점 둘째 자리까지 제시할 필요가 없는 경우는, 제시하지 마라. 공간을 절약할 수 있고 유사 과학적 글쓰기처럼 보이는 것을 피할 수 있다. 표를 수평적으로 제시한다면 표의 제목은 지면의 세로축과 평행하게 표의 윗부분에 제시하라.

표 제목에 대해서는 간결하면서도 설명적으로 만들어라. 표 자체에도 나타나는 정보를 표 제목에 포함하지 마라. 〈표 12-3〉과 〈표 12-4〉의 제목을 비교해 보라. 이들 표에는 배열 방식만 다를 뿐 동일한 정보가 제시되어 있다. 〈표 12-3〉의 제목에는 지나치게 세부사항을 제시한 오류가 나타나 있다. 이는 부분적으로 표 자체의 서두에 나타난 정보를 반복한 결과이다. 〈표 12-4〉에서는 두 번째 독립변인인 성별에 대한 언급이 생략되어 간결하게 표현되었음을 주목하라. 표의 서두에 성별에 대한 정보가 담겨있으므로, 이를 생략한 것이 대단한 정보를 빠뜨린 것은 아니다. 또한 표를 살펴본다면 쉽게 추론할 수 있으므로, '수준'이나 '점수'와 같은 단어들은 일반적으로 생략한다.

앞에서 언급하였듯이 표를 효율적으로 제시하려면 연습이 필요하다. 「미국심리학회 출판편람」에는 표를 제시하는 방법이 자세히 소개되어 있다. 그 책에는 표에 대한 구체적 체크리스트도 포함되어 있다(출판편람 p. 140 참고). 처음 글을 쓰기 시작하기 전에 이들 가치 있는 자료들을 참고하라. 다른 사람들이 분석결과와 명료한 예들을 제시하기 위해 여러분의 것과 비슷한 표를 어떻게 제시하였는지 전문적인 학술지들을 살펴보라. 또한 표를 다르게 배열해 보고, 다른 사람들에게 그 표들이 얼마나 해석하기 쉬운지 살펴봐 달라고 부탁하는 것도 도움이 될 것이다.

일단 여러분이 특정의 배열행태를 결정하면, 표로 나타내는 유사한 자료들은 모두 똑같은 방식으로 제시하라. 결과를 제시할 때 단조롭고 반복적으로 하라고 앞에서 충고한 것을 기억하는가? 이와 동일한 법칙이 표를 제시할 때도 적용된다. 처음 공들여 준비한 표가 다른 나머지 표들의 보기가 될 때에는 표를 여러 가지 형식으로 바꿈으로써 독자들이나 여러분 자신을 힘들게 하지 마라. 또한 표에는 가장 중요한 자료만 제시한다는 점을 기억하라. 개별적인 피험자 자료와 다른 세부 주변 정보들은 부록에 제시하라.

### 그림을 제시할 때 관례를 따르라

여러분이 고려하고자 할 또 다른 형태는 그림(figure)이다. 그래프, 도표, 사진, 그림(drawing) 등 본문이나 표가 아닌 것은 모두 이 범주에 속한다. 그림은 보통 본문이나 표보다 시간적으로나 경제적인 면에서 준비하는 데 더 많은 비용이 들기 때문에 여러분은 꼭 필요한 곳에만 그림을 사용하고자 할 것이다. 하지만 특정 형태의 정보는 그림 외의 다른 방식으로 전달하기가 어렵다. 이러한 정보는 그림을 통해 제시하여야 할 것이다. 예를 들어, 우리 저자들 중 한 명이 지도한 석사과정 학생이 장애가 있는 사람들에게 식사시간에 필요한 기술을 가르치는 방법에 대해 평가하고자 하였다. 석사학위논문에 그림으로 제시한, 전문적으로 준비된 그림은 피험자들이 학습한 식사도구 잡는 위치에 대한 의사소통을 크게 촉진시켰다(Nelson, Cone, & Hanson, 1975). 또한 그림을 통해 독립변인들 간의 상호작용, 시간의 경과나 복용량 수준에 따른 경향을 가장 효율적으로 나타낼 수 있다.

그림을 이용하기로 결정하기 전에 다음과 같은 질문을 스스로에게 던져보라.

1. 그림을 통해 무엇을 전달하고자 하는가?
2. 이것을 본문이나 표를 이용해서도 효과적으로 제시할 수 있는가?
3. 그림이 이미 다른 방식으로 제시된 정보를 반복하는 것인가?
4. 그림이 다른 형태로 제시된 정보를 어떻게 보완할 것인가?
5. 어떤 형태의 그림(예 그래프, 그림, 혹은 사진)이 가장 적절할 것인가?
6. 그래프를 사용한다면, 어떤 형태의 그래프(예 히스토그램, 막대그래프, 혹은 선 그래프)가 가장 알맞을 것인가?
7. 그림을 어떻게 만들 것인가?(예 직접 그리거나 소프트웨어를 이용하거나 혹은 전문가에게 의뢰하여 그림을 그리게 하는 방법)

위의 질문에 답하고 나면 이제 그림을 시작할 준비가 되었다. 표와 마찬가지로, 그림에도 적용되는 다양한 규칙이 있다. 잠시 이러한 것들의 몇 가지를 짚고 넘어가기로 하자. 여기서 여러분이 선택했을지 모르는 도표나 그래프의 여러 가지 형태를 논하지는 않을 것이다. 이에 대한 자세한 내용은 「미국심리학회 출판편람」과 Parsonson과 Baer(1978)를 참고하라. 여기서는 일반적으로 받아들여지는 규칙과 우리 저자들이 선호하는 규칙을 합해 제한적으로 그래프의 제시방법에 대한 몇 가지 사항만을 다룰 것이다. 그래프를 데카르트식 좌표로 시작하라. 수직 또는 Y축(혹은 세로좌표)에 종속변인을 제시하고, 수평 또는 X축(혹은 가로좌표)에 독립변인이나 시간을 제시한다. 우리들의 경험에 의하면 Y축 길이가 X축 길이의 ⅔정도 되는 것이 좋다. Y축에는 종속변인이 가질 수 있는 값의 범위가 모두 포함되어야 한다. 예를 들어, 백분율로 제시한다면 세로축과 가로축이 만나는 지점은 0으로 시작하여 세로축의 끝은 100이 되어야 할 것이다. 만일 여러분이 가진 점수들이 전체 범위 중 일부 범위 안에만 있다면 세로축을 불연속적으로 나타내는 방법을 고려하라. 〈그림 12-1〉에는 이러한 방식이 제시되어 있다. 위쪽 그림(A)에서 받는 자료에 대한 인상은 아래쪽 그림(B)에서 받는 자료에 대한 인상과는 차이가 있다. 이는 이 그림들이 적합한 언어적 행동을 100%로 볼 때 실제 이로부터 얼마나 떨어져 있는가를 강조하지 않기 때문이다. (A)에서 첫 번째 자료에 나타난 사전검사와 사후검사 간 차이는 상당히 큰 것처럼 보인다. (B)처럼 전체 범위가 포함되어 '떨어진 거리'가 분명해지면, 중재의 효과에 대한 인상이 바뀌게 될 것이다.

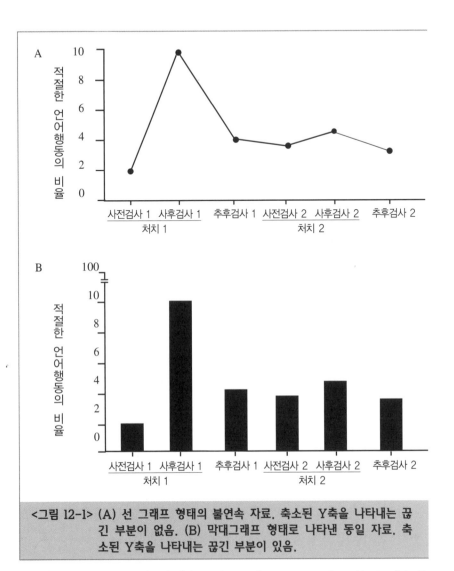

<그림 12-1> (A) 선 그래프 형태의 불연속 자료. 축소된 Y축을 나타내는 끊긴 부분이 없음. (B) 막대그래프 형태로 나타낸 동일 자료. 축소된 Y축을 나타내는 끊긴 부분이 있음.

출처 : Parsonson & Baer(1978). "The analysis and presentation of graphic data." In T. R. Kratochwill(Ed.), *Single Subject Research* (pp. 101-165). San Diego, CA: Academic Press.

축의 단위가 서로 떨어져 있는 간격이 일정해야 한다. X축상, 동일한 시간의 경과를 나타내는 단위일 경우 이에 해당한다. 〈그림 12-1〉에서 사전―사후검사 1의 간격 및 사전―사후검사 2의 간격이 동일하게 제시되어 있는 점을 주목하라. 하지만 사후검사와 추후검증 간의 간격은 사전―사후 검사 간의 간격과는 차이가 있고, 이러한 차이는 시간이 경과된 정도에 차이가 있음을 나타낸다.

좌표축상 단위를 축선에서 시작하여 그림 바깥쪽으로 확장시킨 격자 또는 꺾쇠 표시를 이용하여 나타낸다. 몇몇 권위 있는 학자들(예 Parsonson & Baer, 1978)은 그림 바깥쪽으로 확장되는 표시를 선호한다. 다른 몇몇(예 APA, 1983)은 안쪽으로 확장되는 표시를 선호한다. 어떤 경우이건, 수직축이 맨 끝의 표시 밖으로 확장되어서는 안 된다(〈그림 12-1〉 A, B 참조). 양 축 모두에 측정되는 변인의 이름과 측정 단위를 나타내는 명칭을 분명하게 달아야 한다. 〈그림 12-1〉에서 적절한 언어적 행동이 종속변인이고, 이것을 퍼센트로 측정하였다. 축의 이름은 축과 평행하게 배치하고, 표시점의 수치나 명칭은 수평으로 배치한다.

〈그림 12-2〉에는 추가적인 관례들이 제시되어 있다. 다시 말해서, 세로축에 끊어진 부분이 있음을 주목하라. 이번에는 가로축에도 끊어진 부분이 있다. 〈그림 12-2〉에 나타난 자료의 일반적 배치를 통해 이 연구에서 (A-B-A-B) 설계가 사용되었다는 것을 알 수 있다. 또한 각 단계를 명명하고 각 단계 사이에 세로 점선을 그어 구분하고 있다. 각 단계에 일반적인 명칭(예 처치)을 붙이는 것보다 설명적인 이름(예 피드백)을 붙이면 보다 많은 정보를 전달할 수 있어 유용하다. 〈그림 12-2〉에는 네 집단의 자료가 나타나 있다. 일반적으로, 선 그래프를 사용할 때 읽기 쉬운 정도를 감안한다면 선을 최대한 4개 이용할 수 있을 것이다. 하지만 만약 자료들의 수치가 서로 근접한다면 4개가 너무 많을지도 모른다. 각 집단의 범례도 제시하였다는 점을 주목하라. 네모상자 안에 범례를 제시하고 축 영역 내에 제시하는 것도 좋은 생각이다. 이렇게 할 공간이 없으면 차선책은 주로 그림의 오른편에 범례를 제시하는 것이다.

그래프상 선들의 기호를 일단 정하고 나면 일관성 있게 같은 기호를 사용하라. 〈그림 12-2〉에서는 여아는 네모로, 남아는 마름모꼴로 나타내었다. 2학년과 4학년을 구분하기 위해 하나는 검정색으로, 다른 하나는 흰색으로 나타내어 보다 일관성 있게 제시하였다. 하나 이상의 그림을 사용한다면, 기호를 일관성 있게 유지하라. 즉, 남아는 항상 마름모꼴로, 여아는 항상 네모꼴로, 4학년은 흰색으로 등등.

〈그림 12-2〉에는 기타 유용한 관례들이 제시되어 있다. 자료점들의 연결이 '각 단계들 사이'에서는 끊겨 있어 단계들 간의 차이를 평가하기가 더 쉽다. 결측치는 공란으로 나타낼 수 있다. 결측치를 나타내는 점은 어느 쪽으로도 연결해서는 안 될 것이다. 축 내부에 있는 선이 축 자체보다 가늘어야 한다.

때로는 한 개 이상의 종속변인에 대한 결과를 하나의 그림 내에 제시하고자 할 것이다. 변인들을 측정한 척도의 단위가 다르다면 이러한 작업이 까다로워질 수 있다. 〈그림 12-3〉에는 이 문제에 대한 해결책이 제시되어 있다. 이 그림에서는 2개의 세로좌표를 사용하였는데, 그 중 하나의 선은 좌측 세로좌표이고 다른 하나는 우측 세로좌표이다. 이를 이용해 각 종속변인들에 대한 처치와 관련된 변화의 방향이 다르다는 것을 상당히 생생하게 전달할 수 있다. 이러한 제시 방법으로 변인들을 비교하기가 쉬워지고, 2개의 다른 그림을 이용할 때보다 더 경제적으로 전체 자료를 제시할 수 있다.

끝으로, 자료에 적합한 그래프의 형태를 선택하는 것이 중요하다. 일반적으로 선 그래프는 불연속적인 자료를 나타내는 데는 부적합하다. 〈그림 12-1〉의 윗부분에 제시된 자료는 이를 나타내고 있다. Parsonson과 Baer(1978)가 지적하였듯이, "시간적인 차이가 있게 배치된 자료점들 간의 실제 경로는 알 수 없다"(p. 117). 그러한 경우, 그림의 아랫부분에 제시된 막대그래프를 사용하는 것이 더 적절하다.

그림을 만들기 위한 마지막 단계는 그림의 제목을 정하는 것이다. 원고를 출판하고자 준비하는 과정에서 미국심리학회에서는 그림 제목을 원고 맨 뒷

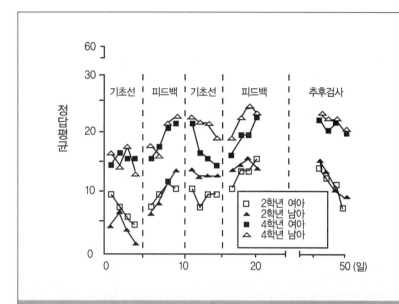

<그림 12-2> 연구의 4단계 및 추후검사 단계에서 2학년과 4학년 남아 및
여아의 뺄셈문제 정답수의 평균

부분에 분리시켜 제시하라고 요구한다. 그림들도 비슷한 위치에 배치되므로
이러한 방식이 비합리적인 것은 아니다. 하지만 석사학위논문과 박사학위논
문에서는 보다 자유롭게 배치할 수 있다. 표와 마찬가지로 우리 저자들은 그
내용이 다루어지는 본문과 가까운 위치에 그림을 제시하는 방식을 선호한
다. 그리고 나서 그림의 제목을 그 바로 아래에 제시한다.

그림의 제목(표제)은 두 가지 역할을 한다. 표제는 그림의 이름을 알려주
고 그림 자체를 설명한다. 그림과 표제들은 그 자체로서 정보를 담고 있다.
다시 말해서 독자들이 그림에서 제공된 자료를 이해하기 위해 본문을 찾아
볼 필요가 없어야 한다. 표제를 만들 때 그림의 내용을 묘사하라. 대개 간
략한 문장이나 구로 나타낸다. 〈그림 12-3〉에 대한 '지나치게' 간단한 표
제의 예는 "〈그림 12-3〉 처치 전후 언어적 행동과 정서수준"이다. 이 제목
과 그림에 대해 실제로 제시된 제목을 비교하여 보라.

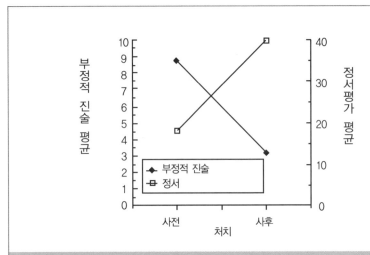

**<그림 12-3> 우울증 환자들의 처치 전후 부정적 진술 평균(좌측 세로좌표) 과 정서평가(우측 세로좌표)**

표와 마찬가지로 그림을 잘 그리기 위해서는 반복해서 연습해야 한다. 여기서 자세한 사항을 다루기에는 지면이 부족하다. 「미국심리학회 출판편 람」에는 이러한 세부 사항이 담겨져 있다. 또한 그 편람에는 특별히 그림에 대한 유용한 체크리스트가 들어 있다(출판편람 p. 162 참고). 최종적인 완성품을 결정하기 전에 여러 가지 형태의 그림을 시도해 보는 것이 좋다. 친구나 심사위원들에게 보여서 반응을 살펴보라. 그림을 수정해 그리거나 전문가에게 그림을 부탁하라.

다른 형태의 그림을 시도할 때 시간을 절약할 수 있는 효율적인 방법은 이러한 목적으로 개발된 컴퓨터 소프트웨어를 이용하는 것이다. 개인용 컴퓨터 및 관련 그래픽 소프트웨어의 도입으로 출판 가능한 정도의 그림을 만들어내는 일이 훨씬 쉬워졌다. 사용하기 쉽고 강력한 그래픽 소프트웨어의 예로 매킨토시용 Cricket Graph™과 IBM™용 Harvard Graphics™을 들 수 있다. 우리 저자들은 가능하면 대학원 과정의 초기부터 컴퓨터 그래픽 프로그램에 익숙해지도록 시간을 투자하라고 권고한다. 몇몇 프로그램은 비교적 비싸지 않고(이 책을 집필하는 시점에서 Cricket Graph™은 약 $115이다), 여러분이 시간을 절약할 수 있다는 점에서, 또는 전문적으로 그림을 그리는 사람에게 일을 맡기는 경우에 드는 비용을 생각한다면 그만한 값어치가 있다. 게다가 여러분이 운동이나 체중감소 프로그램의 성공을 나타내는 그래프 몇 가지를 집안에 붙여놓는 것도 좋지 않겠는가!

그림을 그리기 위해 오래된 방식인 수작업을 하기로 결정하였다면, 상업적으로 판매되고 있는 몇 가지 도구가 이러한 작업을 보다 용이하게 해 줄 것이다. 이것들 중에서 가장 유용한 것은 모눈종이와 문자 판박이이다. 그래픽 종이도 줄을 맞추거나 그림의 요소를 제시하는 데 많은 도움을 주고, 그림을 완성한 후 복사하면 그래픽 종이의 푸른 선이 나타나지 않는다. 대부분의 대학서점에서 다양한 크기의 그래픽 종이와 문자 판박이 도구를 판매한다. 문자 판박이 도구에는 종종 축을 나타낼 수 있는 선이나 자료점들을 나타낼 수 있는 기호들도 들어 있다. Yates(1982, pp. 165-171)는 직접 그림을 그릴 때 유용한 조언들을 제시하고 있다.

✓ To Do . . .

**연구결과 제시하기**

☐ 연구목적과 관계된 자료를 제시하라.
☐ 정돈된 논리적 방식으로 결과를 제시하라.
　－ 결과를 정리하고 차례대로 나열하라.
　－ 관련 정보를 포함하라.
　　• 통계방법의 명칭
　　• 통계에 대한 관련 세부사항
　　• 유의한 효과에 대한 통계치
　　• 평균
　　• 표준편차
　　• 표본크기
　－ 결과를 분명하게 표현하라.
　－ 통계치를 제시할 때 심리학 분야의 관례를 따르라.
　－ 잘 다듬어진 분명한 표를 만들어라.
　－ 잘 다듬어진 분명한 그림을 준비하라.

# 13

# 결과 논의하기

연구계획서를 완성하였다. 피험자도 충분히 구했다. 자료를 수집하고 분석하였다. 끝으로 자료에 대한 통계치가 무엇을 말하는지를 설명하는 방법도 알아냈다. 그리고 이제 컴퓨터 모니터의 화면에는 '논의'라는 제목이 여러분을 쳐다보고 있다.

학생들은 흔히 모든 것은 이미 다 말해버렸기 때문에, 논의부분에 무엇을 써야 하는지를 모르겠다고 한다. 학생들이 왜 그렇게 생각하는지는 쉽게 이해가 되지만, 사실은 그렇지가 않다. 논의부분에서는 결과를 해석하고, 가설과 여러분이 한 문헌고찰의 맥락에 맞추어 그 결과를 배열하고, 시사점과 제한점을 비판적으로 살펴보게 될 것이다. 본 장에서는 여러분의 연구에 적용되는 여러 질문들을 던질 것이다. 그 질문들을 읽을 때에 해답을 생각해보라. 여러분의 생각을 정리하고 이러한 관점을 논의부분에서 통합하는 것을 고려해보라.

## 연구결과를 요약하라

논의는 대부분 결과에 대한 종합적인 요약으로 시작된다. 여기서 통계치를 다시 언급해서는 안 된다. $F$값이나 $p$값에 대해 다루거나 분석상 기술적인 세부사항을 다시 언급해서는 안 된다. 그 대신에 통계적 전문용어를 가능한 한 사용하지 않으면서 연구결과를 분명하게 기술하라. "나중에 기억력 검사를 받게 될 것이라는 말을 들은 학생들은 검사에 대한 말을 듣지 않은 학생들보다 주의깊게 임했고 보다 나은 회상능력을 보여주었다"라는 식의 표현이 "주의력과 회상 변인에 있어 실험조건의 주효과가 유의하게 나타났다"라는 표현보다 낫다. 비전문가를 대상으로 확인해보라. 연구결과를 어떻게 기술하면 다른 사람들이 이해할 것인가?

결과를 요약하는 좋은 방법 중 하나는 연구결과들이 각 가설이나 연구문제를 지지하는지 혹은 지지하지 않는지에 따라 조직화하는 것이다. 이러한 요약을 통해 연구결과가 왜 그렇게 또는 그렇지 않게 나왔는지에 대해 여러 원인들을 논리적으로 논의할 수 있다. 글을 읽는 사람들이 다시 앞부분으로 돌아가 찾아볼 필요가 없도록 각 가설들에 대해 간략히 다시 언급하면서 앞부분의 문헌고찰에서 연구문제와 가설을 다룬 것과 같은 순서로 가설들에 대해 논의하라. 이러한 순서는 결과 부분에서도 동일하게 제시되었던 것이다.

결과를 요약하는 다른 방법은 주요 결과를 함께 묶어서 제시하는 것이다. 예를 들어, 치료사의 자기노출이 환자의 태도와 치료 시의 상호작용에 미치는 영향에 대해 연구한다면, 각 종속변인들의 집합을 차례로 살펴볼 수 있을 것이다. 물론, 이러한 결과가 처음의 가설들을 어떻게 지지하는지, 연구문제와 어떻게 관련되는지에 대해서도 여전히 지적할 필요가 있다.

우연히 발견하게 된 결과—여러분이 처음에 계획하지 않았거나 유의하지 않을 거라고 생각했던 분석결과가 유의하게 나온 경우—도 빠뜨리지 말라. 때때로 기대하지 않았던 연구결과들이 가장 흥미롭게 나타나는 경우도 있다. 집단들을 비교하였다면, 집단 간 기대하지 않았던 차이점이 나타났는가? 이러한 차이가 종속변인들과 관련이 있는가? 예를 들어, 우리 저자들의 학생들 중 한 명(Sikora, 1989)은 이혼, 최근의 생활변화, 취학 전 아동의 또래행동 간의 관련성을 살펴보았다. 유감스럽게도, 이혼한 부모나 생활변화가 많았다고 보고한 성인을 부모로 둔 아동들은 통제집단의 아동들보다 훨씬 더 가난한 가정에 속해 있었다. 놀랍게도, 이혼과 생활변화와 아동의 행동 간의 관련성은 극히 낮았고, 사회경제적 수준과 행동 간의 관련성은 매우 높게 나타났다. 따라서 Sikora의 가설에는 사회경제적 수준이 언급조차 되지 않았었지만, 논의부분에서는 이러한 관련성이 주요한 초점이 되었다.

## 결과를 해석하라

결과를 요약하는 것은 결과에 대한 해석의 일부분에 지나지 않는다. 그 결과가 무엇을 의미하는가? 독립변인들과 종속변인들 간의 관련성에 대한 결과는 무엇을 의미하는가? 그것들은 관련성이 있는가? 이러한 관련성이 여러 종속변인들에 혹은 선택된 몇몇의 종속변인들에 적용되는가? 그러한 결과를 설명하는 중첩 요인 또는 매개 요인들이 있는가?

여러분 중 몇몇은 운이 좋아 연구결과가 예측하였던 것과 똑같이 나올 것이다. 연구를 계획할 때 결과의 해석에 대해 생각하였을 것이므로, 여러분의 머릿속에 결과에 대한 해석이 준비되어 있을 것이다. 만일 여러분이 이러한 몇몇 운이 좋은 사람이라면, 연구결과에 대한 대안적 설명으로 논의를 진행하고, 이론과 실제 세계에서 이들이 의미하는 바가 무엇인지를 탐색할 것이다.

하지만 여러분의 대다수에게는 그런 행운이 따르지 않을 것이다. 연구결과 중 일부는 희망하였던 대로 나타나고 일부는 그렇지 않게 나타날 것이다. 즉, 어떤 것은 예측한 대로 나타나지 않는다는 것이다. 이에 대해 고맙게 생각하라. 이러한 결과로 인해 여러분은 많은 것을 이야기 할 수 있다! 이러한 경우, '어떤' 변인들이 예측된 관련성을 나타내고, 어떤 변인들이 그렇지 못했는지를 살펴보아야 한다. 그 다음에 '왜' 그렇게 나타났는지를 생각해 보라. 유의한 변인들이 어떤 공통점이라도 가지고 있는가? 그것에 대해 지적하라. 유의하지 않은 변인들은 왜 그렇게 나타났는가? 다시 말해서, 왜 이러한 차이점이 나타나고 이러한 차이점이 여러분이 연구하는 현상에 시사하는 바가 무엇인지 살펴보면서 유의하게 나타난 결과와 그렇지 않은 결과들을 비교하고 대조하라.

여러분의 측정치가 왜 모두 일치하지 않았는가에 대해 몇 가지 해석을 고려해보라. 즉, (a) 측정도구상의 문제(종속변인들을 제대로 측정하였는가? 측정도구는 참인 효과를 찾아낼 수 있을 정도로 신뢰할 만한가?), (b) 독립변인에 대한 부적절한 분류나 조작(여러분은 독립변인을 제대로 평가하거나 측정하였다고 '생각' 하지만, '정말로' 그러한가? 차이를 만들어낼 만큼 충분히 '효과 있는' 독립변인으로 처치되었는가?), (c) 부적절한 표본의 크기(표본의 크기는 효과를 찾아낼 수 있을 정도로 충분한가?), (d) 연구진행 시 독립변인의 효과를 억제하였을지도 모르는 구체적 절차상의 상황, 그리고 (e) 여러분이 예측한 것과 다른 독립변인과 종속변인 간의 실제적 관련성(독립변인이 어떻게 작용하는가를 알아보는 데 보다 세밀한 구분이 필요한가? 추가적 기제나 매개요인이 제안될 필요가 있는가?) 등이 그것이다. 여러분이 기대한 대로 나타나지 않은 원인을 설명하는 데 적절하거나 적절하지 않은 내용이 무엇인지 이들 각각을 고려해 볼 필요가 있다.

또한 이러한 설명에 대한 근거 혹은 설명에 반하는 근거를 제시하기 위해 연구결과의 일부를 사용하거나 추가적으로 자료를 분석할 수 있을지도 모른다. 예를 들어, 여러분이 신뢰도와 타당도 정보가 매우 적은 비교적 새로운 측정방법을 사용하였다면, 신뢰도와 타당도 자료가 알려져 있는 다른 측정방법과의 상관을 산출할지도 모른다. 이러한 상관을 통해 새로운 측정방법의 타당도가 증명되거나 도전 받을 수 있다.

어떤 학생들의 경우, 몇 달의 노력에도 불구하고 유의한 결과가 하나도 나오지 않는 경우도 있다. 이러한 경우, 왜 이러한 결과가 발생하였는지 앞서 언급한 요인들을 고려하면서 분석해야 한다. 유의한 결과가 나오지 않은 가설을 확인하기 위해 가능하다면 무엇이건 보충적인 자료분석을 하라. 예를 들어, 여러분이 가지고 있는 자료가 매우 다양하고 예측하였던 독립변

인에 피험자들의 일부만이 반응하였다고 생각된다면, 그 일부 집단만을 대
상으로 자료를 분석하라. 만일 연구결과가 유의하지 않은 것이 인구통계학
적 변인들과 관련된다고 생각된다면, 인구통계학적 변인과 종속변인 간의
상관을 살펴보라. 물론 이러한 분석들을 결과부분에 제시하여야 하고 추가
적으로 논의하여야 한다. 그리고 표본의 크기가 상당히 작은 경우도 마찬
가지이다.

가설을 지지하는 결과를 거의 발견하지 못한다고 하더라도 실망하지 마
라. 과학은 정보의 축적을 통해 진보한다. 이 중 일부는 예측의 실패를 통
해서였다. 적절한 표본크기와 신뢰할 수 있고 타당성 있는 측정방법을 사
용한 훌륭하게 설계된 연구에서는 실패한 예측이 지지된 예측만큼 중요할
수 있다. 이러한 경우들에서 보건대, 실패한 예측은 가설을 이끈 기본 틀을
수정할 필요가 있다는 점을 시사해 주는지도 모른다. 하지만 유의한 연구
결과가 없었다고 해서 영가설이 확증되는 것은 아니라는 점을 기억하라.

유의한 연구결과가 나타나지 않았을 때, 종속변인과 인구통계학적 변인
들 간의, 그리고 종속변인들 간의 상관을 살펴볼 수 있다. 이는 보다 실질
적인 결과가 없는 상황에서 논의할 수 있는 추가적인 정보를 제공해 줄 것
이다.

## 연구결과를 맥락 내에서 다루어라

여러분이 한 연구가 그 문제를 다룬 유일한 연구는 아니다. 사실, 문헌고
찰을 할 때 관련연구를 기술하는 데에 많은 분량을 할애하였을지도 모른
다. 그러므로 논의에 여러분의 연구가 그 분야에서 유일한 것처럼 기술하
지 마라! 연구결과를 요약하고 기술할 때, 앞서 고찰한 문헌들과 어떤 점에
서 일치하고 어떤 점에서 일치하지 않는지 고려하라.

논의부분에 많은 것을 제공해 줄 여러 주제들이 있다. 첫째, 연구결과가
선행문헌들과 어떤 점에서 일치하는지 고찰하라. 이를 위해 여러분의 연구

와 선행연구를 모집단의 특성, 측정도구, 독립변인들(그리고 독립변인들이 어떻게 입증되었는지), 연구설계, 연구절차의 면에서 비교해보라. 그런 연후에 여러분의 연구결과가 선행 연구결과를 따르는 것인지, 분명하게 만드는 것인지, 혹은 선행 연구결과와 상충하는 것인지에 대해 생각해보라.

만약 여러분의 연구가 선행 연구결과와 일치한다면, 이때 연구방법상의 차이는 여러분의 연구가 선행 연구결과를 '확장시킨다는' 점을 나타낼지도 모른다. 예를 들어, 연구자들이 실험실에서 측정된 부부의 태도와 결혼만족도 간의 상관관계를 계속해서 발견하였고, 여러분이 일상적 태도의 측정방법을 이용하여 유사한 점을 발견하였다면, 자연환경에서 일상적인 측정방법을 이용하였을 때 이러한 관련성이 얼마나 잘 유지되는가에 대해 논의할 수 있다.

여러분의 연구결과가 선행문헌들 간의 상충되는 점을 분명히 밝힐지도 모른다. 그렇다면 이점을 지적하라. 연구자들은 종종 모집단 모수, 측정방법부분, 독립변인들에서 보다 세밀하고 새로운 차이점을 살펴봄으로써 상충되는 연구결과를 설명할 수 있다. 이러한 종류의 차이점을 찾았다면 여러분의 연구결과는 기존의 문헌을 보다 더 잘 이해하는 데 도움이 될 수 있다. 예를 들어, 남성과 여성이 피험자로 사용되었으나 성차를 살펴보지 않았던 선행연구들이 있다고 하자. 여러분은 이러한 성차를 살펴보았고 이러한 차이는 유의하게 나타났다. 이는 이후의 연구에서 성별을 중요한 변인으로 고려해야 한다는 점을 시사할 뿐만 아니라, 성별을 구분하지 않았던 연구들이 성차에 따른 변량으로 인해 효과를 찾는 데 실패했을지 모른다는 점도 시사한다. 남성들이 많았던 과거의 표본에서는 남성의 패턴이 나타났을 것이고, 여성들이 많았던 표본에서는 여성의 패턴이 나타났을 것이다.

만일 여러분이 다른 연구자들이 발견한 것을 찾지 못한다면, 왜 그러하였는지 고찰하라. 다시 말해서, 여러분의 연구와 다른 사람들의 연구 간의 차이점을 평가하라. 방법론적 설명을 생각해보라. 방법상, 절차상, 또는 표본의 차이가 선행연구와 일치하지 않는 결과를 가져올 수 있었는가? 덧붙여,

다른 사람들의 연구결과를 재현하는 데 실패한 것과 관련하여 그 연구결과들의 일반화 가능성에 '제한점'이 있다는 것에 대해 논의하라. 여러분의 연구결과가 이후의 문헌에서 구분되어져야 할 어떤 새로운 차이점을 시사하는 것인가? 만약 다른 사람들이 발견한 것을 찾지 못한 실패의 원인이 절차나 방법상의 문제가 아니라면, 여러분은 연구한 현상에 대해 중요한 무언가를 발견하였을지도 모른다.

여러분의 연구가 기존의 문헌에 기여한 점이 무엇인가도 고찰하라. 박사학위논문은 지식에 새로운 공헌을 해야 한다는 점을 기억하라. 석사학위논문은 이보다는 새로운 정보를 덜 제시할지도 모르지만, 이미 알려진 것에 무엇인가를 틀림없이 추가할 수 있어야 한다. 이제 여러분에게 연구가 얼마나 친숙하게 보이는가에 관계없이, 연구가 어떤 방식으로로건 문헌에 추가되어야 한다. 이 점을 지적하라. 다른 사람이 하지 않은 것 중 여러분이 한 것은 무엇인가? 과거의 연구에 비해 이 연구가 얼마나 개선된 것인가? 그리고 이러한 개선점이 연구결과의 면에서 산출한 것은 무엇인가?

## 연구결과의 의의를 고려하라

연구결과가 의미하는 것은 무엇인가? 여러분이 연구한 현상을 이해하는 데 연구결과는 얼마나 도움이 되는가? 여러분이 연구한 쟁점에 대해 우리가 생각하는 방식을 연구결과가 어떻게 변화시킬 수 있는가? 연구결과의 의미에 대해 생각할 때, 이론, 연구, 그리고 실제에 대해 무엇이라고 말할 수 있을지를 고찰하라.

이론과 관련해서는 먼저, 여러분이 한 연구분야에서 지배적인 이론적 모형에 대해 생각해보라. 이러한 모형이 요구하는 것은 무엇인가? 모형에 내포된 가정은 무엇인가? 여러분의 연구결과에 대해 이러한 이론들이 예측한 바는 무엇인가? 연구결과가 하나 이상의 이론과 일치하는가? 왜 그러한가 또는 왜 그러하지 않는가? 여러분의 연구결과가 이론을 증명하거나 반증하지는 못한다. 연구결과는 단지 이론을 지지하거나 지지하는 데 실패할 뿐이다. 연구결과가 단일 이론하고만 일치하게 나타난다면 좋겠지만, 연구결과가 하나 이상의 이론으로 설명될지도 모른다. 그래도 상관없다. 그러한 사실을 논의하고 추후 연구자들이 두 가지 근거 중 어느 것이 더 우세한지를 비교해 보기 위해 어떻게 연구를 설계해야 하는지에 대해 기술하라.

연구방법과 관련해서는 현상에 대한 이해는 방법상의 중요한 차이점을 통해서 진보한다는 것을 기억하라. 여러분의 연구에는 이후의 연구들을 통제하는 데 중요한 어떤 새로운 차이점이나 새로운 요인이 내포되었는가? 예를 들어, 앞서 언급한 학령 전 아동에 대한 Sikora(1989)의 박사학위논문을 고려해보라. 사회경제적 수준이 사회적 행동과 일관성 있게 상관을 나타낸다는 연구결과는 이후의 또래관계에 대해 살펴보고자 하는 연구자들이 사회경제적 수준을 통제해야 하고, 피험자들의 사회경제적 특성에 대해 기술해야 한다는 점을 시사한다.

또한 연구는 설계방법과 측정방법에서의 개선으로도 진일보한다. 여러분의 연구결과가 이러한 분야에서 어떤 의미를 가지고 있는가? 만일 다른 연구자들이 자기보고식 방법만을 사용할 때, 여러분이 관찰 측정방법을 사용하였다면, 추후의 연구들이 여러분의 방법을 따라야 한다는 점이 연구결과에서 암시되는가? 일반적으로 연구는 종종 일반적인 것에서 구체적인 것으로, 허술한 설계에서 짜임새 있는 설계로 발전한다. 따라서 여러분이 종단설계를 사용하였는데, 횡단설계에서 발견한 것을 찾아내는 데 실패하였다면, 여러분은 연구결과를 보다 짜임새 있는 설계를 지속적으로 사용하도록 압력을 가하는 데 이용할지도 모른다.

실제와 관련해서는 임상적, 교육적, 또는 산업적/조직적 실제에 관해 여러분의 연구결과가 무엇을 말해 주는지 생각해보라. 이러한 연구결과에 누가, 왜 주의를 기울일 것인가? 잠재적인 독자들이 여러분의 연구결과에 근거하여 생각이나 실천방법을 어떻게 바꿀 것인가? 실망스러운 결과조차도 응용 심리학자들에게 여러분이 다룬 문제를 전통적으로 그래왔던 것보다 더 신중하게 다루어야 한다는 점을 시사할지도 모른다. 예를 들면, 여러분의 연구결과가 알코올중독 경험이 있는 성인들의 자녀가 갖는 문제에 대한 통계적 가정에 반하는 것이라고 가정해보자. 혹은 연구결과가 정확성이나 억압된 기억의 존재에조차 의구심을 갖게 한다고 가정해보라. 이는 이러한 가정에 근거한 중재를 하고 있는 정신의학 전문가에게 무엇을 시사해 주는가? 이는 이러한 '사실들'로 꽉 채워진 증명되지 않은 '대중 심리학'을 읽는 일반 독자들에게 무엇을 시사해 주는가?

　물론, 어떤 연구들은 다른 것들에 비해 실질적 시사점을 더 많이 가지고 있다. 예를 들어, 임상적 또는 기업 모집단과 관련된 연구들은 여러 가지 실질적 적용을 가능하게 하는 경향이 있는 반면, 생리심리학에서 기초과학 연구의 경우 실질적으로 적용할 수 있는 것이 아무 것도 없을지도 모른다. 연구결과가 응용분야에 잠재적인 의의를 갖는다면, 제한점도 반드시 고려하라. 발견한 바를 일반화시키는 것이 가능한지에 대한 고찰이 필요할지도 모른다. 고찰에서 여러분이 한 추론부분을 인정하고, 연구결과와 논의된 실제 적용분야 간의 차이를 메우는 데 필요할지 모르는 연구의 종류에 대해서도 설명하라.

　이를 통해 또 다른 주요 쟁점―논의부분에서 추론의 역할―을 알 수 있다. 많은 학생들은 논의부분에서 연구자료에 지나치게 집착하는 오류를 범한다. 그 결과, 논의부분에는 논의가 없다! 연구결과에 대해 언급할 때 자료가 의미하는 바에 대해, 그리고 왜 그런 방식으로 나타났는가에 대해 가설을 통해 과학적 의구심과 견주어보라. 사실, 이는 추론을 해도 괜찮다는 의미이다. 자료에서 지나치게 벗어나지만 마라. 나아가, 자료에서 추론을 이끌어내기 위해 여러분이 한 가정을 생각하고 이를 지적하라. 자신의 연구결과를 가지고 혹은 다른 사람의 연구결과를 가지고, 여러분의 논리를 정당화시킬 수 있다면, 이는 더더욱 좋다. 핵심은 여러분이 한 추론을 명백히 하고, 가능하다면, 그 추론을 지지하는 증거와 반증하는 증거에 대해 논의하는 것이다.

## 연구의 제한점에 대한 부분을 포함하라

논의부분은 확실히 여러분이 한 연구의 질에 대해, 그리고 연구결과의 중요성에 대해 은근히 자랑하는 자리이다. 하지만 연구가 완벽하지 않다는 것을 인정하면서 이러한 자랑을 자제해야 한다. 우리 저자들의 동료 중 한 명이 칭한 "겸손" 부분을 작성함으로써 여러분이 행한 연구의 제한점을 제시할 수 있다. 이는 연구방법론과 연구진행중 부득이하게 택할 수밖에 없었던 제한점을 이해한다는 것을 보여 줄 뿐만 아니라, 심사위원회에서 여러분의 연구가 여지없이 혹평 당하는 것을 미리 막을 수 있게 해 준다.

연구의 제한점은 일반적으로 (a) 연구를 어떻게 행할 것인지에 대해 내린 결정, (b) 연구를 행할 때 나타나는 문제, 이들 두 가지 출처에서 생긴다. 피험자를 포함하는 기준, 절차, 측정방법, 설계에 대한 모든 결정은 강점뿐 아니라 약점을 가지고 있을지도 모른다. 논의 중 이 부분에서는 그러한 강점과 약점을 고찰하라. 물론, 여러분이 처음에 잠재적인 문제점 중 일부를 예상하였고, 그러한 문제점을 극복하기 위해 취한 조치가 있을지도 모른다. 그러한 잠재적 제한점을 어떻게 다루었는지도 겸손하게 제시하라.

또한 결과를 제한하는 피할 수 없는 문제점들이 연구를 진행함에 따라 나타났을지도 모른다. 여러분이 사용한 표본의 크기가 계획했던 것보다 작아서 통계적 검증력을 제한했을지도 모른다. 피험자들이 한 동의의 비율이 낮았을지도 모른다. 여러분이 집단 간 차이를 비교하였을 때 인구통계학적 변인에 따른 집단의 차이를 발견했을지도 모른다. 어쩌면 평가해야 했을 잠재적인 중재변인을 간과하였을지도 모른다. 자연환경에서 행한 관찰이 여러분이 기대했던 것만큼 신뢰할 만하지 않았을지도 모른다. 연구를 진행하는 동안 나타나는 이러한 모든 골칫거리를 이제 연구의 제한점 부분을 위한 자료로 활용할 수 있다. 여기서의 핵심 단어는 '논의'라는 점을 기억하라. 여기는 불만을 토로하는 부분이 아니다. 여러분이 접한 문제에 대한 장황한 설명이 그리 재미있지는 않을 것이다. 그러한 문제점들이 연구결과에 어떻게 영향을 미칠지 또는 미치지 않을지에 대해 논의해야 한다.

네 가지 주요 분야에서 나타날 수 있는 제한점에 대해 생각해보라. 첫째는 연구설계에 대한 것으로 여기에는 내적 타당도 문제가 포함된다. 원인을 독립변인들로 볼 때의 제한점과 잠재적 혼동변인들 등이 그것이다. 둘째는 외적 타당도에 대한 것으로 연구결과를 다른 모집단, 다른 과제나 상황, 비실험적 상황 등으로 일반화시키는 것이다. 세 번째는 측정방법에 대한 것으로, 여기에는 연구결과에 기여했을지 모르는 반응 단위나 다른 측정상의 문제뿐만 아니라 측정방법의 신뢰도, 타당도, 범위 등이 포함된다. 끝으로 여러분이 선택한 통계분석이다. 이 모든 분야에 있어 제한점이 없었을지도 모르지만, 여러분의 연구에 대한 강점과 약점을 평가할 때 이들 각각을 고찰하여야 한다.

## 내적 타당도 문제를 고려하라

연구설계의 문제에는 늘 타협이 따른다. 상관설계, 준실험설계, 그리고 독립변인의 무작위 할당을 포함하지 않는 설계를 사용할 경우에는 어떤 경우건 독립변인이 '원인이 되어' 종속변인상의 차이를 가져왔다고 말할 수 없다. "독립변인을 조작하지 않는 한, 독립변인이 종속변인에 어떠한 영향을 미쳤다고 확실히 말할 수 없다." 실험연구가 아닌 경우에는 독립변인과 종속변인 간의 관련성에 대해 대안적인 설명을 고려할 필요가 있다. 반대의 인과관계(종속변인이라고 정한 변인이 독립변인의 원인이 됨), 제3의 변인이 원인(혼동변인이 독립변인과 종속변인의 원인이 됨), 그리고 상호적/순환적 인과관계(독립변인에서의 증가가 종속변인 변화의 원인이 되고 종속변인에서의 증가도 독립변인 변화의 원인이 됨)가 그것이다. 물론, 잠재적인 혼동변인들을 통제하였다면, 이러한 대안적 설명 가능성의 일부를 배제시킬 수 있을지도 모른다. 이러한 경우는 여러분이 이들 변인들을 통제하지 못했을 때보다는 인과적 가설을 보다 강력하게 지지할 수 있다. 하지만 여전히 이런 설계에서는 인과관계를 분명히 서술할 수 없다.

인과성에 대해 언급할 때의 문제점은 혼합설계를 사용할 때에도 나타난
다. 이러한 설계들은 적어도 하나 이상의 실험설계적인 독립변인과 그렇지
않은 독립변인을 포함한다. 예를 들어, 젊은 피험자들과 나이든 피험자들이
두 가지 실험적인 기억력 과제 중 하나를 받게 되는 연구를 생각해보라. 두
과제 간 수행력의 차이가 실험조건상의 차이로 인한 것이라고 할 수 있을
지라도, 연령과 관계된 차이는, 연령 변인이 조작된 것이 아니므로, 꼭 연령
자체로 인해 나타난 것이라고 볼 수는 없다. 실험설계와 준실험설계에 대
한 Campbell과 Stanley(1963)의 저서, Cook과 Campbell(1979)의 저서를 살
펴본다면, 특정의 설계와 관련된 내적 타당도 문제에 대해 구체적으로 고려
해야 할 점을 살펴볼 수 있다.

되돌아보면, 여러분이 연구결과를 타당한 것이 되게 하는 데 도움이 되는
특정 종류의 정보를 수집하는 데 실패했는지도 모른다. 혹은 여러분이 통
제하지 못한 잠재적 혼동변인들이 있었는지도 모른다. 여러분이 이에 대해
앞서 논의하지 않았다면, 이에 대해 언급하기에 적절한 자리가 바로 이 부
분이다.

## 외적 타당도 문제를 고려하라

가장 순수하고 신중하게 통제된 실험설계조차도 제한점이 전혀 없는 것
은 아니다. 진형실험설계에서 요구되는 통제로 인해 거의 항상 외적 타당
도에 대해서는 어느 정도의 타협이 뒤따른다. 상황, 자극, 절차를 넘어 중요
한 실제생활 상황으로의 일반화 가능성은 종종 논의에 있어 쟁점이 되고
있다.

설계와 관계 없이, 연구의 다른 요소들도 연구결과의 일반화 가능성을 제
한할 수 있다. 여기에는 모집단의 특성, 독립변인에 대한 구체적 조작이 포
함된다(연구결과를 다른 방식의 조작이나 변화에도 일반화시킬 수 있는
가?). 덧붙여, 실험실 연구의 경우, 사실상 연구결과를 자연환경에서도 일반
화시킬 수 있는지에 대한 문제가 항상 제기된다.

## 측정상의 문제를 고려하라

여러분이 사용한 측정방법도 제한점을 갖는지 모른다. 신뢰도와 타당도에 대한 불충분한 정보는 그러한 제한점 중 하나가 될지도 모른다. 관찰가능한 행동에 대한 지표로 자기보고를 이용할 경우, 자기보고식이 직접관찰과 실제로 일치한다는 정보를 나타내는 자료가 없는 상황에서는 이 또한 문제가 된다. 측정절차상 피험자의 반응성이 있을 가능성, 완벽하지 않은 평정이나 관찰, 결측치, 결과에 영향을 미칠 수 있는 편견(예 사회적 바람직성과 같은 응답 추세) 등도 잠재적으로 문제가 된다면 고려하여야 한다. 끝으로, 사용한 측정방법이 측정하고자 하는 변인을 적절히 조작하였는지에 대해 고려해보라. 신뢰도와 타당도의 자료가 있는 것을 선택하다보니 연구목적에 비추어 완벽하지 못한 측정도구를 선택하게 되었는가? 그렇다면 여러분의 연구를 위한 측정내용과 관련된 문제들을 생각해보라.

## 통계적 문제를 고려하라

여러분이 행한 분석과 관련된 문제가 있는지도 모른다. 자료가 통계적 가정을 충족시켰는가? 사용한 통계방법이 지나치게 엄격하거나 지나치게 허용적인 것인가? 가장 강력한 효과를 제외한 다른 효과들을 찾아내는 데 있어 표본의 크기가 통계적 검증력을 제한하는가? 여러분이 수행하는 통계 검증의 수를 제한하거나 검증의 수에 따라 유의수준을 제한하여, 혹은 적절한 다변량 절차를 이용하여 제1종 오류를 통제하였는가? 가정이나 문제점이 완전히 정리되지 못한 새로운 통계절차를 사용하였는가?

이상적으로 말하면, 이러한 통계적 문제 중 어느 것도 발생하지 않았어야 한다. 만약 발생하였다면, 결과부분을 다시 돌아보고 심사위원회에 완성본을 제출하기 전에 문제들을 보완해야 할 때인지도 모른다. 예를 들어, 수십 번의 검증을 통하여 겨우 몇 가지 결과만 유의하게 나타났다고 하면, 단지 우연으로 인해 그러한 결과가 나타났을 지도 모른다. 앞으로 되돌아가서 Bonferroni 수정방법이나 관련된 절차(예 Maxwell & Delaney, 1990)를 사용하여 유의수준을 다시 정하라. 반복측정 ANOVA를 여러 번 실시하였지만 분산의 동질성을 확인하지 못하였다면, 이러한 가정에 위배되는지 알아보기 위해 표준편차를 살펴보고 $F_{max}$ 검증(Winer, 1971)을 실시하라. 하지만 이러한 것들을 모두 실시하였고 약간의 통계적인 문제가 존재한다면 이러한 문제를 연구의 '제한점' 부분에서 논의하여라.

글을 겸손하게 쓰다보면, 연구상 여러 가지 제한점으로 인해 연구결과가 가치 없는 것이라고 생각할지도 모른다. 하지만 그렇지는 않을 것이다. 논의를 할 때, 먼저 어떤 연구도 완벽하지는 않다는 점을 기억하라. 각 연구의 결과들은 연구들이 갖는 제한점 내에서 고려되어야만 하고, 하나의 연구가 아닌, 여러 연구의 증거들이 모여서 생긴 바탕을 근거로 최종적인 결론을 내리게 된다. 또한 여러분이 한 선택이 그 당시 최선의 것이었다는 점을 기억하라. 긍정적인 측면도 잊지 마라. 모든 약점의 이면에는 그로 인한 강점이 있다. 예를 들어, 통제된 실험실의 실험은 외적 타당도의 대가로 얻어지는 엄격한 실험통제를 가능하게 하는 반면, 자연환경 및 준실험 연구들은 결과의 해석을 어렵게 하는 대신 일반화 가능성이 커지게 된다. 연구의 제한점을 인정할 때, 반드시 여러분이 한 선택에 대한 장단점을 모두 고려하라.

## 추후 연구방향에 대한 제언을 포함하라

보통, 이후에 연구자들이 추구할 방향을 지적하면서 논의부분을 마치게 된다. 이 부분에서는 여러분의 연구결과가 주어진 상황에서 다른 연구자들이 앞으로 어떤 문제와 쟁점에 대해 살펴보아야 하는지를 언급한다.

연구자들은 종종 모든 연구들이 문제를 해결하는 것보다 더 많은 질문들을 남기게 된다고 말한다. 앞부분을 작성하면서, 추후연구를 정당화하는 여러 질문들에 대해 생각하여야 했을 것이다. 그것들을 모아서 논의부분에서 다루어라.

　논의를 작성하는 사람들의 대부분은 연구를 다른 모집단에 확장하는 것에 대해서는 쉽사리 생각해 낸다. 몇몇 추가적 질문에 대해 고려한다면 그이상의 것을 생각해 낼 수 있다. 이상적으로는, 우선 연구의 바탕이 되는이론이 이러한 질문들을 자극할 것이다. 추후연구에 필요한 추가할 수 있는 독립변인에는 어떤 것들이 있는가? 기존 독립변인들에 대해 연구자들이추가적으로 살펴보아야 할 수준은 어떤 것들이 있는가? 앞으로 살펴보아야할 중요한 종속변인들은 무엇이며, 이들을 평가하는 가장 좋은 방법은 무엇인가? 보다 나은 설계를 위해 필요한 것은 무엇인가? 연구자들이 추후연구에서 발전시켜야할 방법론적 혁신에는 어떤 것들이 있는가?

　덧붙여, 모집단의 특성, 독립변인들, 그리고 종속변인들에 대해 고려해야할지도 모르는 새로운 특성들에 대해서도 생각해보라. 이러한 특성들이 추후연구에서 나타날 수 있는 비교 방식을 제시할지도 모른다. 예를 들어, 여러분이 연구한 결과, 인지행동치료가 각 사고의 형태에 따라 다른 방식으로효과가 있다는 추측을 하게 될지도 모른다. 논리적으로 다음 단계는 각 사고방식을 측정할 수 있는 신뢰할 수 있고 타당한 방법을 고안해 내고, 이를인지행동치료에 실시하여 이들 각 측정방법에 따른 영향을 평가하는 것이된다.

　추후연구의 방향에 대해 생각하는 하나의 방법은 주어진 연구결과를 바탕으로 어떠한 후속연구를 할 것인지 스스로에게 자문하는 것이다. 연구결과를 통해 어떠한 질문이 생각났는가? 지금의 연구를 통해 알려진 문제를완전히 이해하기 위해 어떤 것을 더 찾아낼 필요가 있는가? 여건이 허락한다면 무엇을 하겠는가? 이 부분은 꿈을 꾸는 곳이다. 물론 여러분의 꿈은현실에 바탕을 두는 것이어야 하고, 추후연구를 위해 모은 정보가 이론, 연구, 혹은 여건이 허락한다면 실제에서 왜 중요한가를 정당화할 수 있어야한다는 점을 명심하라.

## 논의를 조직화하고 작성하는 데 다음의 조언을 활용하라

### 비판적으로 사고하라

결론에 대해 생각할 때, 일부러 반대 입장을 한번 취해보라. 여러분의 관점에 대해 어떤 비판이 있을 것인가? 비판을 예상하고 여러분의 반증을 논의부분에 펼쳐라. 이러한 방식으로 분량도 채우게 되고, 지적 민첩성도 증명하게 된다—물론, 여러분의 논리가 제대로 되었다는 가정 하에 그러하다.

글을 읽는 사람들에게 여러분의 논리를 단계적으로 제시해야 한다는 점도 기억하라. 단순히 연구결과를 제시하는 것이 결론을 명확히 해 줄 것이라고 생각하지 마라. 결론을 도출해 내는 데 있어 가정이 있다면, 그것들을 제시하라. 연속적인 사고들을 통해 결론을 도출해 낸다면, 그 연속적인 사고들을 독자들에게 제시하라. 일단 결론에 다다랐다면, 그 결론이 단순하게 보일지도 모른다. 하지만 그 결과가 무엇을 의미하는지를 알아내는 데 얼마나 많은 시간이 걸렸는지를 기억하라. 글을 읽는 사람들이 그와 같은 과정을 거치는 데 안내가 필요하다고 가정하라.

### 흔히 발생하는 문제점을 피하라

박사학위논문, 석사학위논문, 그리고 출판된 논문들의 논의부분에서 종종 흔히 발생하는 문제들이 있다. 즉, 다음과 같은 오류를 피하도록 해야 한다.

**1. 유의한 수준에 매우 가깝거나 유의하지 않은 결과를 마치 유의한 것처럼 논의하지 마라.** 그것들은 유의하지 않은 것이다. 하지만 여러분은 효과를 감지하지 못할 정도로 검증력이 낮았는지 여부를 고려할지도 모른다. 따라서 "남아들이 여아들보다 더 활동적이라는 결과는 거의 유의한 수준에 가까웠다. 남아들이 더 활동적인 원인은 … "와 같이 진술하는 것은 유의하지 않은 결과를 마치 유의한 것처럼 다루는 것이다. 반면 "남아들의 활동성 수준은 여아들의 활동성 수준과 유의한 차이를 나타내지 못하였다. 하지만 이는 비교적 작은 표본크기로 인한 것인지도 모른다. 그리고 그 차이는 거

의 유의한 수준에 가까웠다. 추후연구에서는 이 문제에 대해 보다 큰 표본을 이용하여 살펴보아야 할 것이다 … "와 같은 진술이 보다 더 바람직할 것이다.

**2. 상관결과를 논의하는 데 인과적 언어를 사용하지 마라.** 상관연구를 기술함에 있어 많은 사람들이 인과관계를 가정할 때의 문제점에 대해 언급하면서도 논의하는 동안 내내 '영향을 미친다, 좌우한다, 일으켰다'와 같은 용어를 사용한다! 여러분이 행한 연구가 진형실험설계가 아니라면, 인과관계를 내포한 동사들을 " —와 관계된," "—와 연관이 된", 그리고 "—에 관련된"과 같은 단어나 구로 대치하라.

**3. 통계적 유의성과 효과의 크기를 동등한 것으로 보지 마라.** .05, .01, 또는 .00001과 같은 p값은 부분적으로, 효과의 크기에 따라 나타나지만, 표본의 크기에 의해서도 영향을 받는다. 예를 들어, 100명을 표본으로 하는 경우, 상관이 .19일 때도 유의수준 .05에서 유의한 것으로 나타날 수 있다. 하지만 두 변인 간에 공유하는 변량은 4% 미만인 것이다! 상관에 대해 논의할 때, 유의한 상관의 크기에 초점을 두어야 한다는 것에 특히 주의하라. 이와 동일한 법칙이 평균들 간의 차이에도 적용된다—p값의 크기는 집단 간 차이의 크기나 실질적 유의성에 대해 아무 것도 알려주지 않는다.

**4. 사건에 대한 자기보고가 실제 발생한 사건을 의미한다고 가정하는 표현을 하지 마라.** "임상집단 어머니들은 일반집단 어머니들보다 더 자신들의 자녀가 이상하다고 보고하였다"라고 언급하는 것이 "임상집단 아동들은 일반집단 아동들보다 더 이상하였다"라는 표현보다 더 바람직하다. 보다 정확한 표현은 연구결과에 대한 두 가지 대안적 설명을 제시해 주는 것이다. (1) 임상집단 아동들이 실제로 더 이상한 방식으로 행동할지도 모른다. (2) 임상집단 어머니들이나 일반집단 어머니들 혹은 이들 두 집단 모두 편향된 방식으로 행동을 보고하고 있는지도 모른다.

**5. 새로운 분석이나 결과부분에서 보고하지 않았던 결과를 논의부분에 새롭게 제시하지 마라.** 추가적 분석에 대해 논의하고자 한다면, 먼저 그 검증방

법과 결과를 결과부분에 기술하라.

**6. 결과부분의 내용을 그저 다시 반복하는 수준에 그치지 마라.** 우리 저자들이 계속 강조하였듯이, 단지 연구결과를 요약하는 데 그치지 말고, 해석하고 통합하며 분석하고 비판하라. 글을 읽는 사람들에게 여러분이 따르고 있는 논리를 제시하고 추론을 할 때는 추론이라는 점을 인정하라.

### 적절하게 조직화하라

논의부분을 조직하는 데는 여러 가지 방법이 있지만, 우리 저자들의 경험에 의하면 두 가지의 일반적인 구조를 추천할 만하다. 첫째는 대략 본 장의 앞부분에서 제시된 제목들을 따르는 것이다. 즉, 요약에서 해석과 시사점, 기존 문헌의 통합, 제한점, 추후 연구방향으로 진행하는 것이다. 두 번째 구조는 주요 결과에 대해 논의를 조직화하고 시사점, 다른 사람들의 연구결과와 구체적 제한점을 통합하여 각 결과에 대해 논의하는 것이다. 〈표 13-1〉에는 논의부분에서 이들 각 양식을 따르는 가상적 개요가 제시되어 있다.

결론적인 문단으로 논의를 마쳐야 한다는 점을 명심하라. 여기서는 요약을 빼고 논의된 것들을 함께 통합하며 몇 가지 중요한 점을 강조해야 한다. 여러분이 시작하였을 때와 마찬가지로 일반적인 진술문으로 논의를 마쳐라. 낙관적이 되라. 저자들이 선호하는 마무리 중 하나는 본 연구를 통해 과정이나 개인에 대한 이해가 이론, 연구, 또는 실제 면에서 어떻게 증진되었는가를 독자들에게 상기시키기 위해, 연구분야에 대한 완전한 이해의 중요성을 강조하는 것이다. 그런 연후에, 마지막 문장을 쓰면서 자축하라! 여러분은 그럴 만한 자격이 있다!

**〈표 13-1〉 논의부분을 위한 두 가지 가상적 개요**

**개요 1**

Ⅰ. 결과 요약 및 통합
  A. 가설 1
  B. 가설 2
    ↓
  Z. 추가적 결과
Ⅱ. 결과 설명
  A. 가설 1
  B. 가설 2
    ↓
  Z. 추가적 결과
Ⅲ. 연구결과와 선행 문헌의 통합
  1. 일치하는 결과
    a. 관련되는 선행 연구결과들과 일치하는 점에 대한 기술
    b. 일치하는 결과에 대한 설명
    c. 일치하는 결과의 시사점
  2. 일치하지 않는 결과
    a. 관련되는 선행 연구결과들과 일치하지 않는 점에 대한 기술
    b. 일치하지 않는 결과들에 대한 설명
    c. 일치하지 않는 결과들의 시사점
  3. 결과가 문헌에 미치는 기여점
    a. 최근의 쟁점들을 연구결과가 해결해 주는 점
    b. 연구결과가 새로운 연구방향과 통제에 대해 시사하는 점
Ⅳ. 결과의 시사점
  A. 이론적 시사점
  B. 연구 시사점
  C. 실제적 시사점

〈계속〉

**<표 13-1> 논의부분을 위한 두 가지 가상적 개요 <계속>**

  V. 제한점

    A. 설계 및 내적 타당도

    B. 외적 타당도 및 일반화 가능성

    C. 분석 및 통계적 검증력

    D. 측정방법

  VI. 추후 연구의 방향

**개요 2**

  I. 요약 및 결과 논의

    A. 결과 1

      1. 요약

      2. 결과 설명

      3. 선행 연구와의 일치점 혹은 불일치점

        a. 일치 혹은 불일치에 대한 설명

        b. 일치 혹은 불일치의 시사점

      4. 결과와 관련된 제한점

      5. 결과를 분명히 하거나 확장하는 데 필요한 구체적 연구

            ↓

    Z. 결과 n (앞서 언급한 주제)

  II. 결과의 일반적 시사점

    A. 이론적 시사점

    B. 연구 시사점

    C. 실제적 시사점

  III. 연구의 일반적 제한점(구체적 결과에 따라 논의되지 않은 문제를 다룬다.)

    A. 설계 및 내적 타당도

    B. 외적 타당도 및 일반화 가능성

    C. 분석 및 통계적 검증력

    D. 측정방법

  IV. 추후 연구의 방향

✔ To Do . . .

**결과 논의하기**

☐ 연구결과를 요약하라.
  - 기술적인 세부사항은 생략하라.
  - 분명한 표현을 사용하라.
☐ 결과를 해석하라.
☐ 연구결과를 맥락 내에서 다루어라.
  - 결과가 선행결과들과 어떻게 일치하는지, 혹은 일치하지 않는지를 검토하라.
☐ 연구결과의 시사점을 검토하라.
  - 이론적 시사점
  - 방법론적 시사점
  - 응용적 시사점
☐ 연구의 제한점에 대한 부분을 포함하라.
  - 내적 타당도 문제를 고려하라.
  - 외적 타당도 문제를 고려하라.
  - 측정상 문제를 고려하라.
  - 통계적 문제를 고려하라.
☐ 추후 연구방향에 대한 제언을 포함하라.
☐ 논의를 조직화하고 작성하는 데 아래 조언을 이용하라.
  - 비판적으로 사고하라.
  - 일반적 문제를 언급하는 것을 피하라.
  - 적절하게 조직화하라.

# 14 논문심사위원회의 준비하기 : 연구계획안과 구술심사

**석**·박사학위논문을 쓰는 학생은 보통 공식적으로 두 번에 걸쳐 논문의 심사를 받게 된다. 한 번은 연구계획을 발표할 때이고, 다음은 구술심사(oral defense)를 받을 때이다. 자료를 수집하기 '전에' 연구계획에 대한 심사를 받아야 한다. 자료를 분석하고 연구과제를 작성한 '후에는' 구술심사를 받게 된다. 박사학위논문의 경우는 연구계획에 대한 심사를 하지 않는 경우도 있으나 구술심사는 반드시 하도록 되어 있다. 석사학위논문의 경우도 보통 구술심사를 거쳐야 한다.

연구계획에 대한 심사회의에서는 심사위원들과 학생이 함께 계획된 연구에 대해 논의를 한다. 이러한 회의는 보통 학생이 연구계획서를 충분히 준비하고(즉, 문헌고찰, 방법론, 자료분석 계획, 참고문헌, 부록), 지도교수가 그 결과물에 흡족해 하는 경우에 열리게 된다. 그런 연후에, 학생이 심사위원회에 작성한 문헌을 제출하고, 한두 시간 정도의 심사회의 시간을 잡는다.

연구계획에 대한 심사회의가 진행되는 형식은 보통 (a) 함축적(implicit) 문제해결 모형이나 (b) 약간의 방어 모형 중 하나이다. '문제해결 모형'의 심사회의는 대부분 심사위원들이 연구계획을 명료히 하기 위해 질문하기, 연구과제에 대해 잠재적인 문제를 제기하기, 대안적인 절차, 측정방법 제시하기 등으로 이루어진다. 기본적인 논지는 협동적이다. 즉, 심사위원들은 학생 및 심사위원장과 함께 보다 나은 결과를 산출하기 위해 애를 쓴다. '약간의 방어 모형'에서 심사위원들은 학생이 연구계획의 내용을 방어할 것이라고 생각한다. 여기서 초점은 연구계획에 대해 다양한 측면의 근거를 잘 표현하고 자신이 내린 선택을 방어하는 학생들의 기술에 대한 것이다. 이는 여러 가지 면에서 구술심사와 비슷하다. 두 모형 모두에서 심사위원들은 이러한 논의의 결과로 연구계획이 바뀔지도 모른다고 생각한다. 물론, 연구계획에 대한 심사회의가 '문제해결 모형'과 '약간의 방어 모형'의 요소들을 섞어 놓은 형식일 수도 있다.

  구술심사회의는 일반적으로 연구계획에 대한 심사회의보다 더 공식적이다. 이러한 공식성은 부분적으로는 구술심사의 주요 목적이 학생이 석사학위나 박사학위로 인정되는 연구능력을 가지고 있는가를 평가하는 것을 포함하기 때문에 생겨나게 된다. 이러한 평가는 여러분이 작성한 논문과 구술답변능력 둘 모두에 바탕을 두고 이루어진다. 따라서 구술심사회의에서 심사위원들은 여러분에게 무엇을 하였고, 어떤 결과를 발견했으며, 그것이 의미하는 바가 무엇인지 설명하게 하고, 여러분의 연구를 그 분야의 다른 연구결과들의 맥락에서 논의하도록 질문할 것이다. 심사위원들은 여러분이 (a) 무엇을 하였고, 왜 하였는지를 이해하고 있는지, (b) 연구과제에 대해 (상식이나 직관이 아닌) 과학적 관점에서 생각할 수 있는지, (c) 여러분이 한 연구를 다른 사람들에게 설명할 수 있는지에 대한 증거를 찾고자 할 것이다. 일반적으로, 교수진은 석사학위논문을 준비한 학생보다는 박사학위논문을 준비하는 학생에게 보다 전문적이고 완성된 발표를 기대한다. 일부 학생들이 이러한 심사회의를 형식적인 것이라고 생각할지라도, 우리 저자들은 구술심사에서 불합격한 학생들을 본 적이 있다. 또 어떤 학생들은 연구계획에 대한 심사회의가 대재앙으로 끝나고 논문을 처음부터 다시 시작해야 하는 경우도 있었다. 따라서 우리 저자들은 연구계획의 심사와 구술심사에 매우 진지하게 임하고 철저하게 준비하라고 권한다.

## \<표 14-1\> 연구계획 심사회의 및 최종 구술심사에 대해 알아보아야 할 정보

- 석사학위논문 혹은 박사학위논문을 준비하는 과정중 언제 이러한 심사를 하는가?
- 심사위원들에게 논문계획서 및 논문완성본을 얼마나 미리 전달하여야 하는가?
- 심사회의 전에 어떤 것들을 준비해야 하는가? 얼마나 미리 해야 하는가?
- 심사회의는 일반적으로 어떻게 진행되는가? 심사위원 한 사람이 준비한 질문을 전부 끝낸 후 다음 심사위원으로 넘어가는가, 아니면 심사위원들이 돌아가면서 질문을 하는가?
- 심사회의를 이끄는 의장은 누구인가?
- 심사회의는 얼마나 오래 걸리는가?
- 학생이 공식적인 발표를 하는가? 한다면 얼마나 길게 하는가?
- 무엇이 포함되는가? 오버헤드나 슬라이드를 사용해야 하는가?
- 질문은 연구 자체에만 중점을 두는 것들인가, 아니면 다른 분야에 대한 것도 관련되는가?
- 연구계획이나 최종 논문의 수정사항에 대한 제안은 누가 기록하는가?
- 심사회의의 전반적인 어조는 어떠한가? 심사위원들이 여러분의 답변에 반응하는가?
- 참석하지 않은 심사위원에 대해서는 어떤 규칙을 적용하는가?
- 심사위원과 학생 외에 누가 참석하는가?
- 심사회의는 어떻게 끝나는가?
- 학생이 불합격한 적도 있는가? 어떤 경우에 그러하였는가? 불합격한 다음에 어떻게 되었는가?
- 심사가 끝나고는 어떻게 되는가? 수정지시사항을 반영하도록 논문을 어떻게 수정하는가?
- 수정지시사항을 수정한 후에 논문상의 변화를 심사위원들이 승인하여야 하는가, 아니면 심사위원장이 하면 되는가?

연구계획의 심사와 구술심사를 어떻게 진행하는가는 학과마다 상당히 다르다. 따라서 이러한 심사를 만족스럽게 준비하기 위해서는 지역적 규칙과 규준을 알아보는 것이 필수적이다. 〈표 14-1〉에 연구계획의 심사 및 구술심사에 대해 교수나 다른 학생들에게 물어보아야 할 질문들을 제시해 놓았다. 이러한 질문에 대한 해답을 통해 이러한 회의의 논리, 다양성, 어조, 범위에 대한 아이디어를 얻을 수 있을 것이다.

## 연구계획에 대한 심사회의를 준비하라

### 형식을 알도록 하라

연구계획 심사회의 형식과 시간은 학과마다 다르다. 예를 들어, 회의의 전반부에서 연구계획에 대해 간략하게 공식적인 개요를 발표하라고 할지도 모른다. 이러한 개요에서는 연구에 대한 이론적 근거를 요약하고 기본적으로 사용하고자 하는 방법론을 중점적으로 다루어야 한다. 개요를 발표하고 나면, 심사위원들이 질문을 할 것이다. 심사위원들이 하는 질문에는 기본적으로 세 가지 형태가 있다. (a) 무엇을 하고자 하는가? (보다 분명한 정보나 보다 확장시킨 정보에 대해 질문하기) (b) 왜 ____를(을) 연구하고자 하는가 혹은 하지 않으려고 하는가? (이론적 근거와 의사결정에 대해 질문하기) 그리고, (c) ____에 대해서는 어떻게 할 것인가? (심사위원들이 발생할 것이라고 예상하는 문제에 대해 언급하기). 보통은 심사위원들이 연구 자체에 중점을 둔 질문을 하겠지만, 여러분의 연구가 왜 중요한 것인지, 여러분이 연구하고 있는 분야의 연구결과들, 측정도구, 설계, 절차와 관련된 방법론적 문제들, 통계적 문제에 대해 의문을 제기할지도 모른다. 또한 심사위원들은 논문을 개선시킬 것이라고 생각되는 제안도 해 줄 것이다.

지도교수(심사위원장)가 아닌, 여러분 자신이 이러한 질문에 답하고, 제안에 대해 응답하여야 한다. 물론, 여러분이 하고 있는 바가 무엇인지 정확히 알고, 왜 다른 방법이 아닌, 그 방법을 선택하였는지를 정확히 아는 것이 이러한 질문들에 대비하는 최선의 방법이다. 그러한 선택을 하게 된 실질적 근거뿐만 아니라 방법론 및 이론적 근거에 대해서도 반드시 생각해 놓아라. 그리고 심사위원의 질문에 답할 때에 실질적 근거를 먼저 제시하라. "저는 그룹당 피험자를 15명으로 할 것입니다. 빨리 연구를 끝내야 하고 그 이상의 피험자를 구할 시간이 없기 때문입니다"와 같은 답변처럼 과학적 통합성보다 편의를 중시하는 듯한 식의 답변은 그리 좋게 평가받지 못할 것이다. "저는 예비자료에 근거하여 검증력을 분석하였습니다. 예비자료에서 효과가 상당히 클 것이라는 점을 시사받고, 검증력 분석을 통해 그 효과를 찾아내는 데 이러한 표본크기면 충분하다는 것을 확인하였습니다"와 같은 식의 답변이 훨씬 나을 것이다.

심사위원들이 연구를 개선시키고자 제안하는 것들은 질적인 면에서 상당히 다양하고, 그러한 제안을 실현하기 위해서 필요한 작업도 다양할 것이다. 이러한 제안이 있을 때, 각 제안이 연구의 질을 얼마나 높일 수 있는지에 대해 먼저 스스로에게 물어보라. 연구의 질을 실질적으로 높일 수 있다면, 상당한 추가작업을 해야 할지라도 여러분 역시 그러한 제안을 따르고자 할 것이다. 만일 그 제안이 여러분이 이미 생각했던 방법론적 측면을 바꾸는 것과 관련된다면, 그 제안에 대해 심사위원들과 찬반 의견을 교환하는 것이 좋을 것이다. 결코 단지 해야 할 작업량이 너무 많다고 생각해서 제안을 기각하지 마라.

이는 심사위원들의 변덕으로 여러분이 독립변인들과 종속변인들을 새로이 추가해야 한다는 것을 의미하는가? 물론 그것은 아니다. 타당하지 않은 요구가 있으면 다음과 같이 답변할 수도 있다. "그것은 이 문제에 대해 살펴보아야 할 흥미로운 측면이 될 수 있습니다. 하지만 이 연구의 범위에서 벗어나는 것이라고 생각합니다. 그것에 대해서는 논의부분에서 빠뜨리지 않고 언급할 것입니다"라고 말하고, 지도교수가 여러분의 의견을 지지해 주기를 기대한다. 덧붙여, 여러분은 실질적 문제를 제기할 수도 있는데, 가능한 한 과학적 관점에서 이를 논의해야 한다. 예들 들면 다음과 같다.

중산층 기혼 여성으로 첫 아이를 막 출산한 취업여성들 중 중증 우울장애로 진단된 (의학적 혹은 심리학적 문제가 복합적으로 나타나지 않는) 사람으로 표본을 제한하는 것이 이 연구를 수행하는 데 최선의 방법이라는 점에 동의합니다. 하지만 이곳 Podunk에는 연구를 수행할 정도로 동질적인 표본이 그리 충분하지 않습니다. 저는 연구결과를 위태롭게 하지 않는 방식으로 피험자 선택기준을 확대하고자 합니다. 이에 대해 특별히 문제가 있다고 생각하시거나 표본을 충분히 많이 모집할 수 있는 방법이 있으시면 말씀해 주시겠습니까?

심사위원들의 제안에 능숙하게 답하기 위해서는 꽤 빨리 생각하고 즉석에서 사리에 맞도록 표현할 수 있어야 한다. 이러한 부분에서 어려움을 느낀다면, 제안에 대해 생각하는 데 필요한 시간을 만들어라. 시간을 만드는 방법 중 하나는 제안이나 질문을 다시 언급하는 것이다. "그래서 교수님께서 제안하시는 것은 …" 그런 후 그 생각에 대한 찬반여부를 언급할 수 있다. 이러한 과정을 마칠 때쯤 여러분의 의견을 정리할 수 있을지도 모른다. 시간을 버는 두 번째 방법은 "그것에 대해 생각할 시간을 잠시 주십시오" 라고 말하는 것이다. 그 다음에 조용히 앉아서 여러분이 말하고자 하는 바에 대해 생각하라. 심사위원들도 조용히 앉아있거나, 혹은 다른 심사위원이나 지도교수가 의견을 제시할지도 모른다.

## 언급한 내용이 기록되는지 반드시 확인하라

연구계획에 대한 심사회의에서는 여러분과 심사위원이 연구계획을 수정하는 데 의심의 여지없이 동의할 것이다. 누군가가 이러한 수정사항을 기록해야 할 것이다. 회의를 시작하기 전에 누가 기록할 것인지 지도교수와 분명히 정하도록 하라. 덧붙여, 심사회의가 끝난 뒤에 변경된 사항을 큰 소리로 읽어준다면, 모든 사람들이 그것에 동의하는지 여부를 분명히 하는 데 도움이 될 것이다.

회의가 끝날 무렵에 다음 몇 가지 중 한 가지 일이 일어날지도 모른다. 심사위원들이 연구계획에 대한 심사를 할 수 있도록 여러분에게 자리를 비켜달라고 할지도 모른다. 혹은 심사위원들이 (보통 제안된 수정사항을 타이핑하여 회람시키거나 연구계획서 자체에 기입한) 연구계획을 공식적으로 승인할지도 모른다. 어떤 경우에는 심사위원회에서 연구계획을 승인하기 전에 작업을 좀더 해 오라며 학생에게 연구계획서를 돌려보내기도 한다. 드물지만, 어떤 경우에는 연구계획을 승인하지 않을지도 모른다. 그 연구에 치명적인 결함이 있거나 심사위원들이 보기에 그 연구계획이 연구설계나 과학적인 서술 부분에서 서투르다거나, 그 연구에 윤리적인 문제가 있다고 생각되면, 딱 잘라서 승인할 수 없다고 할 수도 있다. 그리고 나면, 학생은 보통 다른 연구계획을 준비하거나, 아니면 새로운 심사위원회를 찾아보아야 할 것이다.

## 구술심사를 준비하라

### 형식을 알도록 하라

구술심사는 보통 공식발표로 시작한다. 이때 슬라이드나 오버헤드 자료를 이용하기도 한다. 박사학위논문의 구술심사는 학술공동체에서 공개적으로 진행되기 때문에 그 논문을 읽지 않은 사람이 구술심사에 참석할지도 모른다. 따라서 미국심리학회 등의 학회에서 발표하듯이 발표에 대한 계획을 세워라. 학회에서 발표할 때 시간제약이 있는 것처럼 발표시간이 얼마로 정해져 있는지 확인하고 이를 초과하지 않도록 계획을 세워라. 어떤 경우에도 시간을 초과하지 않도록 연습하라.

발표가 끝나면 질문이 시작될 것이다. 연구계획에 대한 심사회의에서처럼 여러분이 무엇을 하였고, 왜 하였으며, 무엇을 알아냈고, 왜 그러한 결론에 도달하였는지에 대해 질문할 것이다. 또한 심사위원들이 제시한 대안적인 설명 가능성에 대해서도 의견을 말해보라고 할지 모른다. 끝으로 연구와 관련된 보다 광범위한 문제에 대해 '사고를 요하는 질문'을 할 것이다. 〈표 14-2〉에는 구술심사에서 나오는 전형적인 일반적 질문 목록이 제시되

### <표 14-2> 구술심사회의에서의 일반적인 질문들

- 여러분의 연구에서 무엇이 문제점이라고 생각하는가? 이들 문제점으로 인한 제한점은 무엇이라고 생각하는가? 추후연구에서 이러한 문제를 어떻게 수정할 수 있다고 보는가?
- 본 연구의 방법, 절차 등을 개선하고자 한다면, 어떻게 할 수 있을 것인가?
- 연구결과를 가장 적절히 설명하는 최근 이론이나 모형은 무엇인가?
- _____ 이론적 토대를 이용하는 사람이라면 여러분의 연구결과를 어떻게 해석하겠는가?
- 여러분의 연구결과와 X 박사의 연구결과 간에 일치하지 않는 점은 어떻게 설명할 수 있는가?
- 여러분의 연구결과가 이 분야에서 추후연구의 방법론에 대해 시사하는 점은 무엇인가?
- 여러분의 연구가 문헌에 기여하는 바는 무엇이라고 생각하는가?
- 이 연구를 통해 이 분야에서 알게 된 것은 무엇인가?
- 이 연구의 추후연구로서(혹은 해석하기 어려운 결과를 분명히 하기 위해서) 다음 번의 논리적 연구는 어떤 것이 될 것인가?
- 여러분의 연구가 실질적 심리학 분야에 시사하는 점이 있다면 무엇인가?
- 자원이 제한되지 않은 상태에서 이 연구를 다시 한다면, 어떻게 할 것인가?
- 이 논문의 자료를 가지고 이후에 무엇을 할 계획인가?

어 있다.

심사가 끝날 때쯤 심사위원회에서 여러분과 참석자들에게 자리를 피해 달라고 부탁할 것이다. 그런 연후에 심사위원들은 논문과 구술답변 수행능력에 대해 논의할 것이다. 논의가 빨리 끝날 수도 있고 길어질 수도 있다. 논의가 길어지는 것이 여러분에게 문제가 있다는 것을 의미하는 것은 아니다. 심사위원들이, 여러분의 수행능력이 아닌, 연구결과나 방법론의 사소한 부분에 대해 논의하고 있는지도 모른다! 구술심사 후 심사위원들이 여러분에게 논문을 수정해야 한다고 하는 것은 거의 항상 있는 일이니 낙담하지 마라. (어떤 심사위원들은 그렇지 않으면, 자신들이 임무를 적절히 수행하지 못했다고 생각한다.) 연구계획에 대한 심사회의에서처럼, 누군가 이러한 수정사항을 기록하고, 모두가 동의하는지 확실히 하기 위해 큰 소리로 읽을 것이다. 심사위원들이 논의를 마친 후에 여러분을 회의실로 불러서 심사결과를 말해 줄 것이다. 여러분은 서면과 구술심사를 모두 합격했을 수도 있고, 그 중 하나만, 혹은 모두 불합격했을지도 모른다. 어떤 학교나 학과에서는 재심을 청구할 수도 있다. 모두 잘 되었다면, 샴페인을 터뜨리고 축하하라!

어떻게 하면 구술심사를 잘 치를 수 있을 것인가? 가장 먼저, 무엇보다도, 논문을 잘 준비하라. 논문이 완벽하고 신중하게 준비된 것이라면(예 참고문헌도 빠진 것이 없고, 철자 오류도 없으며, 표와 본문이 잘 부합되고, 분명하고 읽기 쉽게 만들어졌다면), 뛰어난 논문 덕택에 좋은 인상을 주면서 구술심사를 시작할 것이다. 논문에 수정할 부분이 더 있는데도 빨리 끝내고 싶다는 개인적 희망이나 시간계획 때문에 심사위원들의 모임을 재촉하지 마라. 이는 기대에 어긋난 결과를 가져올 것이다(Yates, 1982). 둘째, 무슨 일이 생길 것인지 대비하고 답변을 준비하며 예상 질문에 대해 연습하면서 구술심사를 준비하라. 끝으로 최적의 수행력을 방해할 수 있는 과도한 불안감을 관리하는 행동계획을 만들어라. 이어지는 부분에서 이러한 주제들을 자세히 살펴 볼 것이다.

## 발표를 준비하라

여러분이 구술심사회의 시작 부분에서 하는 발표가 남은 회의시간의 분위기를 결정할 것이다. 시작 부분에서 발표할 것을 적거나 정리하여 전문가가 이야기하듯이 조리있게 연구의 개요를 말할 수 있을 때까지 연습할 필요가 있다. 이러한 발표는 10~20분 정도로 제한되는 경우가 일반적이지만, 어떤 과에서는 30분 혹은 그 이상으로 정해져 있는 경우도 있다.

여러분이 하는 발표의 주요 부분들은 보통 미국심리학회 양식의 학술지 논문 부분과 유사하고, 여기에는 서론, 방법, 결과, 논의부분이 포함될 것이다. 20분짜리 발표라면 각 부분당 5분 정도를 할애하라. 45분짜리 발표라면 4개 부분에 각각 10, 20, 10, 5분 정도씩을 할애하고자 할지도 모른다.

몇몇 능숙한 발표자들은 농담을 하면서 발표를 시작한다. 이는 발표석상의 긴장감을 풀어주고, 여러분이 유머감각이 있다는 것을 보여준다. 하지만 여러분이 재치있는 재담가가 아니라면 무리할 필요는 없다. 긴장을 푸는 또 다른 전략은 심사위원들에게 참석해 주셔서 감사하고 심사위원들 앞에 서니 긴장되고 떨린다는 것을 솔직히 (웃으면서) 인정하는 것이다. 참석한 사람들과 종종 눈을 맞추어라.

처음부터 시작하라. 청중들에게 여러분이 어떻게 이 연구에 관심을 갖게 되었는지를 이야기하라. 전문가적인 입장을 유지하라. 동료들은 여러분이 늘 체중에 문제가 있었다거나, 그것이 유전적인 문제라거나 하는 일에 관심이 없다. 그보다는 "제가 속해 있는 Bulimarex 박사의 연구 팀에서는 지난 3년간 _____에 대해 연구하였습니다. 우리들은 왜 어떤 사람들은 _____지에 대해 관심을 가지게 되었습니다"와 같은 식의 표현이 낫다.

그 다음에 여러분이 한 연구의 맥락을 설정하면서 그 분야의 관련연구들에 대해 간략하게 설명하라. 깔때기식의 접근법을 이용하여 문헌고찰을 조직화하는 것에 대하여 제6장에서 논의한 것을 기억하라. 즉, 시작은 광범위하게 하고 그 분야에서 다음으로 진행되어야 할 논리적인 연구는 바로 여러분이 제안하고 있는 연구라는 결론으로 독자들을 능숙하게 이끌어라. 구두 발표시간이 짧으므로, 시작 부분인 깔때기의 입구에서 너무 많은 이야기를 할 수는 없을 것이다. 그 대신, 전반적인 분야에 대해서는 어느 정도 알고 있다고 가정하고, 서론 부분에서는 여러분의 연구와 가장 밀접한 관련이 있는 문헌에만 집중하라. 주요 연구결과를 강조하면서 여러분의 연구를 이끌어낸 해당 분야의 연구진행에 대해 간략히 요약하라. 지루하고 장황하게 이름과 날짜를 제시하기보다는 전반적인 통합적 개요를 제시하라. 그런 연후에 선행 연구의 약점을 살펴보고, 여러분이 한 연구는 이러한 약점들의 일부를 어떻게 극복하였는지 설명하면서 연구의 토대가 무엇이었는지 제시하라. 이 부분에서는 겸손하게 말하라. 여러분이 한 연구를 포함해서 모든 연구에는 문제점이 있을 것이다. 다른 사람의 연구를 비평하는 데 너무 극단적으로 나가지 마라. 그렇지 않으면 발표 후 질문을 받는 시간에 여러분 자신이 그와 같은 운명에 처할지도 모른다. 박사학위논문의 문헌고찰 부분에 연구들을 요약한 표를 포함하였고 이 자료를 발표할 정도로 충분한 시간이 있다면, 구두발표 시 이러한 자료에 대한 슬라이드를 사용하고자 할 것이다. 혹은, 주요 연구결과를 간단한 형태로 만들어 슬라이드나 오버헤드를 이용할 수도 있다.

청중들로 하여금 여러분의 연구가 이 분야에 필요한, 논리적으로 다음 단계의 연구라는 결론에 이르도록 하였다면, 연구문제와 구체적 가설에 대해 언급하라. 이때 오버헤드나 슬라이드가 도움이 될지도 모른다. 그 다음에 연구방법론 부분으로 넘어가라. 연구대상 및 연구 상황에 대한 설명으로 시작하면서 관례상 미국심리학회 양식을 따르라. 연구대상의 모집 절차 및 포함기준과 제외기준을 설명하라. 승낙서에 대해서도 언급하라. 다음으로, 독립변인들과 종속변인 측정방법에 대해 설명하라. 다시 말하지만, 발표가 길 경우, 특별 제작한 도구에 대한 슬라이드 및 검사, 체크리스트나 관찰코드에 대한 슬라이드를 이용하면 도움이 될지도 모른다. 측정치의 신뢰도와 타당도에 대해서 언급하고, 평정자나 관찰자를 어떻게 훈련시켰는지 (이들을 이용하였다면), 자료수집 단계 동안 평정자나 관찰자가 지속적으로 신뢰도를 보이는지를 어떻게 확인하였는지에 대해 설명하라. 각 피험자를 다룰 때 사용했던 절차에 대해 기술하고, 실험 후 이에 대해 피험자들에게 전달한 정보에 대해서도 설명하라.

이제 여러분이 사용한 설계가 분명히 드러났을 것이다. 하지만, 그렇지 않다면 설계에 대해 설명하라. 간단한 설계라면 구두 설명이면 충분할 것이다. 보다 복잡한 설계에는 슬라이드나 투명필름상의 그림이 필요할지도 모른다.

5~20분에 걸쳐 여러분이 사용한 방법론의 모든 세부사항을 제시할 수는 없을 것이 분명하다. 듣는 사람들이 잘 이해하지 못할 세부사항이나 연구에서 상대적으로 덜 중요한 세부사항은 생략하라. 예를 들어, 관찰연구에서 각 관찰 범주에 대한 정의를 일일이 다 설명할 필요는 없을 것이다. 만일 무엇을 포함해야 하는지 확실히 알지 못하겠다면, 언급해야 할 가장 중요한 사실 10개를 뽑아라. 그 다음에 시간이 남으면 다른 사실을 더 첨가하라.

다음으로, 결과를 발표하라. 연구가설을 소개한 순서대로 결과를 발표하라. 각 가설을 검증하기 위해 하나 이상의 종속변인을 사용하였다면, 발표 순서를 정해 가설마다 이 순서에 따라 결과를 제시하라. 방법부분에서와 같이, 발표하는 데 주어진 시간보다 더 많은 시간이 소요되는 자료가 틀림없이 있을 것이다. 자료들을 신중하게 추려내라. 그리고 가설을 검증하는 것과 가장 직접적으로 관계되거나 가장 중요한 결과를 산출해 낸 자료만을 선택하라.

이 부분에서는 다른 어느 부분보다도 단순한 것이 최선이다. 발표 중 $F$값 및 유의수준에 대해서는 언급하지 마라. 단지 분석의 명칭과 그 결과만을 일반용어로 제시하라. 발표를 단순하게 하는 방법의 하나는 가설과 주요 결과와 관련된 자료만을 제시하는 것이다. 여러분이 한 모든 분석을 제시할 필요는 없다. 유의하지 않은 결과에 대해서는 간략히 언급하기만 하면 된다. 무엇이 가장 중요한 것인지 여러분 스스로에게 물어보라. 그러한 결과들을 설명하는 데 얼마나 시간이 걸릴 것인지 살펴보고, 시간이 남는다면 다른 것을 추가하라. 청중들에게 연구와 관련된 모든 숫자를 알려주어 혼란에 빠뜨리기보다는 선택적이고 분명하게 발표하는 편이 낫다.

결과를 제시하고 나서 그것이 시사하는 바에 대해 언급하라. 처음에 가설을 언급한 (또한 결과를 제시한) 순서대로 논의하라. 연구목적을 다시 언급하면서 논의를 시작하고, 다음으로 첫 번째 가설로 들어가라. 여러분의 연구와 다른 사람들의 연구가 어떻게 일치하는지에 대해 자주 언급하라.

그리고 여러분의 결과가 그 분야에 만연되어 있는 생각을 어떻게 바꿀 수 있는지에 대해서도 언급하라.

연구결과가 시사하는 점에 대해 의욕적으로 논의하고 난 후, 간략히 연구의 제한점을 제시하라. 여기서 연구의 몇몇 불가피한 약점을 인정해야 하고, 추후의 보다 개선된 연구를 위한 토대를 제공해야 한다. 지나치게 자기 비판적이 되지 않도록 주의하라. 분명한 약점을 인정하고 연구결과를 일반화하는 데 있어서의 제한점을 지적하라. 거의 모든 연구에서 일반화와 관련된 제한점이 어느 정도 있으므로, 여기서 제한점을 지적하는 것도 괜찮다고 본다. 끝으로, 추후 연구를 위해 두세 가지 구체적인 제안을 하면서 발표를 마쳐라.

## 시청각 자료를 준비하라

연구발표를 할 때 시청각 보조자료 없이 5분 이상 발표한다는 것은 생각하기 힘들다. 시청각 보조도구를 이용하면 메시지를 전달하는 데 뿐 아니라 청중들의 관심을 지속시키는 데도 도움이 된다. 시청각 보조도구의 수나 형태는 발표할 장소나 발표시간에 따라 달라진다. 하지만 10분짜리 발표에서도 오버헤드나 슬라이드, 또는 인쇄물을 이용하면 도움이 될 수 있다.

우리 저자들은 지난 몇 년간 시청각 보조도구 이용에 대해 몇 가지 지침을 만들었다. 첫째, 쉽게 이용할 수 있고 믿을 수 있는 발표수단을 선택하라. 숫자가 있는 도표, 그림을 포함하는 본문자료 및 평가도구를 제시할 때는 거의 예외 없이 오버헤드 프로젝터와 투명필름을 이용한다. 이 방법은 일반적으로 쉽게 이용할 수 있고, 투명필름은 준비하는 데 상대적으로 비용이 많이 들지 않는 편이며, 대부분의 복사기나 레이저 프린터를 이용해 만들 수 있다. 준비가 손쉽고 비용이 저렴하다는 것은 새로운 자료를 보완하게 되거나 자료를 제시하는 더 좋은 방법이 생각났을 때 쉽게 바꿀 수 있다는 것을 의미한다. 덧붙여, 오버헤드는 종종 회의실의 전등을 켜놓은 채로도 사용할 수 있다.

슬라이드도 효과적인 수단이지만, 일반적으로 보다 더 비용이 많이 들고 준비하는 데 시간이 걸리며, 따라서 수정하기가 오버헤드 자료처럼 쉽지는 않다. 그럼에도 불구하고 슬라이드를 이용하면 오버헤드를 이용하는 것보다 더 적절하게 연구맥락을 전달할 수 있고, 청중들에게 보다 더 실감나게 발표할 수 있다. 예를 들어, 아동이 실험도구 앞에 앉아있는 사진을 보여주거나, 안전벨트 사용에 대한 자료를 수집한 교차로의 사진을 보여준다면, 발표를 실감나게 하는 데 큰 도움이 된다. 이러한 이점 때문에 몇몇 사람들은 발표 시 슬라이드와 투명필름을 모두 사용한다. 두 가지 모두를 사용할 경우, 회의실에서 이들을 모두 분명히 볼 수 있는지를 확인하라.

발표가 길 경우, 비디오 테이프를 보조로 이용하는 것은 보다 실감나게 발표할 수 있는 방법이다. 이는 특히 융통성 있는 매체이긴 하지만, 적절한 도구가 준비되어야 한다. 예를 들어, 디지털 VCR(비디오카세트 녹화기)이라면, 자료가 들어 있는 화면과 동작이 들어 있는 화면을 겹쳐서 깜박거림 없이 정지상태로 보여주는 것이 가능하다. 게다가, VCR에 있는 지표를 이용하면, 어떤 표나 실험자—피험자 상호작용의 일부를 다시 보여주기 위해 특정 장면으로 나아가거나 뒤로 돌릴 수도 있다. 하지만 비디오 테이프를 이용하기로 한다면 회의실 내에서 잘 보이고 소리가 분명히 들리는지를 반드시 확인하라.

물론, 개인용 컴퓨터와 직접적으로 연결된 발표자료를 포함하여 보다 나은 시청각 보조도구를 이용할 수도 있다. 하지만 여러분이 이러한 매체를 이용한 경험이 충분하지 않은 한, 우리 저자들은 오래된 군대의 KISS(Keep It Simple, Stupid) 명언을 따르라고 권한다. 단순하고 우직하게 행동하라. 연구발표 시 머피의 법칙은 특히 장비와 관련된 것이 잘못 될 수 있다는 것에 적용된다. 가장 단순하고 완벽하게 만족스러운 방법은 시각자료를 휴대용 오버헤드 프로젝터만 이용하여 제시하는 것이다. 대부분의 학과에서는 오버헤드 프로젝터를 가지고 있을 것이다. 어떤 장비를 이용하든지, 발표 바로 전에 사용할 장비를 점검하라. 발표를 하는 동안 전구가 나가거나 고

장이 나는 경우(그런 일이 발생한다. 우리 저자들의 말을 믿어라!)를 대비
하여 대체 장비를 어디서 구할 수 있는지 알아 두라. 회의실 내 여기저기서
소리와 화면의 질을 점검하라. 빛의 밝기를 조절하거나 투명필름을 바꿔주
거나 인쇄물을 나누어 줄 누군가와 함께 조정하라.

발표 시 오버헤드, 슬라이드, 또는 인쇄물을 이용한다면, 구두발표 때에
단지 학위논문의 표를 그대로 투명필름으로 만들지 마라. 아마도 그러한
표들에는 많은 자료가 들어 있을 것이다. 화면상에 짧게 나타나는 경우에
는 이러한 정보를 모두 소화하기가 쉽지 않다. 그 표들이 절대적으로 필요
하다면, 자료를 가지고 새로운 오버헤드나 슬라이드를 몇 개 만들고, 표의
규모를 줄여라. 표가 많고 숫자들이 적은 것이 그 반대의 경우보다 사용하
기에 보다 더 좋다. 필수적이지 않은 통계적 세부사항(예 $F$값이나 베타값)
은 생략하라. 그 다음에, 투명필름의 내용이 회의실 뒤편에서도 보이도록
표의 글씨 크기를 키우거나 표를 확대복사 하라.

## 질문을 다루는 전략을 개발하라

많은 학생들은 구술심사 시에 연구에 대한 질문을 두려워한다. 심사위원
들의 예상 질문에 대해 준비하고(〈표 14-2〉 참고) 그에 대한 답변을 적어
서 연습한다면 이러한 우려를 가라앉힐 수 있을 것이다. 질문에 답하는 전
략을 개발하는 것도 도움이 될 수 있다. 본 장의 연구계획에 대한 심사회의
부분에서 이러한 전략에 대해 일부 설명하였다. 그 외의 것들은 다음에 제
시되어 있다.

과학자로서의 역할에 알맞도록 질문에 전문가답게 대답하라. 여러분이
심사위원들을 잘 알고 있다 하더라도, 지금은 비공식적인 농담을 하는 시간
이 아니다. 또한 Yates(1982)가 설득력 있게 지적하듯이, 설사 질문이 요점
이 없거나 필요 이상으로 적대적이라 하더라도, 화를 내거나 방어적으로 반
응할 때가 아니다. 다시 말하지만, 심사위원들을 전국적 수준의 전문가적인
청중이라고 가정하고, 여러분도 그에 알맞도록 처신하라.

덧붙여, 서두르지 마라. 연구계획에 대한 심사회의 때처럼 대답하기 어려운 질문을 받으면 여러분이 그 질문을 보다 분명히 이해할 수 있도록 되풀이하라. 여러분의 사고과정을 보여주는 충분한 답변을 하라. 그리고 심사위원들은 여러분이 논문에서 언급한 어떤 것을 놓치거나 이 시점에서 보기에는 매우 쉬운 질문을 던질지도 모른다는 것을 기억하라.

질문에 간결하게 대답하라. 장황하게 강의하듯이 대답하지 마라. 특히, 여러분이 완전히 이해하지 못하는 개념이나 특수 용어를 언급하지 마라. 용어를 틀리게 사용하면 여러분이 이야기하고 있는 것을 스스로 이해하고 있는지를 알아보기 위해 엄밀한 질문들을 할 것이다.

대부분의 학생들은 구술심사에서 복잡하고 대답하기 어려운 질문을 하나 이상 받게 된다는 점을 명심하라. 만일 여러분이 질문을 이해하지 못한다면, 다른 심사위원들도 이해하지 못할지도 모른다! 서두르지 말고 당황케 하는 질문을 반문하면서 여러분이 그 질문을 정확하게 들었는지 확인하고, 잘못 이해한 개념이 있다면 질문자가 그 점을 수정해 줄 수 있도록 하라.

정답이나 오답이 없는 질문들도 몇 가지 예상하라. 이러한 사고를 요하는 질문들은 심사숙고해야 할지도 모른다. 여러분이 생각하는중이라는 것을 시인할 정도로 길게 생각해도 좋다. 추론이 마치 사실인 듯 발표한다면 심사위원들의 지적인 공격을 촉발하게 될 것이 확실하다.

일부 질문에 대한 대답을 확실히 잘 몰라도 놀라지 마라. 어떤 질문에 대한 대답을 정말로 모른다면 추측한 것을 말하기보다는 "잘 모르겠습니다" 혹은 "확실하지 않습니다"라고 하라. 이따금 "모르겠다"고 한 대답이 불합격의 원인이 되지는 않을 것이다(물론, "연구대상이 누구였습니까?", "어떤 측정방법을 이용하였습니까?"와 같은 질문에 대한 답변이 아닌 한). 반면, 어리석게 추측해 대답을 한다면 여러분이 해답을 모르거나 해답을 모르는 것을 인정하지 않는다는 두 가지 사실 중 하나를 보여주게 된다.

심사위원들이 어느 정도는 자신에게 주목을 끌고자 할 수도 있다는 점을 예상하라. 우리 저자들의 동료 중 한 명인 Albert Farrell 박사는 학생들에게 구술심사에서 심사위원들이 질문을 하는 이유는 세 가지가 있다고 말한다. 첫 번째이자 가장 드문 이유는 심사위원들이 정말로 그 질문의 해답을 알고자 하기 때문이다. 두 번째이자 보다 흔한 이유는 그 질문의 해답을 '여러분'이 알고 있는지 알아보고자 하는 것이다. 세 번째 이유는 질문을 한 심사위원이 그 문제의 해답을 알고 있다는 것을 다른 심사위원들에게 보여주기 위함이다. 질문을 하는 마지막 이유에 반영되었듯이, 주목을 끌고자 하는 심사위원은 종종 질문을 길게 하거나 여러분의 답변에 반응함으로써 주목을 끌게 되지만, 이는 여러분이 답변을 잘못하였다는 것을 의미하지는 않는다. 주목을 끌고자 하는 심사위원과 경쟁하지 마라. 그저 주목을 끌고자 하는 심사위원들이 하고자 하는 대로 놓아두고 "그것은 정말 중요한 점입니다"와 같이 적절하게 언급하고 넘어가라.

심사위원들이 여러분의 답변 내용을 마땅하다고 인정하는지를 알아보는 것은 쉬운 일이 아니다. 우리 저자들은 심사위원들이 여러분의 수행력을 어떻게 평가하는지 짐작하고자 하는 것보다 훌륭한 답변을 하기 위해 노력하는 데 시간을 보내라고 권한다. 어떤 심사위원은 여러분의 답변에 웃으며 고개를 끄덕이지만 만족하지 못했을지도 모르고, 다른 심사위원은 표정이 굳어있지만 여러분이 대답한 것을 마음에 들어 하고 있는지도 모른다. 다른 사람들의 구술심사에 참석하여 본다면 여러분이 속한 학교에서 이러한 논문심사 시, 일반적 분위기가 엄숙한지 혹은 보다 생기 넘치는지 알아내는 데 도움이 될 것이다. 심사가 잘 진행되고 있다는 것에 대해 상당히 믿을 만한 지표 중 하나는 심사위원들 간에, 그리고 심사위원들과 여러분 사이에 빈번하고 활발한 의사교환이 일어나는 것이다. 이는 아마도 모든 사람이 좋은 시간을 보냈고, 여러분도 대응을 잘 했다는 것을 의미한다. 하지만 활발한 의사교환이 없었다고 해서 최악의 상황을 의미하는 것은 아니다.

끝으로, 구술심사에 가지고 들어갈 수 있는 자료가 무엇인지 알아보라. 허락만 된다면 인쇄물, 측정도구 복사본, 문헌고찰에 이용한 논문들, 구술심사를 준비하기 위해 만든 노트까지도 가지고 들어가라. 이 자료들을 탁자 밑이나 구석에 살짝 놓아두어라. 우리 저자들은 구술심사에서 표 462의 숫자가 정말로 정확한 것인지, Smith와 Jones가 정말로 XYZ 측정도구에서 4개가 아닌 3개의 요인구조로 만들었는지, 그리고 종속변인 측정 시에 어떤 항목들이 포함되었는지에 대한 질문을 하는 것을 본 적이 있다. 구술심사 시에 이러한 질문의 대답으로 의심이 가는 점이 있어 자료를 찾아볼 필요가 있다면, 준비해 간 자료에서 이를 확인해보라.

## 구술심사의 답변을 연습하라

구술심사는 시간을 들여 연습할 필요가 있을 정도로 중요하다. 할 수 있다면, 구두발표 및 청중들의 질문에 대한 대답을 연습할 수 있도록 '모의 구술심사' 일정을 잡아라. 대학원의 동료학생들(특히 구술심사를 거쳤거나 본 적이 있는)과 지도교수를 설득하여 시간을 내도록 할 수 있다면 이상적이다.

모의발표를 하기 전에, 지도교수에게 여러분이 준비한 발표개요를 살펴봐 달라고 부탁하라. 수정할 것이 있으면 적절히 수정한 후 리허설을 준비하라. 리허설은 두 번 하는 것이 좋다. 한 번은 여러분 혼자서 하고, 이를 녹음하거나 녹화해서 이후에 수정하며, 또 다른 한 번은 청중들을 대상으로 하라. 두 번째 리허설을 하기 전에 첫 번째 리허설을 녹화한 것을 보고 들으며 시간을 확인하라. 각 부분과 전체를 발표하는 데 걸리는 시간을 재고 다음 번에 더 확장하거나 줄일 부분에 대한 계획을 세워라.

두 번의 리허설 모두를 사전에 완벽하게 준비하라. 노트와 시청각 장비를 준비하고, 실제 발표 시 계획한 대로 이것들을 사용하라. 구술심사를 하는 장소와 가능한 한 비슷한 장소에서 리허설을 하라. 진짜 심사를 하는 것과 같은 시간대에 리허설을 해보라. 청중이 있는 리허설에서는 구술심사 시에 입으려고 준비한 옷을 입는 것이 좋을지도 모른다. 실제 발표맥락과 비슷하게 만들면 만들수록 리허설이 유용해 질 것이다.

발표를 하고 난 후 심사위원들이 질문할 것이라고 예상되는 문제를 청중

## \<표 14-3\> 구두발표와 질문에 대답할 때의 중요한 행동 체크리스트

예　　아니오　**구두발표 시**

☐　　☐　　1. 발표를 시작할 때에 할 적절한 말을 준비하였는가?

☐　　☐　　2. 발표하는 동안 목소리나 억양을 다양하게 하였는가?

☐　　☐　　3. 적절하게 미소를 지었는가?

☐　　☐　　4. 청중들과 눈을 맞추었는가?

☐　　☐　　5. 탁자 위에 팔을 올려 턱을 괴지 않고, 활발하고 설득력 있게
　　　　　　　보였는가?

☐　　☐　　6. 신중하게 준비된 노트를 읽는 것이 아니라 이를 이용해서
　　　　　　　발표를 하였는가?

☐　　☐　　7. 중요한 요점을 명확히 전달하였는가?

☐　　☐　　8. 발표 시 각 부분들로 전환할 때 적절하였는가?

☐　　☐　　9. 시간을 적절하게 할당하였는가?

☐　　☐　　10. 시청각 보조자료가 쉽고 명확하게 잘 보였는가?

☐　　☐　　11. 시청각 보조자료가 추가로 필요하였는가?

☐　　☐　　12. "어.."와 같이 말을 끌거나 헛기침하거나 발표를 방해하는
　　　　　　　다른 소리들을 최소로 내었는가?

☐　　☐　　13. 청중들에게 발표를 시작할 때와 핵심 지점에서 무엇에 대해
　　　　　　　이야기 할 것인지 미리 조직화하여 알려 주었는가?

☐　　☐　　14. 청중들이 결과를 쉽게 잘 이해할 수 있었는가?

☐　　☐　　15. 간결하고 요지에 맞는 발표를 하였는가?

☐　　☐　　16. 불필요한 세부사항을 생략하였는가?

☐　　☐　　17. 발표를 산만하게 만드는 독특한 버릇은 없었는가(예 과도한
　　　　　　　움직임, 옷자락이나 수염 또는 머리 만지기)

☐　　☐　　18. 과학적 용어를 적절하게 사용하였는가?

☐　　☐　　19. 복잡한 절차를 명료하게 설명하였는가?

〈계속〉

| **<표 14-3> 구두발표와 질문에 대답할 때의 중요한 행동 체크리스트 <계속>** |
|---|

| 예 | 아니오 | **구두 질문에 답할 때** |
|---|---|---|
| ☐ | ☐ | 20. 질문에 적합한 답변을 하였는가? |
| ☐ | ☐ | 21. 답변이 간결하였는가? |
| ☐ | ☐ | 22. 질문을 받는 동안 자신있게 보였는가? |
| ☐ | ☐ | 23. 적절한 답변을 하였는가?<br>(예 추측일 경우에는 추측임을 시인하면서) |
| ☐ | ☐ | 24. 적대적 질문에 대해 방어적이지 않도록 대답하였는가? |
| ☐ | ☐ | 25. 이해하기 어려운 질문에는 대답하기 전에 다시 다른 말로<br>바꾸어 질문을 재확인하였는가? |

들에게 질문해보라고 부탁하라. 여러분이 두려워하는 질문(예 이론적 또는 통계적 문제에 대해)을 청중들에게 미리 알려주어라. 지금은 연습하고 피드백을 받을 수 있는, 위험이 적은 시기이다.

끝부분에 청중들로부터 모의 구두발표에 대해 피드백을 받는 시간을 충분히 가져라. 여러분의 발표와 질문을 다룬 방법에 대해 문의할 항목을 몇 가지 준비하라. 여러분이 자신의 녹화테이프를 보거나 들을 때도 이러한 항목을 살펴보라. 〈표 14-3〉에 발표 시와 질문에 대답할 때 중요한 행동 몇 가지를 단순한 체크리스트로 제시해 놓았다. 여러분이 한 발표의 특정 측면에 대해 이와 유사한 체크리스트를 리허설에 참석한 청중들에게 체크해 달라고 할 수도 있다. 덧붙여, 청중들에게 전반적인 반응과 수정할 사항에 대해 물어보라.

발표의 특정 부분이 염려된다면(예 연구설계를 얼마나 명확하게 설명할 수 있는지 혹은 요인분석 결과를 얼마나 잘 제시할 수 있는지), 청중들의 반응을 구하라. 다른 방식으로는 어떻게 하면 좋을지 물어보라. 개방적이고 사려깊게 행동하고, 방어적으로 행동하지 마라. 이들은 여러분의 친구라는 점을 기억하라. 이들은 여러분의 부탁을 들어주고 있는 것이다. 이들의 제안을 잘 듣고 이들이 한 말을 진지하게 받아들여라.

## 불안감을 건설적으로 관리하라

가장 경험이 많고 능변인 연설자들조차도 구술심사(그리고 몇몇 사람들에게는 연구계획심사)에 대해서는 불안감을 갖는 것처럼 보인다. 어떤 학생들은 구술심사에 대해 생각하기만 해도 엄청난 불안감을 느낀다. 약간의 불안감은 정상적이다. 구술심사는 중요한 학위를 향한 마지막 단계이고 평가적인 상황이며 구술심사 시 무엇을 예상하고 어떻게 다루어야 하는지에 대한 규칙이 모호하다.

연구계획심사나 구술심사를 불안감 없이 마쳐야 한다고 말하는 것이 아니라는 점을 유의하라. 사실, 저자들은 ∩자형 불안수준이 구술심사와 관련된다고 생각한다. 즉, 불안수준이 중간 정도인 경우 과업에 집중하도록 함으로써 수행을 촉진시킨다. 하지만, 지나친 불안감은 여러분이 즉시 결론을 내리고 의사를 명확히 표현하는 능력을 저해할 수 있다. 성공적인 연구계획 및 구술심사를 위한 핵심요소 중 하나는 여러분의 불안수준을 건설적으로 관리하는 것이다.

연구자들(예 Lang, 1971)은 불안의 요소로 다음 세 가지를 든다. 첫 번째, 인지적 요소는 불안의 주관적인 경험과 관련되는 것으로 여러분이 그 상황에 대해 스스로에게 말하는 것이고 여러분의 감정을 명명하는 것이다. 두 번째, 생리학적 요소는 신체적 각성과 관계된 것이다(예 심장박동 및 신경체계 활동성 증가, 손에 땀이 나거나 숨이 가빠지는 경험). 끝으로 운동(motor)요소는 관찰가능한 수행력과 관련된 것이다. 이러한 세 가지 요소를 관리한다면 연구계획심사나 구술심사를 보다 효율적으로 치르는 데 도움이 될 것이다.

### 여러분의 생각을 관리하라

두 가지 일반적인 인지적 요인이 '구술심사에 대한 불안감'을 부추길 수 있다. (a) 미지의 것에 대한 두려움(심사위원들이 무엇을 물어볼 것인가? 내가 대답을 할 수 있을 것인가?) 그리고 (b) 불합리한 사고(난 불합격해서 직장을 구할 수 없을거야!)가 그것이다. 이런 생각들이 머리를 떠나지 않고 괴롭히는지 알아보기 위해 구술심사에 대해 생각해보라. 스스로에게 무엇이라 말하고 있는지 들어보라. 미지의 것에 대한 두려움이나 잠재적인 실패로 인한 비극적 결과가 스스로에게 하는 말과 관련이 있는가? 그렇다면 다음 내용을 계속해서 읽어보라.

구두발표에 대한 모호함과 불확실성 때문에 걱정이 된다면 그 과정을 보다 덜 모호하게 만들어라. 본 장을 읽는 것도 도움이 될 것이다. 덧붙여, 구술심사를 경험한 사람들과 구술심사에서 무슨 일이 있는지에 대해 이야기를 나누어보라. 다른 학생들이나 지도교수로부터 일반적인 질문들을 모아 목록을 만들고, 이것들을 〈표 14-2〉에 있는 문항들에 첨가하라. 박사학위논문의 구술심사는 일반인들에게 공개되므로 학과의 몇몇 사람에게 가서 그와 같은 경험이 어떠한지 알아보라(성공적인 모델을 본받을 수 있도록 심사에 합격한 사람을 선택하라). 그러한 경험이 어떠할 것인지에 대해 미리 아이디어를 얻을 수 있도록 모의구술심사를 준비하거나 연습을 하라. 이러한 준비를 모두 마치면 상황에 대한 모호함이 실질적으로 감소할 것이고, 여러분은 보다 잘 준비되었다고 느낄 것이다.

불합리한 생각에 대해서는 어떠한가? 30여년 전, Ellis(예 Ellis & Harper, 1961)는 불합리한 신념이 사람들을 보다 우울하고 불안하게 하며 화나게 만들 수 있다고 주장하였다. 불안과 관련된 핵심적인 불합리한 신념 중의 하나에는 비극적인 생각이 포함된다. "내가 바라는 바 대로 되지 않으면 너무나 끔찍할 것이다." 두 번째는 완벽주의와 관계된다. "나는 모든 상황에서 완벽하게 처신해야 한다." 이 두 가지 신념 중 어느 것이라도 수행불안과 관련될 수 있고, 둘 다라면 수행력을 상당히 떨어뜨릴 수 있다.

비합리적인 혼자만의 생각을 다루는 핵심은 그 생각에 도전해서 그것을 보다 이성적인 생각으로 바꾸는 것이다. 먼저, 완벽주의에 대해 살펴보자. 구술심사는 정말로 완벽하게 치러야 하는가? 물론 그렇지 않다. 구술심사의 요구에 맞도록 임하면 될 뿐이다. 잘못된 진술을 수정하고 답변을 하는 데 서두르지 않고, 질문을 이해하거나 대답하는 데 이따금씩 문제에 봉착한다고 해서 구술심사에 불합격하지는 않을 것이다. 여러분이 논문에서처럼 구두로 분명하게 표현하지 못할지도 모른다는 사실을 인정하고 계획을 세워라. 이것은 매우 자연스러운 것이고 아무도 여러분에게 완벽할 것으로 기대하지는 않는다.

비극적인 생각에 대해서는 어떠한가? 어떤 학생들은 질문에 올바르게 대답하지 못할까봐 두려워한다. 그리고 스스로에게 "나는 구술심사에서 떨어질 것이다. 그러고 나면 지금까지 한 모든 일은 쓸모없게 될 것이고, 나는 집도 절도 없는 실업자가 될 것이며 아무도 나를 사랑해 주지 않을 것이다"라고 말한다. 이러한 사고의 저변에 깔린 가정을 보다 이성적으로 살펴보자. 먼저, 질문에 답하지 못할 것이라고 예상하는 근거는 무엇인가? 여러분은 자신이 한 일에 대해 알고 있다. 그렇지 않은가? 왜 그렇게 했는지도 알고 있다. 이 시점에서 여러분은 특정의 주제분야에 대해 회의실 내의 다른 누구보다도 (지도교수를 예외로 할 수도 있겠지만), 더 잘 알고 있어야 한다. 여러분은 대부분의 질문에 쉽게 대답할 수 있을 것이고, 몇몇 질문은 여러분에게 어려울 것이라는 예측이 타당한 것이다. 심지어 구술심사를 즐길 수도 있을 것이다. 여러분이 잘 알고 있는 연구과제에 대해 몇 시간씩 전문가들과 논의하는 것은 지적으로 자극적이고 즐거운 경험이 될 수 있다.

질문에 대해 이따금씩 고전한다면 구술심사에서 불합격할 것인가? 아마도 그렇지 않을 것이다. 전반적으로 여러분은 쉬운 질문들에 대한 대답을 잘 할 것이고, 까다로운 질문에도 만족스러울 정도로 답할 것이다. 결국, 미래의 행동에 대한 최선의 예측인자는 과거의 행동이다. 그리고 여러분이 대학원 과정을 제대로 밟아왔다면 구술심사에서도 그러할 것이다. 한두 개의 질문에 실수를 할지라도 구술심사에서 불합격하지는 않을 것이다. 교수진들이 지금까지 여러분에게 투자하였다는 것을 기억하라. 교수들은 진정으로 여러분이 성공하기를 바란다.

만약 여러분이 실패한다면 어떻게 되는가? 일어날 수 있는 가장 최악의 일은 무엇인가? 많은 학교에서는 박사학위논문의 서면보고서 부분은 통과하고 구술심사에 통과하지 못한 학생들에게 구술심사를 다시 신청할 수 있도록 한다. 그렇다면 일어날 수 있는 최악의 일은 재시험을 보아야 한다는 점에 당혹해하는 것이 될 것이다. 당혹감은 치명적인 것이 아니고, 여러분이 살아날 수 있다는 데는 의심의 여지가 없다. 논문에 좀더 집중해서 잘 써야 한다는 반복된 피드백에도 불구하고 피드백을 무시하고 열심히 하지 않은 것이 아니라면, 이 시점에서 완전히 실패할 가능성은 희박하다.

### 여러분의 신체적 반응을 관리하라

불안을 다루는 또 다른 핵심은 불안수준을 낮추는 것이다. 불합리한 생각에 대해 관리를 한다면 불안수준을 낮추는 데 도움이 될지도 모른다. 덧붙여, 점진적인 이완, 명상, 자율 훈련법, 자기최면술, 운동, 그리고 즐거운 상상(예를 들어, Poppen, 1988을 참고하라)을 포함하여 생리학적 각성을 직접적으로 조정하는 여러 기법들이 있다.

불안의 신체적 요소를 관리하기 위해서는 어떤 전략이 여러분에게 맞는지 실험해 보라. 어떤 사람들은 위협적인 장면을 미리 떠올려 그 상황에서 자신들이 유유히 능숙하게 수행하는 것을 상상하기를 좋아한다. 많은 운동선수들은 이러한 형태의 상상이나 시각화 훈련을 받는다. 다른 사람들은 조용한 장소에 앉아서 눈을 감고, 좋아하는 해변이나 산에서 편안하게 있는 것을 상상하면서 불안을 감소시킬 수도 있다. 혹은 머리끝에서 발끝까지 신체 각 부분을 의도적으로 긴장시키고 완화시키면서 불안을 감소시키는 점진적인 이완방법이 여러분에게 잘 맞을 수도 있다. 이러한 기술에 대해 잘 모르겠다면, 여러 의학센터나 대학에서 효과가 있다고 입증된 이완법의 지도방법을 활용하라. Cotter와 Guerra의 "자기이완 훈련"(Research Press, P. O. Box 9177, Champaign, IL 61826에서 주문) 카세트 테이프를 이용하는 것도 이를 혼자 배울 수 있는 좋은 방법이다.

생리학적 각성을 관리하는 기술을 선택하고 배우는 것에 덧붙여, 구술심사 바로 전에 그것을 이용할 시간을 일정에 넣어라. 우리 저자들이 알고 있는 한 학생은 박사학위 구술심사 전에 격심한 운동과 샤워를 할 시간을 집어넣어 계획을 세웠다!

생리학적 상태를 관리하는 또 다른 방법은 약물과 관련된 것이다. 불안 수준을 낮추는 방법을 배우는 것보다는 약을 한 알 복용하는 것이 더 쉽지만, 몇몇 약물은 인지과정의 속도를 떨어뜨릴 위험이 있다. 우리 저자들은 여러분이 그러한 상황에서 성가신 부작용을 일으키지 않을 것이라고 확신하지 않는 한, 약물처방은 권고하지 않는다.

### 여러분의 운동행동을 관리하라

불안에 대한 마지막 요소인 운동요소는 여러분이 다른 사람들에게 어떻게 보일 것인가와 관련된다. 불안의 운동적, 생리적, 인지적 요소가 모두 동시에 작용하는 것은 아니다. 즉, 여러분이 속으로는 떨고 있다할지라도 이것이 반드시 행동으로 나타나는 것은 아니라는 것이다. 매우 우수하게 수행해 낸 사람들 중 상당수가 내심 불안해하고 있었다고 고백한다. 그러나 청중들은 눈치를 채지 못했다.

우리 저자들이 한 대부분의 조언과 마찬가지로 구술심사에서 전문가처럼 보이는가의 핵심은 계획과 연습에 있다. 5가지 P를 기억하라. "Prior Planning Prevents Poor Performance." 여러분을 지도한 교수들이 언제 매우 전문가처럼 보였는지 생각해보고, 그런 인상을 준 행동을 열심히 모방하라. 여러분이 유능하다고 느낄 필요는 없다는 점을 기억하라—단지 그렇게 느끼는 척 할 필요가 있을 뿐이다. 리허설 또한 상당히 도움이 될 수 있다. 〈표 14-4〉에는 Paul(1966)의 수행불안에 대한 행동 체크리스트(Timed

**<표 14-4> 수행 불안에 대한 행동 체크리스트**

평가자 : _____

이름 : _____

날짜 : _____ 연설 No._____ I.D. _____

| 행동　　　　　　　　　시간 | 1 | 2 | 3 | 4 | 5 | 6 | 7 | 8 | 9 | Σ |
|---|---|---|---|---|---|---|---|---|---|---|
| 1. 왔다갔다한다 | | | | | | | | | | |
| 2. 몸을 흔든다 | | | | | | | | | | |
| 3. 발을 질질 끈다 | | | | | | | | | | |
| 4. 무릎을 떤다 | | | | | | | | | | |
| 5. 팔과 손의 불필요한 움직임 (흔들기, 비비꼬기, 집적거리기 등) | | | | | | | | | | |
| 6. 팔이 굳어있다 | | | | | | | | | | |
| 7. 손의 위치가 자연스럽지 못하다 (주머니 속, 등 뒤, 꽉 쥠) | | | | | | | | | | |
| 8. 손을 떤다 | | | | | | | | | | |
| 9. 눈을 맞추지 않는다 | | | | | | | | | | |
| 10. 얼굴 근육의 긴장 (찡그리기, 경련이 일어남) | | | | | | | | | | |
| 11. 무표정한 얼굴 | | | | | | | | | | |
| 12. 창백한 얼굴 | | | | | | | | | | |
| 13. 빨개진 얼굴 | | | | | | | | | | |
| 14. 입술에 침을 바른다 | | | | | | | | | | |
| 15. 침을 삼킨다 | | | | | | | | | | |
| 16. 헛기침을 한다 | | | | | | | | | | |
| 17. 심호흡을 한다 | | | | | | | | | | |
| 18. 땀을 흘린다(얼굴, 손, 혹은 겨드랑이) | | | | | | | | | | |
| 19. 목소리가 떨린다 | | | | | | | | | | |
| 20. 말이 막히거나 더듬거린다 | | | | | | | | | | |

기타 언급할 사항 :

출처 : From *Insight versus Desensitization in Psychotherapy* (p. 109), by G. L. Paul, 1966, Stanford, CA: Stanford University Press. Copyright 1966 by Stanford University Press. Reprinted by permission.

Behavior Checklist for Performance Anxiety)가 제시되어 있다. 여러분이 불안해하는 모습으로 보이게 하는 수행단서를 찾아내고 감소시키는 데 이를 이용할 수 있다. 비디오 테이프로 된 여러분의 발표를 평가하는 데 이것을 이용하라—아마도 여러분이 얼마나 침착하게 보일 수 있는지에 대해 놀랄지도 모른다. 우리 대부분은 스스로가 느끼는 것보다 훨씬 더 유능하게 보인다.

### 심각한 불안문제의 경우 도움을 청하라

우리 저자들이 이야기하였듯이 구술심사를 받는 동안 어느 정도의 불안은 정상적이고 심지어 바람직하기까지 하다. 하지만, 만일 여러 사람들 앞에서 발표하는 상황에서 전반적으로 '심각한' 불안을 느낀다면, 구술심사를 받기 전에 연설불안에 대한 치료를 받을 수도 있다. 연설불안이 그리 위험한 수준이 아닌 경우에는 Toastmasters에 참여한다면 도움이 될 수 있다. 이는 여러 도시들에 지부를 둔 국제적인 조직이다.  가장 가까이 있는 지부에 연락해보라. 보다 심각한 경우라면 경험적으로 증명된 불안관리 전략을 전공으로 한, 자격이 있고 유능한 전문가의 도움을 구하라.

## 요약

연구계획심사와 구술심사가 생산적일지라도 어떤 사람들에게는 두려운 일이 될 수도 있다. 학술적 문제에 대해 활발히 논의하는 것을 즐기는 사람들에게 이러한 회의는 즐거운 경험이 될 수 있다. 사실, 이 단계에서도 연구과정의 모든 단계와 마찬가지로, 미리 연구하고 준비한다면, 순조롭게 성공적으로 진행될 가능성을 높일 수 있다.

✔ **To Do . . .**

**논문심사회의 준비하기**

☐ 연구계획에 대한 심사회의를 준비하라.

　　– 형식을 알도록 하라(〈표 14-1〉을 이용하라).

　　– 반드시 기록을 하라.

☐ 구술심사회의를 준비하라.

　　– 형식을 알도록 하라(〈표 14-1〉을 이용하라).

　　– 발표를 준비하라.

　　– 시청각 자료를 준비하라.

　　– 질문을 다루는 전략을 개발하라.

　　– 구술심사의 답변을 연습하라.

　　– 불안감을 건설적으로 관리하라.

## 15 학위논문 발표하기

이제 끝이 났다. 구술심사도 통과하고 필요한 수정작업도 마쳤으며 도서관에 완성본까지 제출하였다. 와우! 이제, 일상생활로, 그렇지 않은가? 아니다! 아직은, 적어도 학위논문을 다시 쳐다보지 않아도 좋을 때는 아니다. 이제 막 끝낸 학위논문의 아이디어를 찾기 시작한 몇 개월 혹은 몇 년 전에 이 연구과정을 시작하였다. Yogi Berra가 말한 적이 있듯이, 그러한 과정은 완전히 끝날 때까지는 끝나지 않는다. 그리고 연구란 어떤 의미에서는 결코 진짜로 끝나지 않는 것이다. 연구는 문제에서 시작되고, 그 문제에 대한 답이 학계에 발표되었을 때 다시 시작되는 순환적인 과정이다. 사실, 여러분이 한 연구가 아마도 여러분이나 다른 사람들이 이후에 수행할 추가적인 문제를 제기하였을 것이다. 따라서 연구는 명확한 경계선과 종착점을 가지고 있는 것이라고 생각하기보다는 진화적인 과정이라고 생각하는 것이 최선일 것이다.

연구결과를 언제 다른 사람들에게 발표해야 하는가? 보통, 구술심사를 마친 후 가능한 한 빠른 시간 내에 하는 것이 좋다. 우리 저자들이 빨리 하라고 하는 것은 학생들이 구술심사가 끝나면 늘어지는 경향이 있고, 잘못하면 다시는 학위논문을 들여다보지 않을 위험이 있기 때문이다. 이는 잘못된 것이다. 한 가지 이유는 연구결과가 알려지지 않으면 그 연구과정은 사장되기 때문이다. 그렇게 된다면, 연구 사이클을 결코 완성하지 못할 것이다. 또 다른 이유로는, 다른 연구자들이 여러분의 연구로부터 배울 수 있는 기회를 박탈하게 되는 것이다. 우리 저자들이 제3장에서 언급하였듯이 연구는 누적적인 과정이다. 각 연구는 선행연구의 바탕 위에서 이루어진다. 여러분의 연구를 다른 사람들에게 알리지 않는다면 다른 연구자들이 여러분의 연구를 바탕으로 연구할 수 없을 것이다. 다른 연구자들이 자신이 하는 연구의 질을 개선시킬 수 있는 질문들을 가지고 여러분을 찾아올 수도 없을 것이다. 덧붙여, 여러분이 다른 연구자들과 연구결과를 공유하는 것은 중요한 것에 대해 의사소통을 하는 것이다(즉, 여러분이 투자한 시간과 노력의 가치와 다른 사람들이 여러분을 대신하여 할 희생의 가치가 어떠한지에 대해). 그것에 대해 다시는 이야기하고 싶지 않을 정도로 정말 그렇게 지긋지긋했는가? 그 모든 희생이 벽에 걸린 학위증만을 위한 것이었는가?

끝으로, 다소 고상한 일은 아니지만, 주목할 점은 연구결과를 발표하고 출판한다면 지금이나 나중에 직업을 찾는 데 도움이 될지도 모른다는 것이다. 여러분이 학술적인 직업을 계획하고 있다면, 박사 후 연구과정에 지원하고자 하거나 연구지향의 임상부분 인턴에 관심을 가지고 있다면, 이력서에 발표와 출판에 대한 경력이 여러분의 자격요건을 강화시켜 줄 것이다. 여러분이 석사학위논문을 막 끝냈고 박사과정에 지원하고자 한다면 대부분의 교수들은 석사학위논문을 발표하고 출판한 학생들을 보다 좋게 본다는 점을 주목하라.

몇몇 석사들의 연구는 출판을 하기에 부족할지라도 대부분의 학위논문을 위한 연구는 학회에서 발표하고 학회지에 출판하는 데 적합할 것이다. 여러분의 연구결과를 다른 사람과 공유하고자 한다고 가정하고, 그 전략에 대해 잠시 이야기해보자. 여러분의 연구를 학계나 다른 분야에 어떻게 알릴 것인가?

## 발표를 먼저하고 출판을 나중에 하라

연구를 보급시키기 위한 방법 중 이상적인 것은 전문가 집단에 대해 연구결과를 발표하고 피드백을 받으며, 이러한 피드백을 다시 여러분의 생각과 통합하고 난 후, 출판을 위해 공식적인 신청서를 준비하는 것이다. 이는 연구에 대한 심사과정을 통해 연구를 점차 발전시킬 수 있게 해 준다. 덧붙여, (특히 학회에서) 발표를 한다면, 여러분의 전문가적인 연계망을 확장시키고 연구노고에 대한 지지와 격려를 제공받으면서 여러분의 연구에 관심이 있는 다른 연구자와 대화를 하게 될 것이다. 여러분이 인용하였던 유명한 학자들에 대해 생각해보라. 그들 중 한 명이 다가와서 연구에 대해 칭찬한다면 정말 멋지지 않겠는가?

연구결과를 알리는 데는 연속선상의 여러 가지 출구가 있다. 연속선의 한 쪽 끝은 연구결과에 대해 다른 학생들과 차를 마시며 비공식적으로 논의하는 것이다. 그 반대편의 끝은 노벨협회가 있는 스톡홀름에서 노벨 수상자를 위한 위원회에서 연구결과를 공식적으로 발표하는 것이다. 그 중간에는, 학과에서의 세미나, 직장면접에서의 연구발표, 비공식적인 매체발표(예 라디오나 TV 프로그램의 게스트), 그리고 주, 지역, 국립 또는 국제전문가학회에서의 공식적 발표가 있다. 우리 대부분은 연속선상의 보다 낮은 부분에서부터 연구경력을 쌓게 된다. (미국심리학회의 우수과학자, 협회장상, 노벨상, 그리고 기타 영재들을 제외하고) 심리학 분야에서 극히 드문 몇 명만이 이러한 높은 경지에 다다르게 된다.

많은 학과에서는 학생, 교수, 또는 초빙 학자들이 자신들의 연구에 대해 발표하고, 이에 관심 있는 사람이라면 누구라도 참석할 수 있는 회의가 일상적으로 예정되어 있다. 여러분이 속한 학과에서도 그러하다면 구술심사를 마친 후 가능한 한 빠른 시일 내에 이러한 회의에서 연구결과를 발표하라. 여러분은 "그래, 그래, 논문을 발표해야지. 하지만, 지역 내에서 발표하는 것은 건너뛰어야지. 그 청중들은 나에게 그리 중요하지 않을 테니까"라고 생각할지도 모른다. 사실, 같은 지역 내의 청중들은 지역구성원으로서 다른 사람들보다 실제 문제에 대해 더 잘 알고 있고, 이러한 문제에 대해 여러분과 논의하는 것을 어려워하지 않는 경향이 있기 때문에, 자신이 공부한 곳에서 발표하는 것은 때로는 가장 도전적인 일이다. 즉, 이들은 연구절차와 결과에 대해서 질문을 할 때 사정을 봐주는 경우가 적다. 여러분은 "나는 이 사람들을 매일 보아야 한다. 연구발표를 정말 끔찍하게 잘못하였다면 어떻게 될 것인가? 복도를 살금살금 걸어 다니거나 다른 동료들의 경멸이나 동정을 피하기 위해 밤에만 학교에 와야 하는가?" 이러한 점들을 고려해 볼 때 여러분이 공부한 지역에서 발표할 수 있다면 다른 어떤 곳에서도 발표할 수 있다.

학과를 넘어 주 수준의 전문가 회의뿐 아니라 지역, 국가, 국제회의 등이 있다. 여러분의 연구를 어디에서 발표할 것인가는 그 회의에 연구발표자가 초빙되는지, 회의 일정(즉, 회의가 열리는 시기), 참석 비용, 전문가적인 이점 등 여러 가지 요인에 달려 있다. 회의에서 연구발표가 환영받는다고 가정한다면 이러한 고려사항 중 가장 중요한 것은 전문가적 이점일 것이다. 공부를 마치자마자 직장을 찾고자 한다면 직장을 찾는 데 도움이 될 수 있는 회의에 연구결과를 제출해야 한다. 만일 실용직에 관심이 있고 특정 지역에서 일하고자 한다면, 주 또는 지역회의를 고려하라. 이러한 회의에서 종종 최근 그 지역 내에서 직원을 채용하고 있는 회사의 대표와 인터뷰할 수 있도록 조정하기 위한 기구나 절차가 있다. 구인구직을 위한 공식적인 기구가 없더라도, 주나 지역회의에서 발표한다면 여러분이 일하고자 하는 지역 내의 사람들에게 여러분의 존재를 알리고 적절한 직업에 대해 알아볼 수 있는 기회를 증가시키게 될 것이다.

학술적인 직업을 갖고자 한다면, 논문초록을 전국 규모의 학회에 제출하는 것을 고려하라. 미국심리학연구회(American Psychological Society)나 미국심리학회(American Psychological Association)의 연례회의에는 아동학회(Society for Research in Child Development), 진보 행동치료협회

(Association for the Advancement of Behavior Therapy) 등과 같은 학회나 전문가 협회에서처럼 직장을 소개하는 기능이 있다. 이러한 조직들에서 발행하는 출판물들을 살펴보면 이들 학회가 열리는 시기를 알 수 있다. 논문 초록은 학회가 열리기 훨씬 전에 제출해야 한다는 점에 주의하라. 예를 들어, 진보 행동치료협회의 경우, 매년 11월에 열리는 학회의 원고제출마감이 4월 초순이다. 미국심리학회에서 주관하여 매년 8월에 열리는 학회의 원고 마감은 그 전해의 12월 중순이다. 이러한 회의에서 연구결과를 발표하고자 한다면, 분명히 미리 계획을 세워야 한다. 하지만, 이것은 우리 저자들이 제4장에서 시간계획을 세울 때 그러한 발표에 대한 것도 포함하라고 강력하게 권고한 논문—직장 찾기 순서의 중요한 일부이다.

발표가능성을 탐색하기 시작할 때 가장 전문적인 조직들에는 여러 가지 발표 양식이 있다는 것을 알게 될 것이다. 여기에는 포스터 발표, 구두로 발표되는 개인논문, 연구 심포지엄의 부분으로 발표되는 보고서, 워크숍, 패널 토의, 초빙 연설 등이 포함된다. 연구발표에는 앞의 세 가지 형식이 가장 적절하다. 학위논문과 같은 개인 연구과제를 제출할 때는 종종 포스터 세션이나 구두발표가 가장 적합하다. 만일 여러분의 학위논문이 연구 프로그램의 일부라면 지도교수에게 특정 주제에 대해 발표를 하는 연구 심포지엄을 조직해 달라고 부탁할 수 있을지도 모른다. 그렇게 되면 여러분의 연구가 조직된 연구 심포지엄에 포함될 수 있을 것이다.

일반적으로 심포지엄은 보다 경험이 많은 연구자들이 맡게 된다. 이들 각각이 연구프로그램을 가지고 있고 발표 시 그러한 프로그램에서 하나 이상의 연구를 요약하여 발표한다. 따라서 우리 저자들은 이후 내용의 초점을 구두발표와 포스터 세션 형식에 두게 될 것이다.

## 발표를 위해 내용을 줄여라

이 부분의 하위제목이 갖는 의미를 알아차렸는가? 학위논문을 배포하는 준비의 대부분이 단지 다룰만한 규모로 내용을 줄이는 것과 관련되므로, 저자들은 '줄이기'를 강조한다. 사전에는 이러한 과정이 꽤 적절히 정의되어 있다. "피상적 내용이나 말단을 깎아 내거나 잘라내기," "외곽부분을 제거하거나 잘라내기," "과잉부분을 줄이기"(Webster's New International Dictionary, 1950) 등으로 정의되어 있다.

연구를 학회에서 발표하고자 한다면 연구초록을 제출해야 할 것이다. 초록을 잘 만들기 위해서는 100쪽 혹은 그 이상의 분량을 단지 한두 쪽 정도로 줄여야 한다. 초록에는 연구의 필요성, 방법론, 결과 및 중요성과 시사점에 대한 간략한 언급이 포함되어야 한다. 연구방법과 연구결과를 기술하는 데 전체 단어수의 60% 정도를 사용해야 한다. 연구에서 가장 중요한 세부 사항을 이 부분에서 전달해야 한다. 왜냐하면, 프로그램 심사위원회에서는 이 부분을 이용하여 원고를 채택할지 기각할지를 결정할 것이기 때문이다. 이러한 이유로, 심사위원들에게 여러분이 한 것과 절차상 방법론적 정당성을 분명하게 전달하라. 〈표 15-1〉에는 아동학회에 제출하여 채택된 초록이 제시되어 있다. 그것은 한 학생의 석사학위논문에 기초한 것이다(Nangle, Foster, & Ellis, 1991). 상당히 전형적인 원고이고, 여러분이 학회지에 게재할 원고를 계획하는 데 유용한 본보기가 될지도 모른다.

프로그램 심사위원회에서 여러분이 한 연구의 가치를 인정하고 학회에서 발표일정을 잡았다고 가정하자. 혹은 누군가 직장 인터뷰에 여러분을 초대하였다고 가정해 보자. 줄이기의 다음 단계는 여러분의 구두발표나 포스터를 만드는 것과 관련된다. 이들 두 발표에 대한 준비는 다소 차이가 있다.

### 구두발표

먼저, 여러분이 한 연구 중 어느 정도를 발표해야 하는지를 생각하라. 이것은 몇 가지 요인에 따라 달라진다. 시간이 얼마나 주어질 것인가? 누가 청중이 될 것인가? 시청각 도구를 이용할 수 있을 것인가? 이것들은 발표를 준비하기 전에 알아보아야 할 예비 질문이다. 지방이나 전국 규모의 학회

## ＜표 15-1＞ 포스터발표용 초록 견본

**초록** : 긍정적 행동 맥락이 공격적 행동의 사회적 영향에 미치는 효과

　공격성은 또래거부(peer rejection)와 밀접한 상관이 있지만, 공격적인 아동들 모두가 또래들로부터 거부당하는 것은 아니다. 왜 그렇지 아니한가? 두 사람 간의 공격성은 여러 가지 다양한 상호작용으로 정의된 맥락에서 발생하고, 이러한 행동 맥락은 공격성이 또래 간의 수용성에 미치는 영향을 조정한다. 즉, 아동은 때리고 밀치기만 하는 또래에게, 때리고, 밀치고, 돕고, 공유하고, 즐거운 활동을 유발하는 또 다른 또래에게보다는 상당히 다르게 반응할지도 모른다.

　본 연구는 공격적 행동이 긍정적 맥락에서 일어날 경우, 그 맥락은 공격적 행동의 사회적 효과에 영향을 미칠 수 있을 것이라는 가설을 검증하였다. 4, 5, 6학년 여아 66명을 무작위로 6개 조건에 할당하였다. 각각의 여아는 동갑인 10세 여아 두 명이 상호작용하고 있는 비디오 녹화된 30초짜리 일화 15편을 본다. 6개 중 5개의 조건에서 피험자들은 한 여아('목표가 된 아동')가 언어적 혹은 신체적 공격성을 나타내는 일화 4개를 본다. 이들은 또한 목표가 된 아동이 (a) 부탁에 "예"라고 말하는 것, (b) 활동을 제안하는 것, (c) 무언가를 주거나 빌려주는 것, 혹은 부탁하지 않은 친절을 베푸는 것을 나타내는 0에서 16개 사이의 긍정적 일화도 본다. 일화의 0, 20, 43, 60 혹은 80%가 긍정적인 일화인 것처럼, 긍정적 일화의 수는 각 조건마다 달랐다. 6번째 조건은 긍정적인 일화(100%)만으로 되어 있었다.

　각 조건에 긍정적 및 부정적 일화들을 제시하는 순서를 네 가지로 다르게 구성하였다. 최근의 일화가 주는 효과를 통제하기 위해, 각 시리즈가 시작할 때와 끝날 때는 두 가지의 중립적 일화(예 놀기 혹은 혼자서 일하기)를 보여주었다. 처음 일화에서 마지막 일화까지 보여주는 데 걸리는 시간은 모든 조건에서 일정하였다. 실험조작이 잘 되었는지 확인한 결과, 대학생들은 일화의 행동 97%를 올바르게 코딩하였고, 선행연구에서 5학년 여아들이 좋아한다고 평가한 점수는 긍정적 일화(시리즈가 아닌, 일화 각각을 보여줌)를 보고 난 후에 증가하였으며, 부정적 일화를 보고 난 후에 감소하였다.

〈계속〉

### <표 15-1> 포스터발표용 초록 견본 <계속>

비디오 테이프를 보고 난 후에 각 여아들은 (a) 목표가 된 아동을 얼마나 좋아하는지, (b) 목표가 된 아동의 가장 친한 친구가 되고 싶은지에 대해 1에서 7점 척도로 평가하였다. 이 점수들은 .87의 상관을 나타내었고, 점수들의 평균을 내어 이용하였다. 또한 여아들에게 목표가 된 아동을 친구에게 설명할 때 사용할 우정 및 또래 지위와 관계된 긍정적 및 부정적 특질/구성개념 라벨 (예 "다른 아이들에게 친절하다" 혹은 "이기적이다") 각각 9가지씩의 리스트에서 용어를 선택하도록 하였다.

사회측정적 평가, 긍정적으로 묘사된 수, 부정적으로 묘사된 수를 이용한 ANOVA에서 모두 유의한 효과가 나타났다. 모든 변인에서 Tukey 사후검증 결과, 처음 네 가지 조건들(0~60% 긍정적)에서는 서로 차이가 나타나지 않았으나, 이들과 끝부분 두 가지 조건(80 및 100% 긍정적)과는 유의한 차이가 나타났다. 그리고 이들 끝부분의 두 가지 조건들은 서로 차이를 보이지 않았다. 연구결과, 긍정적 행동이 60%에서 80%로 전환될 때 좋아하는 정도와 특질-지향적 판단 모두에서 현저하게 불연속적으로 나타났다.

연구결과, 친사회적인 사회적 레퍼토리가 공격적 행동의 부정적인 사회적 영향을 상쇄할 수 있다는 가설이 지지되었으나, 이는 매우 긍정적인 맥락에서 일어나는 공격성의 경우에만 해당되었다. 본 연구에서 좋아한다는 응답으로 전환되는 것은 특정의 기점을 기준으로 분명히 일어났고, 여기에는 다른 사회적 판단에서의 차이도 수반되었다. 이는 좋아한다는 것이 사회인지에 영향을 주고받는 집합의 한 요소라는 점을 시사하였다. 덧붙여, 연구결과는 사회적 기술 훈련의 저변에 깔린, 분명하지 않은 직선적 모형(이 모형은 긍정적 행동을 증가시키고, 부정적 행동을 감소시키는 것이 또래 선호도 비율을 변화시키는 데 영향을 미친다고 본다)에 이의를 제기하였다. 그 대신 아동의 행동이 특정의 역치나 긍정적 대 부정적 반응의 특정 비율에 이를 때까지는 또래수용성이 증가하는 것으로 나타나지 않는지도 모른다.

출처 : Abstract submitted by D. Nangle, S. L. Foster, and J. T. Ellis for presentation at the biannual meeting of the Society for Research in Child Development, Seattle, WA, 1991. Adapted by permission.

에서는 발표시간을 10~20분 정도 줄 것이고, 보통 오버헤드나 슬라이드 프로젝트를 제공해 줄 것이다. 직장 인터뷰나 지역적 학과 연구회의에서는 발표시간을 1시간 정도로 생각하라. 이러한 경우들에서 여러분이 발표하는 시간을 45분 정도로 잡고, 나머지 시간은 질문, 도구를 준비하는 데 걸리는 시간, 늦게 시작하는 경우 등에 할당하라. 제14장에서 구두발표를 준비하는 것에 대해 많이 다루었으므로, 여기서는 반복하지 않을 것이다.

우리 저자들이 구술심사에 대해 논의하였을 때에 발표할 내용을 연습함으로써 생기는 이점을 강조하였다. 여기에도 동일한 논리가 적용된다. 청중은 실질적으로 누구라도 될 수 있으므로, 이 시점에서 여러분에게 필요한 것은 여러분의 말을 들어줄 집단이다. 지도교수나 교수진, 대학원 동료들이 포함된다면 매우 유용할 것이다. 정식 연습을 위한 청중으로 좋은 또 다른 경우는 여러분이나 동료들이 가르치고 있는 학부수업시간, 또는 여러분이 인턴으로 일하고 있는 기관의 연구 세미나나 저널 클럽에서 발표하는 것이다.

**포스터발표**

대부분의 전문가 단체들은 구두발표보다는 포스터발표를 승인하는 경향이 있다. 포스터발표를 위해 구두로 발표할 때나 공식 학회지에 제출할 때의 조직과 구성이 비슷한 연구에 대한 시각적 레이아웃을 준비할 필요가 있을 것이다. 보고서의 각 부분, 즉 초록, 서론, 방법, 결과 등을 타이핑하여 큰 포스터(약 76×127cm)에 붙인다. 포스터 발표는 보통 특정의 주제에 따라 배치한다(예 인간의 학습, 평가 및 진단). 여러 발표자들은 포스터발표를 위해 배정된 회의실에 일정 시간(예 1시간 30분) 포스터를 전시한다. 포스터의 저자들은 포스터 옆에 서서 지나가는 청중들과 포스터에 대해 논의하도록 되어 있다.

포스터 발표에 대한 규칙은 학회마다 다소 차이가 있다. 일반적으로 대부분의 포스터 지침서에는 (a) 60~90cm 떨어져서도 읽을 수 있는 글자크기, (b) 포스터발표 석상에 구비되어야 하는 완전한 발표자료 인쇄물, (c) 포스터 논의시간에 적어도 한 명 이상의 저자가 참석해야 한다는 점이 구체적으로 명시되어 있다.

포스터에 무엇을 넣을 것인지 결정하기 위해, 먼저 페이지나 단어 수를 얼마로 해야 하는지 정하라. 저자들은 서론과 연구의 필요성은 한 쪽, 방법은 두 쪽, 3개 이하의 표나 도식으로 보충된 결과는 한 쪽 또는 두 쪽, 그리고 논의를 한 쪽에 정리하라고 권한다. 때때로 결과와 논의를 함께 묶어 제시할 수 있다. 이들 페이지를 큰 글씨체로 매우 간결하고 분명한 글로 작성하는 것은 필수적이다. 독자들은 지나가면서 재빨리 보고서를 읽고 그 연구의 요지를 파악하기를 바랄 것이라는 점을 기억하라. 독자들은 다른 시간에 여러분이 준비한 인쇄물(연구에 대해 보다 상세한 설명을 제공해야 한다)을 살펴볼 수도 있을 것이다. 포스터의 토대로 논문의 초록을 이용하여 우리가 정한 페이지나 정한 단어 수에 다다를 때까지 중요도에 따라 추가적 세부사항을 첨부하면서 구성해 가는 것이 좋다.

이미 포스터발표에 참석해 본 적이 있다면, 아마도 다양한 발표 스타일 때문에 어지러웠을지도 모른다. 그러한 발표를 할 때 여러분은 자신뿐만 아니라 공동저자들과 학교까지도 대표한다는 점을 기억하라. 포스터의 시각적 모양은 글로 쓴 내용을 보완하는 중요한 부분이다. 우리 대부분은 손으로 쓰거나 서투르게 타이핑된 포스터발표를 본 적이 있고, 그 포스터들에 우리 학교의 이름이 붙어있지 않은 것을 감사하게 생각하였다. 반대편의 극단은, 우리 모두 본 적이 있는, 본질보다는 스타일에 치중하는 라스베가스식의 밝은 색이 들어간 포스터이다. 프로그램 심사위원회에서 처음에 포스터를 받아들일 때 그 내용이 충분히 중요하게 고려되었다면, 포스터에 적용할 수 있는 가장 중요한 기준은 멋, 명쾌함, 읽기 쉬운 정도이다.

우리 저자들은 성공적인 포스터를 만들기 위해서는 다음의 기준들에 맞추라고 권한다. 첫째, 프로그램 심사위원회에서 제시한 지침서를 따르라. 지금은 창의적으로 작업할 때가 아니다. 그 사람들이 제시하는 규칙들에는 근거가 있다는 점을 기억하라. 둘째, 단순하게 하라. 여러분은 포스터를 회의석

상까지 운반해야 할 것이다. 때로는 비행기를 타고 가야 하는 경우도 있다. 대략 15분 내에 포스터를 붙이고 떼어내야 할 것이다. 포스터를 붙이는 데 제공되는 것은 포스터 보드밖에 없다. 압정이나 압핀과 같은 문구류를 반드시 지참하라.

학교에 여러분을 위해 아름다운 포스터를 만들어줄 수 있는 학과가 있지 않는 한 단순한 방식이 가장 나을지도 모른다. 전체 포스터의 가장자리에는 1.2~2㎝ 정도의 여백이 생기도록 띄우고, 포스터를 구성하는 각 장에 쪽수를 표시하며, 큰 글씨체로 인쇄하라. 동일한 바탕색을 이용하라. 대개, 각 부분(예 초록, 서론 등)을 분리된 쪽에 게시한다. 만일 두 쪽이 필요하다면, 두 쪽을 동일 바탕에 담을 수 있도록 큰 바탕을 준비하라. 이와 같은 방식으로 분류한다면, 사람들이 내용을 읽는 데 도움이 된다. 포스터 보드에 자료를 붙일 때는 보통 왼쪽에서 시작하여 오른쪽으로 읽어가도록 붙인다. 도형, 도식, 또는 다른 요소들이 크기가 다르고 왼편에서 오른편으로 순조롭게 제시하기가 힘들다면 독자들이 읽는 것을 도와주도록 각 부분 사이에 큰 화살표를 이용하는 것을 고려하라.

제목과 저자들을 빠뜨리지 마라. 이것들은 포스터의 나머지 부분보다 크게 타이핑하여야 하고, 약 4.5~6m 떨어진 곳에서도 읽을 수 있도록 만들어야 한다. 덧붙여, 발표자가 준비한 인쇄물이 모자라는 경우가 많다. 이에 대비하여 표를 준비하거나 다른 수단을 이용하여 관심이 있는 사람들에게 여러분이 나중에 정보를 보내줄 수 있도록 연락처를 남길 수 있게 하라.

## 논문을 발표한 후에 출판하라

연구결과를 여러 전문가 청중들에게 발표하고 이들로부터 피드백을 받은 후에, 여러분의 연구를 출판할 계획을 세워라. 이 시점에서 중요한 두 가지 고려사항은 역시 속도와 간결성이다. 위에서 언급하였듯이, 학위논문을 서랍 속에 집어넣고 잊어버리고 싶다는 유혹을 피하라. 왕성한 추진력을 이용하여 가능한 한 빨리 출판을 위한 글쓰기 작업을 하라.

## 학술지를 선택하라

먼저 적절한 학술지를 선택하여 연구를 출판할 준비를 하라. 지도교수가 적절한 학술지를 제안해 줄지도 모른다. 여러분의 학위논문이 보통 하나 또는 두 개의 학술지에 발표하도록 되어 있는 연구 프로그램의 일부일지도 모른다. 또한 아마도 문헌고찰을 할 때 여러분이 수행한 형태가 수록되어 있는 학술지에 익숙해졌을 것이다. 이 분야의 연구들이 가장 많이 제시된 학술지는 어떤 것인가?

학술지에는 '서열'이 있어서 몇몇 학술지에 출판하기는 다른 것들보다 더 힘들다. 예를 들어, 미국심리학회의 여러 학술지들은 매년 의뢰 받은 수백 편의 논문들을 검토하고 80% 이상의 논문들을 게재하기를 거부한다. 이러한 학술지의 편집자들은 종종 원고를 거절할 이유를 찾는다. 연구에서 원하였던 결과가 나타나지 않았거나 몇 가지 명확한 문제점이 나타났다면, 여러분은 덜 까다로운 학술지나 보다 특수화된 학술지를 선택함으로써 저명한 학술지로부터 논문게재 불가판정을 받는 아픔을 피하고자 할지도 모른다. 연구결과와 방법론이 견실하다면, 그리고 배짱이 두둑하고 논문을 수정해서 다른 학술지에 제출해야 할지도 모른다는 사실을 신경 쓰지 않는다면, 보다 저명하고 출판 부수가 많은 학술지에 게재를 시도해 보고자 할지도 모른다. 여러분의 분야에서 출판 경험이 있는 지도교수와 심사위원들이 각 학술지에서 여러분의 원고를 받아들일 가능성이 어느 정도인지에 대해 조언해 줄 수 있을 것이다.

적합한 학술지를 택하였다면 그 학술지에서 저자들에게 지시하는 사항을 복사하라. 이러한 사항들은 보통 학술지 각 권의 맨 앞이나 뒤에 제시되어 있고, 여기에는 제출양식 및 요구조건과 함께 그 학술지가 출판하는 연구형태에 대해 설명하고 있다. 행동과학분야 학술지의 대부분에서 이러한 사항들은 꽤 표준화되어 있고, 요구되는 형식은 대부분 「미국심리학회 출판편람

(APA, 1994)」의 조건들을 따른다. 하지만 그 학술지에서 적합하다고 간주되는 작업형태에 주의를 기울여라. 적절하지 않은 학술지에 원고를 보내서 낭비할 시간을 예방할 수 있을 것이다. 여러분의 논문을 평가하는 데는 대개 60~90일 정도가 걸린다. 적절하지 않은 학술지에 원고를 보내서 결국 거절당하고, 따라서 발표가 시간적으로 지연되게 하는 결과는 반드시 피하고 싶을 것이다.

## 원고를 준비하라

발표를 준비할 때처럼, 여러분의 연구를 학술지에 제출할 준비를 할 때도 분량을 줄이는 것이 필수적이다. 여러 연구중심의 학술지의 논문들에서 최대 분량은 한 행씩 줄 간격을 둔 본문원고 25쪽이다. 선행문헌들을 고찰하는 학술지들(예 *Psychological Bulletin, Developmental Review, Psychological Review, Clinical Psychology Review*)에서는 종종 보다 긴 논문도 받아들인다. 몇몇 자료 형식의 학술지(예 의학 출판물)에서는 상당히 짧은 논문을 요구한다. 어떤 경우이건, 여러분이 의뢰할 원고는 학위논문을 줄인 형태가 될 것이다. 여러분이 목표로 하고 있는 학술지에 실린 논문들의 평균 길이가 어느 정도 되는지 살펴보라. 여러분이 미국심리학회의 양식을 따른다고 가정하면, 의뢰받은 원고의 총 쪽수(제목과 참고문헌 등을 포함하여)를 3으로 나누면 여러분의 보고서가 학술지에서 차지할 쪽수가 얼마나 되는지 추정할 수 있다(APA, 1994).

중요한 주의사항은 학위논문을 단순히 자르거나 떼다 붙이지 말라는 것이다. 이러한 방법은 지리멸렬한 보고서를 만들어 낸다. 앞서 언급하였듯이 학위논문을 줄이기보다는 포스터발표나 초록에서부터 하나의 아이디어를 쌓아가야 한다. 매우 간결한 포스터를 만들어내기 위해서는 가장 중요한 세부사항만을 포함했어야 했다. 다음으로 중요한 요점을, 그리고 그 다음으로 중요한 요점을 보고서가 목표한 분량에 이를 때까지 첨가하라.

글을 쓸 때 선택한 학술지에 제시된 논문들의 구체적 요구조건과 전형적인 내용에 대해 고려하라. 각 저자들이 이론적 문제를, 방법론적인 것을, 논의를 어느 정도 강조하였는가? 가능하다면, 외적 내적 모두 그 학술지의 구체적 요구조건에 맞도록 보고서를 다듬어라.

세부사항에 반드시 주의를 기울여라. 여러분이 보기에 문단이나 문장이 분명하지 않다면, 여러분의 연구에 대해서 들어본 적이 없는 심사위원들에게도 분명하지 않을 것이다. 동료에게 여러분의 논문을 읽게 하고, 부적합하거나 불필요한 세부사항 및 명확한 정도에 대해 구체적으로 확인하라. 덧붙여, 교정을 보고 미국심리학회 출판양식을 꼼꼼하게 따르라. 논문을 적당히 얼버무린다면 여러 사람들이 그 연구가 얼마나 신중히 수행되었는가에 대해 의심을 품게 될 것이다.

지도교수와 다른 공동 저자들과 논문을 잘 배합하는 방법에 대해 논의하라. 종종, 학생들이 초안을 작성하고, 공동저자들이 그 초안을 편집하고 논평을 단다. 초안을 완성하는 시기에 대해 공적인 스케줄을 잡으면 원고를 제 시간에 마치는 데 도움이 될 것이다.

## 저작권자를 결정하라

심리학자들의 윤리 원칙과 수행 규범(*Ethical Principles of Psychologists and Code of Conduct*, APA, 1992; 부록 A에 첨부함)의 기준 6.23은 저작권 문제에 관한 것이다. 보통 박사학위논문과 석사학위논문은 학생과 논문심사위원회의 위원장 두 사람의 공동 명의 하에 학생을 첫 번째 저자로 하여 출판을 위해 제출된다. 「미국심리학회 출판편람」(1994)에서도 언급되었듯이 저작권은 실제 글쓰는 작업을 한 사람들은 물론이고 연구에 '실질적인 과학적 기여'를 한 사람들에게도 허용된다. 일반적으로 '실질적인 전문가적 기여'라는 용어에는 연구문제나 가설을 제안하기, 보고서의 주요 부분 작성하기, 통계분석 수행하기, 연구설계 제안하기 등과 같은 활동들이 포함된다. 중요하지 않은 지적인 기여와 사무적 작업 및 지적인 기여가 아닌 것들(예 도구 만들기, 자료 수집하기, 통계적 분석을 위한 제안하기)에 대해서는 각주에 나타낼 수 있다. 보통 각 사람들의 기여도가 갖는 중요도에 따라 저자 순서를 결정한다. 가장 큰 기여를 한 사람이 첫 번째 저자가 된다.

미국심리학회의 윤리심사위원회에는 논문심사위원회 위원장들이 주요한 변인들을 지정하고 중요한 해석적 기여를 하거나 데이터베이스를 제공한다면, 이들이 필수적으로 두 번째 저자로서의 권리를 갖는다고 명시되어 있다. 또한 논문심사위원회 위원장들이 연구의 일반적인 분야를 제안하고, 설계와 종속변인 측정에 실질적으로 개입하거나 출판된 보고서를 작성하는 데 사실상 기여를 하였다면, 이들의 저작권은 예의적인 것이라고 명시되어 있다. 심사위원장이 편집에 관한 제안, 격려, 물리적 시설, 경제적 지원, 또는 비평만을 제공한다면, 저작권을 갖지 않는다고 말할 수 있다(APA Ethics Committee, February 19, 1983).

보고서의 본문에서 연공서열이 아닌, 저작권 순서대로 저자들에 대해 언급하라(예를 들어, "첫 번째 저자가 모든 아동들을 관찰하였다"). 특히 박사학위논문의 경우, 손아래 저자들이 더 큰 기여를 한 경우가 상당히 자주 있으므로, 기여도의 중요도에 따라 저자들을 나열하라는 요구사항을 기억한다면 이는 명백하다.

때때로 특정 연구에 대한 노력을 완수한 시점에서 각 저자들이 기여한 바에 대해 상대적인 중요성이 어느 정도인지를 확인하기가 어렵다. 그 결과, 저작권이나 저자 순서에 대한 논쟁이 흔하고, 저자들은 그리 유쾌하지 않다. 이를 피하기 위한 좋은 방법은 협동적 연구노력을 시작할 때 누가 무엇을 할 것이고, 저작권에 관해 상대적 기여도는 어떠한지에 대해 정하는 것이다.

사실, 연구결과를 배포하는 것은 연구과정에서 매우 중요한 부분이므로, 발표와 출판에 관한 문제를 정하지 않는 것은 현명하지 못하다. 특히 박사학위논문의 경우, 학생과 교수 양측 모두 상당한 시간을 연구에 바칠 것이고, 연구를 완료하기 위해서는 어떤 형태로건 적어도 발표를 하거나 출판을 해야 한다. 연구문제를 정한 후에 지도교수에게 배포를 위해 정한 계획의 책임을 (아마도 글쓰기에서) 함께 맡는 것에 대해 공식적으로 동의 받는 것을 생각해보라. 동의서에 논문을 어떤 형태로 배포할 것인지, 연구가 완료된 지 어느 정도 이후에 이를 추진할 것인지, 학생과 교수, 그리고 관련될지 모르는 다른 사람들 개개인의 책임을 고려하여 여러분이 기대하는 저작권 순서를 언급하여야 한다. 또한 동의서에 한 명 이상의 사람이 관여 수준이나 시기를 바꾸고자 할 때에 대비하는 방법에 대해서도 언급하여야 한다. 명확하게 잘 쓴 동의서를 미리 만들어 둔다면 이후에 불편한 관계가 발생하는 것을 예방하는 데 훨씬 도움이 될 수 있다.

## 원고를 제출하라

사전에 선택한 학술지에 날씬하게 감량한 원고를 보낼 준비가 되면 제출절차를 정확하게 따르기 위해 학술지의 저자를 위한 지침서를 다시 한번 찾아 읽어보라. 학술지를 최근 발행한 곳(대부분의 학술지들은 매 3년에서 5년마다 편집자를 바꾼다)의 주소로 복사한 원고를 제출하라고 되어 있는 수량만큼 보내라. 원고가 읽기 쉽고 완결된 것이며, 적절한 순서로 쪽번호가 매겨져 있는지 확인하라. 스테이플러나 다른 방법으로라도 원고를 함께 묶지 마라. 종이 클립이면 충분하다. 여러분이 보내는 원고를 동시에 다른 학술지에는 보내지 않는다는 내용을 언급한 커버레터를 원고와 함께 보내라. 만약 학술지에 익명으로 심사를 받는 규정이 있고 여러분이 이를 요구한다면, 커버레터에 이에 대해서도 언급하라. 모든 연구대상(인간이나 동물)을 연구에 관한 미국심리학회의 윤리규정에 부합하게 다루었음을 언급하라. 여러분이 제출한 원고에 저작권이 있는 자료가 있다면, 그 자료를 사용하기 위해 여러분이 받은 동의서도 복사하여 첨부하라. 끝으로, 연락이 가능한 전화번호와 주소를 적어 넣어라. 논문을 심사하는 동안 주소가 변경된다면, 편집자가 논문을 신속히 다룰 수 있도록 이를 알려라.

대부분의 학술지 편집자들은 자신들이 다룰 몇 편의 원고만 남기고, 각 원고에서 다루어진 전반적 분야에서 전문가인 보조편집자에게 원고를 할당한다. 그리고 난 후 보조편집자들은 대개 그 원고의 구체적인 주제에 대해 전문가인 2~5명의 심사위원들에게 의견을 구한다. 이들은 그 원고의 강점과 약점에 대해 서면으로 언급하고, 그 학술지에서 출판하는 것이 적당한지에 대한 견해를 밝힌다.

대부분의 편집자들은 여러분이 보낸 원고를 받았다는 것을 서면으로 알려줄 것이다. 어떤 경우는 누가 여러분의 원고를 다룰 것인지(즉, 편집자나 보조편집자 중 한 사람), 심사를 받을 것으로 예상되는 날짜, 그리고 학술지에 그 원고를 실을지에 대한 결정을 알려줄 것이다. 이러한 결과를 받기까지에 걸리는 시간이 약 90일 정도인 것이 보통이지만, 제출된 원고가 많은 학술지들은 이보다 더 오래 걸릴지도 모른다.

예정 날짜를 기준으로 1, 2주 내에 연락이 오지 않으면 여러분의 원고를 취급하고 있는 사람에게 전화를 하거나 편지를 보내서 그 진행 상태에 대해 공손히 물어보라. 보조편집자가 심사위원들을 찾는 데 어려움을 겪었거나 심사위원이 늦게 심사하였거나 보조편집자가 일을 느리게 진행하고 있는지도 모른다. 2주 간격으로 공손한 문의를 반복하면 행동이 느린 편집자가 여러분의 원고를 심사하는 과정을 보다 제때에 마치도록 촉구하는 것이 될 수 있을 것이다.

여러분이 제출한 원고에 대해 편집자의 결정을 통보받았다고 작업이 끝난 것은 아니다. 학술지의 편집자들은 보통 네 가지 범주의 답변을 이용한다. 가장 드문 경우는 추가적인 수정 없이 당장 원고를 받아들이는 것이다. 가장 흔한 경우는 주로 익명으로 원고에 대한 심사위원들의 평을 자세히 제시하고, 한 명 이상의 심사위원에 의해 거절당하는 것이다. 세 번째 형태는 조건부로 원고를 받아들이는 것이다. 즉, 몇 가지를 수정할 수 있다면 받아들인다는 것이다. 네 번째 형태는 사실은 결정이 안 된 상태이다. 저자에게 심사위원들과 편집자가 결정을 내릴 수 없다고 이야기한다. 그 원고가 여러 가지 강점을 가지고 있지만, 수정을 한다고 해도 지금 현재는 받아들이기 어려울 정도의 약점도 가지고 있다. 편집자는 저자들에게 심사위원들이 제안한 바에 따라 원고를 수정하고, 이를 다시 제출하면 추가적으로 고려해보겠다고 격려한다. 이런 경우에 그 원고는 종종 새로 제출한 원고로 다루어질 것이고 심사를 다시 받게 될 것이다.

　처음으로 원고를 제출해 보는 사람들은 종종 '재심' 판결에 자신의 논문이 결국 거부당했다고 결론을 짓고 망연자실한다. 사실, 좋은 학술지들은 거절의 비율이 높고, 이들로부터의 재심 결정은 좋은 소식이다. 그것은 여러분에게 다시 기회를 줄 수 있을 정도로 원고가 좋다는 것을 의미한다! 그럼에도 불구하고 여러분은 원고를 수정하여 원고를 받아들이는 비율이 보다 더 높은 다른 학술지에 제출하기를 선호할지도 모른다.

### 비평으로 인해 낙심하지 마라

　최고의 학술지에 제출된 원고들의 약 80%는 채택되지 않기 때문에 '여러분의 원고'도 처음으로 제출될 때는 그와 비슷한 운명을 맞이할지도 모른다고 가정하는 것이 합리적이다. 여러분의 연구논문이 채택되었다 하더라도 여전히 비판은 받을 것이다. 처음으로 원고를 제출하는 사람들은 종종 그러한 비판에 지나치게 화를 내거나 우울해한다.

　심사위원들의 비평을 해석할 때, 편집자들은 심사위원들에게 어떻게 하면 연구보고서를 좀더 개선시킬 수 있는지를 지적해 달라고 부탁한다는 점을 잊지 마라. 덧붙여, 장점은 종종 간략히 언급되는 반면, 약점을 설명하는 데는 보다 많은 지면을 필요로 한다. 결국, 논문의 심사는 전통적으로 칭찬보다는 비평적 논평을 강조한다. 즉, 여러분이 듣게 될 대부분의 논평은 원고의 약점에 중점을 둔 것이다. 우수한 학술지에 게재되어 출판되는 원고들조차도 대개 심사위원들의 비평을 처리하는 데 적어도 두 번 이상의 수정과정을 거친다. 논평을 개인적인 사항으로 받아들이지 마라.

　논문을 학회지에 처음 제출하게 되면 거절당할 가능성이 높다는 것은 여러분들이 구술심사를 마치자마자 연구과제를 제출 가능한 형태로 작성해야 하는 또 다른 합당한 근거가 된다. 나쁜 소식은 여러분이 논문을 수정해 보내는 작업을 한 번 이상해야 할지도 모른다는 것이다. 거절당하는 것의 좋은 점은 대개 원고를 개선시킬 수 있는 방법에 대해 그 분야 전문가로부터의 뛰어난 조언이 첨부된다는 것이다. 여러분이 이러한 조언을 정중히 수락하고 적절한 수정작업을 한다면, 다음번에 논문을 제출할 때는 출판을 허락받을 가능성이 상당히 높아질 것이다.

덧붙여 말하자면, 원고를 수정하지 않고 다른 학술지에 보내는 것은 전문가로서 용납될 수 없는 일이라고 간주된다. 다른 학술지들은 때때로 같은 심사위원을 이용하고, 이렇게 열심히 일하는 심사위원들은 첫 번째 원고를 개선시키기 위해 제안된 점을 수정하지 않은 저자들의 원고를 친절하게 다시 봐주지는 않을 것이다. 동년배 학자들의 심사과정은 과학의 발전에 중요한 기제가 되고, 그러한 과정을 존중하는 것은 우리 모두의 의무이다.

원고를 처음으로 제출했는데 거절당했다면, 그 보고서를 멀리 치워버리고 깨끗이 잊어버리고자 할지도 모른다. 결국, 심사위원들의 논평의 일부는 무엇을 하였거나 발견한 것에 대해 심사위원들이 단순히 잘못 이해하여 지적한 것이라 할지라도, 대부분의 경우 그 연구에 대한 적절한 비평일 것이다. 여러분은 자신이 한 연구가 결점이 있어서 더 이상 이를 배포할 가치가 없다고 결론짓고자 할지도 모른다. 이러한 유혹은 피하라. 여러분이 속한 학교의 심사위원회의 학자들은 여러분이 한 연구를 승인하였다는 점을 기억하라. 그 연구에는 '무언가' 가치가 있다. 신중하게 고안되고 수행된 연구 노력의 대부분은 전문적 공동체에서 공유될 가치가 있다. 심사결과를 받게 되면, 읽어보고 나서 지도교수에게 보여라. 한 주 정도 후에 심사결과에 대해 지도교수와 논의할 시간을 정하라. 그런 후, 지도교수를 만나기 전까지 심사결과에 대해서는 잊어버려라. 이 시점에서, 여러분은 신선하고 다소 덜 방어적인 관점을 갖게 될 것이다. 여러분은 심사위원들이 지적한 사항을 어떻게 수정할 수 있을 것인가에 대한 의견을 제안할 준비가 될 것이다. 지도교수를 만날 때, 각 지적사항을 어떻게 다룰 것이고 각각에 대해 누가 책임을 맡을 것인지를 정하라. 수정한 원고를 어디에 보낼지 정하고 학술지의 지침을 참고하라.

## 학위논문을 나누어 여러 곳에 제출하는 방법을 고려하라

여러분의 연구, 특히 여러 개의 학술적 산출물이 나올 수 있는 박사학위논문을 출판하기 위해서는 제출하는 과정을 체계적으로 진행하는 것이 좋다. 사실, 여러분은 아주 처음부터 출판계획을 세워 가지고 있을지도 모른다. 여러분은 처음부터 *Psychological Bulletin*처럼 고찰 형식의 학술지에 제출할 수 있는 질과 포괄성을 갖춘 문헌고찰을 하기로 결정하였을지도 모른다. 덧붙여, 적절히 전문화된 학술지에 제출할 각각의 논문을 만들 수 있는 연구를 수행하기 위해서 도구나 컴퓨터 소프트웨어를 개발할지도 모른다. 간결한 서적으로 출판하기에 충분히 자세하게 중재 프로그램을 설명한 치료처치 안내서를 만들지도 모른다. 또는 새로운 평가도구를 설명하는 독립적인 논문을 쓸 수 있도록 그 도구에 대해 충분한 정보를 산출하거나 개발할지도 모른다. 연구의 주요 취지에서 나온 이러한 부산물은 모두가 여러분이 세운 출판 프로그램의 일부분이 될 수 있다.

박사학위논문에서 하나 이상의 보고서를 제출하고자 한다면, 중복 출판(duplicate publication)에 대한 미국심리학회의 경고를 참고하는 것이 좋다(APA, 1983). 중복 출판은 "전체 또는 상당 부분을 다른 학술지나 쉽게 입수가능한 연구지에 출판하는" 것을 포함한다(APA, 1983, p. 167). 예를 들어, 여러분이 학위논문의 문헌고찰부분을 분리하여 제출한다면, 연구보고서의 서론이나 다른 부분을 제출한 것과는 실질적으로 다를 것이다. 편집자가 중복 출판이 문제가 되는지를 결정할 기회를 가질 수 있도록 보고서를 두 번째로 제출할 때는 편집자에게 이러한 정보를 알려주라.

우리 저자들은 지금보다 큰 연구과제에서 비교적 독립적인 소논문을 설명하는 논문들을 제출하는 것에 대해 말하고 있다는 점에 주의하라. 우리 저자들은 "단일 데이터베이스로부터 나온 결과를 여러 개의 보고서로 단편적으로 출판하는 …"(APA, 1983, p. 168) 것에 대해 옹호하는 것이 아니다. 이러한 방법은 (실질적으로 일부분이 일치되므로) 종종 중복된 출판을 하게 만든다. 하지만, 동일 데이터베이스에서 여러 가지를 출판할 수 있는 합법적인 경우가 있고, 이에 대해 보다 자세한 사항은 「미국심리학회의 출판양식」을 참고로 하면 된다.

## 대중잡지에 배포할 때의 이점에 대해 심사숙고하라

지금까지는 연구결과를 전문적인 청중에게 배포하는 것으로 제한하여 언급하였다. 일반 대중들도 적합한 청중이 될지도 모른다. 일반적으로 전문가들이 학술공동체의 중요한 연구를 대중들에게 알림으로써 얻는 이점이 있을 뿐 아니라 여러분 개인적으로도 이점이 있을지 모른다. 예를 들어, 앞서 언급하였듯이 우리 저자들 중 한 명은 최근 개인적으로 파괴적인 소비행태를 측정하는 도구를 개발하는 학생과 작업을 한 적이 있다. 그 학생은 인력서비스 전문가로서의 직업에 관심이 있고, "쇼핑중독"에 걸린 사람들과 개인적으로 상담하고 연구집회도 한다. 그 학생이 박사학위논문을 끝마쳤을 때에, 매체에서는 인터뷰를 통해 이러한 비교적 새로운 연구분야를 대중들에게 알려주었고, 이러한 문제를 경험하는 개인들을 도와 줄 수 있는 가능성에 대해 알려주었다. 뿐만 아니라, 이 분야에서 그 학생의 이름이 전문가로 언급되어 지역사회에서 그 학생이 직장생활을 시작하는 데 도움이 되었다.

학술적 직업을 추구하는 학생들 또한 자신들의 연구를 대중매체를 통해 알린다면 이점이 있을 수 있다. 연구를 위해 지역 기관들, 학교 등과 협력해야 할 때, 때때로 자신을 소개하는 좋은 방법은 "O. U. K. D의 신임 조교수로 임명된 Blank 박사의 매우 재미있는 연구"에 대한 신문기사를 이용하는 것이다.

우리 저자들은 여기서 지역 신문의 기사와 라디오나 지역 TV의 토크쇼에 대해 말하고자 하는 것이다. 이러한 것들은 대개 연구결과의 주요부분을 출판하는 것과는 관련되지 않는다. 하지만, 응용된 연구의 형식으로 실질적 부분이 출판될 수 있는, 보다 공식적인 대중적 출구(예 잡지)도 있다. 이는 여러분의 전문가적 객관성에 적합할 수도 있고 그렇지 않을 수도 있다.

하지만 주의해야 한다. 이것들은 학자들이 심사한 학술지가 아니고, 따라서 학술적 공동체에서 그리 많은 비중을 차지하지 못할 것이다. 게다가, 이와 같은 대중잡지에 출판한 경험으로 중복 출판에 위배되어 전문적인 학술지에 출판하지 못할지도 모른다. 보급하는 방식을 신중하게 생각하라. 적합하다면, 다양한 출판과 관련된, 그리고 전문적인 것과 대중적인 것 모두에서 다양한 출구와 관련된 계획이나 프로그램을 만들어라. 매체를 통해 대중에게 알리고자 결정한다면, 대중적 발표를 적절히 하기 위한 미국심리학회의 지침을 반드시 따르라. 여러분의 계획에 순서와 시기를 포함하고, 제4장에서 논의한 연구과제 계획 소프트웨어를 이용하라.

## 요약

보급은 연구 사이클에서 중요한 의미를 갖는 마지막 단계이다. 가능하면 빨리 모든 과정을 끝마치고 싶은 유혹을 이겨내라. 본 장에서는 연구결과를 전문가들과 공유하는 것과 지역공동체에 제시하는 문제에 대해 다루었다. 가장 중심적인 것 중 하나는 구술심사를 마치고 가능한 한 빨리 보급계획을 실행하고자 하는 욕구이다. 여러분이 다른 많은 대학원생들의 연구에서 배운 것처럼 여러분 뒤에 올 다른 학생들도 여러분으로부터 배우고자 할 것이다. 그 학생들에게 기회를 주어라.

✓ To Do . . .

**학위논문을 공식적으로 발표하기**

☐ 먼저 발표하고 나서 출판하라.
　– 발표매체를 확인하라.
　– 논문의 초록을 제출하라.

☐ 구두발표와 포스터발표를 위해 내용을 줄여라.
　– 구두발표의 형식과 길이를 확인하라.
　– 포스터의 제한 쪽수를 확인하라.
　– 분명하고 읽기 좋은 포스터를 만들어라.
　– 포스터와 함께 인쇄물을 준비하라.
　– 포스터발표 시 사용할 명판, 압핀 등을 준비하라.

☐ 여러분의 연구를 출판하라.
　– 학술지를 선택하라.
　– 원고를 준비하라.
　– 저작권을 정하라.
　– 원고를 제출하라.
　– 비평으로 인해 낙심하지 마라.

☐ 학위논문을 여러 하위논문으로 나누어라.

☐ 대중매체에 보급할 때의 이점에 대해 심사숙고하라.

# 맺음말

자 이제 모두 끝냈다! 지난 몇 년간 석·박사학위논문에 대해 축적된 지혜를 성공적으로 모두 토해내었다. 이제 다시는 이것들을 말할 필요가 없어야 한다. 그렇지 않은가? 앞으로 공부하고자 하는 학생들은 모두가 이 책을 읽기 바란다. 그래서 우리 저자들의 퇴직 기금에 조금이라도 기여하고, 우리 저자들이 이렇게 좋은 말들을 반복해야 하는 지겨움에서 구해 주기를 바란다. 이 책이 학생들에게 도움이 되길 바란다. 그게 바로 우리 저자들의 목적이었다.

또한 이 책이 동료교수들에게도 도움이 되었으면 한다. 왜냐하면 많은 동료교수들이 학생들에게 매번 같은 조언을 한다는 것은 의심의 여지가 없기 때문이다. 우리 저자들은 여러분의 의견이나 제안을 환영한다. 누가 아는가, 이제 곧 개정판을 내라는 요청이 빗발칠지! 논문을 쓰는 것은─책을 쓰는 것조차도─습관적인 것이 될 수 있다.

## 1.14 손상 피하기

심리학자들은 환자나 의뢰인, 연구대상자, 학생, 기타 공동작업자들에게 해(害)를 끼치지 않도록 해야 하고, 연구를 위해 불가피한 경우에는 피해를 최소화하도록 타당한 조치를 취해야 한다.

## 1.16 심리학 연구의 오용

(a) 심리학자들은 자신들의 기술이나 자료를 다른 사람들이 오용할 가능성이 예견되는 활동에는 이를 수정할 수 있는 방법이 없는 한 참여하지 않는다.

(b) 심리학자들은 자신들의 연구가 오용되거나 잘못 설명되었다는 것을 알게 되면 이를 바로잡거나 최소화하기 위해 타당한 조치를 취한다.

---

출처 : *Ethical Principles of Psychologists and Code of Conduct* (American Psychological Association, 1992)

### 1.19 착취적인 관계

(a) 심리학자들은 학생, 수련생, 고용인, 연구대상자, 의뢰인 또는 환자와 같이 자신들이 감독하거나 평가하거나 기타 권한을 가지고 있는 사람들을 착취하지 않는다(의뢰인이나 환자들과의 성적 관계에 대해서는 기준 4.05-4.07 참고).

(b) 심리학자들은 자신들이 평가하거나 직접적 권한을 가지고 있는 학생이나 수련생과 성적 관계를 갖지 않는다. 왜냐하면 이러한 관계는 판단을 저해하고 착취적인 관계를 형성하는 경향이 있기 때문이다.

### 1.22 아래 사람들에 대한 감독과 권한 위임

(a) 심리학자들은 자신들의 고용인이나 수련생, 연구조교가 교육과 훈련 또는 경험에 근거해 유능하게 수행한다고 기대할 수 있는 경우에 한해, 이들에게 독립적으로 또는 자신의 감독 하에 권한을 위임한다.

(b) 심리학자들은 고용인이나 수련생을 적절히 훈련시키고 감독하며 이들이 책임감 있고 유능하게 윤리적으로 작업을 수행하는지 살펴보기 위해 적절한 방법을 취해야 한다.

(c) 만약 제도적 정책, 절차나 실습이 이러한 의무 이행을 방해한다면 심리학자들은 자신들의 역할을 수정하거나 실행 가능한 한도 내에서 이러한 상황을 수정하기 위해 노력한다.

### 1.23 전문적 · 과학적 연구의 문서화

(a) 심리학자들은 본인이나 다른 전문가들이 연구를 통해 추후 서비스를 쉽게 제공하고 연구의 책임을 보장하며 학회나 관례에서 규정하는 요건에 맞도록 자신들의 전문적이고 과학적인 연구를 적절히 문서화한다.

(b) 심리학자들은 자신이 수행한 전문적인 사항에 대한 기록이 연구대상자나 수혜자와 관련된 법률적 절차에서 사용될 수 있다고 판단할 때에는, 법정의 정밀조사에 부합할 수 있는 상세한 양질의 문서를 작성하고 보존할

책임이 있다(기준 7.01의 법정 활동에서 전문가로서의 자질도 참고하라).

## 1.25 보수 및 재정적 합의

(a) 전문적 또는 과학적 관계에서 실행 가능한 한 초기에 심리학자와 환자, 의뢰인 또는 다른 심리학적 서비스의 수혜자 간에 보상과 청구계획을 구체화하는 데 합의한다.

(b) 심리학자들은 수수료에 있어 서비스 수령자나 지불인을 갈취하지 않는다.

(c) 심리학자들의 작업이나 심리학적 서비스에 대한 수수료는 법에 따라 정한다.

(d) 심리학자들은 자신들이 받는 수수료에 대해 허위로 진술하지 않는다.

(e) 재정적인 이유로 서비스가 제한될 것이 예상될 때, 환자, 의뢰인 혹은 서비스의 수혜자와 가능한 한 빨리 이 문제에 대해 논의한다(기준 4.08의 서비스 중지에 대해 참고하라).

(f) 환자, 의뢰인, 혹은 서비스의 수혜자가 합의한 서비스 비용을 지불하지 않는 경우에 심리학자가 그 비용을 지불받기 위해 대행업체를 이용하거나 법률적 방법을 취하고자 한다면, 먼저 그 사람에게 그러한 방법이 이용될 것을 알리고 그 전에 신속히 비용을 납부할 수 있는 기회를 준다.

## 3.03 거짓 진술의 회피

(a) 심리학자들은 자신들이나 다른 개인들, 혹은 자신들이 속해 있는 기관의 연구, 업무 또는 다른 작업활동에 대해서 자신들이 주장하거나 전달하거나 제안한 것 때문에 또는 자신들이 빠뜨린 것 때문에 잘못되거나 거짓인, 오해하기 쉽거나 부정한 공식적 진술을 하지 않는다. 이러한 기준의 예로(이러한 예에만 국한되는 것은 아님) 심리학자들은 자신들의 (1) 훈련, 경험이나 능력, (2) 학위, (3) 자격증, (4) 기관이나 소속 학회, (5) 서비스, (6) 서비스에 대한 과학적이거나 임상적인 근거 또는 결과나 성공 정도, (7) 수수

료, (8) 출판이나 연구 업적에 관해 잘못되거나 거짓인 진술을 하지 않는다 (기준 6.15 연구에 대한 속임과 6.18 연구참여자들에게 연구에 대한 정보 제공하기를 참고하라).

(b) 심리학자들은 (1) 지역에서 인가받은 교육기관에서 학위를 받았거나 (2) 자신들이 실습한 주에서 부여하는 심리학 면허를 위한 기본이 되는 학위에 한해 자신들의 심리학적 작업에 대한 승인을 요구한다.

## 5.01 비밀보장의 한계에 대해 논의하기

(a) 심리학자들은 자신들과 과학적이거나 전문적인 관계를 맺고 있는 사람들(실행가능한 범위 내에서 미성년자나 이들의 법적 대리인을 포함하여)이나 단체와 (1) 집단, 부부, 가족치료나 단체상담에 적용되는 비밀보장에 있어서의 한계, (2) 이들의 서비스를 통해 발생하는 정보를 추후에 사용할 가능성에 대해 의논한다.

(b) 실행가능하지 않거나 금기시되는 경우 외에는 위와 같은 관계가 시작되는 초기에 비밀보장에 대해 논의하고 이를 이후에 새로운 환경이 정당화될 수 있을 때까지 적용한다.

(c) 면접내용을 전자로 기록하는 것에 대해 의뢰인과 환자들로부터 허락을 받는다.

## 5.02 비밀보장을 유지하기

심리학자들은 비밀보장이 법률, 제도상의 규정 또는 전문적이거나 과학적 관계에 의해 수립될 수 있다는 점을 주지하며, 자신들의 업무와 관련된 사람이나 자신들에게 상담받는 사람이 비밀보장을 받을 권리를 존중해야 할 기본적 의무가 있고 이를 위해 적절한 주의를 해야 한다(기준 6.26의 전문가적 고찰도 참고하라).

## 5.03 사생활 침해를 최소화하기

(a) 심리학자들은 사생활의 침해를 최소화하기 위해 의사소통한 목적과 밀접히 관련되는 정보에 한해서 서면보고 및 구두보고, 상담 등에 포함시킨다.

(b) 심리학자들은 임상이나 상담관계 또는 평가적 자료에서 알게 된 환자, 개인이나 조직의 의뢰인, 학생, 연구대상자, 수련생, 고용인에 관한 기밀정보를 적합한 과학적 또는 전문가적 목적에 한해, 그리고 그러한 문제를 명확히 이해하고 있는 사람들에 한해 함께 논의한다.

## 5.04 기록유지

심리학자들은 기록이 서면으로 된 것이건 자동화된 것이건 다른 어떤 매체를 이용한 것이건 간에 자신들의 통제 하에 기록을 만들고 저장하며 기록에 접근하고 전송하며 삭제하는 데 있어 적절하게 기밀을 유지한다. 심리학자들은 법률과 심리학자들의 윤리강령에서 요구되는 사항에 따라 기록을 유지하고 삭제한다.

## 5.07 데이터베이스의 기밀정보

(a) 심리학적 서비스 수령에 대한 기밀정보가 서비스 수령인이 동의하지 않은 개인들이 접근할 수 있는 데이터베이스나 기록체계에 입력된다면, 심리학자들은 개인을 식별할 수 있는 기록이 포함되지 않도록 코드화하거나 다른 기법을 이용한다.

(b) 감사위원회나 유사한 기관에서 허가받은 연구계획안에 개인적 식별표시를 포함해야 한다면, 피험자에게 알려준 사람이 아닌 다른 사람들이 그 정보에 접근할 수 있게 되기 전에 그러한 식별표시를 삭제해야 한다.

(c) 개인의 식별표시에 대한 정보를 삭제하기 힘들다면, 심리학자들은 그런 자료를 다른 사람에게 전달하기 전에 또는 다른 사람들이 수집한 그런 자료를 검토하기 전에, 개인적으로 식별가능한 사람들에게 적절한 승낙서가 입수되었는지를 평가하는 타당한 조치를 취한다.

### 5.08 교육적 또는 다른 목적으로 기밀정보를 사용하기

(a) 심리학자들은 개인이나 기관에서 서면으로 동의를 받았거나 다른 윤리적 또는 법률적 권한에 따르지 않는 한, 환자, 개인이나 단체 의뢰인, 학생, 연구대상자, 또는 그 외 심리학적 서비스 수령인에 관해 전문가적 작업 기간 동안 입수한 정보를 자신들의 글, 강의 또는 다른 대중매체, 기밀, 개인적으로 식별 가능한 정보에 나타내지 않는다.

(b) 심리학자들은 대개 과학적이고 전문적인 발표에서 다른 사람들에게 개인적으로 식별 가능하지 않도록 또한 자신들의 정보를 식별해낼지 모르는 피험자들에게 위해를 유발하지 않도록 그러한 개인이나 단체에 대한 기밀정보를 감춘다.

### 5.09 기록과 자료 보존하기

심리학자는 기록과 자료의 기밀이 심리학자의 죽음이나 실격 또는 퇴직을 한 것과 같은 경우에도 유지되도록 미리 계획을 세운다.

### 5.10 기록과 자료에 대한 소유권

심리학자들은 기록과 자료에 대한 소유권은 법적 원칙에 따른다는 것을 인지하고, 기록과 자료가 환자들, 개인이나 조직의 의뢰인(법적 대리인), 연구대상자나 적절한 사람들에게 최선의 이득이 되는 서비스를 하는 데 필요한 정도로 이용 가능하게 보존하도록 적절한 법률적인 조치를 취한다.

### 6.06 연구 계획하기

(a) 심리학자들은 과학적 능력과 윤리적 연구의 기준에 따라 연구를 설계하고 수행하며 보고한다.

(b) 심리학자들은 연구결과가 잘못될 가능성을 최소화할 수 있게 연구계획을 세운다.

(c) 연구를 계획할 때 심리학자들은 윤리기준에 따라 윤리적으로 받아들

여지는지를 고려한다. 윤리적 문제가 분명하지 않으면, 심리학자들은 감사 위원회나 동물보호와 이용에 관한 위원회와의 상담, 동료와의 상담이나 다른 적절한 기제를 통해 그 문제를 해결해야 한다.

(d) 심리학자들은 인간 피험자들과 연구에 의해 영향을 받는 다른 사람들의 권리와 복지 및 동물피험자의 복지를 적절히 보호하기 위해 타당한 조치를 취한다.

## 6.07 의무

(a) 심리학자들은 참여자들의 존엄성과 복지에 대해 배려하며 연구를 유능하게 수행한다.

(b) 심리학자들은 직접 연구를 수행할 때나 타인의 연구를 감독하거나 통제할 때에 해당 연구의 윤리적 행위에 대한 책임을 진다.

(c) 연구자들과 보조원들이 적절히 훈련되고 준비된 경우에 한해 해당 과업을 수행하도록 한다.

(d) 심리학자들은 연구과제의 전개와 수행과정에서 조사중이거나 영향을 받기 쉬운 특정 모집단에 관해서는 전문가의 의견을 참조한다.

## 6.08 법률과 기준 준수

심리학자들은 연방 및 주 법과 조례, 연구수행에 관한 전문적인 기준, 특히 인간 참여자와 동물 피험자를 이용하는 연구에 관한 기준에 부합하는 방식으로 연구를 계획하고 수행한다.

## 6.09 기관의 승인

심리학자들은 연구를 수행하기 전에 소속 기관이나 조직에서 적절한 승인을 받고 자신들의 연구계획에 대해 정확한 정보를 제시한다. 심리학자들은 허가받은 연구절차에 따라 연구를 수행한다.

## 6.10 연구 책임

심리학자들은 연구를 수행하기 전에(무기명 조사, 자연관찰이나 유사연구의 경우를 제외하고) 참여자들과 연구의 특성 및 각자의 책임을 분명하게 밝힌 협정을 맺는다.

## 6.11 연구에 대한 승낙서

(a) 심리학자들은 연구대상자들로부터 승낙서를 받아내기 위해 연구대상자들이 적절히 이해할 수 있는 언어를 사용한다(기준 6.12 승낙서 면제받기에 제시된 경우를 제외하고). 그러한 연구에 대한 정보가 들어 있는 승낙서를 적절히 문서화한다.

(b) 심리학자들은 연구대상자들이 이해할 수 있는 언어를 사용하여 연구의 특성을 연구대상자들에게 알린다. 심리학자들은 연구대상자들에게 참여하거나 참여를 거부할 자유가 있고, 연구대상자들이 참여를 중단할 자유가 있다는 것을 알린다. 심리학자들은 참여를 거부하거나 그만둠으로써 나타날 수 있는 결과를 설명한다. 심리학자들은 기꺼이 참여할 의사에 영향을 미칠 수 있는 중요한 요인들(위험, 불편함, 나쁜 영향이나 비밀보장의 제한 등. 단, 기준 6.15 연구에서의 속임에서 제시한 바는 제외함)을 연구대상자들에게 알린다. 심리학자들은 연구대상자가 될 가능성이 있는 사람들이 궁금하게 생각하는 측면들에 대해 설명한다.

(c) 심리학자들은 학생이나 종속된 사람들과 연구를 수행할 때 이들이 연구에 참여하기를 거부하거나 그만둘 경우에 생길 수 있는 불리한 결과로부터 이들을 보호하기 위해 특별히 주의를 기울여야 한다.

(d) 연구에의 참여가 어떤 과목이수를 위한 요구사항이거나 특별 학점을 위한 기회가 되는 것이라면, 연구대상 가능성이 있는 사람들에게 연구에의 참여에 상응하는 대안적인 활동을 선택할 수 있는 기회를 주어야 한다.

(e) 승낙서를 받기가 법적으로 불가능한 사람들을 대상으로 하는 경우에도, 심리학자들은 (1) 적절한 설명을 하고, (2) 연구대상자의 동의를 받으며,

⑶ 대리 승인이 법적으로 허가된 것이라면, 법적으로 승인된 사람에게서 적절한 허락을 받는다.

## 6.12 승낙서 면제받기

심리학자들은 계획된 연구(무기명 질문지, 자연관찰이나 문헌연구 등을 포함하는 연구)가 연구대상자로부터 승낙서를 받지 않아도 된다는 것을 결정하기 전에 적용할 수 있는 규정과 감사위원회의 요구사항을 고려하고 적절한지 여부를 동료들과 상의한다.

## 6.13 연구촬영이나 기록에 대한 승낙서

심리학자들은 연구가 공공장소에서 단순히 자연관찰을 하는 것이고 그 기록이 개인에 대한 식별이나 해를 유발하지 않는 방식으로 사용되는 것이 아닌 한, 연구대상자를 어떤 형태로건 촬영이나 기록하기에 앞서 연구대상자들로부터 승낙서를 받는다.

## 6.14 연구대상자들에게 유인물 제공하기

⒜ 심리학자들은 연구대상자들을 구하기 위한 유인책으로서 전문적인 서비스를 제공할 때 서비스의 위험, 의무, 불편함뿐만 아니라 서비스의 특성을 명확히 한다. (기준 1.18 (환자나 의뢰인과의) 바터제 참조)

⒝ 심리학자들은 연구대상자를 구하기 위해 과도하거나 부적절한 금전적 유인책이나 다른 유인책은 제공하지 않는다.

## 6.15 연구에서의 속임수

⒜ 심리학자들은 연구에서 예상되는 과학적, 교육적 또는 응용된 가치가 속이는 기법의 사용을 정당화할 수 있고, 이와 동등한 효과를 가지면서 속임을 사용하지 않는 대안적인 절차가 가능하지 않다고 결정되지 않는 한 속임을 포함한 연구를 수행하지 않는다.

(b) 심리학자들은 연구대상자들이 기꺼이 참여할 의사에 영향을 미칠 수 있는 중요한 측면(물리적 위험, 불편이나 불쾌한 정서적 경험 등)에 대해 절대로 연구대상자들을 속이지 않는다.

(c) 심리학자들은 설계의 통합적 특징과 실험 수행상에 있는 어떠한 속임이라도 가능한 한 이른 시기에(이상적으로는 연구대상자들이 참여를 마치기 전에, 늦어도 연구가 끝나기 전에) 연구대상자들에게 설명해야 한다(기준 6.18 연구대상자들에게 연구에 대한 정보 제공하기를 참고할 것).

## 6.16 자료를 공유하고 이용하기

심리학자들은 연구대상자들에게 개인적으로 식별 가능한 연구자료를 공유하거나 추후에 이용하는 것과 예측되지 않지만 이들 자료가 미래에 이용될 가능성에 대해 알린다.

## 6.17 간섭 최소화하기

심리학자들은 연구를 수행할 때 적절한 연구설계에서 정당화되고 과학적 연구자로서 심리학자들의 역할과 일치하는 방식으로만 자료를 수집하는 환경이나 연구대상자에 대해 간섭한다.

## 6.18 연구대상자들에게 연구에 대한 정보 제공하기

(a) 심리학자들은 연구대상자들이 연구의 특성, 결과 및 결론에 대해 적절한 정보를 입수할 수 있는 즉각적인 기회를 제공하고, 연구대상자들이 가질 수 있는 그릇된 생각이 있다면 수정하고자 노력한다.

(b) 과학적이거나 인간적 가치가 이러한 정보를 지연시키거나 보류하는 것을 정당화한다면, 심리학자들은 이러한 위해의 위험을 감소시킬 수 있는 타당한 조치를 취한다.

## 6.19 약속 지키기

심리학자들은 자신들이 연구대상들에게 한 모든 공약들을 지키기 위해 타당한 방법을 강구한다.

## 6.20 연구에서 동물 보살피고 이용하기

(a) 동물을 이용한 연구를 수행하는 심리학자들은 동물을 자비롭게 다룬다.

(b) 심리학자들은 최근의 연방, 주, 지역의 법률과 규제 및 전문적인 기준에 따라 동물을 취득하고 보살피며 이용하고 처분한다.

(c) 연구방법들을 훈련받고 실험실의 동물을 보살핀 경험이 있는 심리학자들은 동물과 관련된 모든 절차를 감독하고 동물들의 편안함과 건강, 자비로운 대우가 적절히 고려되는지 보장할 책임이 있다.

(d) 심리학자들은 자신들의 감독 하에서 동물을 사용하는 모든 사람들이 해당 역할에 적합한 정도로 연구방법, 사용되는 동물의 종에 대한 보살핌, 관리, 처리에 대한 교육을 받았다는 것을 책임진다.

(e) 연구과제를 보조하는 사람들의 책임과 활동은 이들 각각의 자격에 일치해야 한다.

(f) 심리학자들은 동물 피험자들의 불편함, 감염, 질병, 고통을 최소화하도록 적절한 노력을 기울인다.

(g) 동물에게 고통과 스트레스나 굶주림을 당하게 하는 절차는 대안이 불가능하고 연구목적이 예견되는 과학적, 교육적 또는 응용적 가치 때문에 정당화될 수 있는 경우에 한해 허용된다.

(h) 외과적 절차는 적절한 마취를 하고서 수행한다. 수술중과 수술 후에는 세균 등의 감염을 피하고 고통을 최소화하는 조치를 취한다.

(i) 동물의 생명을 끝내는 것이 적절한 경우에는 수락될 수 있는 절차에 따르고 고통을 최소화하면서 신속히 수행한다.

### 6.21 결과 보고하기

(a) 심리학자들은 발표 시에 자료를 조작하거나 결과를 왜곡하지 않는다.

(b) 심리학자들은 자신들이 발표할 자료에서 심각한 오류를 발견하면, 이러한 오류를 수정, 철회, 정오표, 다른 적절한 발표 수단으로 수정하기 위한 타당한 조치를 취한다.

### 6.22 표절

심리학자들은 다른 작업이나 자료의 출처를 가끔 인용하지만 다른 사람들의 작업이나 자료의 많은 부분이나 요소를 자신들의 것인 것처럼 발표하지 않는다.

### 6.23 출판의 권리

(a) 심리학자들은 자신들이 실제로 수행하였거나 기여한 작업에 한해서만 저작권을 포함한 권리를 주장하고 책임을 진다.

(b) 제1의 저작권과 기타 출판 권리는 개인들의 위치에 관계없이 연구에 관련된 개인들의 상대적인 과학적 또는 전문적 기여를 실제로 반영한다. 학과장과 같이 단지 기관에서의 위치만으로는 저작권을 주장하지 않는다. 출판을 위해 연구나 글쓰기에 약간 기여한 경우에는 각주나 서문에서 적절히 감사의 뜻을 표한다.

(c) 실질적으로 학생의 학위논문에 근거한 논문의 경우, 여러 저자들 중 그 학생을 보통 제1 저자로 한다.

### 6.24 자료에 대한 이중 출판

심리학자들은 이전에 출판된 적이 있는 자료를 그대로 출판하지 않는다. 여기에는 적절한 승인에 따라 자료를 재출판하는 경우는 포함되지 않는다.

## 6.25 자료 공유하기

연구결과가 출판된 후 심리학자들은 연구대상자들에 대한 비밀이 보장될 수 있고 소유권이 있는 자료에 대한 법률적 권리가 자료배포를 제한하지 않는 한, 자신들이 결론을 도출한 자료를 재분석을 통해 실제적 주장을 증명하고자 하고 그 목적을 위해서만 그러한 자료를 이용하고자 하는 다른 유능한 전문가들과 자료를 공유한다.

## 6.26 전문적인 검토

출판이나 연구비, 또는 다른 연구계획의 감사를 위해 제출된 자료를 세밀히 검토하는 심리학자들은 자료를 제출한 사람들의 정보에 대해 비밀을 보장하고 이들의 소유권을 인정한다.

# 부록 B : 도서목록 데이터베이스

심리학이나 관련분야에서 문헌을 찾을 때 도서목록 데이터베이스(즉, 논문, 저서, 저서의 장, 기술적 보고서나 주제에 대한 기타 출처들의 참고문헌 모음)를 사용하면 더 쉽게 찾을 수 있다. 대부분의 독자들은 인쇄형태로 된 이러한 데이터베이스에 익숙해질 것이다. *Psychological Abstracts*와 *Sociological Abstracts*는 그 예가 된다. 이것들은 일반적으로 학교 도서관의 참고문헌 구역에 비치되어 있고 핵심단어나 구를 이용해 손으로 직접 찾을 수 있다. 〈표 B-1〉에는 심리학과 관련된 인쇄물 데이터베이스들의 목록이 제시되어 있다. 여기에 모든 것들이 전부 포함된 것은 아니며 포함될 수 있는 다른 목록들도 많이 있다.

인쇄물 데이터베이스에 덧붙여 오늘날 많은 도서관에서는 컴퓨터 디스크로 된 매우 방대한 데이터베이스를 이용할 수 있다. CD-ROM 기술의 발달로 광범위한 양의 콤팩트디스크에 담을 수 있게 되었다. 도서관들은 CD-ROM 플레이어나 판독기, 소형 개인용 컴퓨터, 프린터, 적절한 소프트웨어

## \<표 B-1\> 심리학과 관련하여 엄선된 데이터베이스 : 인쇄매체

| 데이터베이스 | 출처 |
| --- | --- |
| *Biological Abstracts* | BIOSIS<br>2100 Arch Street<br>Philadelphia, PA 19103-1399<br>800-523-4806 |
| *Dissertation Abstracts International* | UMI<br>300 N. Zeeb Road<br>Ann Arbor, MI 48106<br>800-521-0600 |
| *Index Medicus* | National Library of Medicine<br>8600 Rockville Pike<br>Bethesda, MD 20894<br>800-638-8480 |
| *Linguistics & Language Behavior Abstracts* | Sociological abstracts, Inc.<br>P. O. Box 22206<br>San Diego, CA 92192-0206<br>619-695-8803<br>800-752-3945 |
| *Mental Measurements Yearbook* | University of Nebraska Press<br>901 North 17th Street<br>Lincoln, NE 68588-0592<br>402-472-3581 |
| *Monthly Catalog of U. S. Government Publications* | U. S. Government Printing Office<br>North Capitol & H Streets, NW<br>Washington, DC 20401<br>202-783-3238 |

〈계속〉

<표 B-1> 심리학과 관련하여 엄선된 데이터베이스 : 인쇄매체 <계속>

| 데이터베이스 | 출처 |
|---|---|
| *Psychological Abstracts* | American Psychological Association<br>750 First Street, NE<br>Washington, DC 20002-4242<br>202-336-5650<br>800-374-2722 |
| *Research in Child Abuse and Neglect*<br>(이 자료뿐만 아니라 아동학대와 유<br>기에 대해 보다 집중적인 문헌이 이<br>출처에서 이용 가능하다.) | Clearinghouse on Child Abuse and<br>Neglect Information<br>P. O. Box 1182<br>Washington, DC 20013<br>703-385-7565 |
| *Sociological Abstracts* | Sociological Abstracts, Inc.<br>P.O. Box 22206<br>San Diego, CA 92192-0206<br>619-695-8803<br>800-752-3945 |
| *Social Sciences Citation Index* | Institute for Scientific Information<br>3501 Market Street<br>Philadelphia, PA 19104<br>800-523-1857 |

만 구입하면 되고, 최신의 데이터베이스가 들어 있는 CD를 제공하는 서비스를 정기구독 할 채비를 갖추고 있다. 자료탐색을 도서관 직원에게 부탁하기보다는 여러분이 컴퓨터 키보드 앞에 앉아서 단순한 명령문만을 따르면 찾고자 하는 문헌을 혼자서 찾아볼 수 있다. 관련되는 논문을 찾으면 그 논문의 참고문헌 전체를 인쇄할 수 있거나 그 참고문헌과 관련 초록의 인

쇄물을 가질 수 있다. 또한 여러분이 관심을 가지고 있는 참고문헌들을 컴퓨터 디스크에 다운로드 받을 수도 있고 여러분의 개인용 컴퓨터로 옮길 수도 있다. 일단 사용하고 나면, 그 정보를 여러분이 잘 쓰는 워드프로세서 소프트웨어를 이용해 읽을 수 있는 파일로 만들 수 있고 곧바로 여러분이 원하는 문서로 만들 수 있다. 이렇게 하면 여러분이 직접 참고문헌을 타이핑하는 번거로움을 없앨 수 있을 것이다!

심리학자들에게 가장 많이 알려지고 유용한 CD-ROM 데이터베이스는 PsycLIT이다. 미국심리학회에서 만드는 것으로 *PsycLIT*에는 *Psychological Abstracts*에 1974년부터 수록되어 있는 것과 동일한 학회지 정보가 들어 있다. *PsycLIT*은 매년 분기별로 업데이트 되며 1992년부터는 *PsycBOOKS*도 포함되기 시작했다. 심리학자들과 관련이 있을 수 있는 CD-ROM 형태의 데이터베이스 목록을 〈표 B-2〉에 제시하였다.

세 번째로 가장 유용한 형태의 데이터베이스는 온라인 데이터베이스이다. 비교적 최근에 발달된 것이기는 하지만, 오늘날 항공편 스케줄에서부터 드라마에 대한 것에 이르기까지 모든 것에 대한 정보라 할 수 있는 말 그대로 수천 가지 데이터베이스가 있다. 학위논문을 계획하고 있는 사람들에게 가장 관심을 끌만한 데이터베이스는 참고문헌 데이터베이스라고 불리는 것이다. 여기에는 철저한 검색을 위해 다른 출처를 소개하는 정보들이 들어 있다. 이런 온라인 자료는 최근까지 도서관의 사서를 통해 검색하도록 되어 있었고, 인출되는 항목의 수나 사서가 온라인으로 자료를 검색하는 데 걸리는 시간, 또는 이들 둘을 합한 것에 따라 사서에게 비용을 지불해야만 했었다.

가정용 컴퓨터와 이들을 전화선을 통해 다른 컴퓨터와 연결시키는 모뎀의 시대에 들어오게 됨으로써 이제 집에서 편안하게 데이터베이스에 접근하는 일이 상당히 편리해졌다. 캘리포니아 대학의 시스템인 'Melvyl' 도서

| 데이터베이스 | 해당 기간 |
|---|---|
| ABI/Inform | 1971 – 현재 |
| Biological Abstracts | 1990 – 현재 |
| Dissertation Abstracts International | 1961 – 현재 |
| ERIC(Educational Resources Information Center) | 1966 – 현재 |
| GPO(Government Printing Office) Monthly Catalog | 1976 – 현재 |
| MEDLINE | 1966 – 현재 |
| NTIS(National Technical Information Service) | 1983 – 현재 |
| PsycLIT | 1974 – 현재 |
| SSCI(Social Sciences Citation Index) | 1986 – 현재 |

*표 제목: <표 B-2> 심리학과 관련하여 엄선된 데이터베이스 : CD-ROM 매체 데이터베이스*

관 목록에서 8백만 권이 넘는 서적을 탐색할 때처럼 어떤 경우에는 비용 없이도 가능하다. 이 경우 여러분은 이 대학 시스템의 컴퓨터화된 목록에 직접 접속한다. 다른 경우에는 어떤 온라인 서비스를 통해서 특정 데이터베이스에 접속하게 될지도 모른다. 이러한 서비스는 허가받은 제도 하에 다양한 절차를 통해 데이터베이스를 사용할 수 있게 해 준다. 이들의 데이터베이스를 이용하려면 서비스의 회원으로 등록하거나 정기구독하고 비용을 지불해야 한다. 보통 여기에는 여러분을 시스템에 등록시키고 계정과 비밀번호를 할당하며 그 서비스에서 제공하는 것과 어떻게 하면 그 자료에 접속할 수 있는지에 대한 설명서를 제공하는 데 필요한 관리 비용이 포함된다. 추가로 여러분이 검색을 할 때에 주전산기에 실제로 접속하는 시간에 대한 비용을 내야 하는 경우도 있을지 모른다. 이들 비용은 일반적으로 별로 비싸지 않은 편이다. 여러분은 또한 개인용 컴퓨터를 이 서비스의 컴퓨터로 연결해 주는 전화선 이용료도 내야 할 것이다. 대부분의 경우 이것은 일반시내 전화요금이지만, 여러분이 일반시내 전화회선으로 컴퓨터 연결망(例 Dalnet이나 Telene)에 접속할 수 없는 지역에 산다면 장거리 전화요금을 내야 할지도 모른다.

연구자들에게 가장 중요한 온라인 서비스 중 두 가지는 Dialog Knowledge Index(DIALOG Information Services, Inc., 3460 Hillview Avenue, Palo Alto, CA 94304; 800-334-2654)와 BRS/After Dark/Colleague(BRS Information Technologies, Maxwell Online, 80000 Westpa가 Drive, McLean, VA 22102; 800-955-0906)이다. 각 서비스에 포함된 데이터베이스는 무수히 많고 상당수는 중복되는 것이다. 여기에는 과학적 문헌뿐만 아니라 최신의 영화와 항공편 스케줄에 대한 정보도 들어 있다. 또 다른 온라인 서비스 중 살펴볼 만한 것은 Prodigy™(Prodigy Services Co., 445 Hamilton Avenue, White Plains, NY 10601; 800-776-0840)이다. 〈표 B-3〉에는 여러분의 개인용 컴퓨터로 접속할 수 있는 몇몇 데이터베이스 목록이 제시되어 있다.

## <표 B-3> 심리학과 관련하여 엄선된 데이터베이스 : 온라인 컴퓨터 매체

| 데이터베이스 | 온라인 서비스 | 출처 |
|---|---|---|
| *ABI/Inform* | B, D | UMI/Data Courier<br>620 South 3rd Sreet<br>Louisville, KY 40202-2475<br>800-626-2823 |
| *Academic American*<br>*Encyclopedia* | P | Grolier Electronic<br>  Publishers, Inc.<br>Sherman Turnpike<br>Danbury, CT 06816<br>800-356-5590 |
| *AIDSLINE* | B, D | National Library of Medicine<br>8600 Rockville Pike<br>Bethesda, MD 20894<br>800-638-8480 |
| BIOSIS Previews | B | BIOSIS, Inc.<br>2100 Arch Street<br>Philadelphia, PA 19103<br>800-523-4806 |
| *CANCERLIT* | B, D | National Institutes of Health<br>National Cancer Institute<br>International Cancer Research<br>  Data Bank<br>R. A. Bloch International Cancer<br>  Information Center, Building 82<br>Bethesda, MD 20892<br>301-496-7403 |

〈계속〉

**<표 B-3> 심리학과 관련하여 엄선된 데이터베이스 : 온라인 컴퓨터 매체 <계속>**

| 데이터베이스 | 온라인 서비스 | 출처 |
|---|---|---|
| *Dissertation Abstracts Onilne* | B, D | UMI<br>300 North Zeeb Road<br>Ann Arbor, MI 48106<br>800-521-0600 |
| *Druginfo and Alcohol Use and Abuse* | B | University of Minnesota Drug<br>    Information Services<br>3-160 Health Science Center,<br>    Unit F<br>308 Harvard Street, SE<br>Minneapolis, MN 55455<br>612-624-6492 |
| *Drug Information Fulltext* | B, D | American Society of Hospital<br>    Pharmacists<br>Database Services Division<br>4630 Montgomery Avenue<br>Bethesda, MD 20814<br>301-657-3000 |
| *EPIC Service* | | Online Computer Library Center,<br>    Inc.<br>6565 Frantz Road<br>Dublin, OH 43017-0702<br>800-848-5878 |
| *ERIC* | B, D | ERIC Processing and Reference<br>    Facility<br>2440 Research Blvd., Suite 400<br>Rockville, MD 20850<br>301-258-5500 |

〈계속〉

**＜표 B-3＞ 심리학과 관련하여 엄선된 데이터베이스 : 온라인 컴퓨터 매체 ＜계속＞**

| 데이터베이스 | 온라인 서비스 | 출처 |
| --- | --- | --- |
| *ETS Test Collection Database* | B | Educational Testing Service<br>　Test Collection Center<br>Rosedale Road<br>Princeton, NJ 08541<br>609-734-5737 |
| *FACTS ON FILE World News Digest* | D | Facts on File, Inc.<br>460 Park Avenue, South<br>New York, NY 10016<br>212-683-2244 |
| *Family Resources Database* | B, D | National Counsel on Family<br>　Relations<br>Inventory of Marriage and Family<br>　Literature<br>3989 Central Avenue, NE,<br>　Suite 550<br>Minneapolis, MN 55421<br>612-781-9331 |
| *GPO Monthly Catalog* | B, D | U.S. Government Printing Office<br>North Capitol & H Streets, NW<br>Washington, DC 20401<br>202-783-3238 |
| *Health and Psychosocial Instruments* | B | Behavioral Measurement<br>　Database Services<br>P.O. Box 110287<br>Pittsburgh, PA 15232-0787 |

〈계속〉

**&lt;표 B-3&gt; 심리학과 관련하여 엄선된 데이터베이스 : 온라인 컴퓨터 매체 &lt;계속&gt;**

| 데이터베이스 | 온라인 서비스 | 출처 |
|---|---|---|
| *Life Collection* | B, D | Cambridge Scientific Abstracts<br>7200 Wisconsin Avenue,<br>  Suite 601<br>Bethesda, MD 20814<br>800-843-7751 |
| *Linguistics and Language* | B, D | Social Abstracts, Inc.<br>Behavioral Abstracts<br>P.O. Box 22206<br>San Diego, CA 92192-0206<br>619-695-8803<br>800-752-3945 |
| *Magazine Index* | B, D | Information Access Co.<br>362 Lakeside Drive<br>Foster City, CA 94404<br>800-227-8431 |
| *MEDLINE* | B, D | National Library of Medicine<br>8600 Rockville Pike<br>Bethesda, MD 20894<br>800-638-8480 |
| *Mental Health Abstracts* | D | IFI/Plenum Data Co.<br>302 Swann Avenue<br>Alexandria, VA 22301<br>800-368-3093 |

〈계속〉

| 데이터베이스 | 온라인 서비스 | 출처 |
|---|---|---|
| *Mental Measurement Yearbook* | B | Buros Institute of Mental Measurements University of Nebraska-Lincoln 135 Bancroft Hall Lincoln, NE 68588-0348 402-472-6203 |
| *NEWSEARCH* | B, D | Info Access Company 362 Lakeside Drive Foster City, CA 94404 800-227-8431 |
| *PsycINFO* | D, B | American Psychological Association 750 First Street, NE Washington, DC 20002-4242 202-336-5630 800-374-2722 |
| *REHABDATA* | B | National Rehabilitation Information Center Mairo Systems, Inc. 8455 Colesville Road, Room 935 Silver Spring, MD 20910 |
| *SCISEARCH* | | Institute of Science Information 3501 Market Street Philadelphia, PA 19104 800-523-1857 |

**<표 B-3> 심리학과 관련하여 엄선된 데이터베이스 : 온라인 컴퓨터 매체 <계속>**

<계속>

| <표 B-3> 심리학과 관련하여 엄선된 데이터베이스 : 온라인 컴퓨터 매체 <계속> | | |
| --- | --- | --- |
| 데이터베이스 | 온라인 서비스 | 출처 |
| *SMOKING AND HEALTH* | D | US DHHS, CDC<br>Office on Smoking and Health<br>Technical Information Center<br>Park Building, Room 1-16<br>5600 Fisher Lane<br>Rockville, MD 20857<br>301-443-1690 |
| *Social SCISEARCH* | B, D | Institute of Science Information<br>3501 Market Street<br>Philadelphia, PA 19104<br>800-523-1857 |
| *Social Abstracts* | B, D | Social Abstracts, Inc.<br>P.O. Box 22206<br>San Diego, CA 92192-0206<br>619-695-8803<br>800-752-3945 |
| *The Software Directory* | D | Black Box Corp.<br>Mayview Road & Park Drive<br>Pittsburgh, PA 15241<br>412-746-6368 |
| *UnCover* | T | CARL Systems, Inc.<br>3801 E. Florida<br>Bldg. D., Suite 300<br>Denver, CO 80222<br>303-758-3030 |

주 : B = BRS, D = Dialog, P = Prodigy, T = Telnet을 통하거나 Telnet에 직접 접속함. 이 표에 나타난 대부분의 정보는 *Directory of On-line Databases*(1991)를 바탕으로 하였으며, 이것은 도서관이나 출판자인 Gale Research, Inc., 835 Penobscot Building, Detroit, MI 48226-4094; 800-347-GALE에서 입수할 수 있음.

# 부록 C : 통계 소프트웨어

여기에는 개인용 컴퓨터에서 가장 많이 쓰이는 통계 소프트웨어 몇 가지에 대한 명칭과 출처를 적어놓았다. 이 목록은 다양한 작업을 수행하는 프로그램들을 중심으로 모아놓은 것이다. 보다 광범위한 소프트웨어에 대해 살펴보고자 한다면 Stoloff와 Couch(1988)를 참고하라. 소프트웨어 개발자들은 정기적으로 프로그램을 업데이트하는데, 여기서 제시하는 정보는 이 책을 집필하는 시점에서 제공된 정보이므로 이후에 바뀌었을 수도 있다는 점을 주의하라. 그럼에도 불구하고 우리 저자들은 몇몇 프로그램을 살펴보았는데, 이들 프로그램의 사용안내서는 다른 것들보다 더 사용하기 쉽다고 본다. 얼마나 사용하기 쉬운지, 사용안내서는 얼마나 이해하기 쉬운지 알아보기 위해 가능하다면 같은 작업을 수행하는 몇몇 프로그램을 시도해보라.

주석에 달아놓은 설명을 제외하고 여기 제시된 프로그램들은 공통적으로 다양한 통계적 분석을 수행할 수 있는 것이다. 대부분에는 자료가 특정 검사에서 요구되는 가정을 충족시키는지에 대해 평가할 수 있는 옵션도 포함되어 있다.

*BMDP Statistical Software*
BMDP Statistical Software, Inc.
1440 Sepulveda Blvd., Suite 316
Los Angeles, CA 90025
IBM이나 그 호환 기종에서 사용 가능함;
MAC

*Crunch*(Crunch Interactive *Statistical*
*Navigator Professional Package*)
Crunch software Corporation
5335 college Avenue
Suite 27
Oakland, CA 94518
IBM이나 그 호환 기종에서 사용 가능함;
MAC

*CSS: Statistica*
StatSoft
2325 E. 13th Street
Tulsa, OK 74104
IBM이나 그 호환 기종에서 사용 가능함;
MAC

*Minitab, Inc.*
3081 Enterprise Drive
State College, PA 16801-3008
IBM이나 그 호환 기종에서 사용 가능함;
MAC

*SAS*
SAS Institute
SAS Campus Drive
Carey, NC 27513
IBM이나 그 호환 기종에서 사용 가능함;
MAC

*SPSS-PC+*
SPSS, Inc.
444 N. Michigan Ave.
Chicago, IL 60611
IBM이나 그 호환 기종에서 사용 가능함;
MAC

The Idea Works, Inc.
607 Jackson Street
Columbia, MO 65203
IBM이나 그 호환 기종에서 사용 가능함;
주 : 사용자가 적절한 통계방법을 선택하는
것과 참고문헌 위치를 잡는 것 등을 도와줌.
계산기능은 없음.

*Statistical Power Analysis: a Computer*
*Program (by M. Bornstein & J. Cohen)*
Lawrence Erlbaum Associates
365 Broadway
Hillsdale, NJ 07642
IBM이나 그 호환 기종에서 사용 가능함
주 : 검증력 분석만 수행함

*SYSTAT*
SYSTAT, Inc.
1800 Sherman Avenue
Evanston, IL 60201-3793
IBM이나 그 호환 기종에서 사용 가능함;
MAC

# 부록 D : 연구설계, 측정, 통계, 글쓰기 양식에 관한 도서목록

## 연구설계

Barlow, D. H., Hayes, S. C., & Nelson, R. O. (1984). *The scientist practitioner*. Elmsford, NY: Pergamon Press.

Barlow, D. H., & Hersen, M. (1984). *Single-case experimental designs: Strategies for studying behavior change* (2nd ed.). Elmsford, NY: Pergamon Press.

Campbell, D. T., & Stanley, J. C. (1963). *Experimental and quasi-experimental designs for research*. Chicago: Rand McNally.

Cook, T. D., & Campbell, D. T. (1979). *Quasi-experimentation: Design and analysis issues for field settings*. Boston: Houghton Mifflin.

Kazdin, A. E. (1991). *Research design in clinical psychology* (2nd ed.). New York: HarperCollins.

Kerlinger, F. N. (1986). *Foundations of behavioral research* (3rd ed.). New York: Holt, Rinehart & Winston.

McBurney, D. H. (1990). *Experimental psychology* (2nd ed.). Belmont, CA: Wadsworth.

Miller, D. C. (1991). *Handbook of research design and social measurement* (5th ed.). Newbury Park, CA: Sage.

Ray, W. J., & Ravizza, R. (1988). *Methods*. Belmont, CA: Wadsworth.

Solso, R. L., & Johnson, H. H. (1989). *An introduction to experimental design in psychology: A case approach*. New York: HarperCollins.

Weisberg, H. F., Krosnick, J. A., & Bowen, B. D. (1989). *An introduction to survey research and data analysis*. New York: HarperCollins.

## 측정

Anastasi, A. (1988). *Psychological testing* (6th ed.). New York: Macmillan.

Bakeman, R., & Gottman, J. M. (1986). *Observing interaction: An introduction to sequential analysis*. Cambridge, England: Cambridge University Press.

Campbell, D. T., & Fiske, D. (1959). Convergent and discriminant validation by the multitrait–multimethod matrix. *Psychological Bulletin, 56*, 81–105.

Cronbach, L. J. (1990). *Essentials of psychological testing* (5th ed.). New York: HarperCollins.

DeVellis, R. F. (1991). *Scale development: Theories and applications.* Newbury Park, CA: Sage.

Edwards, A. L. (1970). *The measurement of traits by scales and inventories.* New York: Holt, Rinehart & Winston.

Foster, S. L., & Cone, J. D. (1986). Design and use of direct observation. In A. R. Ciminero, K. S. Calhoun, & H. E. Adams (Eds.), *Handbook of behavioral assessment* (2nd ed.; pp. 253–324). New York: Wiley.

Kaplan, R. M., & Saccuzzo, D. P. (1989). *Psychological testing: Principles, applications, and issues* (2nd ed.). Pacific Grove, CA: Brooks/Cole.

Nunnally, J. C. (1967). *Psychometric theory.* New York: McGraw-Hill.

Oppenheim, A. N. (1966). *Questionnaire design and attitude measurement.* New York: Basic Books.

Suen, H. K., & Ary, D. (1989). *Analyzing quantitative behavioral observation data.* Hillsdale, NJ: Erlbaum.

Webb, E. J., Campbell, D. T., Schwartz, R. D., & Sechrest, L. (1966). *Unobtrusive measures: Nonreactive research in the social sciences.* Chicago: Rand McNally.

Weedman, C. (1975). *A guide for the preparation and evaluation of the dissertation or thesis.* San Diego, CA: Omega.

Wiggins, J. S. (1959). Interrelationships among MMPI measures of dissimulation under standard and social desirability instructions. *Journal of Consulting Psychology, 23*, 419–427.

Wiggins, J. S. (1973). *Personality and prediction: Principles of personality assessment.* Reading, MA: Addison-Wesley.

## 통계

Andrews, F. M., Klem, L., Davidson, T. N., O'Malley, P. M., & Rodgers, W. L. (1981). *A guide for selecting statistical techniques for analyzing social science data* (2nd ed.). Ann Arbor, MI: Survey Research Center, Institute for Social Research, University of Michigan.

Bakeman, R., & Gottman, J. M. (1986). *Observing interaction: An introduction to sequential analysis.* Cambridge, England: Cambridge University Press.

Bruning, J. L., & Kintz, B. L. (1987). *Computational handbook of statistics* (3rd ed.). Glenview, IL: Scott, Foresman.

Cohen, J. (1988). *Statistical power analysis for the behavioral sciences* (2nd ed.). Hillsdale, NJ: Erlbaum.

Cohen, J., & Cohen, P. (1983). *Applied multiple regression/correlation analysis for the behavioral sciences* (2nd ed.). Hillsdale, NJ: Erlbaum.

Connell, J. P., & Tanaka, J. S. (Eds.). (1987). Special section on structural equation modeling. *Child Development, 58*, 1–175.

Gorsuch, R. L. (1983). *Factor analysis.* Hillsdale, NJ: Erlbaum.

Gottman, J. M. (1981). *Time series analysis.* Cambridge, England: Cambridge University Press.

Gottman, J. M., & Roy, A. K. (1990). *Sequential analysis*. Cambridge, England: Cambridge University Press.

Huitema, B. E. (1980). *The analysis of covariance and alternatives*. New York: Wiley.

Jaccard, J., Becker, M. A., & Wood, G. (1984). Pairwise multiple comparison procedures: A review. *Psychological Bulletin, 96*, 589–596.

Keppel, G. (1991). *Design and analysis* (3rd ed.). Englewood Cliffs, NJ: Prentice-Hall.

Kirk, R. E. (1982). *Experimental design* (2nd ed.). Pacific Grove, CA: Brooks/Cole.

Kraemer, H. C., & Thiemann, S. (1987). *How many subjects? Statistical power analysis in research*. Newbury Park, CA: Sage.

Maxwell, S. E., & Delaney, H. D. (1990). *Designing experiments and analyzing data*. Belmont, CA: Wadsworth.

McNemar, Q. (1962). *Psychological statistics*. New York: Wiley.

Pedazhur, E. J. (1982). *Multiple regression in behavioral research: Explanation and prediction* (2nd ed.). New York: Holt, Rinehart & Winston.

Siegel, S. (1956). *Nonparametric statistics for the behavioral sciences*. New York: McGraw-Hill.

Suen, H. K., & Ary, D. (1989). *Analyzing quantitative behavioral observation data*. Hillsdale, NJ: Erlbaum.

Tabachnick, B. F., & Fidell, L. S. (1989). *Using multivariate statistics* (2nd ed.). New York: HarperCollins.

Tukey, J. W. (1977). *Exploratory data analysis*. Reading, MA: Addison-Wesley.

Winer, B. J. (1971). *Statistical principles in experimental design* (2nd ed.). New York: McGraw-Hill.

## 글쓰기 양식

American Psychological Association. (1983). *Publication manual of the American Psychological Association* (3rd ed.). Washington, DC: Author. (Note: This book also provides a bibliography on writing style on pp. 184–185.)

Committee on Gay and Lesbian Concerns. (1991). Avoiding heterosexual bias in language. *American Psychologist, 46*, 973–974.

Follett, W. (1966). *Modern American usage: A guide*. New York: Farrar, Straus & Giroux.

Gelfand, H., & Walker, C. J. (1990). *Mastering APA style: Student's workbook and training guide*. Washington, DC: American Psychological Association.

Strunk, W., Jr., & White, E. B. (1979). *The elements of style* (3rd ed.). New York: Macmillan.

# 참고문헌

Ambady, N., & Rosenthal, R. (1992). Thin slices of expressive behavior as predictors of interpersonal consequences: A meta-analysis. *Psychological Bulletin, 111,* 256–274.

American Psychological Association, Committee for the Protection of Human Participants in Research. (1982). *Ethical principles in the conduct of research with human participants.* Washington, DC: Author.

American Psychological Association. (1992). *Ethical principles of psychologists and code of conduct. American Psychologist, 47,* 1597–1611.

American Psychological Association. (1994). *Publication manual of the American Psychological Association* (4th ed.). Washington, DC: Author.

American Psychological Association Ethics Committee. (1983). *Authorship guidelines for dissertation supervision.* Washington, DC: Author.

Anastasi, A. (1988). *Psychological testing* (6th ed.). New York: Macmillan.

Andrews, F. M., Klem, L., Davidson, T. N., O'Malley, P. M., & Rodgers, W. L. (1981). *A guide for selecting statistical techniques for analyzing social science data* (2nd ed.). Ann Arbor, MI: Survey Research Center, Institute for Social Research, University of Michigan.

Barlow, D. (1988). *Anxiety and its disorders.* New York: Guilford Press.

Barlow, D. H., Hayes, S. C., & Nelson, R. O. (1984). *The scientist practitioner.* Elmsford, NY: Pergamon Press.

Beck, A. T., Rush, A. J., Shaw, B. F., & Emery, G. (1979). *Cognitive therapy of depression.* New York: Guilford Press.

Bellack, A. S., & Hersen, M. (1977). Self-report inventories in behavioral assessment. In J. D. Cone & R. P. Hawkins (Eds.), *Behavioral assessment: New directions in clinical psychology* (pp. 52–76). New York: Brunner/Mazel.

Bell-Dolan, D. J., Foster, S. L., & Sikora, D. M. (1989). Effects of sociometric testing on children's behavior and loneliness in school. *Developmental Psychology, 25,* 306–311.

Billingsley, F., White, O. R., & Munson, R. (1980). Procedural reliability: A rationale and an example. *Behavioral Assessment, 2,* 229–241.

Bruning, J. L., & Kintz, B. L. (1987). *Computational handbook of statistics* (3rd ed.). Glenview, IL: Scott, Foresman.

Buros, O. K. (Ed.). (1974). *Tests in print II: An index to tests, test reviews, and the literature on specific tests.* Highland Park, NJ: Gryphon Press.

Cairns, R. B., & Green. J. A. (1979). How to assess personality and social patterns: Observations or ratings. In R. B. Cairns (Ed.), *The analysis of social interactions* (pp. 209–226). Hillsdale, NJ: Erlbaum.

Campbell, D. T. (1960). Recommendations for APA test standards regarding construct, trait, and discriminant validity. *American Psychologist, 15,* 546–553.

Campbell, D. T., & Fiske, D. (1959). Convergent and discriminant validation by the multitrait–multimethod matrix. *Psychological Bulletin, 56,* 81–105.

Campbell, D. T., & Stanley, J. C. (1963). *Experimental and quasi-experimental designs for research.* Chicago: Rand McNally.

Clarke, G. N., Lewinsohn, P. M., Hops, H., & Seeley, J. R. (1992). A self- and parent-report measure of adolescent depression: The Child Behavior Checklist Depression Scale (CBCL-D). *Behavioral Assessment, 14,* 443–463.

Cohen, J. (1983). The cost of dichotomization. *Applied Psychological Measurement, 7,* 249–253.

Cohen, J. (1988). *Statistical power analysis for the behavioral sciences* (2nd ed.). Hillsdale, NJ: Erlbaum.

Cohen, J. (1992). A power primer. *Psychological Bulletin, 112,* 155–159.

Cohen, J., & Cohen, P. (1983). *Applied multiple regression/correlation analysis for the behavioral sciences* (2nd ed.). Hillsdale, NJ: Erlbaum.

Cone, J. D. (1977). The relevance of reliability and validity for behavioral assessment. *Behavior Therapy, 8,* 411–426.

Cone, J. D. (1978). The Behavioral Assessment Grid (BAG): A conceptual framework and a taxonomy. *Behavior Therapy, 9,* 882–888.

Cone, J. D., (1992). Accuracy and curriculum-based measurement. *School Psychology Quarterly, 7,* 22–26.

Cook, T. D., & Campbell, D. T. (1979). *Quasi-experimentation: Design and analysis issues for field settings.* Boston: Houghton Mifflin.

Cooper, H. M. (1989). *Integrating research: A guide for literature reviews* (2nd ed.). Newbury Park, CA: Sage.

Corcoran, K. J., & Fischer, J. (1987). *Measures for clinical practice: A sourcebook.* New York: Free Press.

Cronbach, L. J. (1990). *Essentials of psychological testing* (5th ed.). New York: HarperCollins.

Cronbach, L. J., Gleser, G. C., Nanda, H., & Rajaratnam, N. (1972). *The dependability of behavioral measurements.* New York: Wiley.

Crowne, D. P., & Marlowe, D. (1960). A new scale of social desirability independent of psychopathology. *Journal of Consulting Psychology, 24,* 349–354.

Davinson, D. (1977). *Theses and dissertations as information sources.* London: Clive Bingley.

Davis, G. B., & Parker, C. A. (1979). *Writing the doctoral dissertation: A systematic approach.* Woodbury, NY: Barron's.

DeMaster, B., Reid, J., & Twentyman, C. (1977). The effects of different amounts of feedback on observer's reliability. *Behavior Therapy, 8,* 317–329.

DiLorenzo, T. M. (1984). *A functional assessment of heterosocial initiation behaviors in adults.* Unpublished doctoral dissertation, West Virginia University, Morgantown, WV.

Dionne, R. R. (1992). *Effective strategies for handling teasing among fifth and sixth grade children.* Unpublished doctoral dissertation, California School of Professional Psychology, San Diego, CA.

Dumas, M. D., Dionne, R. R., Foster, S. L., Chang, M. K., Achar, M. S., & Martinez, C. M., Jr. (1992, November). *A critical incidents analysis of strategies for handling peer provocation among second-, fifth-, and eighth-grade children.* Paper presented at the annual meeting of the Association for Advancement of Behavior Therapy, Boston, MA.

Edwards, A. L. (1957). *The social desirability variable in personality assessment and research.* Hinsdale, IL: Dryden Press.

Edwards, A. L. (1970). *The measurement of traits by scales and inventories.* New York: Holt, Rinehart & Winston.

Edwards, A. L. (1990). Construct validity and social desirability. *American Psychologist, 45,* 287–289.

Einstein, A. (1974). *The universe and Dr. Einstein.* New York: Lincoln Barnett.

Ellis, A., & Harper, R. A. (1961). *A guide to rational living.* North Hollywood, CA: Wilshire.

Foster, S. L., Bell-Dolan, D. J., & Burge, D. A. (1988). Behavioral observation. In A. S. Bellack & M. Hersen (Eds.), *Behavioral assessment: A practical handbook* (3rd ed.; pp. 119–160). Elmsford, NY: Pergamon Press.

Foster, S. L., & Cone, J. D. (1986). Design and use of direct observation. In A. R. Ciminero, K. S. Calhoun, & H. E. Adams (Eds.), *Handbook of behavioral assessment* (2nd ed.; pp. 253–324). New York: Wiley.

Goldstein, R. (1989). Power and sample size via MS/PC-DOS computers. *American Statistician, 43,* 253–260.

Gorsuch, R. L. (1983). *Factor analysis* (2nd ed.). Hillsdale, NJ: Erlbaum.

Grusec, J. (1991). The socialization of altruism. In M. S. Clark (Ed.), *Prosocial behavior* (pp. 9–33). Newbury Park, CA: Sage.

Guilford, J. P. (1956). *Fundamental statistics in psychology and education.* New York: McGraw-Hill.

Hartmann, D. P. (1982). Assessing the dependability of direct observational data. In D. P. Hartmann (Ed.), *New directions for methodology of social and behavioral science: Using observers to study behavior* (pp. 51–65). San Francisco: Jossey-Bass.

Hersen, M., & Bellack, A. S. (Eds.). (1988). *Dictionary of behavioral assessment techniques.* Elmsford, NY: Pergamon Press.

Hoier, T. S. (1984). *Target selection of social skills for children: An experimental investigation of the template matching procedure.* Unpublished doctoral dissertation, West Virginia University, Morgantown, WV.

Hoier, T. S., & Cone, J. D. (1987). Target selection of social skills for children: The template matching procedure. *Behavior Modification, 11,* 137–163.

Horowitz, M. J., Wilner, N., & Alvarez, W. (1979). Impact of Event Scale: A measure of psychosomatic stress. *Psychosomatic Medicine, 41,* 209–218.

House, A. E., House, B. J., & Campbell, M. D. (1981). Measures of interobserver agreement: Calculation formulas and distribution effects. *Journal of Behavioral Assessment, 3,* 37–57.

Huberty, C. J., & Morris, J. D. (1989). Multivariate analysis versus multiple univariate analyses. *Psychological Bulletin*, *105*, 302–308.

Huitema, B. E. (1980). *The analysis of covariance and alternatives*. New York: Wiley.

Hunter, J. E., & Schmidt, F. L. (1990). *Methods of meta-analysis*. Newbury Park, CA: Sage.

Inderbitzen-Pisaruk, H., & Foster, S. L. (1990). Adolescent friendships and peer acceptance: Implications for social skills training. *Clinical Psychology Review*, *10*, 425–439.

Jaccard, J., Becker, M. A., & Wood, G. (1984). Pairwise multiple comparison procedures: A review. *Psychological Bulletin*, *96*, 589–596.

Johnston, J. M., & Pennypacker, H. S. (1980). *Strategies and tactics of human behavioral research*. Hillsdale, NJ: Erlbaum.

Kaplan, R. M., & Saccuzzo, D. P. (1989). *Psychological testing: Principles, applications, and issues* (2nd ed.). Pacific Grove, CA: Brooks/Cole.

Kent, R. N., O'Leary, K. D., Diament, C., & Dietz, A. (1974). Expectation biases in observational evaluation of therapeutic change. *Journal of Consulting and Clinical Psychology*, *42*, 774–780.

Keppel, G. (1991). *Design and analysis* (3rd ed). Englewood Cliffs, NJ: Prentice-Hall.

Kerlinger, F. N. (1986). *Foundations of behavioral research*. (3rd ed.). New York: Holt, Rinehart & Winston.

Keyser, D. J., & Sweetland, R. C. (Eds.). (1984). *Test critiques*. Kansas City, MO: Test Corporation of America.

Kirk, R. E. (1982). *Experimental design* (2nd ed.). Pacific Grove, CA: Brooks/Cole.

Koyre, A. (1965). *Newtonian studies*. Cambridge, MA: Harvard University Press.

Kraemer, H. C., & Thiemann, S. (1987). *How many subjects? Statistical power analysis in research*. Newbury Park, CA: Sage.

Kramer, J. J., & Conoley, J. C. (Eds.). (1992). *The eleventh mental measurements yearbook*. Lincoln, NE: Buros Institute of Mental Measurements.

Kuhn, T. (1970). *The structure of scientific revolutions* (2nd ed.). Chicago: University of Chicago Press.

Lang, P. J. (1971). The application of psychophysiological methods to the study of psychotherapy and behavior modification. In A. E. Bergin & S. L. Garfield (Eds.), *Handbook of psychotherapy and behavior change* (pp. 75–125). New York: Wiley.

Maher, B. A. (1978). A reader's, writer's, and reviewer's guide to assessing research reports in clinical psychology. *Journal of Consulting and Clinical Psychology*, *46*, 835–838.

Mahoney, M. J., & Mahoney, B. K. (1976). *Permanent weight control*. New York: Norton.

Maxwell, S. E., & Delaney, H. D. (1990). *Designing experiments and analyzing data*. Belmont, CA: Wadsworth.

McBurney, D. H. (1990). *Experimental psychology* (2nd ed.). Belmont, CA: Wadsworth.

McNemar, Q. (1962). *Psychological statistics*. New York: Wiley.

Meehl, P. E. (1978). Theoretical risks and tabular asterisks: Sir Karl, Sir Ronald, and the slow progress of soft psychology. *Journal of Consulting and Clinical Psychology*, *46*, 806–834.

Mischel, W. (1968). *Personality and assessment*. New York: Wiley.

Myers, J. L., DiCecco, J. V., White, J. B., & Borden, V. M. (1982). Repeated measurements on dichotomous variables: $Q$ and $F$ tests. *Psychological Bulletin*, *92*, 517–525.

Nangle, D., Foster, S. L., & Ellis, J. T. (1991, April). *The effects of a positive behavioral context on the social impact of aggressive behavior*. Paper presented at the Society for Research in Child Development, Seattle, WA.

Nelson, G. L., Cone, J. D., & Hanson, C. R. (1975). Training correct utensil use in retarded children: Modeling vs. physical guidance. *American Journal of Mental Deficiency, 80,* 114–122.

Nunnally, J. C. (1967). *Psychometric theory*. New York: McGraw-Hill.

O'Leary, K. D., Kent, R. N., & Kanowitz, J. (1975). Shaping data congruent with experimental hypotheses. *Journal of Applied Behavior Analysis, 8,* 463–469.

Parsonson, B. S., & Baer, D. M. (1978). The analysis and presentation of graphic data. In T. R. Kratochwill (Ed.), *Single subject research* (pp. 101–165). San Diego, CA: Academic Press.

Paul, G. L. (1966). *Insight vs. desensitization in psychotherapy*. Stanford, CA: Stanford University Press.

Paul, G. L. (1969). Behavior modification research: Design and tactics. In C. M. Franks (Ed.), *Behavior therapy: Appraisal and status* (pp. 29–62). New York: McGraw-Hill.

Peterson, L., Homer, A. L., & Wonderlich, S. A. (1982). The integrity of independent variables in behavior analysis. *Journal of Applied Behavior Analysis, 15,* 477–492.

Poppen, R. (1988). *Behavioral relaxation training and assessment*. Elmsford, NY: Pergamon Press.

Radcliff, B. M., Kawal, D. E., & Stephenson, R. J. (1967). *Critical path method*. Chicago: Cahners.

Ray, W. J., & Ravizza, R. (1988). *Methods*. Belmont, CA: Wadsworth.

Reed, J. G., & Baxter, P. M. (1992). *Library use: A handbook for psychology*. Washington, DC: American Psychological Association.

Research and Education Association. (1981). *Handbook of psychiatric rating scales*. New York: Author.

Roberts, R. E., Lewinsohn, P. M., & Seeley, J. R. (1991). Screening for adolescent depression: A comparison of depression scales. *Journal of the American Academy of Child and Adolescent Psychiatry, 30,* 58–66.

Robinson, J. P., Shaver, P. R., & Wrightsman, L. S. (Eds.). (1991). *Measures of personality and social psychological attributes*. San Diego, CA: Academic Press.

Romanczyk, R. G., Kent, R. N., Diament, C., & O'Leary, K. D. (1973). Measuring the reliability of observational data: A reactive process. *Journal of Applied Behavioral Analysis, 6,* 175–184.

Rosenthal, R. (1969). Interpersonal expectations: Effects of the experimenter's hypothesis. In R. Rosenthal & R. L. Rosnow (Eds.), *Artifact in behavioral research* (pp. 181–277). San Diego, CA: Academic Press.

Rossi, J. S. (1990). Statistical power of psychological research: What have we gained in 20 years? *Journal of Consulting and Clinical Psychology, 58,* 646–656.

Sanchez-Hucles, J., & Cash, T. F. (1992). The dissertation in professional psychology programs: 1. A survey of clinical directors on requirements and practices. *Professional Psychology: Research and Practice, 23,* 59–61.

Shuller, D.Y., & McNamara, J. R. (1976). Expectancy factors in behavioral observation. *Behavior Therapy, 7,* 519–527.

Sikora, D. M. (1989). *Divorce, environmental change, parental conflict, and the peer relations of preschool children*. Unpublished doctoral dissertation, West Virginia University, Morgantown, WV.

Skinner, B. F. (1950). Are theories of learning necessary? *Psychological Review, 57,* 193–216.

Sobell, M. B., Bogardis, J., Schuller, R., Leo, G. I., & Sobell, L. C. (1989). Is self-monitoring of alcohol consumption reactive? *Behavioral Assessment, 11,* 447–458.

Sternberg, D. (1981). *How to complete and survive a doctoral dissertation.* New York: St. Martin's Press.

Stoloff, M. L., & Couch, J. V. (1988). *Computer use in psychology: A directory of software* (2nd ed.). Washington, DC: American Psychological Association.

Stuart, R. B. (Ed.). (1977). *Behavioral self-management: Strategies, techniques and outcome.* New York: Brunner/Mazel.

Sweetland, R. C., & Keyser, D. J. (Eds.). (1983). *Tests: A comprehensive reference for assessments in psychology, education and business.* Kansas City, MO: Test Corporation of America.

Sweetland, R. C., & Keyser, D. J. (Eds.). (1990). *Tests* (3rd ed.). Austin, TX: PRO-ED.

Tabachnick, B. F., & Fidell, L. S. (1989). *Using multivariate statistics* (2nd ed.). New York: HarperCollins.

Taplin, P. S., & Reid, J. B. (1973). Effects of instructional set and experimental influence on observer reliability. *Child Development, 44,* 547–554.

Webb, E. J., Campbell, D. T., Schwartz, R. D., & Sechrest, L. (1966). *Unobtrusive measures: Nonreactive research in the social sciences.* Chicago: Rand McNally.

*Webster's new international dictionary* (2nd ed.). (1950). Springfield, MA: G & C Merriam.

*Webster's new world dictionary of the American language* (2nd college ed.). (1970). New York: World Publishing.

Weedman, C. (1975). *A guide for the preparation and evaluation of the dissertation or thesis.* San Diego, CA: Omega.

Wiggins, J. S. (1959). Interrelationships among MMPI measures of dissimulation under standard and social desirability instructions. *Journal of Consulting Psychology, 23,* 419–427.

Wiggins, J. S. (1973). *Personality and prediction: Principles of personality assessment.* Reading, MA: Addison-Wesley.

Winer, B. J. (1971). *Statistical principles in experimental design* (2nd ed.). New York: McGraw-Hill.

Wolfe, V. V. (1986). *Paternal and marital factors related to child conduct problems.* Unpublished doctoral dissertation, West Virginia University, Morgantown, WV.

Wolfe, V. V., Gentile, C., Michienzi, T., Sas, L., & Wolfe, D. A. (1991). The Children's Impact of Traumatic Events Scale: A measure of post-sexual-abuse PTSD symptoms. *Behavioral Assessment, 13,* 359–383.

Yale University. (1975). *Yale University catalog, 1975–76.* New Haven, CT: Author.

Yates, B. T. (1982). *Doing the dissertation: The nuts and bolts of psychological research.* Springfield, IL: Charles C Thomas.

# 주제별 찾아보기

# 인명별 찾아보기

## 역자소개

### 정옥분

서울대학교 사범대학 가정학과를 졸업하고, 동대학원에서 아동학 전공으로 석사학위를 취득하였으며, 메릴랜드 주립대학교 대학원에서 인간발달 전공으로 박사학위를 취득하였다. 한국아동학회 회장을 역임하였고, 현재 고려대학교 사범대학 교수로 재직중이며, 인간발달학회 회장을 맡고 있다. 저서로『발달심리학: 전생애 인간발달』(2004),『영유아발달의 이해』(2004),『아동발달의 이해』(2002),『청년발달의 이해』(1998),『성인발달과 노화』(2001),『아동발달의 이론』(2003),『전생애발달의 이론』(2004) 등이 있다.

### 임정하

고려대학교 사범대학 가정교육과를 졸업하고 동대학원에서 아동학 전공으로 석·박사학위를 취득하였다. 고려대학교 강사를 역임하였으며, 현재 State University of New york at Buffalo 박사 후 연구원으로 있다.